国家社科基金一般项目“中西诠释学史比较研究”
（17BZX072）最终成果

中西诠释学史比较研究

HERMENEUTICS

康宇 著

人民出版社

目 录

导 论

作为一个外来的“名词”，诠释学于20世纪80年代初期引入中国。然而如果按德国哲学家海德格尔所指出的“理解”是人的存在方式①的话，那么关于理解之学问的诠释学便绝不可能为西方学术界所“独享”。只要存在语言、意义与世界关系的讨论，一定就会有诠释现象的出现；只要存在需要阅读和理解的行为过程，就必然会有诠释理论、方法论等的生成，不论其具体的形态如何。换言之，虽然诠释学的概念来自西方，但是这并不妨碍中国传统文化中的确存有一种关于理解的诠释学思维存在。并且，当我们仔细研读中国卷帙浩繁的文本文献时，即可很容易地找寻到其中包含众多关于语言与文辞理解的内容，发现中国文化自古代以来一直存有一套内在具足的诠释学理论，以及富含中国特质的诠释学发展传统。从这一点上说，中国诠释学完全具有学科生存的合法性与合理性，完全可以与西方由《圣经》释义学发展起来的西方诠释学相提并论。

不过也要承认，生长于不同土壤中的中西方诠释学由于先天的“基因”与后天的“发育”差异明显，其实质上乃是在不同存在方式的基础上对不同言说文本和理解行为的解读，故在其同一普遍的理论原则背后，实存有一种历史背景和文化精神的深刻“沟谷”。如果将某一方的价值理念、方法范畴、思维理路强加于另一方，必然会带来“鸡同鸭讲”的效果。甚至会产生学科间的“隔膜”与“敌意”，阉割了彼此的文化之根。我们主张，恰如人的存在是一种时

① M. Heidegger: *Sein und Zeit*, Max Niemeyer Verlag Tubingen, 1986, S. 148.

间和空间的存在一样，有关于理解的诠释学也属于特定的时间和空间。中西诠释学间的相互了解意义重大，此乃学科间能够形成跨文化的、真正在同一平台开展平等对话的关键所在。

实际上，自 20 世纪末汤一介等人致力于建构“中国解释学”的努力开始，以中国人的话“话”中国诠释学之尝试便一直在进行。学者们对诠释学研究给予了极大关注，国内出版的相关研究性论著质量与数量也颇为可观。然而一个不争的事实是，中西诠释学间并未形成彼此“观照”，学者们研究的重点“地域”意识明显，要么以“他者”视角阐释西方诠释学理论或代表人物思想，要么返回中国古代经典以诠释学理念重新言讲特定言论以开出新的思想结论等。如此做法，并不能让中国诠释学的基本原则、要素特质、问题范围边界在西方诠释学立场、视域内得到认同或印证。其核心问题在于，没有突破中西诠释学发展历史中一直存在的“纱幕”，或者单独以西方理论作为参照评价中国诠释学，历史意识不充分，以至于无法以新的视角洞悉中西诠释学内真正的不同以及相互照应的可能性。

笔者认为，全面地、整体地、系统地认识、了解、掌握一门学科学问，行之有效的办法是从理解它的历史做起，从对它的起源、发展及其在历史进程中所展现的各种形态之描述中来把握其内在特征与外在特质。而如若能形成中西方诠释学发展史间科学、系统、理性、充分的比较，则可为消除长期存在的学科“误解”，明确业已存在的“争议”学说，破除相关学术“成见”，实现中西诠释学思想真正会通融合，打造出一条高效可行之路。而这也正是本研究的理论与实践意义所在。

一、何为“诠释学”

按西方学者帕尔默的说法，西方诠释学至少可以通过六种相当明了的方式予以界定①。一是作为《圣经》注释的理论，此时它更多地被视为一种服务于神学的技术；二是作为一般语文学之方法论，此时理性主义的发展以及伴随着它的18世纪古典语言学的出现，对诠释学产生了意义深远的影响，使之属性从本质上变成诠释的世俗理论；三是作为所有的语言之理解的科学，亦称为一般诠释学，逐渐由神学技术转型为科学方法；四是作为精神科学或人文学的方法论基础，其中加入了“历史意识”，成为理解人的艺术、行为和作品的学问；五是作为“此在”和存在理解的现象学，范畴被植入“前理解”的内涵，并与被视为人类存在基本方式之“理解”进行了本体论关联的学说；六是作为一种意义的恢复与拆毁之对峙的诠释体系，它反思地将语言、符号和神话背后的实体主题化，既尝试恢复隐藏于符号中的意义，又力图摧毁作为虚假实在之表现的符号，并以冷酷的理性致力于“祛除神秘化”，来摧毁面具和幻觉。

基于定义界定历史具有如此丰富的内容，学界关于西方诠释学的界定产生了诸多的表述。但迄今为止，尚未出现根据中国传统文化之特质而对中国诠释学作出的规范性定义。学者们热衷于讨论的是中国视域内“诠释”与“诠释学”的关系。一般的认识是，针对文本内容进行具体的诠释，以及对诠释行为或事件进行省思分属于两种不同的态度。其类似于“然”与“所以然”之间的区分，或曰是“诠释之然”以及“诠释之所以然”之间的不同。套用康德的表达方式来说，“所以然”乃是关于“可能性”的问题。这些可能性除了诠释主体的性质，也包含它与文本、作者之间的相互关系，以及进入这些关系的诠释、理解与实践等相关问题。依此出发，学者倾向于在中国文化视域内将诠释学界定为中国典籍文化解释过程中存在的与经典内容诠释实践相联系的思维理念，它既是一门方法论技术，又是一门关于理解的科学。

当前国内学界一个流行的观点是，中国的诠释学在类别的归属上对应于西方18世纪之前的诠释学，即相当于专注于文本研究的《圣经》诠释学阶段。而萌生于施莱尔马赫、狄尔泰时期的、作为理解艺术的诠释学样态，以及20

① R. Palmer, *Hermeneutics*, Northwestern University Press, Evaston, 1969, pp. 33-45.

世纪兴起的以追求本体理解为特征的哲学诠释学形式，在中国文化史中是不存在的。作为历史存在的中国诠释学更多地表现为具体的诠释，它与经学的发展史紧密连接，与讲究文字音韵、字词考据、校勘辑佚、典章目录的训诂学融为一体。而当经学解体后，中国诠释学正在经历着由作为方法论的诠释学向着作为生存论、本体论的诠释学“涅槃”，其若想成为一门真正的、原汁原味的“诠释学”，发展之路任重道远。

然而，笔者认为诠释学本身具有实践性、应用性的品格，其自身有着“行动”的指向。就中国诠释学而言，它的中国诠释问题之历史线索和历史资源的梳理不可完全照搬、参照西方诠释学框架来认知。它有着一种不同于西方诠释学史的方法论意蕴与本体论思路。对于它的理解与剖析必须基于中国的语境，基于中国传统特有的揭示本质、接近真理的理路方法。中国诠释发展历史脉络与西方诠释学发展历史脉络之殊，恰是二者进行比较的核心价值所在。中国所理解的诠释学，应是对文本意义的理解与解释之方法论及其本体论基础的学说。其既与西方诠释学的某些理念相似，又具有中国自身之“质”的不同。我们可以借用西方诠释学成果以启示中国诠释学资源的开发，但决不可以之“妄自菲薄”中国诠释学。如果立足西方现代诠释学，用“他者”的视角重新梳理、打量、评价中国诠释学，必然会得到诸多新的认知，这对于阐扬中国传统学术之价值意义，促其发生创新性发展与创造性转化，定有许多裨益。

二、中西诠释学史比较之分期

毫无疑问，中西诠释学史比较研究可以让作为历史存在的中国和西方“诠释学是什么”问题得以清晰地呈现；可以让中西诠释学在各自发展阶段中的核心进程线索得到科学的总结；可以客观地梳理出双方在同一历史阶段诠释学发展内在逻辑，考虑同一时点上不同诠释学之形态特征、特质的异同。简言之，它可以在“还原”历史原貌的基础上，让中西诠释学交换视角去理解一个“全新”的自我。

但是在中西诠释学史比较中，最基本、亦是最难找寻的一点是定位一个恰当的比较分期。德语 Hermeneutik 的译名至今没有在学界得到统一，甚至连一般意义上可以让人遵照的诠释学定义也不存在。按照国内学者的说法，诠释学是关于理解和解释的理论，而所有的理解与解释都是指向“意义”的。① 若按此说法去为诠释学史分期，那么中西之间几乎均不存在清晰的阶段划分标识。所以，依据中西诠释学发展不同时期之特质去划分阶段是必要的。然而，如果按照诠释学发展与文本的关联程度分期，那么西方诠释学在 19 世纪出现了明显的界限，而中国诠释学直至 20 世纪末才有了些许脱离文本发展的倾向，这样的不对等性，给中西诠释学史的比较造成了更为复杂的困难。

如果按照诠释理论与方法的发展趋势进行分期，中西之间的差异更大。客观地讲，中国诠释学发展的巅峰在古代，西方诠释学发展的高潮在近现代。如果单纯地用特定时点作为横切面进行中西比较，理论与方法的成熟度、信度、效度或曰优劣立判，甚至可以认为比较意义“欠缺”。如果按中西方诠释学发展自身的历史特点进行分期，西方诠释学可有古典、近代、现代三段，而中国诠释学可分为先秦、两汉、魏晋、隋唐、宋明清、近代、现当代七段。可见，分期数目的不对应也会给比较带来新的困难。

更为重要的是，中西诠释学发展史中存在着明显的“不对等”性。首先，内容不对等。在中国，诠释学多以经典诠释的样态出现。经典的形成、传播、理解、接受与历史的发展存在千丝万缕的联系，在长期不断地诠释思想存储积累中，经典文字的内涵日益丰厚化，其所承载的意义与意蕴也伴随诠释路向的多样性及理解方式的多元化而不断拓展、流布甚至曲解，由此诠释学亦成为诸多思想文化裂变的内核。作为凝练“道”之“元典”“原意”的源头以及后人不断诠释的焦点，中国最早形成的文本群落构成了所谓“经”的部分，伴随着

---

① 参见潘德荣：《西方诠释学史》，北京大学出版社 2013 年版，第 4 页。

对经文的删减、整理和解读出现了“传”的部分，后又有专门针对“经”“传”的“注”和“疏”，这四个层次组建了中国诠释学的基本内容，且一直延续至今。

在西方，诠释学的发展始终同人文科学或精神科学密切相联，它伴随附着于对人文科学本质的理性认知，牵涉到人文科学的定位，而人文科学在不同时代的角色扮演又反过来推动着诠释学的发展，二者相互影响、相互促进。反映在诠释学的内容上，则表现为从古希腊至文艺复兴时期集中对于《圣经》神圣性与信仰性的理解，宗教改革时期关注于语文学和《圣经》诠释学的并行发展，近代以后诠释学与哲学认识论、方法论的结合，以及现代阶段以海德格尔、伽达默尔为代表的新诠释学的涌现。从内容上看，这是一个从方法到方法论再到本体论的嬗变。

其次，主旨不对等。中国诠释学重在宣扬道德理性，少有神学的参与。它符合中国人把天与人的辩证合一作为最高宗旨，以道为行动指南的行为特点。在具体以经典诠释为表现的外在展示中，中国诠释学十分注重通过从经典中挖掘圣人之意而进行的社会教化引导。此想法十分有利于维护传统思想观念的稳定性与传承性，甚至让经典文字的审美与情感意义，均成为一种道德说教。其中，以文字训诂为主的“小学”成为诠释学活动必备的一种工具。西方诠释学的主旨则以德国宗教改革运动为分水岭，前期将诠释学的语文学传统、修辞学传统、辩证法传统和神学囊括起来，围绕《圣经》诠释一步步展开，其强调宗教神学，主张“宗教信仰化”，旨在引导人们形成宗教忠诚；后期强调理性意识，强调诠释学的哲学转型，诠释的重点亦变为对义理的发挥，重视形而上学方式的思维，逐渐演化出字意的诠释、语法的诠释、历史批判的诠释、情感的诠释等。

再次，方法论不对等。在方法论意义上，中国诠释学更倾向于“自本体”式的理解，也就是强调诠释者与诠释对象互不相离，诠释结果在一定意义上说其实是诠释主体的“自我”呈现。具体而言，在诠释活动中往往存在如下的预设：“存在”与“道”不是主客二分的，在物我对峙的认知世界里，事物都能完整而独立地交融在一起，物即是我，我即是物，彼此都以对方作为一种精神超拔或价值依赖的力量。换言之，中国诠释学始终认为主体的智力无法真正把价值之源的超越世界清楚而具体地展示出来，因而对超越世界与现实世界不划分鸿沟，互相交涉。如果用“道”来代表经典中理想的超越世界（终极价值），把人伦日用来代表现实的人间世界（相对价值）。那么“道”即在“人伦日用”之中，人伦之用也须臾离不开“道”。由此诠释与“明道”间达成有机联系，即理解的学问实际上是一门尽心知性、尽性知天，通过天人合一以完成由道统一的内在超越之路的学说。因此，中国诠释学注重建构“诠释形上学”，如心学诠释学、理学诠释学、语言诠释学、历史诠释学等；强调“知行合一”，它不是理论与实践简单结合的问题，而是指对天地万物之终极“道”的获得，且需要依赖主体自身的道德素质培养与道德践履来实现，着力点在“工夫论”层面；注重超越语言文字的理解，即注意到名言在诠释宇宙终极实在时的局限性等。

与之相比，西方诠释学更倾向于“对本体”式的理解，它讲究“二元”式的主观与客观分离模式，认为诠释主体独立于客观世界，可以为诠释对象赋形与命名。就超越自身而言，主体必须借助外在的力量才能实现，常见的形式即是神的救赎等。“对本体”思维的预设是，存在是一种客观实有，诠释学的任务就是探究这个客观实有之原本真实。换言之，它重视对人的工具理性式的生存状态开展研究，故在诠释活动中特别关注对事物如何进行通彻、完全、灵动地反映，强调经典中存有文本原义、作者原意与读者理解之意的区分等。于是诠释学具备了两个基本功能：使隐藏的东西显现出来；使不清楚的东西变得清楚。进而，发展出关心本文信息可以怎样被“吸收”，发展为个别部分要根据它与整体及其他部分的关系来处理的“诠释的循环”。所以，我们在西方诠释学中看到是“局部诠释学”——是任何原文注释或翻译的规则与方法的诠释学；“一般诠释学”——旨在建立以连贯一致的理解的哲学为基础的普遍的理解方法论；哲学诠释学——利用哲学思辨对诠释过程中使用方法论展开反思，对实现理解的各个环节中涉及的意识形态效果和多元化诠释方式、不同诠释范围及相关诠释假定等进行深入研究，以达至“一般”“抽象”程度等。

站在中西诠释学史之视角上看，自本体与对本体两种诠释思路，前者建立起对人类道德理性的论辩与证明，后者促成了人类的科学理性的产生与成型，二者共同推动了人类文明的多层次进展。然而，对于中西比较而言这又造成可供对比对象的“不对等”性，让比较的“合法性”进一步成疑。

最后，学术地位不对等。中国诠释学与儒家经学交织在一起，加之科举制度的影响，学者的诠释几乎都是对经典的诠释，而他们的诠释成果随着时间的推移和后人不断地推崇，后来又变为新的经典，成为供新一代人诠释的“新”对象，故可以视为中国传统文化的主要构架因子。这亦是其在中国历史中能够保持两千余年充沛生命活力的重要原因。西方诠释学发展则主要是早期与基督教神学关联，在宗教世界里以“信仰之学”的形式存在，影响颇大。但自宗教改革运动出现后，随着教权等封建制度在工业化冲击下呈衰落之势，诠释学开始与宗教分离并逐渐成为一门独立的学问，并随着西方哲学思想的涌入发生关键性的转型，变为一门纯粹的学问。尤其是当西方近现代哲学发展达至鼎盛之际，西方诠释学的理论层次与方法成熟度亦达至一个高峰。与之形成显明对比的是，中国诠释学却在 20 世纪初经学社会重要地位旁落，“打倒孔家店”思潮泛滥之时，开始全面衰退，直至 20 世纪末方出现恢复之态。

如果完全按历史时间节点对中西诠释学进行一一对应式的比较，显然会出现“田忌赛马”似的局面——中国诠释学全盛的时代，西方诠释学正经历转型的“阵痛”；西方诠释学高度发达的时代，中国诠释学却陷入几乎无人问津的“窘境”。因此，设计一套科学的中西诠释学史比较框架十分必要。其目的不是要彰显某一时期，中国或西方某一方面的“优越性”，而是要尽可能完整地呈现诠释学发展于东西方的真实状态。无论怎样，有一点毋庸置疑，即中西诠释史比较是有着重要学术意义的。

这里，为了更符合“史”的内涵，笔者尝试采取先秦与古希腊、汉唐与教父时代、宋明与中世纪后半段及宗教改革时期、18—19 世纪、20 世纪等阶段划界，进行比较。如此分法的益处在于：第一，它符合中西方诠释学史发展一般规律，每一阶段均有特殊“质”的凸显；第二，它在一定范围内可形成比较的可能，主要是代表性学者思想出现了特定属性之可比性；第三，它更贴近于历史比较的性质。

三、对“Hermeneutics”命名的探讨

作为理解范畴的“Hermeneutics”在东西方的存在均有着悠久的历史。西方的“Hermeneutics”被视为是一门关于宣告、翻译、说明和解释的艺术①，抑或“此在现象学”②。并且，在中文翻译中拥有了诠释学、解释学、释义学、阐释学、传释学等多个名称。在中国，“Hermeneutics”被认为是一门关于文本意义的理解与解释之方法论及其本论基础的学说③。受汤一介等学者宣扬建构“中国解释学”学科的影响，“Hermeneutics”与中国传统文化中有关经典解读、诠释、理解的学问画上了等号。

从哲学角度上看，西方的“Hermeneutics”主要关注于“真理”的呈现，而汉语文字“诠”在辞源上自古便与“道”相关，“诠，就也。就万物之指以言其征。事之所谓，道之所依也。故曰诠。”④由此，“诠释学”的译名更为贴切。在实践中，伽达默尔名著《真理与方法》的译者洪汉鼎先生将“Hermeneutics”即译为“诠释学”；而海德格尔所作《存在与时间》的中文修订版中同样将“Hermeneutics”译为“诠释学”。故可以认为，以“诠释学”命名“Hermeneutics”在国内学界内得到了一定程度的认同。

与之相比，中国传统文化中的“Hermeneutics”因子到底该被赋予何种名

① Vgl. Joachim Ritter und Karlfried Grunder(hg.), *Historisches Worterbuch der Philosophie*, Darmstadt, 1989, Bd. 3, S. 553-554.

② M. Heidegger, *Sein und Zeit*, Max Niemeyer Verlag Tubingen, 1986, S. 37.

③ 参见潘德荣：《西方诠释学史》，北京大学出版社 2013 年版，第 4 页。

④ 段玉裁：《说文解字注》，艺文印书馆 1964 年版，第 572 页。

称，却难以得到统一的答案。有观点认为，中国的“理解”学问传统根植于经学实践，在形式上以注疏集解为主，且存有“述而不作”“以意逆志”“经文互解”“疏不破注”等方法范式。所以，其理解的学问其实就是圣贤思想“解释”的发展史，故应叫“解释学”。还有观点认为，因为中国的“理解”传统较西方较少受逻辑学、修辞学、哲学、宗教学等思想的影响，可简单化为注经与训诂的学问，所以在本质上属于“注释学”。当然更多的意见是，中西方的“Hermeneutics”内涵相近、意义类似，应统一称为“诠释学”。对此，笔者有着自己的看法。因为以上对于中国传统“理解”学问的命名，忽略了一个重要的事实：中国的“Hermeneutics”有着一以贯之的生长土壤——经典。

必须承认，在西方古典“Hermeneutics”中“理解”还是需要作为载体的文本存在的。早期的古希腊人对于《荷马史诗》与《圣经・旧约》的解读，直接引发了诠释学的萌生。随着城邦文化的兴起，人们拥有了更多的理性，他们开始产生对自己信仰的东西找到合理解释的需求。亚里士多德名著《范畴篇》与《解释篇》在此时的出现，更促成了人们对于文本语言内在意义探究的热情。寻找经典所反映的心灵、话语与文字间的关系，文本整体与部分的关系，成为“智者”们建构平民日常生活与古典神话中所描绘的精神世界相通桥梁的主要方式。后来，希伯来文的《圣经》被正式翻译成希腊文，且被确认为《圣经》的正典。在此过程中，《圣经》释义学诞生，众多的基督教信徒渴望通过以语言学、语文学方式解释《圣经》文字来明确“神意”，进而感悟“属灵的话”与“生命的智慧”。

在西方教父时代，斐洛提出对《圣经》的解释应由对神话的叙事说明转向对隐喻的诠释，对于经典文本的理解要遵照“精神的意义”去解读，不要拘泥于字词。奥古斯丁则认为真理早已存在于上帝的话语——《圣经》之中，字义解经与寓意解经并重方是解经的正确规则，诠释学的问题产生是与知识论、语言和符号理论、历史哲学等交织在一起的。中世纪后期的宗教改革运动，将人文主义精神纳入《圣经》解释学说中，《圣经》文本被重新翻译与诠释。

17、18 世纪西方自然科学的迅速发展加剧了《圣经》诠释的世俗化进程，当人们开始意识到应以一种类似科学思维的缜密形式解经，将诠释学建构成一门客观的方法论学科的时候，《圣经》释义学迎来了其发展的最高峰。1654年丹豪尔出版了《神学诠释学或〈圣经〉解释学方法》一书，正式运用了“Hermeneutics”一词。1742年，学者克拉登尼乌斯出版了西方“Hermeneutics”史上第一部德语著作《对合乎理性的言谈与著述的正解释导论》，提出观点：要建立文本解释原则与方法论体系，凸显文本理解中的自我意识。进而，他将诠释学定义为“灵魂的学说”，将作者与解释者置于诠释学的核心，主张诠释的重点应由诠释客体转向主体，即作者与诠释者的诠释行为。其着重强调理解的主体性因素与自我意识，诠释学应专注于合乎理性的著述，而非合乎理性的文字，故其应与传统的《圣经》解经学分道扬镳。

19世纪上半叶，随着施莱尔马赫在语文学和注经学基础上提升“诠释”的地位，让“理解”与“解释”在语言上达到统一，并彰显出理解、解释和语言的内在交叉关系和一致性，让字意的解释、语法的解释、历史批判的解释和情感的解释达到了某种融合，西方现代诠释学的雏形诞生了。接下来，德国历史学家狄尔泰将作为经验科学的心理学引入诠释学之中，并将其成功地进行了哲学“锻造”，极大地突出了理解的“历史性”。20世纪初，海德格尔以现象学为基础，建构出“此在诠释学”，将诠释与理解的问题置于了一个全新的语境之中。20世纪中叶，伽达默尔整合了柏拉图的对话理论、黑格尔的观念辩证法及海德格尔的此在本体论，并通过自己天才的创造打通了“理解”“解释”与“应用”的关系，并从语言的角度实现了诠释学的普遍性论证，使其与实践哲学传统密切联系起来，从此以后“真理与方法”的命题深入人心，现当代西方诠释学的发展方向由此奠基而成。

综观西方“Hermeneutics”发展史，施莱尔马赫建构的“一般诠释学”的出现可以被认为是古典诠释学与现代诠释学的分割线。因为自此之后，诠释学日益强调“科学性”，即理解需要系统的方法性体系与自觉的方法论意识相配合；“客观性”，即要客观地理解作者的意图，甚至可以依据诠释学的原则与方法，作出比作者“更好地”理解；“普遍性”，即所有现象均可以称为诠释的对象，而不用顾及神圣与世俗的区别。换言之，诠释学的发展日益脱离典籍，不断融入本体论、存在论意义上的哲学思考，最终成为在现代性语境下捍卫人文传统和人文理性的精神科学方法论。分析表明，在西方古典诠释学发展阶段经典与诠释间的关系是明确的，诠释的开展必须围绕着文本进行，无论是字义解经还是寓意解经，均不能离开《圣经》等文本而单独存在。然而，西方现代诠释学的发展却与经典文本的联系渐行渐远，甚至经典在某种程度上被认为是对诠释行为的“桎梏”而被毅然放弃。与之相比，中国“Hermeneutics”的发展却走上了另一条路径。

准确地讲，中国的“Hermeneutics”要素因子最初起源于孔子对于“六经”的删定。孔子指出，《诗》《书》《礼》《易》《乐》《春秋》内容各有侧重，功能各有不同，它们相互补充、配合可彰显上古之“道”的整体性与启示性。不过由于“六经”文献久远，必须要作出相应的整理、编订。在此，中国最早的经典诠释原则出现了——“述而不作”。虽说“不作”，但在孔子教授学生研习经典的言行记录《论语》中，人们却可看到“《诗》，可以兴、可以观、可以群、可以怨”①等语句，简言之，单单背诵经典是没有用处的，关键要学习理解与运用。随后，孟子创造性地将“以意逆志”“知人论世”等理论注入经典诠释活动中，着重强调诠释者的主体作用对于文本理解的重要性。而荀子则正式将习读圣贤经典确定为理解“大道”的关键路径，主张以客观知识化理路解经。两汉经学的兴起极大地推动了中国“Hermeneutics”的向前发展，而今、古文经学的论争，则奠定出“六经注我”与“我注六经”两条解经线索。魏晋时期，人们对“三玄”的解释，让道家经典进入“Hermeneutics”视域之中。隋唐汉学的兴盛，亦使佛经成为诠释活动的对象。

在宋明理学流行的年代，中国的经典诠释方法形成了以朱熹讲究“外求”的知识论传统及以陆象山讲究“内求”的心志实践论传统两种向度。朱熹著《四书章句集注》，超子入经，彻底改变了经学中经典的结构，并且确立了“理一

① 朱熹：《四书章句集注》，中华书局2016年版，第163页。

分殊”的本体诠释模式，“格物致知”的寻理方法，以“义理”为标准的诠释原则，将诠释经典与哲学体系建构相通。陆象山“以心释经”，力主以“发明本心”的内求路径来理解经典。他强调在解读经典过程中，人们要学会“自得”。因为经典是人们“本心”的记载，读书须知本，“本”即圣人之心，一旦掌握了“本”，经典中的字词便不必详细追究了。从对后世的影响上看，朱熹发明的经典诠释思路成为日后中国“Hermeneutics”发展沿袭的“正宗”，并获取了元明二代科举考试的“官学”地位。而陆象山的“心学”诠释思路，在明代得到了王阳明的传承。王氏将经典诠释活动与心学体系构造结合为一体，发明了“臆说”图式，立“致良知”为诠释的根本，并将“有、无”范式植入经典解读之中。经其改造，一种新式的“心学体验诠释学”形成，诠释的指向转变为以生命行动的实践方式见证人能尽性入道的可能。① 明清之际，“朴学”思想进入诠释学之中，并经乾嘉经学的确认，“考据”成为诠释的核心方法，“返归本经”替代了阐发“道德性理”“学者须疑”的文本解读思维方式。

1840 年鸦片战争的爆发，宣告中国历史进入近代。龚自珍、魏源等发扬常州学派学风，高举今文经学旗帜解经。他们反对汉学、宋学之分，将诠释经典与“通乎当世之务”相联系。随后学者廖平重解《春秋》，并通过注释《公羊传》指出“通经致用为立学本根”，诠释的目的旨在将学术研究与时事政治结合起来，以挽救当时的社会危机。19 世纪末，康有为对经典进行了“异端”化的解读。他开“援西入儒”之先河，借用西方近现代政治学说改造经典思想，并把进化论、契约论、民权说等观念融入诠释活动之中。在其努力下，经典诠释被贴上了鲜明的政治“标签”。进入民国时期，“新考据派”成为经典诠释的新兴力量。20 世纪 20 年代，早期现代新儒家们逐渐涉足经典诠释领域。代表人物熊十力融中、西、印之说，建立了以“心为本体”“体用不二”“翕辟成变”“冥悟证会”为宗纲的本体论，并由此出发重新理解中国传统典籍。

1949 年新中国成立后，中国“Hermeneutics”的研究群体出现了三股势力：

① 参见康宇：《论王学“后三变”中的经典诠释学建构》，《中国哲学史》2017 年第 2 期。

港台新儒家、海外新儒家与大陆新儒家。其中，港台新儒家以徐复观、牟宗三为代表。徐复观主张考据与义理相互融合式解经，并发明了“追体验”的方法——追溯作者写作时的真实情境，尽力体悟作者创作时的心态活动历程；所谓的“追”乃是诠释者必达的一种状态，目的在于让诠释学之心通过“移情”以得作者之心，进而明确作者之意。牟宗三十分关注经典诠释与哲学体系建构间的关系。他发明了“内在诠释”方法路线，其预设，任何经典文本均有着内在的理论线索，寻找该线索有着规律可循，具体的“历史性”等外在线索的作用发挥效果取决于内在线索的相关作用。① 海外新儒家以成中英为代表，他通过潜心研究《周易》，将其感悟与西方哲学要义相结合，创造出兼具中国哲学特色的“本体诠释学”等。

总结中国“Hermeneutics”发展特点，可见，首先，它以天人关系为主线。在实践中，注重由“下学”而“上达”，主张通过阅读经典→理解圣意→动心感悟→在“求诸己”中提升主体的人生境界→上达天命。其次，注重实用性，即所谓“通经致用”。诠释的旨趣是要人们“通经”。而“通经”后的指向遵循“圣言”，由“治经”，求“治道”。换言之，“Hermeneutics”存在的意义是促成主体通过学习经典、理解经典，达成“内圣外王”的终极目标。再次，强调经、权辩证统一。“经”即“不变”，其原则是经典年代愈久远，权威性越强，经典自身完美，但其“圣意”却需要后人下工夫去考虑。“权”即“变”，其原则是要根据时代特点形成“我注六经”与“六经注我”的灵活运用。最后，“返本开新”式的理解循环。每当“Hermeneutics”的发展遇到困境时，回到原典去，重新解读经典，寻求文本新的诠释空间，以焕发学说生命力，已成为一种常见的现象。但需要指出的是，中国“Hermeneutics”的循环往复的“返本开新”，并非是一种“复现”的过程，实质上是一种“再创造”的过程。

比较中西方“Hermeneutics”发展史，我们可以十分容易地发现二者最大的不同——对于“经典”的依赖性。西方的“Hermeneutics”虽起步于《圣经》

① 参见牟宗三：《时代与感受》，鹅湖出版社 1995 年版，第 207 页。

等文本的解读，但其更为深刻的依据却是来自主体对生命存在或生活实践意义的追问。诠释学既是一个认识论、方法论问题，更是一个本体论、生存论的问题。从古希腊神话到18世纪新教神学发展阶段，西方诠释学的发展虽围绕着《圣经》，但准确地说此时的《圣经》并非被作为“经典”，而是以“神谕”（或曰“圣典”）的形式存在着。人们相信《圣经》记载的是“隐秘的密码语言”，需要借助宗教的体验与神意的唤醒才能感知。所以诠释活动是一种理解上天“神圣绝对精神”的过程，《圣经》是神之作、代表着信仰，诠释者不可随意发挥主观臆想去解经。所以奥古斯丁说，对《圣经》要诚信，相信其为“神言”，所述的为真理，即使不能完全领会经文的意思，也要熟记它。马丁·路德说，《圣经》本身是统一的东西，解读《圣经》必须遵循“圣经自解”原则等。自施莱尔马赫起，西方诠释学的发展逐渐与哲学相融。大陆哲学，尤其是德国哲学成为其生长的温床，现象学运动将其发展推向了高潮。伴随人们对“理解何以可能”命题的追问不断延伸，西方现代诠释学早已不再局限于传统经典文本的范围设定，而是扩大到人类普遍的交流、交往和沟通活动，其要对传统的解经学方法进行扬弃，要将“Hermeneutics”发展为一种适用于解读所有文本的方法论。进而，诠释者们逐渐放弃了文本注释工作，转而将精力投入哲学思想的建构（尽管其许多思想来源于经典），故“实践哲学”应是对此时“Hermeneutics”性质规定的准确说明。

与之相比，中国的“Hermeneutics”从古至今，一天也未脱离“经典”。先秦、两汉以“五经”为本，魏晋隋唐释道文本解读盛行，宋元明清“四书”成为诠释的核心，20世纪受客观环境影响诠释学发展虽呈现多元化，但客观对象仍然指向经典文本的传统一直未变。并且，在国人的视野中经典永远都是圣人对天道的领悟和传承，是人之作，诠释者需要对其“尊奉”，但可以对其进行“训诂—义理”式的解读，即可以适时地改变诠释旨趣以增进解释与理解的效果性与实用性。在中国的“Hermeneutics”中出现了经、传、记、章句、集解、义疏、考据等体例，每一种体例均以对经典中文字的字形、字义为中心考虑，以形义的统一为线索。这与讲究通过语文学、语义学、文史学、神话学等方式阐释上帝之神意与理性逻各斯关系的西方古典诠释学及舍弃文本、追寻反思的自我意识且上升至普遍性“新哲学”（哲学诠释学）高度的西方现代诠释学有着本质不同。可以这样认为，失去了经典，西方“Hermeneutics”依然可以健康地成长，但对于中国的“Hermeneutics”而言，却会失去自己的安身立命所在。由于与经典间存在着“不可分”的联系，所以笔者认为，“Hermeneutics”在中国应准确地称为“经典诠释学。”

如果仅仅从形式上通过辨别是否与经典联系密切就赋予中西方“Hermeneutics”以不同的称谓，结论显然是难以令人信服的。如果我们能够进行典型个案比较，通过剖析诠释者“如何理解”的思想理路、方法范式，进而论证“Hermeneutics”之于中西方风格的不同，并最终证实“经典”对于学科存在的意义，那么笔者先前论断的合理性，自然不言而喻了。在此，笔者选取朱熹（1130—1200）与马丁·路德（1483—1546）、徐复观（1904—1982）与伽达默尔（1900—2002）作为比较的对象。但这样的选择可能会引发疑问：就个体在中西方“Hermeneutics”发展史中的地位与影响而言，朱熹与伽达默尔、马丁·路德与徐复观的配对似乎更为合理。但如此选择，年代的差异毕竟过于明显，基于历史客观性与学科发展进程的综合考虑，笔者还是确定了时间“接近”的个案比较，以便更易彰显中西方“Hermeneutics”发展之不同。

毫无疑问，朱熹与马丁·路德均属于“Hermeneutics”发展的“古典期”。朱熹是中国哲学中宋明理学的奠基人之一，也是中国第一个系统地论述阅读与理解方法论的学者。他开发出一整套颇具哲学意蕴的诠释理论与方法，带来了中国“Hermeneutics”在中世纪全新的变革。在朱熹看来，诠释离不开经典，因为“理一分殊”，经典文本中内具“理”之常在，主体想要格物穷理的话，必须读圣言、悟圣意，也就是要经历“读书穷理”的过程，即“读书格物是一事”。[①] 为此，朱熹发明了“读书法”：其一，从读书态度上说，要学会“以物观物”，将文本视为立足点的“对象”，坚持价值中立地“解读”对象；要学会

① 黎靖德：《朱子语类》（第1册），中华书局2004年版，第167页。

“调放宽心”，明确公私之分，不标举“己意”，以文本以主导，“虚心”地理解；学会“切己”，读书的旨趣是“明理”，“明理”也就是了解自己，诠释经典实质上是一门“为己”的学问。其二，就读书原则来讲，要理顺文本整体与部分的关系，通晓经典内在的“脉络性”，“理解”要生成于“统一性”认识中。其三，就读书方法而言，要学会“熟读”，细嚼慢咽经典中的文字，“反复玩味”其精神指向，亦可通过“循环阅读”（关照整体与部分），建立文体生命的整体观，感悟经典。

剖析朱熹经典诠释视域内的“Hermeneutics”因子构成，首先，他将对文本意义理解作为经典诠释的核心目标。其认为，训诂是探寻文本原义的必要技术手段，要从文本句读的正确标示做起，考文辞、辨古意，以发现文本“原义”。其次，他主张还原历史情境，以客观的态度考察经典作者整体思想，运用“体验”式理解，找到作者的“原意”。朱熹说，诠释文本需做到“无偏见”，以公正客观的态度“以心比心”，推敲文字内涵，并联系诠释者日常生活实际，在人伦日用中体悟经典之义。最后，他特别关注了读者所悟之义。基于“理一分殊”的假设，经典所描述的东西，终究代表着个别事件的“分理”。而读者对于经典的理解势必存在因“主观性”而作出的“发挥”式理解。所以诠释经典需要完成的一个任务是，从“个别”中提炼“一般”，以精神要义的形式，指引读者的思想发展。

马丁·路德是16世纪欧洲宗教改革的创始者，他对经典的诠释大多围绕论战的话题而展开。在其看来，传统教会一直以曲解的《圣经》文本教义统治教民，要恢复经文本来的蕴意必须回到源初的文本，重新诠释。所以，他重新编订了希腊文《圣经》，并将之翻译成德译本。路德提倡对《圣经》的理解与诠释要本着“信仰优先”的原则，以信仰作为引导，“在了解《圣经》上，圣灵必须作为我们唯一的主和教师”①。上帝之道是无与伦比的，人们要怀着虔诚的心，以纯真的态度，毫不怀疑地研读《圣经》，感悟《圣经》。当然，想要真

① 马丁·路德：《马丁·路德文选》，中国社会出版社2003年版，第125页。

正理解《圣经》还需要有“理智”的加入。路德说，《圣经》具有自明性，对其经文意义的理解不是难事。但《圣经》文本的“字面意思”在不同的历史语境中会存有变迁，故理解时要特别注意相应的个别细节，要学会从文字的前后关系及经典整体所含的统一意义中感悟。此外，路德还着重强调，解读《圣经》必须去除“隐喻”的解释。我们知道，从斐洛开始《圣经》就常被认定为是一个隐喻的系统。其表现是，当经文字义与生活常识发生冲突时，即会以“隐喻”的处理，以获取经文意义的合理性。由此一来，《圣经》经文中有可能是“悖谬”的东西，也会得到真理式的对待。然而，这带来了一种诠释学危险——当隐喻被过度使用后，经文的字面意义会被极大地隐藏，甚至会被带入可有可无的窘境。针对此问题，路德果断指出，除非上下文明显的特性和字面意义太过荒唐，方可勉强使用隐喻释经的方法。《圣经》中的文字都是“光亮”的，承载着上帝之道，理解是简单易行的事，不要搞得特别复杂。

综观朱熹与路德的学说，结论是明显的：朱熹依经典建立了“Hermeneutics”体系，其以“理”为诠释形上学，以“格物致知”为方法论，围绕知行与读书间的关系建构了认识论与工夫论。无论是学说的理论深度，还是规模的完整程度均远远优于路德的诠释学。仅就对经典的深入解读而言，朱熹对四书等进行了一字一句地注解，并由此建构出自己的哲学理论。而路德其实并未对《圣经》诠释学进行系统的研究，其相应言语虽然犀利，却不能称之为理论。他虽凸显理解经文真义的重要性，却没有向读者提供出方法论系统。更为重要的是，路德一再强调对《圣经》的信仰，却没有说明此信仰得以建立的《圣经》文本之意义。文本与信仰间若无关联，读经的意义何在？若真如他如言，《圣经》具有自明性和自解性，普通人都能便易地理解，那么诠释学存在还有什么价值？与之相比，朱熹对于诠释与经典的关系论述要详细透彻得多。朱熹从“物理”推演“文理”，最终揭示义理，从“格物穷理”导出“读书穷理”。他不仅给出了文本与作者的诠释学定位，而且说明了经典、意义与真理的关联。无论是“以心比心”式的经文互解，还是“以意逆志”的文本解读方法，朱熹针对每一诠释问题都以具体的经典文字为例进行说明。可以认为，没有经典就没有朱熹的“Hermeneutics”，其学说研究的目的就是要更好地理解经典。而路德所做的更多地是借用《圣经》这一“工具”（或曰符号），反抗传统，通过唤醒人们重新认识经典以完成宗教改革的任务。因为他知道《圣经》是基督教的根基，依据对经典的重新解读，他的改革可以获得更多的权威性与合法性。

比较之后可见：朱熹无愧于“Hermeneutics”大师，他坚定了人们对经典的信念；路德则是给西方诠释学发展启发了“新路”，他增加了人们对经典的信仰程度，但对经典自身依附与开发却并不完善。如果说，朱熹与马丁·路德的比较，是中西“Hermeneutics”古典阶段对经典之定位的缩影的话，那么接下来徐复观与伽达默尔的比较，则可以充分表现出中西“Hermeneutics”于近现代对于经典的新认知了。

在另一个案中，徐复观是第二代现代新儒家的代表性人物，在其对经典的诠释中创造性地提出基于“忧患意识”解读文本。他说，“忧患意识”产生于“人之自觉”，是中国早期人文精神传统的延续，具体表现为主体对问题的责任与担当。“忧患意识”是解读中国经典文献思想的中心线索，是中华文化发展的主轴，五经四书中阐述的重要德目，如孝、仁、礼等均是“忧患意识”的显现。徐复观提出，要以“追体验”的方式理解经典。① 在操作层面，要将经典的作者思想放回到原有的历史情境中加以理解。因为人的存在本质上是一种“历史的存在”，是作为历史经验及现实所浸润的存在。要达成读者与作者之间的心灵默契，需要读者采取“以心印心”的方法，体验作者创作作品时的心境。如他从对《尚书》的解读中发现，周王朝的创建者对人事的吉凶成败的不确定性怀有一种深沉的戒慎之心，故形成他们处理日常事物时的“敬”的态度，凸显出当时作者的“忧患意识”。“追体验”还需有个进一步深化过程，即将经典思想放置于20世纪的时空脉络中加以检验，并提出评价。为此，徐复观提出要建立一种“政治学”的“Hermeneutics”。他从经典出发，深入地讨论了儒家经典思想与现代民主政治之间的关系。如他不断地从“五经”中挖掘儒家的民

① 参见徐复观：《中国文学精神》，上海书店出版社2004年版，第75页。

本思想，强调“人民主体性”立场，极力想促成其与现代中国民主政治发展相衔接。从这个角度上说，徐复观的“Hermeneutics”的基础并不是形上学或本体论，而是政治社会学或政治经济学。

伽达默尔与徐复观生活于相同的年代。他师承海德格尔开辟的生存论诠释学路线，高扬理解本体论，将“Hermeneutics”设定为一门追求生命体验与智慧，而非理性知识的学问。其强调理解的语言性与对话中的辩证法，将一切理解与解释最终都落实于语言之上。在他看来，理解的过程即是对话的过程。在该过程中，理解的对象是对话的语言。“解释”是实现理解的重要途径，诠释者的任务即将众多的语言符号正确地解释出来，把符号重新转换为它所表达的意义。伽达默尔创造性地提出“效果历史意识”“时间间距”等命题。他说，历史之所以能够成为历史，依赖于它所产生的“效果”，也就是各种主客观要素相互作用的结果。一个人如若承认了历史效果，那么他就具备了历史效果意识。诠释学包含了两个视域，一个是理解主体自身的视域，另一个则是特定的历史视域。诠释者需要以效果历史意识把作为理解主体的“我”与被“我”意识意识到的他者即历史区别开来。换言之，理解时需从“我”的视域出发而不取消历史的视域，同时尊重历史但又应舍弃“我”的主观性。“间距”思想起源于施莱尔马赫，伽达默尔将之以“时间间距”的形式改造提出。他说，理解者与“作品”间的确存在着“间距”，理解活动的终点即是“视域融合”。在此过程中，理解者对许多相异的东西有所取、有所留，在客观上促成理解者对作品的理解甚至超越于作者自身，所谓“优越的理解”。

现在我们开始比较徐复观与伽达默尔“Hermeneutics”中的“经典”定位。在徐复观那里，经典显然指的是中国古代的文献，尤其特指儒家的五经四书，这从文中所举例证中充分可见。而在伽达默尔那里，“经典”（更准确地说是“文本”）这一“名词”被赋予了更为抽象的哲学意蕴：其一，经典具有附属性，它不是一个独立的存在，必须依赖于读者阅读行为的发生而获得意义；其二，经典的意义产生于诠释之后，读者是诠释的中心；其三，所有的理解最终都是自我的理解。通俗地说，在伽达默尔的诠释学中，“经典”（文本）被抽离了传统意义，只是一种普通的作品，其意义具有多义性与生成性，读者理解的意义较之作品的原义更为重要，“Hermeneutics”就是一门“自我理解”的学问。“经典”对于徐复观来说是其“Hermeneutics”展开的前提，无论是学说体系的建构，还是孝、仁、礼等具体范畴的解释，论点、论据、论断均来自文本的诠释。但与宋代的朱熹不一样，徐复观所展的经典诠释及其所完成的效果，更多地揭示了中国“Hermeneutics”中的“实存性”特质，更为凸显经典与诠释者之间存有的互为诠释、互为创造的关系。这样一种关系，我们在伽达默尔那里同样也是看得到的。只不过，后者给出的理论论证、逻辑推理、抽象思辨更为系统罢了。伽达默尔对于经典持的是“无视”的态度，因为他的诠释学归根到底是一种“读者中心论”，所谓理解过程始于读者之前见，终于读者之自我理解。“传统”“文本”等确切地讲，是伴随着读者的理解而被重构的对象。此对象可以是文本，也可以是事件，或是活动与行为，总之无所谓是否是“经典”。显然，伽达默尔的诠释学已大大超越了几百年前的马丁·路德，它已成为一门“科学”，完整地展现于人们面前了。

从上述个案的比较中，我们更加有理由确信，中西“Hermeneutics”对于“经典”认知有着本质不同。中国的“Hermeneutics”称之为“经典诠释学”理由是充分的。现在需要进一步追问：中西“Hermeneutics”均产自于经典解读，为何日后走上不同发展之路？笔者认为：首先，二者承载的遗传基因不同。西方的“Hermeneutics”萌芽于人们对神的信仰，语言与文字成为神与人之间的中介。由于早期关于神的传说，通常是以口头的形式传诵，所以“神言”时常以“口语化”形式记录。这一点在《圣经》中表现得十分明显。古希腊人用自己的智慧，让人们对自己所信仰的“神言”“神迹”拥有了合理的解释。而同一时期，语言学、语文学、修辞学的快速发展，让人们更为容易地理解了《圣经》等经典的含义。而中国的“Hermeneutics”诞生于孔子对上古文献“六经”的解读。众所周知，商周文字书写不易，字义更晦涩难懂，同一字词在不同的语境下含义会有着明显不同。人们虽然尊奉“六经”为“圣典”，但对其意义的解读却有着多元化的理解。圣言本身即具有“微言大义”的特点，加之又以文言文形式记录，这更为诠释者提供了宽广的理解空间。当西方的《圣经》等经典经历了千余年的解读，口语化经文的寓意已为普通人所熟知时，再对其反复诠释显然没有意义了。于是，诠释学开始向哲学靠拢。而中国的五经四书，由于文字与语意解释的多样性特质，依然没有失去诠释的活力。相反，当某一思想遭遇发展困境时，还可“返本开新”，以另样的诠释，重新获取生命力，并为普通民众所信服。诠释者还可从中融入自身的思想观点，且以经典为依据，对之证明。直至今日，经典诠释的空间仍然没有封闭。

其次，二者成长环境不同。毋庸置疑，西方的“Hermeneutics”成长于“哲学”的环境中，而中国的“Hermeneutics”则成长于“经学”土壤里。古希腊哲学让《圣经》经文由“属灵的话”转换为“属人的话”。尽管人们仍然坚信《圣经》的真理性与真实性，但由“人”的语言解读出的《圣经》难免存在文字前后冲突，观点矛盾的情况。如果这些冲突矛盾不能得到合理解释，势必会动摇人们的信仰。于是，将解经与哲学思辨相结合以拓展诠释空间便成为社会的共识。教父哲学盛行的时代，“隐喻”思维被广泛应用于“Hermeneutics”之中。《圣经》不再是通过普通文字解析即可理解的文本，而成为一种具有隐秘意义的“密码语言”。中世纪的宗教改革促成《圣经》解读思路的变化：要以哲学的思维解释经文形而上学的层面，以历史与科学知识体会经文所记录的具体事件。德国浪漫主义时期兴起之时，“Hermeneutics”完成了由古典向着现代诠释理论的转化，传统讲究对“绝对”文本进行“绝对”理解的观点被放弃；“Hermeneutics”超越了神学的界限，而成为精神科学的一般方法论。当语言哲学、现象学等现代哲学因子纷纷融入进来的时候，“Hermeneutics”在本质上已彻底具有了“诠释哲学”的属性。诠释哲学是生命世界的现象学，以“纯解释”为理解的目的，世上的一切均化为生命的自我解释。可以说，西方“Hermeneutics”随着自身对理解意义的形上之思的深入，逐渐失去了对经典的“兴趣”，故只能称“诠释学”而不可称谓为“经典诠释学”。

经学对于中国传统文化的影响力是深刻而悠久的，它是中华文明的根干，历经2500余年。中国“Hermeneutics”的发展显然脱离不了它的影响。如果说先秦时期，诸子“以意逆志”“知人论世”“循名责实”“见知见行”等理念将人们对经典关注渐微性地引向哲学思辨的话，那么两汉经学“官学”地位的确立则将“Hermeneutics”绝对化地导向了“经以致用”的实用性发展。从经典中找证据进行改制、从文本中挖思想进行教化讽谏成为时尚。魏晋玄学带来的“言意之辨”“辨名析理”等思辨虽然推动了中国语言哲学的早期发展，但名教与自然的论争最终让经典诠释回到了现实。器化的功用，仍是“Hermeneutics”的指向。宋明理学强化了“义理”之于诠释的重要性，虽然其中有朱熹、王阳明等尝试以解读经典来建构哲学体系，但最终“Hermeneutics”并未能成为一门哲学。20世纪经学虽然瓦解，但经学思维依然存在于现当代学者的头脑之中，离开了经典“Hermeneutics”将无法生存，依旧是许多人的理念。所以徐复观等还是以诠释经典的“老路”，展开自己的“Hermeneutics”。对于中国人来说，“Hermeneutics”就是一门解读经典文本的学问，“经典诠释学”的命名，名副其实。

最后，二者于当代的发展境遇不同。当前，西方“Hermeneutics”日益发展为一种国际性的思潮，其自身不断分化：意大利的贝蒂将诠释学塑造为解读“客观心灵”的方法论；法国利科发明出融现象学、存在论、结构主义于一体的诠释学；美国的赫施强调诠释的有效性，以“样式”与“类型”重构诠释学；德国的阿佩尔以先验交往的共同体为基石，建立了“先验诠释学”；现代马克思主义者则建构出特色鲜明的唯物主义诠释学。此外，德里达、罗蒂等立足解构主义、新实用主义，将“Hermeneutics”带入了后现代主义视野。学者们的观点虽不一致，但克服理解中的相对主义却是他们共同追求的目标。“Hermeneutics”已然是一种纯粹的哲学，“经典”几近淡出了诠释学的领地。而在东方，汤一介等学者却在致力于论证中国存在“Hermeneutics”合法性的工作。他们需要让人相信，中国古代“真的”存在过“Hermeneutics”，并且许多基因一直延续、存活至今。他们集中在传统经学中寻找线索，以经典为依据，探究古人理解圣贤思想的智慧。在此情况下，经典与“Hermeneutics”的联系反而更加紧密了。可以认为，以经典为中心是中国“Hermeneutics”最大的特色，“经典诠释学”的命名实至名归。

第一章 作为历史存在的中华经典

中西诠释学史比较要从经典说起，因为中西方诠释学最初的发展都是从对经典的释义开始的。并且，中西方文明的兴起都是从人们对现实世界的基本特征和运动规律进行较深层次的探讨，随后以书面语言的形式将相应思维成果记录于原创性典籍的行为中保存下来的。解读中西方诠释学赖以生存于其上的经典之内涵与外延，显然可以更好地理解与把握中西经典文化和原初的诠释学发展状况。

我们知道，在人类历史长河中，那些颇具生命力且曾在世界上产生一定影响的民族大多拥有悠久的文字记载历史，有在民族文化和社会生活中占据重要地位的经典及其评注。古埃及文化、古巴比伦文化、古印度文化、古希腊文化、古罗马文化等，莫不如此，中国文化亦不例外。经典就其存在的自身价值而言，可谓人类知识的总汇。苏美尔文明中的《吉尔伽美什》、哈拉帕文明中的“四大吠陀”、波斯文明中的《阿维斯塔》、古希腊文明中的《荷马史诗》、伊斯兰教文明中的《古兰经》等，它们或为民族史诗，或为宗教法典、或为仪轨戒律，或为圣贤语录，抑或兼而有之，反映出不同文明思想渊源与价值取向的差异。它们在各自文明内部有着极高的权威性与辐射力，甚至可以成为政权合法性的来源和法典的依据。同时，又由于这些经典本身极具诠释性，并包含着特定文化传统最基本的宗教理想、哲学思维、伦理观念、价值标准和行为准则，故评注解析经典往往成为理解一个国家、一个民族文化传承的智慧钥匙。也许，这正是诠释学存在的最大价值合理性。

就中国而言，中华经典涵盖范围广阔，种类繁多，经、史、子、集是其构成的主体。其中，“经”为各类著作之首。就其发展史而言，其经历了由“六艺”演变为“十三经”的过程。在此过程中，它的结构发生了不小的改变，文本形态亦有着前后的不同。细究其原因，可以充分体悟到中华经典之内在的历史自觉、哲学突破与文化转型。并且，极大地彰显了华夏文明的不变主题——究天人之际、发人本思想、扬经世精神等。

一、“六艺”的形成与演变

当下，普遍认可的说法是，“六艺”是中华最早的经典。清代学人章学诚《校雠通义·原道》论说“六经皆史”云：“六艺非孔氏之书，及周官之旧典也。《易》掌太卜、《书》藏外史、《礼》在宗伯、《乐》隶司乐、《诗》领于太师、《春秋》存乎国史。”① 这是对“六艺”组成的简要概括，也就是说，“六艺”包括一部记录筮法的占书，一部君臣言语录，一部包含风、雅、颂三体的诗集，一部礼书，一部编年断代史，以及一系列难以形诸文字的音乐、舞蹈、服饰、仪节等，它们具有完全不同的知识体系与表现形态，分掌于不同的职官。细究它的起源，可以追溯到西周礼乐文化教育制度中。

按国人的一般认知，中国上古史可推端于炎黄争锋之时，但司马迁在《史记》中却明确指出：“然《尚书》独载尧以来；而百家言黄帝，其文不雅驯，荐绅先生难言之。”②的确，在有着经典的夏、商、周三代的历史典籍中，相关文本内容的细节极其混乱。史学界至今仍难找到夏代存在的可靠证据，出土卜辞未涉及的盘庚前商史传说亦无实据支持。不过，大量商周金文的发现以及诸多

① 章学诚著，叶瑛校注：《文史通义校注》，中华书局 2004 年版，第 951 页。

② 司马迁：《史记》卷一《五帝本纪》，中华书局 2016 年版，第 3 页。

礼器的问世却宣告了西周社会存在的铁之事实。据考证，西周初年“以德配天”思想便已存在于华夏文明中。经由周公的大力倡导，礼乐文明在西周社会盛极一时。从本质上讲，礼乐文明的目的在于通过礼乐的不同作用来规范人们的行为、调节人们的心理，进而造成一个虽有差异，但和谐的政治、生活秩序。①与之相匹配，西周建立了完善的教育设置，“商代贵族已有学校教育。……西周贵族教育子弟的学校，已较完备，有所谓的小学和大学。”②“（小学）六年，教之数与方名。七年，男女不同席，不共食。八年，出入门户及即席饮食，必后长者，始教之让。九年，教之数日。十年，出就外傅，居宿于外，学书计，衣不帛襦裤，礼帅初，朝夕学幼仪，请肄简谅。十有三年，学乐，诵《诗》，舞《勺》，成童舞《象》，学射御。”而在大学“二十而冠，始学礼，可以衣裘帛，舞《大夏》，敦行孝弟，博学不教，内而不出。”③在此阶段，学生的主修功课即是“六艺”，“一年视离经辨志，三年视敬业乐群，五年视博习亲师，七年视论学取友，谓之小成；九年知类通达，强立而不反，谓之大成。夫然后足以化民易俗，近者说服，而远者怀之，此大学之道也。”④大学与小学共同组成了西周“学宫”中的必修科目，关于此时学宫状况的描述最丰富的资料记载于《礼记》之中，包括《王制》《月令》《文王世子》《学记》《经解》等篇目，涉及周代“辟雍”“泮宫”两级教育机构的数量及分布、教学科目、学生选拔、师资来源、考核方式、毕业去向等多个方面。

在郭店竹简《性自命出》篇中有如下的记载：“诗书礼乐，其始出皆生于人。诗，有为为之也。书，有为言之也。礼、乐，有为举之也。圣人比其类而论会之，观其先后而逆顺之，体其义而节文之，理其情而出入之，然后复以教。教，所以生德于中其也。”⑤在《礼记·王制》中也记录：“天子命之教，然

① 参见王正：《先秦儒家工夫论》，知识产权出版社 2015 年版，第 21 页。

② 杨宽：《西周史》，上海人民出版社 2003 年版，第 664 页。

③ 阮元：《礼记·内则》，《十三经注疏》，上海古籍出版社 2016 年版，第 1467 页。

④ 阮元：《礼记·学记》，《十三经注疏》，上海古籍出版社 2016 年版，第 1524 页。

⑤ 荆门市博物馆编：《郭店楚墓竹简》，文物出版社 1998 年版，第 179 页。

后为学。小学在公宫南之左，大学在郊，天子曰辟雍，诸侯曰泮宫。……乐正崇四术，立四教，顺先王诗、书、礼、乐以造士。春秋教以礼、乐、冬夏教以诗、书。王大子、王子、群后之大子、卿大夫元士之适子，国之俊、选，皆造焉。”① 从这些文字中可以看出，诗、书、礼、乐是最初的王官之学，《性自命出》强调“诗、书、礼、乐”本为人性自然之产物，而《王制》则认定此四学源于“先王”。《性自命出》确定了“诗、书、礼、乐”乃为圣人作，有着“圣统”身份，而《王制》则更强调其“王统”身份。由此，这四部典籍具有了学统与王教经典的双重权威性。

《汉书·儒林传》上说：“六艺者，王教之典籍。”② 虽然《易》与《春秋》是否可以纳入“王教典籍”尚存疑问，但《诗》《书》《礼》《乐》作为周代王室经典的身份，却是有史据可以证明的。在周王权的维护下，《诗》《书》《礼》《乐》的权威性均得到了王权的确证，并通过“辟雍”“泮宫”等各级国家教育机构以“四教”之学的形式得以广泛传播。其中，《诗》《礼》《乐》是周代贵族子弟必须修习的文化技能与素质，而《书》则作为三代政治智慧的结晶，为周人以敬天崇德为特质的王道政治提供了理想模型。于是乎，《诗》《书》《礼》《乐》成为中华文明最初的经典，并框定了此后“新生”经典应有的基本形态：内容所含多种门类的知识和技能，而且可使研读者在从中广博地汲取“营养”的同时又可得到一种简约可行的价值观念。

然而，随着周王室统治力的衰微，作为王官之学经典的社会权威性也日益下降。这不仅表现在经典自身在文本、仪式的存续与传习方面遭遇困境，而且展露于民众对于经典的整体信服度递减，尤其在战国诸子争鸣的年代，人们对于《诗》《书》《礼》《乐》的公开批评与非难不绝于耳。由此古老的经典逐渐失去生存的空间，其所承载的功能、要义不断随时间的拓展而深埋于历史之中。于是，社会中“礼崩乐坏”的现象不断涌现。面对这一情况，鲁国的孔子

---

① 阮元：《礼记·王制》，《十三经注疏》，上海古籍出版社2016年版，第1332页。

② 班固：《汉书》卷八八《儒林传》，中华书局2015年版，第874页。

决定重新厘定“四教”之经典、力争恢复其原有权威性，进而以之作为社会“正名”、稳定国家秩序的重要手段。《史记》上记载了孔子对《诗经》的删订：“古者《诗》三千余篇，及至孔子，去其重，取可施于礼义，上采契、后稷、中述殷、周之盛、至幽、厉之缺……三百五篇孔子皆弦歌之。”① 至于孔子对《书》和《礼》的整理，《论语》中可找到线索，“子所雅言，《诗》《书》、执礼、皆雅言也。”②《史记》上也有相关文字：“孔子之时，周室微而礼乐废，《诗》《书》缺。追迹三代之礼，序《书传》、上纪唐虞之际，下至秦缪，编次其事。曰：‘夏礼吾能言之，杞不足征也。殷礼吾能言之，宋不足征也。足，则吾能征之矣。’观殷夏所损益，曰：‘后虽百世可知也，以一文一质。周监二代，郁郁乎文哉。吾从周。’故《书传》、《礼记》自孔氏。”③

孔子删定《诗》《书》《礼》《乐》等经典的社会意义是明显的，其不仅在于让“四教”之学的文本内容与仪式记载重新流行于社会生活中，而且还通过发明出一套新的文本使用方式和仪式实践方式，使得古老经典以新的面貌与诠释理念获得了战国时代新兴士人群体的信赖。尤其值得一说的是，孔子还为经典架构增添了新的书目——《春秋》与《易》。从传世文献来看，孔子之前，《春秋》乃为列国的史籍文献，记载了各国史兴衰、公卿荣辱与一些奇闻轶事。而孔子“因史记作《春秋》。”④ 这时的“作”彰显了其是具有强烈象征性意味的书写方式，而“因史记”则说明了其文本的生成方法。通过孔子的修订，《春秋》文本内涵得到了不断“赋义”，逐渐从一部并不特别的史籍转身变为“加乎王心”的圣典。与之类似，《易》本为一部古老的占筮之书，通过孔子的整理，《易》中的占筮变得不再重要，而其中卦象、爻辞所蕴涵的规律性意义却成为其文本新的意义。经由孔子“韦编三绝”的研读开发，《易》由一部纯粹的技术性经典逐渐跻身于儒学经典的序列之中。

① 司马迁：《史记》卷四七《孔子世家》，中华书局 2016 年版，第 321 页。
② 程树德：《论语集释》卷一四《述而下》，中华书局 1990 年版，第 475 页。
③ 司马迁：《史记》卷四七《孔子世家》，中华书局 2016 年版，第 321 页。
④ 司马迁：《史记》卷四七《孔子世家》，中华书局 2016 年版，第 322 页。

在孔子和他的弟子大力推崇下，《诗》《书》《礼》《乐》《易》《春秋》以儒家"圣典"的形式出现在世人眼前。并且，随着儒学社会地位的不断提升，"六经"的称谓也慢慢出现。当然，根据史学的考证，"六经"最初的名字是"六艺"。《周礼·大司徒职》上最早记录了"六艺"之说，其指的是大司徒用以"教万民"的"乡三物"之一，包括礼、乐、射、御、书、数六种技艺。① 而后，随着儒学传播的广泛"六艺"慢慢变成儒家经典的称谓，"礼义不行，纲纪不立，后世衰废；于是后圣乃定五级，明六艺，承天统地，穷事察微，原情立本，以绪人伦……"② 尤其到了汉代，当统治者"罢黜百家、独尊儒术"推行后，在董仲舒等人的确认下，"六艺"随后更为广泛地传播开来，"君子知在位者之不能以恶服人也，是故简六艺以赡养之。《诗》《书》序其志，《礼》《乐》纯其美，《易》《春秋》明其知。六学皆大，而各有所长。《诗》道志，故长于质。《礼》制节，故长于文。《乐》咏德，故长于风。《书》著功，故长于事。《易》本天地，故长于数。《春秋》正是非，故长于治人"。③ 显然，作为经典的"六艺"已成为"塑造"君子用以"赡养"君主的知识体系。而元康元年八月，汉宣帝的诏书中称："朕不明六艺，郁于大道，是以阴阳风雨未时。"④ 这是可查找到的最初的"官宣""六艺"的说法。

二、从"六艺"到"五经"

在汉代以前，作为经典的"六艺"其接受者大多为儒家知识分子。而在儒门之外，随着宗周王权的衰落，传统王教经典的"诗""书""礼""乐"开始

---

① 阮元：《周礼注疏》卷十，《十三经注疏》，上海古籍出版社 2016 年版，第 707 页。

② 陆贾：《新语·道基》，中华书局 1986 年版，第 6 页。

③ 苏舆：《春秋繁露义证》卷一《玉杯》，中华书局 1980 年版，第 36 页。

④ 班固：《汉书》卷八八《儒林传》，中华书局 2015 年版，第 715 页。

受到墨子、庄子、商鞅、韩非等士人的质疑和批评，关注《周易》《春秋》等经典的人群越来越多地对典籍内容产生不同的争议之声。汉朝初建，统治者最初奉行黄老之学，兼采法家、儒家、墨家、阴阳家思想之精华，将休养生息作为国家政治的基调。几十年间，老子的思想在社会中广泛传播，帝王公卿贵族们都“不得不读《老子》，尊其术”①。“六艺”一度处于人们治学视野的“边缘”。不过，随着经济的繁荣，国力的强盛，割据势力的暴起与消除，汉王朝内外形势发生了深刻的变化，实现有效的大一统政治，成为时代需要。面对新的情况，黄老之学越来越不能适应，并且日渐显露出反人文主义的倾向，引发了朝野上下有识之士的不满。武帝时期，“罢黜百家，独尊儒术”的政策开始施行，国家建起一套政学合一的经学学术制度，并结合战国阴阳五行思想开发出首批儒家经学典籍体系，从而调整、统一、强化了儒学文化意识形态。建元五年，汉朝廷设立“五经博士”，让儒家“六艺”中的五种文本——《诗》《书》《礼》《易》《春秋》成为经过国家权力正式确认的经典，并借助太学这一制度化机构以及博士这一常设职官进行“课试”而使之强化为“官学”典籍。因为《乐》不在官学之中，因此，汉代除了河间献王这样的好古之士以个人兴趣对先秦儒家乐论进行积极整理以外，鲜有学者对之再产生兴趣。据《汉书·艺文志》记载，与“五经”各自发达的经学分化以及传承看来，乐学在汉代的发展十分衰落，而河间献王与毛生共定的《乐记》，后来也仅在王定、王禹等极少数士人间流传。可以认为，儒家经典的目录正式由“六艺”转化为“五经”。

汉代统治者将“五经”文本的权威性与神圣性的产生归因于其是三代“先王、先圣”言论的遗存，而“五经”自身作为一种学术制度，除树立“先王”谱系以造就经学话语之神圣来源外，也明确了儒学之“先师”的身份，这就是把先秦孔子“法定”为“五经”学术的祖师，从而把作为先秦官学的儒学和作为先秦私学的孔学，在形式上联系起来。于是已成为国家意识形态文本的“五经”即具有了一种多重二元构造：王权史迹和王权诠释学、政治权势系统和道

① 班固：《汉书》卷九七《外戚传》，中华书局 2015 年版，第 971 页。

德权势系统，以及儒学制度中帝王和国师的二元神圣信仰系统。换言之，“五经”不仅是儒学的“圣典”，而且更成为民族的信仰系统。

“五经”文本作为汉代官方的“经典”，其意识形态功能不断得到强化，虽然其文本内容与前代大致相同，但势力扩大的汉王朝在对其学术利用的强度上，比起六国时代来已大为增加。就其文本开发特点上看，它被视为重要的历史资料来源，其要点不在于材料的真实古远性，而在于官方和儒士对其“准实证性”的作用；其也作为历代王室言行和政事的记录，经文被认为是王权谱系代表者的言行记载。通过对“五经”文字的确证，统一的王权谱系的历史存在被确实。同时，经典的创造者（三代圣贤）和经典宣教者（孔子）的二元构造亦形成了权势的持有者和权势的宣教者分离，这对于汉代统治者中央集权的维护有着特殊意义。从一定意义上说，“五经”于此时已成为中国书籍等级系统中地位最高者，诸经文以象征的方式，共同担负着国家意识形态的控导和宣扬作用。但是它们不是系统性的理论文本，也不是系统性的神话文本，更不是系统性的社会法典。也就是说，其指导作用不是实质思想性的，而是象征认知性的和精神信仰性的。“五经”乃是王言和圣言的混合物，除了其政治意识形态功用外，其学术性格不是朝向思想激发的，而是朝向信仰崇拜的。

现在让我们仔细审视一下“五经”的文本构成与性质功效。长久以来，《易》始终被称为“第一经”。其材料内容来源于远古的占卜学，而思想线索来源于战国的阴阳学。它以象征化的理论和增附义理说明的方式，表达了宇宙和人生的根本规律以及个人选择的智慧指南。对于它的起源，《汉书》上的记载是：“《易》曰：‘宓戏氏仰观象于天，俯观法于地，观鸟兽之文，与地之宜，近取诸身，远取诸物，于是始作八卦，以通神明之德，以类万物之情。’至于殷、周之际，纣在上位，逆天暴物；文王以诸侯顺命而行道，天人之占，可得而效，于是重《易》六爻，作上、下篇；孔氏为之《彖》《象》《系辞》《文言》《序卦》之属十篇。故曰：‘《易》道深矣，人更三圣，世历三古。’”① 由这段文字可知，

① 班固：《汉书》卷三十《艺文志》，中华书局 2015 年版，第 324 页。

《易》之初始，唯有八卦，而八卦是伏羲所画，六十四卦为周文王所制，并作上、下经，《十翼》是孔子所作。对于“易”的释名，许慎《说文》上说：“易，蜥蜴蝘蜓守宫也。象形。祕书曰：日月为易，象阴阳也。”郑玄《六艺论》上讲：“易一名而含三义：易简，一也；变易，二也；不易，三也。”朱熹则言：“‘易’字义只是阴阳。《易》只消道阴阳二字括尽。”[①] 于是可见，“易”是一门阐述阴阳间的变易关系的学问。

作为经典的《易经》在整体上分为经部和传部两部分：经部是“王言”的遗存，包含着公私法典和活动记录，具有历史“神圣性”；传部则为圣贤的权威性释义。在经部内实又分为两个部分：远古占卜记录残句及其后世编辑加工。具体为：第一，由“爻”构成的系统。“爻者，言乎变者也”[②]，《易经》中的卦由卦画组成，卦画就是爻。“爻”分为“阳爻”和“阴爻”两种，奇者为阳，偶者为阴。六十四卦便是爻变化的结果。画卦之法，皆由下而上，最下者为第一爻，称“初爻”，最上者为第六爻，称“上爻”。凡阳爻称“九”，阴爻称“六”。第二，与“卦”相关的系列。《易经》中最初产生的卦有八个，称“八卦”，乃以阴阳爻画排列在三个爻位中而产生的八个不同卦形。由“八卦”的自重或互重又产生出六十四种不同卦形，它是由八卦两相重叠而成，所以每卦都有六画。卦爻与八卦、六十四卦均属于符号性质，即所谓“卦象”，经卦所代表的象称“大象”，别卦所代表的象称“小象”。而《易经》中的《卦辞》《爻辞》两部分，便是直接解释卦象的文字。第三，卦象。《易经》中的各卦各自有象，若仅观其象不容易通晓其义，所以必须系以文辞，然后其义得以明白。其中解释全卦卦象，而定全卦意义的，称为《卦辞》。第四，爻辞。解释一爻的取象定一爻的意义，称为《爻辞》，共三百八十六条。《爻辞》分别就各爻的“爻德”“爻位”作说明或象喻，并依占辞断吉凶。

《易经》的传部以《十翼》形式出现。传部有七类文本：彖、象、系辞、

---

① 黎靖德：《朱子语类》卷六十六，中华书局 2016 年版，第 1604 页。

② 《周易 · 系辞上》，中华书局 2011 年版，第 15 页。

文言、序卦、说卦和杂卦。因其分十篇完成，故称之为《十翼》。翼者，辅翼也，意思是说它们能辅佐经义，犹如飞鸟的双翼。《彖传》共六十四条，随经分上、下篇。彖者，断也，断一卦之义也。《象传》也随经分上、下两篇。其取名为“象”，是因为其多本乎“爻象”“卦象”以立言。分《大象》《小象》两部分。前者用以解释全卦所从之象及其哲理，后者解释每爻所从之象，即解释六爻《爻辞》的“象”的吉凶，以说明取“象”的道理，共三百八十六条。《文言传》乃“文以足言”之义，申论《彖传》《象传》之意，扣合人事以详说《乾》《坤》二卦经文的义理。《系辞传》又称为《易大传》，近乎《易》之通论，于《十翼》中最具哲理性，分上、下两篇，每篇依文义又可分为十余章。《说卦传》是解释“卦象”“卦德”之传，主要说明卦在自然界、生物界的取象，说明各卦在人伦中的取象以及说明卦的方位或八卦立名之义。《序卦传》主要解说六十四卦相承相生、生后次序的道理，并对卦名、卦义进行阐释。其分为两段，前段叙述《易》“上经”中三十卦排列次序的道理，后段叙述“下经”中三十四卦依次相承相生的原因。《杂卦传》不依卦序，而杂言六十四卦卦义，将六十四卦重新分成三十二组，两两对举，以精要的文字概述各卦卦旨，而多由二卦相反的意义加以发挥。

综观《易》之经、传，可知《易经》表意的基本方式为“爻”的空间关系以及“阴阳互动展开”图式，即通过二元对立元素间位置关系的组合系列来呈现出一套具有辩证关系的规律性模型。经卦模型、别卦模型，以及内含六个不同爻位，在诸不同的别卦模型中各自呈现出不同的位势和意义，而任何一个爻位的最终意义将由此三种位势间的位置关系决定。《易经》的中心思想集中体现在彖辞和象辞上。它们基本上是有关人事经验性的情境描述、形象比喻和利害推断，充分彰显出客观形势结构和主观选择意义之间的互动关系。需要指出的是，成为“五经”之一后的《易经》，其与前代间已有了许多不同。经文的卜筮根源性和卜筮功能的丧失，导致《易经》话语卜筮性的双重丧失。《易经》此时已不再保留原始卜筮功能，却有效地禀赋了意识形态的“起信”功能。《易经》的话语修辞学特点是包含多重对比、对立和矛盾关系，如道德与利害的对立、命定与选择的对立、对象正负的对立、主体身份的对立等。《易经》的话语不仅不是可以用于卜筮的，而且也不是可以用于统一化解读的。①

《书》是《尚书》，“书”的意思是“公文”。因《书》中所记的者为上代史事，所以又称《尚书》。“尚”即“上”，是上代、前代。后世以《书》为经，故又称《书经》。相传上古遗留的公文大概有3000多篇，孔子对之进行了甄别与选择，将之重要篇章编为《尚书》。《尚书》的真伪、传承、作者、作时等问题，在群经中最受争议。两千年来，“五经”被儒家视为王言和圣言的记录。但严格来说，“五经”中只有《尚书》可归入“实在的”王言类。这也造成《书经》的文字在诸经中是最难识认的，特别是时间靠后的周代两篇。《尚书》在汉代有今、古文不同的版本。所谓今文，是指用当时通行的隶书书写的文本；所谓古文，是指用先秦古文字书写的文本。今传《书经》29篇按古史之朝代，下分虞、夏、商、周四个部分，因含有各代诸王的诏书誓文，反映着历代重要的政事，故被视为“五经”中最重要的史学典籍，遂以为“天下之大经大法，皆载此书。”② 古文《尚书》收入58篇，自清代阎若璩等人《尚书》辨伪诸书印行以来，其属伪制，已成定谳古文版虽篇章较多，但内容却包含于今文本29篇之内。

今文《尚书》的篇目构成是：《虞夏书》《尧典》《皋陶谟》《禹贡》《甘誓》《康诰》《商书》《汤誓》《盘庚》《高宗肜日》《西伯戡黎》《大诰》《微子》《周书》《牧誓》《洪范》《金縢》《梓材》《无逸》《君奭》《召诰》《多方》《立政》《酒诰》《顾命》《康王之诰》《多士》《吕刑》《文侯之命》《费誓》《秦誓》。古文《尚书》分今文本中《尧典》为《尧典》《舜典》二篇，分《皋陶谟》为《皋陶谟》《益稷》二篇，分《盘庚》为三篇，并编纂散见于古籍的《尚书》逸句，且加入伪撰字句，分为二十五篇：《大禹谟》《五子之歌》《胤征》《仲虺之诰》《汤诰》《伊训》《太甲（上、中、下三篇）》《咸有一德》《说命（上、中、下三篇）》《泰誓

① 参见李幼蒸：《儒学解释学——重构中国伦理思想史》，中国人民大学2009年版，第256页。
② 蔡沈：《蔡沈集传·序》，清同治十一年山东书局刻本。

(上、中、下三篇》《武成》《旅獒》《微子之命》《蔡仲之命》《周官》《君陈》《毕命》《君牙》《冏命》。

今文《尚书》内容涵盖的时间，上起唐尧，下迄春秋时代秦穆公时所作的《秦誓》，纵贯夏、商、周三代。伪《孔传》将其中记述虞舜时事者，称为《虞书》；载夏时事者，称为《夏书》；马融、郑玄则合称《虞夏书》。记商代事者，称为《商书》；述周代事者，称为《周书》。从文体上看，宋代学者林之奇的总结是："《书》之为体，虽尽于典、谟、训、诰、誓、命之六者，然而以篇名求之，则不皆系以此六者之名也。虽不皆系于六者之名，然其体则无以出于六者之外也。"①但实际上，今文《尚书》中的文体只有五种。所谓"训"，今文《尚书》无，伪古文《尚书》有《伊训》，记录大臣伊尹告诫新君太甲之语。而所谓的"典"，是记载重要史事的文章；"谟"记录臣下对君主的进言；"诰"是群主对臣民的告示；"誓"是君主宣誓之辞，多为战争而发；"命"是君主对臣下的诏命。此外，《尚书》的成书体制由经文、传文、序文三部分组成，或曰传记部分包含着大小序文。大序指全书总序，小序指各篇分序等。

众所周知，先秦文献，传世稀少，春秋以前，更为罕见，故凡属真品，都很珍贵。今文《尚书》著成年代，多属西周，少部分为春秋及战国时代，实为了解中国先秦古史最为重要的文献。虽然春秋以前的可靠文献，尚有《诗经》《周易》等的其中一部分，但是诗歌体及占卜形式的文献，说明性和确切性不如散文体的《尚书》，可以说它是"六经"中唯一真正的王言记录，故今文《尚书》的价值意义明显。古文《尚书》中有20篇为伪造，从史料价值上看几乎无有价值可言，但这不意味着其在经学研究中亦毫无用处。从东晋至清代以前，学者注解《尚书》的著说，几乎全部包含伪造的25篇。在篇目编次上，它和今文《尚书》参差错见，篇目相互引用补益。甚至还发展出"虞廷十六字心法"等重要的理论学说，故其在后人研究中华经典的过程中，绝不可废弃。

《诗经》又称《诗三百》，是中国最早的诗歌总集。它的文本被认为是战国

---

① 林之奇：《尚书全解》，四库全书文渊阁本。

以前王室存积之诗文，包括民间、王侯、圣贤等制作的各种韵文。虽然其中的“民歌”部分非作于王室，但是因它们均为王室所采集和编选，故也被注入了某些“王室”特质。从结构上看，《诗经》的经文由305首商周诗歌而成，其以四字句的韵文为主，被辑集为周代王朝之文献。《诗经》的传文含有诗序、义疏、字义解诂等构成，主要解说诗中涉及的文字义理。需要指出的是，学界常有以“毛诗”称谓《诗经》的做法，其源于在汉代解说《诗》有齐、鲁、韩、毛四家，为了标明家法，所以四家各自于“诗”前冠以家派名称，故有《齐诗》《鲁诗》《韩诗》《毛诗》之说。但后来除《毛诗》外，其他三家著作已佚，所以《毛诗》的称谓也就流传下来了。

一般来说，对《诗经》的把握理解，必须明了“六义”，“教六诗：曰风、曰赋、曰比、曰兴、曰雅、曰颂。”①风、雅、颂是《诗》的性质或内容；赋、比、兴是《诗》的作法或表现技巧。其中，“风”全称为“国风”，“国者，诸侯所封之域；而风者，民俗歌谣之诗也。”②“国风”共含有十五国：《周南》《召南》《邶风》《墉风》《卫风》《王风》《郑风》《齐风》《魏风》《唐风》《秦风》《陈风》《桧风》《曹风》《豳风》，共160首诗。“国风”多为民间情诗，为周王室定期至民间采集而成，最具历史生活的真实性。其中《周南》《召南》二国风诗因其代表王畿地区的民谣，特殊性，常被后人视之为占据全体《诗经》经文思想引领地位的文献。“雅”可指“雅音”“正乐”，是天子、诸侯宴会时之诗作。《诗经》中有《大雅》31篇，《小雅》74篇。之所以有“大”“小”之分，朱熹曾给出解释：“雅者，正也。正乐之歌也。……正小雅，燕飨之乐也；正大雅，会朝之乐，受厘陈戒之词也。故或欢欣和说，以尽群下之情；或恭敬齐庄，以发先王之德；辞气不同，音节亦异。”③演奏场合不同，音节有异，应该是《大雅》《小雅》区分的重要原因。并且，《小雅》中亦含有许多类似风谣的劳人思妇之辞，只是因其含有贵族士大夫的“格调”而与“风”的民间性产生不同罢了。“颂”

① 《周礼·春官·大师》，中华书局2014年版，第13页。
② 朱熹：《诗集传》，上海古籍出版社1980年版，第2页。
③ 朱熹：《诗集传》，上海古籍出版社1980年版，第2页。

是王室祭祀和庆典的乐歌，其分为《周颂》31 篇、《鲁颂》4 篇、《商颂》5 篇，共计 40 篇。“颂”与“风”“雅”的区别在于“颂者，美盛德之形容，以其成功靠于神明者也。”① 三类《颂》中《周颂》为最早，大都是祭祀祖先的乐歌；《鲁颂》是颂美鲁僖公的诗，均作于鲁僖公的时代；《商颂》大约是宋襄公时的作品，其中也有阿谀时君的诗篇。

《诗经》作法中的“赋”指直接铺陈其事，也就是今人所说的叙述法，“直指其名，真叙其事者，赋也。”②“比”指比类，以此喻彼，即修辞学上的比喻，“比者，以彼物比此物也。”③“兴”指触物生情，近乎会意，甚或联想，“兴者，先言他物，以引起所咏之辞也。”④“比”“兴”虽都托物，但二者之别在于，比一所托之物有相当的关系，而兴只是托物以起义，重点于在取诸物象后的隐喻表达。《诗经》中《小雅·蓼莪》一诗综合运用了赋、比、兴三种手法：“蓼蓼者莪，匪莪伊蒿。哀哀父母，生我劬劳。蓼蓼者莪，匪莪伊蔚。哀哀父母，生我劳瘁。瓶之罄矣，维罍之耻。鲜民之生，不如死之久矣。无父何怙？无母何恃？出则衔恤，入则靡至。父兮生我，母兮鞠我。抚我畜我，长我育我，顾我复我，出入腹我。欲报之德。昊天罔极！南山烈烈，飘风发发。民莫不谷，我独何害！南山律律，飘风弗弗。民莫不谷，我独不卒！”⑤ 它的前几句用“比”法，自比为蒿、蔚等贱草，说父母生我，以我是良材，可以倚赖我安度余生，如今我却无法终养父母。自比为瓶，用罍比父母，说瓶子空了罍就无法满盈，比喻子女无法终养父母。后一句则用“赋”法，直述父母的养育之恩。最后几句则采用“兴”法，感叹环境恶劣，使得自己无法终养父母，引为终身的遗憾等。宋代王应麟曾引李仲蒙之语，较为准确地概括了《诗经》中赋、比、兴的特性：“叙物以言情谓之赋，情尽物也；索物以托情谓之比，情附物也；触

---

① 孔颖达：《毛诗正义》，北京大学出版社 1999 年版，第 1 页。

② 黎靖德：《朱子语类》卷八十一，中华书局 2016 年版，第 2094 页。

③ 朱熹：《诗集传》，上海古籍出版社 1980 年版，第 3 页。

④ 朱熹：《诗集传》，上海古籍出版社 1980 年版，第 3 页。

⑤ 《诗经·小雅·蓼莪》，中华书局 2015 年版，第 40 页。

物以起情谓之兴，物动情也。”①知晓了此句的意思，赋、比、兴的区分也自然会明了了。

关于《诗经》的“传”,“三家诗”可谓今文《诗》解读作品的代表。其中，《鲁诗》的作者是鲁人申培，《齐诗》的作者是齐人辕固，《韩诗》的作者是燕人韩婴。因西汉时期今文经学盛行，所以“三家诗”在其时广泛传播，但自东汉古文经学兴起后，“三家诗”逐渐被古文《诗》的代表《毛诗》所取代，“郑众、贾逵传《毛诗》，马融作《毛诗注》，郑玄作《毛诗笺》，申明毛义，难三家，于是三家遂废矣。”②“三家诗”自魏晋南北朝至南宁，解说《诗经》都专宗毛、郑；直到朱熹作《诗集传》，注《诗》时，在毛、郑之外，兼采今文诗说，《三家诗》才又逐渐受到重视；王应麟继承朱子遗志，完成辑考“三家诗”遗说的第一部著作《诗考》，重开了“三家诗”的辑轶工作。不过，直到清代“三家诗”的辑轶才真正兴盛起来，以陈乔枞《三家诗遗说考》为代表作，以王先谦《诗三家义集疏》为最完备者。

《毛诗》是古文《诗经》解读作品的代表。它的作者是毛公，因其身份不明，故后世传有大、小毛公二人，“荀卿授鲁国毛亨，亨作《诂训传》，以授赵国毛苌。时人谓亨为大毛公，苌为小毛公。以其所传，故名其诗曰‘毛诗’。”③从内容上看，《毛诗》与“三家诗”的经文并无太大差异，篇章次第先后偶有小异，字句略有不同，只是《毛诗》因是古文故古字较多而已；相对于“三家诗”,《毛诗》以解经义为主，将重点放在文字与名物的训诂上，较少牵涉其他。在《毛诗》中最受后人关注的是它的《诗序》，其冠于《诗》首的是《大序》，位于各篇的是《小序》。对于《诗序》的作者，历代始终争论不休。就其内容来说，它是解读《诗》之义理的主要部分，但由于序文中明显牵强附会之语颇多，所以自唐宋以来学者逐渐对之采取不信任态度。而朱熹在编辑《诗集传》时，更是将成于汉魏的大小序格式删除。

---

① 王应麟：《困学纪闻》，上海古籍出版社 2015 年版，第 52 页。

② 陆德明：《经典释文序录》，中华书局 2008 年版，第 1 页。

③ 陆玑：《毛诗草木鸟兽虫鱼疏》，明崇祯汲古阁刻本。

依现代研究的结果，《诗经》文本包含三个不同的层面：有关周代社会、文化和精神面貌的史料；叙事抒情类的文学作品；儒家道德劝谕的作用。其中的劝谕又包含两种类型：原诗自然含有的和诗序及传注所附加的。从价值上看，《诗经》的价值又可分为古代与现代两部分。在古代，《诗》是贵族阶级教学的主要科目，与《书》《礼》《乐》相辅而行。《诗》以其自身的特质成为古代教育陶冶感情、涵养品性、提升文藻、修养道德的主要媒介，其目的在使学之人达到至情至性、温柔敦厚、博雅宏通、文质彬彬的境界。而在现代，《诗经》兼具了文学、史学、语言学、哲学等多方面价值。其赋、比、兴的文学技巧，对周代思想、政治、礼制、风俗、人情、农业、物产的记录，对诸多古代字词、音义的记载，对儒家义理思想的揭示等，造就了其在今日不可忽视的价值。

据说，西汉在“五经”时礼部典籍只有《仪礼》残篇，而在东汉时又出现《周礼》和《礼记》，进而出现“三礼”之说。因古文经派视《周礼》为周公所著，便以之作为礼经系统的经部。从严格的意义上讲，“礼”无经传之分。故对《礼经》的叙述也需分三言之：关于《仪礼》，该经记载了古代贵族的生命礼仪、社交礼仪、政治礼仪与外交礼仪等。《仪礼》内容共17篇，文本因载有仪节描述故具有重要的象征意义。该书少有思想类文句，但具有“三礼”中最强的“史迹性”，因其符合儒家崇古的心理而增添了崇信价值。今传《仪礼》最重要的注本是郑玄的《仪礼注》，其次为唐贾公彦的《仪礼注疏》。关于《礼记》，该书中的“礼”特指《仪礼》，“记”是经的补充资料，或曰诠释。《礼记》表面上为注释礼部经文之记，应属“传”部，而历代实际思想影响反较其他礼书重要，乃因此书是礼部中唯一详细宣导儒学思想的书籍，且因部分篇章假托孔门师徒名义论述，故逐渐取得亦经亦传的地位。《汉书》上说：“《记》百三十一篇，七十子后学者所记也。”[①] 所谓的131篇，特指诠释《礼》的零散文章有百三十一篇。其为汉师在传授《礼》时选取的补充资料。相传戴德据此

① 班固：《汉书》卷三十《艺文志》，中华书局2015年版，第324页。

删定为 85 篇，所称大戴《礼记》，戴圣删定为 49 篇，称为小戴《礼记》。《礼记》的编纂，目的为诠释或补充《仪礼》所记之不足。但因其透露着孔孟以下儒家思想演化的痕迹，故成为后人研究战国初儒学的重要资料。如《礼运》的大同、小康之说，《学记》提出的教育理论等，均受到广泛地重视。《周礼》属古文经，该书记录着周代统治天下所设的职官设置。它是一本中国古籍中少有的系统性记叙文本，它记载着周代官职基本大类有六，以符合于天、地、春、夏、秋、冬之六维，分别掌管治、教、礼、政、刑、事等方面。每类职官列出数额及其亚类，俨然一整齐的职官统属系统表。对于《周礼》的作者，古文经者坚称其为周公所作，但今文经者坚持其伪作，甚言作者就是刘歆。客观地讲，《周礼》所载官职及其职掌，虽然不是完全出于实录，但比对可靠的先秦文献及金文上的记载，可知其中部分在古代是的确存在的。换言之，尽管《周礼》中极可能有凭空构成的成分，却也有反映实际状况的部分，在传世古文献稀少的情况下，这些资料对于后人了解先秦政治制度便显得弥足珍贵。

简言之，在经学中《仪礼》的作用是为礼经全体提供历史真迹和先秦礼仪之精神象征，《礼记》的作用在于真正传达以礼为本的各类儒家思想，《周礼》的写作则借助儒教祖师周公制定儒学经法的传说，提供其类似于政治法典的象征系统。实际上，“礼”作为制度、法令、仪式、心态、理论、风俗、礼器等的泛称，已广泛出现在五经系弘的全部文典中。所以，后人在作为“五经”之一的《礼经》谈论时，不应把“三礼”的经典性质与儒家的礼学范畴混为一谈。严格地讲，《周礼》代表礼制，《仪礼》代表仪则，二者均非两周文化的忠实描述，但它们均是窥视早期儒家理论学说的历史资料。而作为礼学杂论的《礼记》可起到综合表达礼学思想的目的：一方面，其中有可与《仪礼》相配合的部分；另一方面，也有可与《周礼》相配合的部分。由此可见，“三礼”中的史实依据、法典象征、精神教诲，可相互支持、相互补益，它们在五经系统及其实践过程中已结成了功能统一的文本整体。

“春秋”一词本为周代各国史上的通称，后来因孔子据鲁史以修《春秋》，于是“春秋”又变为鲁国史书的专名。汉武帝初立“五经”时，一度将《春秋》

视为“第一经”。因汉儒认为《春秋》是古代王官书，为“五经”中唯一一部非由先王而由“素王”孔子所撰之经，故可推为“首经”。与其他“四经”的“古远性”与“王言性”不同，《春秋》由传说中鲁国242年的史文记载编纂而成，其始于鲁隐公元年，经恒公、庄公、闵公、僖公、文公、宣公、成公、襄公、昭公、定公、至哀公十四年止，历二君，因其为孔子亲自删削而价值倍增。故《春秋》在五经系统中被认为是王言与圣言的合一之作。

《春秋》的经文即鲁国的史记，它由2000条左右记录句构成，每句包括的字词类别有：年月、人名、地名、动词、事由、物件以及介辞。《春秋》经文的意义不仅在于为此经提供了固定的历史文字资料，而且后来又成为古代史学创始体例之一。又因其“事件”内容极为简略，所以有了“春秋笔法”之“微言大义”之说。后来，儒家又将春秋时代分为三等十二世：有见三世，有闻四世，有传闻五世，“于所见微其辞，于所闻痛其祸，于传闻杀其恩。”① 由此人们对《春秋》的理解可更有条理化。至于《春秋》经文的旨义，大体来讲可表现在四个方面：一是“明辨是非，确立礼义”，《史记》引董仲舒语：“《春秋》辨是非，故长于治人。”又说：“《春秋》者，礼义之大宗也。”② 二是褒善贬恶，不畏强权。《史记》上说：“《春秋》采善贬恶，推三代之德，褒周室，非独刺讥而已。”③ 三是端正名分，尊王攘夷。《庄子・天下》说：“《春秋》以道名分。”④ 四是拨乱反正，治人治国。《庄子・齐物论》讲：“《春秋》经世，先王之志也。”《史记》也说：“拔乱世，反之正，莫近于《春秋》。”“《春秋》上明三王之道，下辨人事之纪。”⑤

《春秋》的传文分为《左传》《公羊传》《穀梁传》三部。《左传》常常借用叙述历史事件的方式来解说《春秋》经文的内容，文字丰富，篇幅很长。《公

① 董仲舒：《春秋繁露》，四部丛刊正编本。

② 司马迁：《史记》卷一三十《太史公序》，中华书局2016年版，第758页。

③ 司马迁：《史记》卷一三十《太史公序》，中华书局2016年版，第759页。

④ 王先谦：《庄子集解》，中华书局2006年版，第215页。

⑤ 司马迁：《史记》卷一三十《太史公序》，中华书局2016年版，第758页。

羊传》和《穀梁传》则主要用问答的方式，简要说明《春秋》经文的义例或微言大义，记事的文字很少。具体来说，《左传》又被称为《左氏春秋》，相传是战国时左丘明所著，因其用战国文字书写，时人将之列入“古文”，流行于民间。《左传》全书凡 19 万 6 千余字，在“十三经”中篇幅最大，唐代称之为“大经”，是《史记》以前中国最伟大的历史巨著。关于《左传》的性质以及它与《春秋》经的关系，历代学者为之争论不休。据说西汉末年刘歆提出古文经《左传》时，该书从内容、体例、立经过程上看，都与《春秋》经文联系不密切，本身为一部独立的史书，其史学独立于《春秋》经。然而，《左传》与《春秋》经文的联系又是客观存在的。其一，《春秋》经既为史书，记叙却过于简略，《左传》的丰富内容恰恰填补了这一点。其二，与其他二传相比，《左传》的释经作用不够明显，但《左传》作为史书依经而“尊贵”，《春秋》经系统因《左传》而大大增加了史学学术性和读解实用性价值。即读《左传》叙事，有如读“经文”本身，增加了史书的寓意性价值。

《公羊传》被认为“最能得《春秋》笔削之质”，即“笔法”与经文最为贴合，史称“公羊学”，它以揭示《春秋》中所谓孔子微言大义为目的。关于《公羊传》的作者，唐徐彦在为东汉何休《春秋公羊传·序》所作《疏》中指出，《公羊传》传自孔子弟子子夏，而在汉时是由公羊寿与胡毋子都共同写定而成，“言‘无闻’者，《春秋》有改周受命之制。孔子畏时远害，又知秦将燔《诗》《书》，其说口授相传；至汉，公羊氏及弟子胡毋生等乃始记于竹帛，故有所失也。”①《公羊传》解《春秋》十分重视“名分”，它以道名分；着力于阐述《春秋》的“义法”与“义”的内涵；深刻体现着孔子言论的精微、旨意的正大。从文字上看，《公羊传》采取一问一答的形式，就经文逐字析论，层层带入，以期诠释孔子撰作的本旨与蕴涵的深义。汉代以《公羊传》为核心文本的“公羊学”兴起，首要功绩在于董仲舒。它以《春秋》和《公羊传》作为武帝新政时期倡儒术时的经典依据。董氏以阴阳学说经，力倡天人感应说，并挟持《春秋》以为其说来自

① 何休：《解诂》，上海古籍出版社 2014 年版，第 35 页。

孔子之口实。其传文中所描绘的“三统”“三世”“黜周王鲁”“三科九旨”等命题，在其时社会思想的建构中起到了重要影响作用。

一般认为，《穀梁传》的作者是穀梁赤，“穀梁子名淑，字符始，鲁人；一名赤，受经于子夏，为经作传，故曰《穀梁传》。传孙卿，孙卿传鲁人申公；申公传博士江翁；其后鲁人荣广大善《穀梁》，又传蔡千秋；汉宣帝好《穀梁》，擢千秋为郎，由是《穀梁》之传大行于世。”①前人常将《公羊传》与《穀梁传》并提，由内容观之，二书确实可能出自同一来源：它们同属今文学派，同讲微言大义，同样采用问答体的方式表达，同样以诠释经义为主，叙事成分不多；只不过同源异流，本同末异而已。所以便可理解《穀梁传》的解经方式大部与《公羊传》相同的道理了。至于《公》《穀》二传的差异，郑玄说：“《公羊》善于谶，《穀梁》善于经。”②崔子方说：“《公羊》失之险，《穀梁》失之迂。”③即公羊家因好逞阴阳五行等谶纬之说以穿凿附会经义，故其失于险；穀梁家因谨守自认之义例，而又不能驰论，故貌似纯谨、缜密，实则迂而固。

在“五经”之中，只有《易》与《春秋》的“文本”是由经文与传文两个平等的部分共同构成。或者说，在两部经书中，表面上“经”部更为重要或尊贵，“传”部是前者的说明和解释，实际上如无传部，两经作为儒家经籍则无从成立。严格地说，《易》与《春秋》均由经、传两部分“平等”组成，其中经部的身份源于其历史性，经部文本由于其材料真实性和文本粗简性，主要起着作为“历史权威”的象征性作用，其思想意涵却其本来自传部。经的双重性结构在发挥学术原始形态作用时十分有效，前者直接诉诸威权信仰，后者诉诸经验理性。《春秋》经文寥寥几千言，对于儒家经典的诠释而言，其不仅不会因为文字简略而失去相应的启示性、激励性作用，反而正因为其简略性而更可成为具有神秘性修辞效用的文字符号系统。从文本性质上讲，《春秋》经传实为儒家的一部“政治哲学”，其特殊的表达手段“春秋笔法”，实为因文句极其

① 杨士勋：《春秋穀梁传·序·疏》，北京大学出版社 2000 年版，第 2 页。

② 郑玄：《六艺论》，《续修四库全书》，上海古籍出版社 2002 年版，第 2731 页。

③ 承载：《春秋穀梁传译注》，上海古籍出版社 2007 年版，第 9 页。

简略、“文本叙事空隙”极大，而方便了后来诠释者对之进行隐喻性填充。换言之，《春秋》在五经系统中所起的儒学意识形态作用是最重要的。因为五经系统是直接为专制政权服务的，《春秋》经传直接宣传着社会等级秩序的重要性，其对于专制集权来说，意义不言而喻。

从整体上看，《诗》《书》《礼》《易》《春秋》，程度不同地涉及哲学、史学、文学、社会、政治、语言、宗教等社会生活领域。其内容包括王事王言记录，各种先秦文化的表现，以及儒家有关政治、社会、文化、历史的各种见解。“五经”内容包括直到秦汉时期的各种儒家思想，主要关于周代制度文化的起源、规则和道德典范。“五经”典籍也即儒学独尊时期对周代历史文化经验和观念的记录、解说和利用。从效果上讲，“五经”实为中国儒学统治者之权威性和道德性提供了历史性和理论性的“双重证明”。虽然“五经”的内容经考证为真实历史材料、伪造历史材料、特定编辑程序这三个方面共同构成的，但其典籍的意义并不是由这三个面的分别意思之简单结合而成，而是由“史学的历史意义”与“道德的历史意义”结合而成。前者为历史事件内涵，后者则是经籍内容假定着的在历史上存在的道德因果律和天道规律对历史事件的制约作用。因此从一定意义上讲，“五经”就是一个大的系统，它的建立在更高的文化组织水平上强化了和永恒化了中国历史政治意识形态之原型。

三、魏晋隋唐时期的经目变化

在汉代经学发展过程中，最引人注目的事件是“今古文之争”，“今、古之所以分，其先由于文字之异。今文者，今所谓隶书，世所传熹平石经及孔庙等处汉碑是也。古文者，今所谓籀书，世所传岐阳石鼓及《说文》所载古文是也。隶书，汉世通行，故当时谓之今文；犹今人之于楷书，人人尽识者也。籀书，汉世已不通行，故当时谓之古文；犹今人之于篆、隶，不能人人尽识者也。”① 今文与古文原本只是文字的不同，但后来出现今文经师与古文经师解经师法和家法的差异，更由于古文经想获得官方的承认，立为官学，而今文经师不愿此种情况发生，以损害自己既得利益，故今古文之间发生了多次争论。其结果，并非是一方战胜另一方，而是促成了今古文经学的合流。

东汉末年，经学大师郑玄成为结束“今古文之争”的关键人物。他治经学无常师，兼综今古，“师事京兆第五元先，始通京氏《易》《公羊春秋》《三统历》《九章算术》。又从东郡张恭祖受《周官》《礼记》《左氏春秋》《韩诗》《古文尚书》。以山东无足问者，乃西入关，因涿郡卢植，事扶风马融。”② 郑玄杂糅今古，参合其学自成一家，对当时苦于家法繁杂，又厌倦门户之争的学者，有着极大吸引力。加以郑玄本人“以博闻强记之才，兼高节卓行之美，著书满家，从学盈万，当时莫不仰望，称伊、雒以东，淮、汉以北，康成一人而已。咸言先儒多阙，郑氏道备”。③ 在此情形下，学者翕然归向，纷纷委弃今古门户而就郑学，不仅“文鲁间宗之”，好郑学者比比皆是，大势所趋，今、古文间的争议随之而衰退，郑学“小一统”时代到来，预示着中华经典发展一个新时期的到来。

建安二十五年，曹魏建国。当魏初太学的博士设置中，经学所治师法以古学为主，郑学被确立为“大宗”。后来，以王肃为核心的“王学”兴起，其治经方式处处于郑学立异。为了在学理上压倒郑学，王学者不惜伪造《圣证论》《孔子家语》《孔丛子》等书，假托孔子及孔氏子孙的名义以驳斥郑学。而不甘居于王学之下的郑学子弟，愤然反击，他们与王学者展开有关解经方式方法等的激烈争论。“郑王之争”产生了积极的意义，透过王学的质疑和修正，郑学说经的许多弱点得以暴露，使得原本神圣不可侵犯的郑学发生了动摇。人们逐渐认识到传统的章句之学已不再满足治经的需要，经学势必要往新的方向

---

① 皮锡瑞：《经学历史 · 经学昌明时代》，中华书局 2011 年版，第 40 页。

② 范晔：《后汉书》卷三五，中华书局 2015 年版，第 358 页。

③ 皮锡瑞：《经学历史经学中衰的时代》，中华书局 2011 年版，第 40 页。

发展。

值得注意的是，此时在对于经典的称谓中出现了“七经”之说。在《三国志·蜀书秦宓传》中，陈寿引秦宓之言曰：“蜀本无学士，文翁遣相如东受七经，还教吏民，于是蜀学经于齐、鲁。”① 至于“七经”是什么，此处未言明。而在成书晚于《三国志》的《后汉书》中有了“七经”的注释：“七经谓《诗》《书》《礼》《乐》《易》《春秋》及《论语》也。”② 不过，根据后来的考证，真正在其时流行的“七经”应是《诗》《书》《礼》《易》《春秋》《论语》和《孝经》。因当时的统治者尊崇“至圣先师”孔子，尊其为“素王”；并提倡孝道，宣称“以孝治天下”。所以除推崇“五经”外，也很重视《论语》和《孝经》。③ 而在西晋所立“十九博士”中，“七经”的经目更可进一步被确认：“《易经》郑玄、《易经》王肃（后改为王弼）、《尚书》郑玄、《尚书》王肃、《毛诗》郑玄、《毛诗》王肃、《周官》郑玄、《周官》王肃、《仪礼》郑玄、《仪礼》王肃、《礼记》郑玄、《礼记》王肃、《左传》服虔、《左传》王肃（后改为杜预）、《公羊》颜安乐、《公羊》何休、《穀梁》史更始、《论语》王肃（后改为郑玄）、《孝经》王肃（后改为郑玄）。”④

进入南北朝后，由于朝代更替越来越密集，各项制度的调整也随之频繁。不仅如此，受到政治的影响，中国南方和北方在社会与文化上呈现出明显的差异。而经学的发展，亦有南学与北学之分。《北史》上说：“大抵南、北所为章句，好尚互有不同。江左，《周易》则王辅嗣，《尚书》则孔安国，《左传》则杜元凯。河洛，《左传》则服子慎，《尚书》《周易》则郑康成。《诗》则并主于毛公，《礼》则同遵于郑氏。南人约简，得其英华；北学深芜，穷其枝叶。考其终始，要其会归，其立身成名，殊方同致矣。”又说：“汉世郑玄并为众经注解，服虔、何休各有所说，玄《易》《诗》《书》《礼》《论语》《孝经》，虔《左

---

① 陈寿：《三国志》卷三八，中华书局 1959 年版，第 973 页。

② 范晔：《后汉书》卷六五，中华书局 2015 年版，第 619 页。

③ 参见蔡方鹿：《中国经学与宋明理学研究》，人民出版社 2012 年版，第 16 页。

④ 王志平：《中国学术史·三国两晋南北朝卷》，江西教育出版社 2001 年版，第 232 页。

氏春秋》，休《公羊传》，大行于河北。”① 经历了四百余年分裂的状态后，南学与北学在隋代合流。与南北朝时期相较，当时通行的经典篇目除《诗》、“三礼”南北共同崇尚外，其余《周易》王弼《注》，《尚书》伪孔安国《传》《左传》杜预《集解》等均全为南学，而《周易》《尚书》郑玄《注》及《左传》服虔《注》则均隐身不见。后到唐代时，颜师古整理了《五经定本》，张参撰《五经文字》，他们让中华经典篇目在一定意义上得到统一。而孔颖达《五经正义》的编纂则宣告了经义统一时代的来临。

从《五经正义》的文本构成上看，《周易正义》16 卷，采用王弼、韩康伯《注》，《尚书正义》20 卷，采用伪《孔安国传》，《毛诗正义》40 卷，采用毛《传》郑《笺》，《礼记正义》63 卷，采用郑玄《注》，《春秋左传》36 卷，采用杜预《左传集解》。《五经正义》的出现，是中国经学史上的一件大事，“自五经定本出，而后经籍无异文；自《五经正义》出，而后经义无异说。每年明经依此考试，天下士民奉为圭臬，盖自汉以来，经学统一未有若斯之专且久也。”② 开元二十七年，著名的文献《唐六典》著出。在书中，出了“九经”之说：“正经有九：《礼记》《左传》为大经，《毛诗》《周礼》《仪礼》为中经，《周易》《尚书》《公羊》《穀梁》为小经。通二经者，一大一小，若两中经；通三经者，大、小、中各一；通五经者，大经并通。其《孝经》《论语》并须兼习。”③ 之所以经典篇目由“五经”转为“九经”，这与唐代的科举考试有着直接关系。通常来说，经目的设置如只是为了明确博士官所掌之经，则实无将其分为三六九等的必要，其不但无益于诸经之推广，更容易引起诸博士的内讧。然而一旦经目与考试联系起来，则这种等级的划分，就显得极为必要了。因为既然是“试经”，那么必然需要一定的标准，让经目内在出现“次第”，可在一定程度上解决诸经之间篇幅、难度差异较大的问题。在实际应用中，“九经”逐渐成为唐代一种通行的制度，并且展示出两个鲜明的特点。第一，就正经部分而言，它将“九经”定

---

① 李延寿：《北史・儒林传・序》，中华书局 1974 年版，第 35 页。

② 马宗霍：《经学通论》，中华书局 2011 年版，第 273 页。

③ 李林甫：《唐六典》卷二，中华书局 1992 年版，第 45 页。

为大、中、小三类，根据乃是各经的字数；再以大、中、小经为基准规定通二经、三经、五经的经书配比规则。第二，“九经”制度除了规定正经之外，还有一个很重要的部分，就是《孝经》《论语》等兼习书。此种正经配以兼习传记的经目结构由此成为日后各代经学制度一贯的延伸。

唐文宗开成二年，朝廷在科举取士的“九经”制度基础上，又加上《论语》《孝经》《尔雅》，合为“十二经”，经文刻在石上，立于国学。于是“开成十二经”之说，自此出现。其次第是：《易》《书》《诗》《周礼》《仪礼》《礼记》《春秋左传》《春秋公羊传》《春秋穀梁传》《论语》《孝经》《尔雅》。其实“十二经”之名在唐初陆德明《经典释文》中业已存在，其以《诗》《书》《礼》《乐》《易》《春秋》六经，加上“六纬”而成。除去书中涉及的《老子》《庄子》外，其构成也恰好是儒家经典的十二经，与“开成十二经”内容相同。重视《孝经》，使《论语》重新为经，将古代训诂书《尔雅》入经，这是唐后期“十二经”的特点。

魏晋隋唐时期，中华经典终于由分而合，达到统一的状态。加之唐科举设明经一科，以九经取士，更以功名利禄诱人的作用。经义的统一，标准本的出现，固然有扩大读经研经风气的可能，而群经旧注旧疏的亡佚、思想自由受到约束，更属不可避免的缺失。在这种情形下，物极必反现象的出现亦属必然。随着中唐以后啖助等“新春秋学”的兴起，人们对于经典的态度慢慢发生改变，“(啖) 助爱《公》《穀》二家，以《左氏》解义多谬，其书乃出于孔氏门人。且《论语》孔子所引，率前世人老彭、伯夷等，类非同时；所言‘左丘明耻之，丘亦耻之。’丘明者，盖如史佚、迟任者。又《左氏传》《国语》、属缀不伦，序事乖剌，非一人所为。盖《左氏》集诸国史以释《春秋》，后人谓《左氏》，便传著丘明，非也。”又说：“啖助在唐，名治《春秋》，摭诎三家，不本所承，自用所学，凭私臆决，尊之曰：‘孔子意也’，赵、陆从而唱之，遂显于时。……徒令后生穿凿诡辩，诟前人，舍成说，而自为纷纷，助所阶已。”① 如此大胆的言论，在其时的社会产生重大影响。人们开始重新审视传统经典，亦

① 宋祁、欧阳修：《新唐书 · 儒学传下》，中华书局 1975 年版，第 213 页。

开启了一股弃传就经、疑经改经的治学风气。并且，直接开启了宋代经学发展的新方向。

四、“四书”体系的形成

北宋初年，由于朝廷大力提倡汉唐注疏，因此中唐以来的经学变新之风暂时得到了抑制，但随着仁宗时期一大批思想家的出现，传统的经学风尚迅速得到了扭转。对于这一点，朱熹的叙述是：“理义大本复明于世，固自周、程，然先此诸儒亦多有助。旧来儒者不越注疏而已，至永叔、原父、孙明复诸公，始自出议论，如李泰伯文字亦自好。此是运数将开，理义渐欲复明于世故也。”①《宋元学案》亦言：“庆历之际，学统四起。齐鲁则有士建中、刘颜夹辅泰山而兴。浙东则有明州杨、杜五子，永嘉之儒志、经行二子，浙西则有杭之吴存仁，皆与安定湖学相应。闽中又有章望之、黄晞，亦古灵一辈人也。关中之申、侯二子，实开横渠之先。蜀有宇文止止，实开范正献公之先。”②于是乎，一股疑经改经思潮兴起。不断有学者怀疑经书全部或部分非前儒所公认的圣贤之书，怀疑经书非古本原貌而予以复原，并且考订出大量错简等。同时，另有大批学者注重从佛、道二学中吸取理论精华，加之改造以成为经学的新内涵。其重要的产物即说经义理化倾向的产生。经学家们开始建立经典内涵的形上哲学，确立道统传承，并着重于从经典中挖掘修身养性的道德意蕴。

立足政治的因素，经历长期混乱建立起来的赵宋王朝，为了避免重蹈覆辙，加强统治，在意识形态方面，力图重振伦理纲常之教。其发现妥善处理日新月异的社会变革带来的“新”问题，不仅需要朝廷制定相适宜的政策法规、

---

① 黎靖德：《朱子语类》卷八十，中华书局 2016 年版，第 2065 页。

② 黄宗羲：《宋元学案》，中华书局 1982 年版，第 252 页。

完善制度，而且需要一种能化解社会危机，维护传统人伦秩序的思想武器，而其关键点即是及时建构出一套能合理解释社会中新兴现象、实存问题等的伦理、自然观念体系。于是，“复兴儒学”“变新儒学”，便成为统治的政治决策，在官方力量的推动下逐步开展起来。一时间，传统经学迎来了一个全新变革的时代，胡瑗的湖学、孙复的泰山学、欧阳修、刘敞等人的江西学、周敦颐的濂学、张载的关学、二程的洛学、王安石的新学、三苏的蜀学等先后兴起，他们各自著书立说、设立讲坛、传授弟子，自隋唐以来官学一统天下的局面至此终于取得突破。此种思想的活跃对于经学的学术发展而言，无疑是极大的裨益，但是对于以之为统治思想的赵氏王朝来说，却是难以容忍的：既然人人皆有解经、释经之权，那么“经”的权威性如何维系？“经”的权威性一旦消解，则以之为政权合法性来源的“帝统”又当如何被尊崇？因此，在宋神宗熙宁五年朝廷发出诏令：“经术，今人人乖异，何以一道德？卿有所著可以颁行，令学者定于一。”①而王安石的新学正是利用此机会，一跃从私学上升为官学的。

在著名的王安石变法中，他对科举考试的经目进行了全新的变革：第一，废除帖经、墨义，而专以“大义”试之，这要求士人必须贯通经义，不得谨守训诂、章句。第二，“五经”之目改为《周易》《尚书》《毛诗》《礼记》与《周礼》，将《春秋》《仪礼》等传统“九经”之目剔除至“正经”之外，并且“五经”仅有名目而没有对解经经传的具体要求。第三，明确了“兼经”的重要性，使得《论语》由唐代“兼习之书”转为“兼经”，其位列“经目”的性质更加明确，《孟子》亦在此取代《孝经》成为“兼经”。应该说，如此改革对于中华传统经典篇目的构成产生了极大的影响，经典之“通经致用”的属性被极大地彰显。而《孟子》的“升格”，直接奠基了“四书”系统出现的基础。

金兵的入侵造成北宋王朝的灭亡，随着南宋政权的建立，中国南北对峙局面出现。绍兴六年，南宋推出“六经”制度，“兼诗赋人许于《易》《诗》《书》《周

---

① 李焘：《续资治通鉴编》卷二二九，中华书局 1979 年版，第 5570 页。

礼》《礼记》《春秋》正经内治一经，仍兼习《论语》《孟子》，……不兼诗赋人许治《易》《周礼》，或治《礼记》《诗》，或治《春秋》《书》。各治两经，仍兼习《论语》《孟子》。"[①]"六经"之说影响深远，直至元代"四书五经"的科举制度实行以前，士人心中的正经均为此套"六经"，数百年的沿革使之如西汉的"五经"、唐代"九经"一样，成为一个固定的专有名词。而其中的"兼经"由于系各科士子皆需课试的科目，因此《论语》《孟子》等经典在社会上的影响力不仅较之正经毫不逊色，甚至有凌驾其上之势。然而，在宋代历史中，对于中华经典篇目变革影响最大的事件并非来自"官方"，而是源自民间理学家们打造出的"四书"系统之形成。

众所周知，较之汉儒学术，宋代理学极大地提升了孔孟伦理学及其理论根据的地位，其文本依据即为《论语》《孟子》《大学》《中庸》构成的"四书"系统。所谓"四书"，由先秦遗存文献《论语》《孟子》和汉代"发掘"典籍《大学》《中庸》组成（《大学》《中庸》乃为《礼记》的两个短篇，实是汉代"伪文"，但一度被宋儒误传成文时间在《孟子》之前）。应该说，"四书"系统的形成与宋代《孟子》的由子入经有着密切关系。从中唐起，《孟子》一书开始得到人们的重视。韩愈倡儒家"道统"论，将孟子视为接续圣人之道的关键一环，进而推崇《孟子》一书。而至北宋王安石变法时，《孟子》正式确立了与《论语》并列儒家经典的地位，"今定贡举新制：进士罢诗赋、帖经、墨义，各占治《诗》《书》《易》《周礼》《礼记》一经，兼以《论语》《孟子》。每试四场，初本经，次兼经，并大义十道。"[②]之所以如此，与王安石自比孟子韩愈，致力于接续道统有关。按王氏自己的说法："孔子曰，予欲无言。然未尝无言也，其言也，盖有不得已焉。孟子则天下固以为好辩，盖邪说暴行作，而孔子之道几于熄焉，孟子者不如是，不足与有明也。故孟子曰，予岂好辩哉，予不得已也。"[③]并赋诗曰："欲

① 《附释文互注礼部韵略条式》，《四部丛刊续编》本第12册，第43页。
② 李焘：《续资治通鉴编》卷二二九，中华书局1979年版，第5334页。
③ 王安石：《临川先生文集》卷七一，中华书局1959年版，第759页。

传道义心虽在，强学文章力已穷。他日若能窥孟子，终身何敢望韩公。"①至于《大学》《中庸》二书，其价值的凸显与韩愈的弟子李翱的推崇有一定的关系。北宋时期，司马光、胡瑗、范仲淹等人又进一步研习二书，加之二程、张载等儒家的宣扬，到了庆历年间《大学》《中庸》在儒家经典中的特殊地位，已确定无疑，"学者信书，且须信《论语》《孟子》。《诗》《书》无舛杂理，《礼》虽杂出诸儒，亦若无害之处，如《中庸》《大学》出于圣门，无可疑者。《礼记》则是诸儒杂记，至如礼文不可不信，己之言礼未必胜如诸儒。如有前后所出不同且阙之，《记》有疑议亦且阙之，就有道而正焉。"②

不过，"四书"真正的集结源自朱熹的贡献。淳熙四年，朱熹经过修改，《大学章句》《中庸章句》《大学或问》《中庸或问》《论语孟子集注或问定稿》等书正式刊行。以之为根基，一个以"四书"学为核心文本的新经学体系出现了。淳熙九年，朱熹将"四书"合刻，《四书章句集注》诞生，经学史上"四书"之名第一次出现了。按朱熹的说法："学问须以《大学》为先，次《论语》，次《孟子》，次《中庸》。《中庸》工夫密，规模大。……某要人先读《大学》，以定其规模；次读《论语》，以立其根本；次读《孟子》，以观其发越；次读《中庸》，以求古人之微妙处。《大学》一篇有等级次第，总作一处，易晓，宜先看。《论语》却实，但言语散见，初看亦难。《孟子》有感激兴发人心处。《中庸》亦难读，看三书后，方宜读之。"③随着南宋社会中儒、释、道三教的互黜、互补之势日盛，解决百姓表现出信仰失落、道德沦丧等问题的呼声日强，人们讨论的核心话题在理学的引导下逐渐聚集于对天理人欲的讨论。随之，如何为儒家伦理寻找哲学本体论依据的问题突出地摆在社会有识之士的面前。慢慢地，传统文化发展所依傍的核心文本逐渐由"五经"转为"四书"，中华经典的核心篇目由此发生根本性的改变。

如果对"四书"文本分而述之，可见：《大学》是儒学"入德之门"。朱子

① 王安石：《临川先生文集》卷二二，中华书局1959年版，第264页。
② 张载：《经学理窟·义理》，《张载集》，中华书局1978年版，第278页。
③ 黎靖德：《朱子语类》卷十四，中华书局2016年版，第249页。

曰："古人为学次第者，独赖此篇之存，而《论》《孟》次之。"① 其文本中存有"明明德、亲民、止于至善"的"三纲领"与"格物、致知、诚意、正心、修身、齐家、治国、平天下"的"八条目"。按朱子的理解，总述三纲领八条目的第一章为经部，共 205 字，此为"孔子之言，而曾子述之"；"经"之下是"传"，乃"曾子之意，而门人记之。"②《大学》明示了儒家政治道德观为君仁臣敬、父慈子孝，突出了孝与忠之间的关系是"孝者所以事君也"，以及"慈者所以使众也"。并且，《大学》中还构造了儒家的"诚学"，即以"意诚心正"为儒者修身之本。换言之，在修身工夫和天道性理之间提出了一个中间环节：心之诚。《大学》中还给出了儒学的基本伦理目标和实现这些目标的途径和方法等。朱熹曾对《大学》的传文进行增补，即增加第五章《格物致知补传》，尽管文字不长，仅 134 字，但意义深远，"所谓致知在格物者，言欲致吾之知，在即物而穷其理也。盖人心之灵莫不有知，而天下之物莫不有理，惟于理有未穷，故其知有不尽也。是以《大学》始教，必使学者即凡天下之物，莫不因其已知之理而益穷之，以求至乎其极。至于用力之久，而一旦豁然贯通焉，则众物之表里精粗无不到，而吾心之全体大用无不明矣。此谓物格，此谓知之至也。"③

《论语》虽是一部私人著作，却完整地保存了许多先秦原始文本的本初样态。它是儒家仁爱之学的伦理要素"母本"，是儒家"善理想、恶现实、勇实践"等诸多睿智思维的理论源泉。《论语》之名，源自"《论语》者，孔子答应弟子、时人，及弟子相与言而接闻于夫子之语也。当时弟子各有所记，夫子既卒，门人相与辑而论纂，故谓'论语'。"④《论语》的传本，汉初有《齐论》22 篇，《鲁论》20 篇，《古论》20 篇。汉成帝时，张禹据《鲁论》改编，称《张侯论》，是《论语》的第一次改编本。至东汉，郑玄又据《张侯论》，考之《齐》《古》，并为之作注，是为《论语》的第二次改编本。《论语》的具体内容包括，个人人格修养的格言，

---

① 朱熹：《大学章句》，《四书章句集注》，中华书局 2016 年版，第 7 页。

② 朱熹：《大学章句》，《四书章句集注》，中华书局 2016 年版，第 7 页。

③ 朱熹：《大学章句》，《四书章句集注》，中华书局 2016 年版，第 7 页。

④ 班固：《汉书》卷三十《艺文志》，中华书局 2015 年版，第 325 页。

社会伦理的论述，政治哲学的阐发，人生哲学的叙述，对孔门弟子及时人因材施教的问答，对弟子及古人、时人的批评，孔子自述之言，孔子的出处与日常行事，孔门弟子对孔子的颂美与时人对孔子的评论，以及孔门弟子的言论行事等多个方面。实际上，《论语》中的内容为“致君子学”，其多是孔子与弟子的谈话或孔子个人言论的记录，表达的思想多是讨论君子如何“成仁”或君子的相关仁学修养等，所以具有了最大的伦理实践学层次上的时空普遍性。对《论语》最为著名的“注本”当属朱熹的《论语章句集注》。朱熹明确指出，《论语》包含了无穷的道理，须认真探求，“孔子言语一似没紧要说出来，自是包含无限道理，无些渗漏。如云：‘道之以政，齐之以刑；道之以德，齐之以礼’数句，孔子初不曾着气力，只似没紧要说出来，自是委曲详尽，说尽道理，更走它底不得。”①

《孟子》一书分为“内篇”与“外书”两种。“内篇”为7篇，部分为孟子亲笔，但孟子生前并未编订成书，其后由万章、公孙丑等编订，并加入了自己的改易。“外书”为4篇，可能出自孟门再传弟子之后，也可能出于伪托，“又有‘外篇’四篇，《性善辨》《文说》《孝经》《为政》。其文不能宏深，不与‘内篇’似，似非《孟子》本真，后世依放而托之者也。”② 现流行于世的《孟子》为“内篇”7篇。《孟子》一书的内容与《论语》相似，是记载孟子言行事迹及其与门弟子、时人议论的书。全书约35000字，篇名依序是《梁惠王》《公孙丑》《滕文公》《离娄》《万章》《告子》《尽心》。赵岐在《孟子注》中将7篇各分上、下，共计14篇，后代多依之。《孟子》的核心思想主要包括：关于心性的研讨，对于修养方法的意见，对政治哲学的阐述，对处世哲学的议论等。与《论语》文本不同，《孟子》多长篇，短篇少；《论语》但言性、仁、志、王道，《孟子》直言道“性善”、仁义、养气、王制等。《孟子》一书充满了向统治者“挑战”和引导士君子“反叛”的言辞，故被视为儒学之“左派”。因而

---

① 黎靖德：《朱子语类》卷十九，中华书局2016年版，第444页。

② 赵岐：《孟子题辞》，中华书局1998年版，第15页。

其“经”的地位常受到动摇，如明太祖洪武年间，朱元璋对《孟子》书中的重民限君思想大为不满，曾下诏修订《孟子》，并一度将孟子牌位自孔庙中逐出。但最终《孟子》中的思想被理学家视为自身政治伦理学基础之一，亦成为开明君主原则上可以接受的一种思想方式。并且理学家还依靠《孟子》中的理论学说建立了可与道家玄学和佛教心学在理论精神上相媲美的儒家心性学理论。

《中庸》被认为是儒学早已含有形上学基础的明证。东汉班固所撰《汉书·艺文志》著录《中庸说》2篇，可能是最早对《中庸》的解说。郑玄注《礼记》，对其中第31篇《中庸》作了注解。唐代李翱著《复性书》，也曾对《中庸》思想进行阐发。到了宋代，儒家们深信《中庸》是子思的著作，于是它成为“圣学传心入德”的重要典籍，“子思述所传之意以立言：首明道之本原出于天而不可易，其实体备于己而不可离，次言存养省察之要，终言圣神功化之极。盖欲学者于此反求诸身而自得之，以去夫外诱之私，而充其本然之善，杨氏所谓一篇之体要是也。”①《中庸》集中论述了“中庸”和“诚”，认为“中庸”可以用“中和”来解释，其是君子的最高道德标准；“诚”是“天之道”，“物之始终”，“是故君子诚之为贵”等。“唯天下至诚”，就能“尽其性”，“尽人之性”“尽物之性”，“则可以赞天下之化育”，可以与天地参矣。文中把“至诚”看成是达到天人合一的最高修养境界，并提出“尊德性而道问学”作为“诚”的修养途径。“执两用中”可谓《中庸》一书思想精粹所在，而“反身而诚”，推及天道则只是伦理学的旨意。在理学家的运用中，《中庸》中“极高明而道中庸”的思想成为重要方法论指引。于是《中庸》既是君子求道和儒家伦理学忠孝观念的中介，更是圣与王的“桥梁”，并将天道和心理“一体化”，“诚者天之道也，诚之者人之道也。”②

从本质上看，“四书”的出现是经学内在架构调整的直接后果，它改变了中华传统典籍单本重要性的排列顺序。原属于“五经”序列的《大学》《中庸》，

---

① 朱熹：《中庸章句》，《四书章句集注》，中华书局2016年版，第18页。

② 朱熹：《中庸章句》，《四书章句集注》，中华书局2016年版，第18页。

摇身一变成为“四书”的重要组成，并担负起沟通“五经”和“四书”之间的中介角色，并且疏通了儒家伦理学与政治哲学之间“对话”的路径。从此，“四书”开始替代“五经”成为新儒学体系中核心文本系列。一般认为，“四书”成为经典的优势在于可以更好地发挥儒学道德教化的作用。因为五经系统本来就不是普遍适用的德育教材，而是权力谱系的文字象征体。需要指出的是，“四书”立经过程虽开始于南宋，但直到元代才正式发挥官学的作用。从此以后“四书”成为比“五经”更有用的意识形态教育经典，历经元明清三朝，长久不衰。

元代皇庆二年，“四书五经”正式被确立为新的科举经目制度，《孝经》则失去了兼经的地位。其主要原因是，当“四书”系统作为一个整体被建构起来后，《孝经》因其终究不是宋儒理学体系中的核心要籍而被“排除”。“四书五经”至此成为中国官定经目的最终成形，在明清两代，虽然有许多士人对于这一经目提出异议，例如有的主张将《孝经》《尔雅》增列为兼经，有的则主张扩大正经的范围，但这些主张都未能真正转变为科举考试以及博士设科的官定经目，“四书五经”成为经学史上最后一个官定经目，长期影响了经学史的发展格局，关于这一点，学术界已有充分的讨论，在此便不再赘述了。

五、“十三经”的确立及其他经典篇目的概说

现今，对于中华经典篇目最为流行的说法是“十三经”。其观点是，经典的形成是一个不断积累、扩大的过程，其最初的规模是“六艺”，之后由于《乐》的失传，至汉代乃成为“五经”，到唐代，随着“三礼”、三《传》的分立，经典范围变为“九经”，其后，随着开成石经的刻立，经典范围又变为“十二经”，直至北宋元祐年间《孟子》由子部擢升为“兼经”，于是“十三经”的规模就此实现。然而，“十三经”一说并未有过官方的“专名”。其于民间真正的命名，源于《十三经注疏》的汇印。

《十三经注疏》最初的版本被称为“南监本”，乃是在明代正德年间由南京国子监主持汇印的。后又有嘉靖本闽刻《十三经注疏》，万历本北京国子监刊刻《十三经注疏》等。而今日通行的“十三经”则是由清代阮元校刻的版本，包括《周易正义》10卷，魏王弼、韩康伯注，唐孔颖达等正义；《尚书正义》20卷，旧题汉孔安国传，唐孔颖达等正义；《毛诗正义》70卷，汉毛公传，郑玄笺，唐孔颖达等正义；《周礼注疏》42卷，汉郑玄注，唐贾公彦疏；《仪礼注疏》40卷，汉郑玄注，唐贾公彦疏；《礼记正义》63卷，汉郑玄注，唐孔颖达等正义；《春秋左传正义》60卷，晋杜预注，唐孔颖达等正义；《春秋公羊传注疏》28卷，汉何休注，唐徐彦疏；《春秋穀梁传注疏》20卷，晋范宁注，唐杨士勋疏；《论语注疏》20卷，魏何晏集解，宋邢昺疏；《孝经注疏》9卷，唐玄宗注，宋邢昺疏；《尔雅注疏》10卷，晋郭璞注，宋邢昺疏；《孟子注疏》14卷，汉赵岐注，宋孙奭疏。

从“六艺”到“十三经”，中华经典的经目形成表现出如下特征：第一，经目具有自觉性，即各篇目发生沿展的目的性明确，均将传播作为固定的旨向。换言之，无论是官定的经目典章制度，还是个别士人汇编的经目篇章，其内在依据均是各自秉持的特定经学思想，以实现某种特定的政治或学术效果为追求。第二，经目具有整合性，也就是在一个系统的框架内，作为独立个体的单经彼此间会自发达成某些有机联系，其会基于特定的逻辑性形成一定的体系，协力发展、共同进步。经目的发生或特定学术制度的完善，有赖于时代背景中“历史意识”的影响，其中政治力量往往发挥决定性的力量，而成为经目整合之基础。换言之，有机聚合在一起的经目常常会伴随某种相对稳定的意义结构的诞生。第三，经目具有历史变迁性，它总是处于动态的升降变动之中，表面上这些偶然的变动，实则有必然的规律性跟随。从“十三经”的形成历程中看，可以生动地说明这一点。①

① 参见程苏东：《从六艺到十三经——以经目演变为中心》，北京大学出版社2018年版，第689页。

可以认为，“十三经”中华经典的主要构成，亦是中国诠释学形成的最为重要的文本载体。除此之外，中华经典的篇目中还存有经学史及小学类，史部、子部、集部等。如此浩瀚的篇目组成无法一一详述，仅就诠释学的发展而言，两本著名的经典——《老子》与《庄子》，十分值得一说。

《老子》一书大约五千言，阐述了丰富的哲学、伦理、政治、军事思想，尤以哲学思想见长。在书中，老子视“道”为天地万物存有的根源，用道的变化来解释自然社会演化的规律，描绘出一个“道生一，一生二，二生三，三生万物，万物负阴而抱阳，冲气以为和”①的宇宙生成图式论。针对发展问题，老子提出了“有无相生”和“反者道之动”的命题，肯定祸福相倚、物极必反，充分意识到矛盾具有对立统一的辩证关系。《老子》一书还宣扬了“静观”“玄览”的直觉主义认识路线，主张通过玄思冥想去直觉天地万物。“静观”要求主体做到“致虚极、守静笃”，保持绝对虚静的精神状态，同时无私无欲，保持内心世界的清明澄澈；“玄览”则是通过心这面特殊的镜子，深观远照，以达到对“道”的认知。老子清醒地认识到，社会文明的发展会带来正负两种效应，认为其一方面意味着进步，另一方面亦孕育着倒退。生产力的发展造成社会物质财富的增加，但私有制与不平等现象也随之而来。进而，出现了“小人殉财，君子殉名”效应，让人深感悲痛。为了避免社会发展可能导致的“负效应”，老子极力倡导“小国寡民”的社会形态与治理模式等。

千百年来，《老子》一书被道家和玄学视为“圣典”，相关的注释典籍数不胜数。其中有代表性的是先秦韩非《解老》，西汉严遵《老子指归》，东汉河上公《老子道德经章句》，东汉张道陵《老子想尔注》以及魏晋王弼《老子道德经注》《老子微旨略例》等。总的来说，《老子》一书不仅给中国思想文化提供了一个宇宙论和本体论的哲学体系，而且亦发明出一套中国人自己的辩证法和认识论系统。当然《老子》一书思想的局限性也是明显的，如其中的“道”充满着虚幻性的神秘主义色彩，不可名、不可见、不可闻；老子所谓的“小民寡国”政

① 王弼：《老子注》，中华书局 2006 年版，第 21 页。

治理想，与社会发展的要求背道而驰等。尽管如此，《老子》一书作为中国传统文化中的“经典”身份，当之无愧。

《庄子》一书写作于战国中晚期，全书33篇，分为内、外、杂三部分，内篇7，外篇15，杂篇11。一般认为，内篇为庄子所作，外篇、杂篇是庄子弟子的作品。《史记》中关于庄子其人的记述是：“其学无所不窥，然其要本归于老子之言。故其著书十余万言，大抵率寓言也。作《渔父》《盗跖》《胠箧》以诋訾孔子之徒，以明老子之术。《畏累虚》、《亢桑子》之属，皆空语无事实。然善属书离辞，指事类情，用剽剥儒墨，虽当时宿学不能自解免也。其言洸洋自恣以适己，故自王公大人不能器之。”[①]《庄子》一书继承和发展了《老子》中的哲学思想，并将体系扩充得更为宏大，内容更加丰富。从本体论上看，《庄子》视道为万物之本原，因道本身是自然无为的，故其化生的天地万物无疑也都是自然的，它们遵循自然的法则而生存发展。由此人的生死也被视为自然现象，所以人应该坚守自然无为的原则，反对刻意追求。在政治思想方面，《庄子》一书强调治理国家应当顺应和效法自然，以自然为准绳。治理天下不能用人为的礼乐法律，只能顺应自然。理想的社会状态是民性纯朴，自然清静、安居乐俗的社会。在这样的社会里人没有私心和欲望，只知劳作，不会把收获的东西私藏起来，把东西送给他人也不求对方报答。在人生观方面，《庄子》既不赞同儒家杀身成仁、舍生取义的人生价值论，也不赞同墨家以抹杀人的个性为代价去兼爱天下的人生追求，而是把个体的身心健康和精神自由看得无比宝贵，强调尊重人的个性和自由。

对于《庄子》的注释兴起于魏晋时期，玄学家们从《庄子》中发掘了丰富的社会批判精神，提出“越名教而任自然”的自然论，使玄学思想向超越、放达一途趋进。到了西晋中朝时期，经裴頠等人对玄学末流处处以故意“作达”为目的而导致了对社会“名教”严重危害现象和风潮的批评、纠正后，至郭象的《庄子注》完成了对玄学“有”和“无”“自然”和“名教”的理论整合与

---

① 司马迁：《史记》卷六三《老子韩非列传》，中华书局2016年版，第394页。

统一的任务，从而完成了玄学关于建构宇宙本体思想的逻辑进程。唐人陆德明在《经典释文·序录·庄子》中说，魏晋时崔譔、向秀、司马彪、郭象等人均曾注《庄子》，还有李颐的《庄子》集解本，有王叔之的《庄子》义疏本，还有李轨等人的《庄子》音本等。不过自唐代之后，仍流传于世的只有郭象的《庄子注》了。

六、中华经典之特质评析

综观中华经典的生成、演变历程，就整体而言可归纳出如下特质：首先，具有鲜明的指向性。实际上，在文字产生之前华夏先民已有了原始的语言意识和历史意识。他们以口对口形式传播的神话传说，即有力地表现出其对自身历史的记忆与诠释。当商周文化产生后，统治阶层开始有意识地为了达到某种特定的政治目的而编撰典籍。商代建立了较为严密的档案制度，重视接收代际流传的王典、诰、誓等，同时亦有着诸多对当时实事的记录。而西周“王官之学”的设定，则为收集、整理、编撰和教学中华原创性典籍的神圣性奠定了思想基础。

春秋时期，经济政治的发展带来了社会文化剧烈的变革，士的崛起与学的转移引发了哲学的突破与百家争鸣。处于变革时代的文化精英们，萌生了原初性宇宙意识——“道”。他们改造古代学术，整理古代典籍，促成“六经”的出现。随着社会中私学的兴盛，以“六经”为代表的中华经典逐渐走入寻常百姓之中，得到人们的普遍尊重，并成为学习中华文明最为重要的教材。然而随着中国社会的大发展，“六经”在流传中也曾发生形态的转变，从流行于王室的零散篇章，到经孔子整理后的体系文本，直至秦火之后，“独尊儒术”推广后，经由两汉学者在新的历史条件下的再次修订等。与“六经”生长同时进行的是，诸子创立新的学说，编撰新的典籍，在那个学术思想“百花齐放”的时代，诸子依据不同的学术目的，开始了旨在拯救时世之弊，找寻“天人之际”大道的探索。儒家的《论语》《孟子》《荀子》，道家的《老子》《庄子》，墨家的《墨子》等即是此时期创造出的著名经典。

当两汉经学兴起之后，中华经典开始了规范化发展之路。从此之后，历代统治者无论其思想品性、事功业绩如何，均自觉或不自觉地鼓励支持全社会普及经学。随之，儒家信奉的诸多重要典籍被尊崇为“经”，以此与一般典籍严格区分开来。全社会解经、治经的直接后果是中国诠释学体系完成了由萌生到逐步成熟的转变，而许多后人对前代经文诠释的成果又成为新的经典供下一代人继续诠释，典型的代表即是朱熹的《四书章句集注》。需要说明的是，中华文化经典的发展与尊崇，决不仅仅局限于经学的运动。后世人们往往对古代典籍产生新的需要和不断更新的认识，事实上其已突破了经学的“边界”。正是由于他们的努力，中华多学科的典籍才有了多途径的发展，中华学术才有了博采众长、融会贯通的态势，中华文化才有了博大精深、异彩纷呈的气象。[①]而这也正是中华经典“自觉性”的另一种彰显。

其次，典籍具有有机联系性。最为典型的当为“五经”系统与“四书”系统的建立。“五经”文本实质上属于先秦史学类文籍，同时也是两周官书类文本。但这套经典文本却担负着多种文化功能：史学、教育和信仰教条等。五种文本分别负担儒学教化思想的不同功能，并与为之注解的“四书”有机联系，共同构成西汉立经时的文本体系，随后成为两千余年来儒学经典的基本内容。“四书”系统中的文本联系更为紧密，它的结构形成源于儒学世界内部各类要素关系的再调整，着力突出孔孟文本在经典中的地位，并以《大学》《中庸》作为连接“四书”和“五经”之间以及孔孟伦理学及儒学制度之间的“中介”。“四书”作为一个体系化的经典集成，充分化合四种文本以形成巨大的合力，一方面开发出宋明理学中孔孟的仁学至上观，另一方面也创造性地服务于封建统治制度。可见，中华典籍间的内部整合性不仅是经书的简单集合，更是一个有意

① 参见周光庆：《中华古典解释学导论》，中华书局 2002 年版，第 20—21 页。

义的结构。

中华典籍的整合性又使其具有了一定程度的排他性。由于文本的集合大都贯彻着某种政治或学术理念的整合性结构，由此，对文本经目之外的作品来说，如果它的自身属性有悖于整合性的具体要求，那么便很难跻身于经典目录之中。典型的案例是，东汉经学经目初定时，原本吸纳的是颜、严《公羊春秋》，施、孟、梁丘《易》，齐、鲁、韩《诗》，欧阳、大、小夏侯《书》等，原因是这一整体整合可兼具今文学和纬学的身份。后来，穀梁、左氏《春秋》想要加入却遭拒。理由是，穀梁《春秋》虽为今学，却缺少纬学理论；左氏《春秋》的本质是古学身份，根本无法加入纬学的色彩等。

再次，篇目的形成具有过程性。所谓“过程性”，是指经典的内容构成始终处于历史的变动之中，单一典籍的身份地位总是随着历史的推进或多或少地发生改变。实际上，中华经典目录的构成有着明显的分期特征。汉代虽有“五经博士”，但具体遵照的版本却未确定。如《诗》分齐、鲁、韩等三家，《春秋》分公羊、穀梁、左氏等诸家，《礼》有大、小戴氏，《书》有欧阳、大、小夏侯等多家，《易》有施、孟、梁丘、京氏等。各家师学、家学分野林立，经传说解更是差异极大。魏晋初有“郑王之争”，后来由于朝代更迭的频繁，加之国家南北各地的长期分裂，经典文本的具体设定常处于变动不居的状态。直至唐代《五经正义》的出现，经典篇目才有“统一”之势。然而受外来宗教的冲击，以经目为代表的中国经典学说整体社会影响力在隋唐时期下降迅速。于是在北宋神宗年间出现中华经典体系的修正：朝廷建立起以《周易》《尚书》《毛诗》《周礼》《礼记》为核心的“五经”，以《论语》《孟子》为“兼经”的全新目录。后经元佑更化、哲宗亲政以及徽宗、钦宗对经目制度的反复调整，到南宋时，新的“六经”制度确立，推《周易》《尚书》《毛诗》《周礼》《礼记》《春秋》为“正经”，《论语》《孟子》为“兼经”。随着元代皇庆二年科举新制的确立，“四书”成为新的官定经目，由此中华经典篇目制度正式进入“四书五经”时代。

明万历年间，北京国子监正式颁印《十三经注疏》。至此，中华经典篇目出现制度层面的分化：从科举、博士设官等层面来说，“四书五经”仍然是正统的经目制度，但国家也承认《十三经注疏》的学术地位，至清乾隆时期，汉代注疏甚至也一度有机会见用于科举考试。这种分化局面的形成，一方面体现出经典与国家政权之间联系的紧密性，另一方面也体现出民间经学力量的上升，已得到国家政权的认可。而篇目变动的过程，也充分说明中华经典的内涵与外延长期处在动态变化之中。

最后，中华经典表达方式个性明显。这里的表达是指，经典作者运用语言文字将自身的生命体验（通过认知现实而对“大道”的体认）记录于经典文本上的方式。众所周知，个体的个别体验，如没有相应表达方式的存在，那么它是无法形成“分理”以及向别人表述的。通过表达，经典作家的生命体验得以塑造，方能以符号的形式存在；经典作家的当下存在才能转化为传统而与民族社会文化的进程相融合；经典诠释者才能感受作家的体验，阐释作家的体验。依此思路考察中华经典，可见就整体而言其文本结构具有召唤性：作者使用词语的意义多元且具有复合性，普通的一个字在经典中往往产生多个含义。如《论语·学而》“学而时习之，不亦乐？”中的“学”字，朱熹的注释是：“学之为言效也。人性皆善而觉有先后，后觉者必效先觉者之所为，乃可以明善而复其初也。”①刘宝楠的注解却是：“学之为言觉也，以觉悟所未知也。”②而毛奇龄释之义又别出心裁：“学者，道术之总名。”③同一“学”字嵌入经典后，能激发出后人如此多的解释，并引出许多联想，其根源正在于经典自身的魅力，它能召唤出不同读者，以自己的认知图式，从不同角度去理解，去发挥。

召唤性还表现于经典作者对于“立象尽意”表达的运用。从文本作品的写作中可以看到，经典作家善于运用经过选择和建构的意象符号，模拟宇宙结构，象征“形上”之道，表达人生体验。他们往往以一种隐喻或象征的方式，利用语言文字传达某种特定的意念、情感或理则的建构性图像。如《论语·子罕》“子在川上曰：‘逝者如斯夫！不舍昼夜。’”一句，《孟子》上则说“源泉混混，

① 朱熹：《四书章句集注》，中华书局 2016 年版，第 49 页。
② 刘宝楠：《论语正义》（一），中华书局 2006 年版，第 3 页。
③ 毛奇龄：《四书改错》，华东师范大学出版社 2015 年版，第 7 页。

不舍昼夜，盈科而后进，放乎四海，有本者如是，是之取尔”①，表现了一种哲学的深沉与博大；皇侃的注解是“孔子在川水之上，见川流迅迈，未尝停止，故叹人年往去，亦复如是，向我而非我，故云：‘逝者如斯夫”者也”②，抒发的是美人迟暮之感；朱熹为之注“天地之化，往者过，来者续，无一息之停，乃道体之本然也。然其可指而易见者，莫如川流，故于此发以示人，欲学者时时省察而无毫发之间断也”③，这是高扬对“道体之本然”的探求与体察。在此我们暂不讨论谁的诠释更接近真理的“道”，却也分明体悟到经典对于读者之意象的召唤性了。

① 朱熹：《四书章句集注》，中华书局2016年版，第257页。
② 皇侃：《论语义疏》，中华书局2014年版，第205页。
③ 朱熹：《四书章句集注》，中华书局2016年版，第104页。

第二章　以西方诠释学经典《圣经》为例的比较研究

需要说明的是，在西方诠释学发展史中曾出现过法学诠释学。它主要围绕对古罗马法的解释与理解，在中世纪时还出现了前注释法学派与后注释法学派两个学术群体。然而由于接受的有限性，就影响力而言，法学诠释学只能算作西方诠释学发展过程中出现的一个支系，始终未能成为主流。当代学界普遍认可的说法是，在19世纪德国浪漫主义诠释学产生之前，语文学与文献诠释才是诠释学发展的两条主线。不过在西欧奴隶制崩溃之时，欧洲古代文明几近衰落，许多古典文献（如《荷马史诗》等）也遭受遗弃。虽然在文艺复兴时期，人文主义的流行使得一些经典再次受到重视，但是若追寻从古希腊至宗教改革阶段一以贯之的经典，无疑只有《圣经》的独特性可以被彰显出来。应该说，这是政治、神学与学术等综合力量推动的结果。正如利科所说的："诠释学最初只是存在于释经学的范围之内，这门学科的框架是以理解《圣经》为目标的，一切都是从文本的意向出发，在文本想要言说的基础上试图去理解文本。"①故可以认为，《圣经》是西方诠释学发展进入现代阶段前最为核心的文本。其作为经典的历史地位，可与中国的"四书五经"相提并论。

一般而言，在基督教神学中，释经居于首要地位，"诠释学问题在布道仪式中以最浓缩的形式出现。"②关于《圣经》的释义学往往被认为是神学的基础。

---

① 保罗·利科：《解释的冲突——解释学文集》，莫伟民译，商务印书馆2008年版，第3页。

② 伽达默尔：《真理与方法》，洪汉鼎译，上海译文出版社1999年版，第697页。

《圣经》是永恒的神向普通的人说的话，学习《圣经》是人体悟上帝思想之“道”的根本。然而，《圣经》是神的话语，它以人间的形式降临到世人面前。神的命令显然是绝对的，但它却是在多变的历史背景中写成的，让人们难以捉摸它们如何成为普遍的准则。于是，圣经诠释学诞生并展开了。随之《圣经》的经典意义随着基督教思想史的发展日益递增。现在我们以“经典”的视角详细解析《圣经》，可以为中西诠释学史比较提供一个有价值的研究线索。

一、《圣经》的文本及与之相关的宗教典籍

《圣经》文本由39卷的《旧约》和27卷的《新约》组成，是共计66卷篇幅较小的文学作品。这里的“约”源于拉丁文“testamentum”，即“盟约”或“约定”。实际上，《圣经》文本记载的即神和人之间的两个“约”的内容。其中，《旧约》是神和犹太民族在西奈山上确立的。这个约具有预示性，指向一个“新”的约。《新约》是神在《耶利米书》中所应许的，神要从万民中吸引一群人来到他的面前，把他的话语写在他们的心上。事实上，这个《新约》正是神在历史中许多救赎性应许的应验，就是撒旦要被夏娃的后裔所伤，以及地上万国都将因亚伯拉罕的后裔得福，等等。

从《圣经》文本内容的逻辑线索上看，它先是解释了宇宙的起源——神创造了一切，也说明了世界为什么会有罪、疾病和死亡。还告诉人们神将差遣弥赛亚（耶稣），打败死亡和撒旦，并最终更新一切。之后，让人们知道神把启示性和救赎性的工作集中在亚伯拉罕后裔的身上，以预期弥赛亚的到来。神赐予亚伯拉罕后裔——犹太民族圣洁的律法，并差遣先知到他们那里，并计划在将来要借着犹太人赐下祝福。神应许亚伯拉罕，地上的民族都要因你得福。不过，须到耶稣再次来临时，这一工作才得以圆满。所有人都在神圣洁的愤怒之下被定罪，这表明了神的“公义”，但耶稣在十字架上的死却给那些信他的人

以赦罪之恩。若有人远离自己的悖逆，并相信救世主为他的罪代他而死，他就成为神百姓中的一员，即君王耶稣的臣民。最终，神救赎计划的圆满未充分显现。所以《圣经》教导说，耶稣一定要再来。到那时死亡和罪将永远被打败，所有在基督那里得到神赦免的人，必将和神一同享受无尽的喜乐，直到永远。那些仍在悖逆中抵挡神的人，死后不会有第二次悔改的机会，他们将遭受刑罚，与神永远分离。

《旧约》中记载了犹太民族早期的活动历史，其中涉及大量的珍稀历史记录以及原始民族文化习俗、道德戒律、规章法规等。此外，它还真实地展示了300多位人物的生活故事，塑造出一系列性格特质明显的人物形象。在书中，不仅有颇具神话史诗色彩的英雄和先知，有以历史文献记载为依据的民族领袖和君王等，也有许多无名的普通人。《新约》出自耶稣门徒和门徒弟子的口述，包括叙事著作四卷《福音书》和《使徒行传》,21卷书信体的教义著作以及《启示录》等。《旧约》与《新约》共同表达着《圣经》的目的——宣告创造天、地、海和其中万物的神是一个喜爱与人沟通的神，他乐于向那些偏行己路的人启示他自己。它要让人们可以因信基督耶稣而拥有能够得救的智慧。在神的照管下，《圣经》的目的就是带领读者接受神在基督教里的赦罪，进而因与三位一体的神建立关系而得到永生。

《旧约》部分的前五卷——摩西五经，最早成书于公元前1400年，而最后一卷《玛拉基书》写成于公元前430年左右。也就是说，《旧约》39卷的成书写作跨越1000年。《新约》部分最早一卷成书于公元1世纪40年代左右。大部分书卷成书于1世纪50、60年代，最后一卷《启示录》，大约写成于公元90年。关于《圣经》的作者，学界长期争论不休。并且还形成了“默示理论”。其一，“直觉”说，即作者拥有一种天然的宗教直觉，而这种直觉也存在于其他伟大思想家身上，如柏拉图。其二，“光照”说，即圣灵确实以某种方式客观地在《圣经》作者的意识上动工，但与在其他所有人类身上动工的方式并无本质不同。圣灵的影响仅仅是程度上的不同，而非本质上的不同。其三，“动态”说，即神给了《圣经》作者特定、具体的印象或概念，但允许他们用自己的言语表达出来。换言之，《圣经》具体的遣词造句有赖于人的选择，而主要内容是由神决定的。其四，“听写”说。即神用写的方式把确切的字词传达给《圣经》作者。而《圣经》作者在撰写书卷时并无个人意志掺入其中。其五，“完全字句默示”说。即《圣经》有双重作者，其在写作时是有思维和感受的人，与此同时，神也以神秘、超自然的方式主导了整个过程，使其所写的每一个字词都是他想要的，而且没有任何的错误。

无论怎样，有一点是确定的——《圣经》的作者不是一个人，是群体智慧的结晶。因为是多人写作而成，由此便带来一个新的疑问：《圣经》文本有误吗？直到 17 世纪中期，基本上所有自称是基督徒的人都相信，《圣经》所讲的一切都是完全真实的。但随着启蒙运动的兴起，理性思维大兴，一些人开始怀疑先前被视为神圣不可侵犯的经文的准确性。特别是，当他们按照理性来评判《圣经》文本时，某些文字的合理性遭受质疑。争论的结果是，大多数人相信《圣经》的原稿应是准确无误的，但文本在传递的过程中可能出现了偏差。回顾《圣经》的传抄史，《旧约》最初是用希伯来文写成的，《新约》是用希腊文写成的。由于其成书的原古性，所以最初的传递完全来自手的抄写。于是，某些偶然的因素在不经意间让《圣经》文本出现了“异文”，如抄写员“看错”，把相近的字母抄混了，错误地分开一些词；或者“听错”，一些抄写是在另一个人诵经的过程中完成的，由于听不准确也可能出错；又或者“写错”，抄写员可能不小心多写了几个字母等；再或者“判断错误”，无意中把书边的注解抄入经文等。当然，也不排除某些“有意”的错误，如为了使语法和拼写标准化，而修订某些不合逻辑的文字；为了让各章节内容所述风格具有一致性，而将几卷文字中所叙同一事件的细节统一；消除一些明显的差异，或是合并不同说法的经文等。必须承认，“异文”的出现让《圣经》文字的绝对正确性遇到了挑战，而这却在一定意义上让《圣经》诠释学的发展获得了更广阔的思想空间。

《圣经》自诞生之后便成为西方宗教的经典，基督徒们奉之为“圣言”。他们渴望理解《圣经》、解读《圣经》，由于许多与《圣经》相关的著作出现，并成为西方《圣经》诠释学文献的重要构成。其早期的著作是“零散”的，主要是《新约》作者对《旧约》文字的引用，他们为叙述中的人物引用《旧约》，视其为对神先前干预人类事务和传递信息的可靠记录。对于《新约》作者来说，《圣经》是神的默示、无谬误的话语。《新约》作者以预表弥赛亚的方式引用《旧约》，其意味着，他们把神先前的启示看成前瞻性的——启示随着弥赛亚耶稣的到来而达至顶峰。神先前的干预都指向耶稣的到来，展望在漫长历史之后出现的最终献祭、最终救赎、最终释放和最终解决罪之问题的方案。在教父神学兴起的时代，一批“使徒后期教父”书籍出现，成为现存基督教古籍中年代最早的作品。当下公认的“使徒后期教父”及其著作有八种：罗马的克莱门特的“前书”与“后书”、《十二使徒遗训》、安提阿的伊格内修斯的七封信、士每拿的波利卡普《致腓立比人书》、希拉波利的帕皮亚《耶稣语录诠注》《巴拿巴书信》《赫马牧人书》和《致丢格拿都书》等。

罗马的克莱门特有《致哥林多人前书》，又称《克莱门特前书》。它是克莱门特代表罗马的教会写给在哥林多教会的一封信，是教会对教会的公开信，说的内容是哥林多教会的基督徒做的一些“叛逆”的罪行与《旧约》的教训不一致。克莱门特引用《旧约》历史中一些著名人物，说明他们如何顺从、和蔼、谦虚。他想让叛逆者明白，造物之间的和谐来自上帝的本性，是上帝亲自把和谐设置在万物之中。在“前书”中，人们第一次看到以“使徒统绪”作为教会圣职权威根据的说法。使徒们在耶稣的启发之下，预料到教会将来需要有由明确制度产生的权威性领导。后来，一些基督徒把克莱门特日常的言说汇集为《克莱门特致哥林多人后书》。该书的主旨是劝勉信徒当趁今生及时认罪悔改，因为到了来世就再也没有悔过的可能了。①

《十二使徒遗训》共有十六章，分为三个部分。第一部分通常称为“两条道路文稿”，讲述了生命之道和死亡之道。凡爱上帝、爱邻舍、避恶就善、遵

① Cf. Anotonio Casamassa, *I Padri Apostolici*, Rome Facultas Theologica Pontificii Athenaei Lateranensis, 1938, p.40.

行基督徒守则的，都是按生命之道行事。但死亡之道却受诅咒，凡依这道行事的人，都是不诚实、邪恶、虚伪和贪婪的。第二部分包括一系列有关圣礼的教导，包括洗礼问题、禁食和祷告、圣餐礼等。第三部分实际上是一种教规守册，讨论了假先知问题、献祭问题等。"遗训"在基督教思想史中十分重要，从中可以看出基督教神学很早就出现了道德主义倾向。而其中关于洗礼和圣餐礼的一些规定和说明，成为研究基督教仪典史的重要文献资源。

安提阿的伊格内修斯写过七封书信，从中可以看到公元 2 世纪初期教会的一般情况。伊格内修是安提阿主教，他因故被判在罗马帝国首都处死。在由罗马士兵押送首都途中他写出这七封信，内容主要是驳斥两种不同的谬论。一是当时有些人完全否认耶稣基督肉身的真实性，以至拒绝参加圣餐礼。他们认为耶稣是一位天神，和人世间的现实生活没有任何联系和接触。二是还有些人倾向于按犹太教的看法，把基督作为犹太教的一位教师。这种犹太教不是像法利赛派所代表的那种宗教，而是像死海古卷所反映的艾赛尼派所信奉的犹太教。伊格内修斯说，这些犹太教派的主张是谬论邪说，背离了基督教信仰的要旨，是对《圣经》神圣性的伤害，因为他们都不承认耶稣基督肉身的真实性。① 伊格内修斯的七封信虽然没有对基督教义在理论上作出什么重要的建树，却睿智地体会到某些基本教义的重要性，并以深邃的目光预见到这些教义的后果和影响，因此被视为古代基督教遗留下来的宝贵文献之一。

士每拿的波利卡普著有《圣波利卡普致腓立比人书》，这是一部写有关伊格内修斯殉道的书。有学者认为这封书信原来是两封，后来被拼合成一封而流传下来。按这种分析，现存的第十三、十四章是"前书"的一部分，其中提到波利卡普根据腓立比教会的请示，答应把他所保存的伊格内修斯的几封信寄给他们。而剩余的十二章则是波利卡普后来写的，而且也是寄给腓立比教会的。

---

① Jean Colson, *Aux origins de I episcopate:Trandition paulinienne et tradition Johannique*, Vie Spirit, Suppl.3, 1950, 150.

在这封信中，波利卡普的神学观点和伊格内修斯与“第四福音”的观点很相近，其内容偏重于实际问题。虽然这封信在神学思想上没有什么创见，也不十分深刻，但它可以证明伊格内修斯的书信的真实性，因此也具有一定的价值。

希拉波利的帕皮亚曾做过约翰的门徒，后来成为希拉波利的主教。他专门从事收集他听到的耶稣的语录和教训，编纂了一部《耶稣语录诠注》，共五卷。现存文献只有其中的一小部分，不过它提到了《马太福音》和《马可福音》的作者，还提到在《新约》中有两个约翰，即使徒约翰和长老约翰。这些对《新约》的历史考证有重要的意义。

《巴拿巴书信》曾被某些早期教父收入《新约》正典，它由两个部分组成，共 21 章。第一部分主要讲教义问题，用寓意法来解释《旧约》经文。第二部分侧重讲教会的实际问题，即重在讲解“两条道路”的问题。作者要体现出基督教的分离和区别于犹太教，其对《旧约》进行寓意解释是为了表现出《新约》是对《旧约》中律法和先知预言的成全。另外，作者特别强调真正被上帝悦纳的献祭是真正的悔改的心，而不是“燔祭”。

《赫马牧人书》包括 5 篇“异象”、12 篇“训诫”和 10 篇“寓言”。“异象”主要是为规劝信徒悔过自新，勉励他们在迫害面前要坚持信仰；“训诫”综述了基督教的守则，充满了具体而详细的伦理要求；“寓言”则把“异象”和“训诫”中的教训归纳起来，并着重处理一些实际和道德上的问题，它是对《新约》比喻的改写。在基督论上，赫马认为圣灵和先在的圣子同等，使他认为三个位格的分别是从道成肉身开始，圣灵寄居在肉身之中就是耶稣基督，这样，圣子与圣灵之间的位格性区别就被抹杀了，这样的观点在神学思想史上被称为“圣灵基督论”。该书还第一次提出“余功”的概念，成为后来天主教会精细而复杂的补赎制度的根源。

《致丢格拿都书》分为 12 章，第 1—4 章讲述为何基督教高于异教和犹太教，第 5 章是对基督教信仰的赞叹，第 6 章是论及灵魂与肉体的关系，第 7—10 章主要介绍基督教的信仰，并在第 10 章中邀请丢格拿成为基督徒，第 11 章和第 12 章独立成章，疑为后人所加。

“使徒后期教父”著作揭示出在《圣经》思想指引下的基督教在当时已开始出现某些不同的派别。在小亚细亚和叙利亚一带，基督徒们的思想可从《新约》中约翰的著作以及伊格内修斯、波利卡普、帕皮亚的著作中看出。他们认为，基督教主要不是一种道德教训，而是追求与主合而为一，借以得到永生。因此，最重要的不只是要遵守某种伦理规范，而是与救世主耶稣基督合而为一。罗马一带的基督教徒思想可从克莱门特的“前书”和《赫马牧人书》中看出，他们偏重于实践和伦理，甚至有发展为道德主义和教法主义的倾向。克莱门特和赫马球最关心的不是什么思辨神学，也不是神秘的联合，而是实践中的顺从。亚历山大城一带的基督徒们的思想可以从《巴拿巴书信》中看出，其特点是带有浓厚的柏拉图主义色彩，并喜欢运用寓意法来解释《旧约》。从这些派别思想的差异中很容易发现，基督徒们对于《圣经》的理解已走向多元化，亦为之后的基督教神学开辟出新的发展路径。

公元5世纪初，被喻为“古代基督教作家最后一人，同时也是中世纪神学开路先锋”① 的奥古斯丁著出《论三位一体》一书，确定了西方三一论神学将要遵循的道路，因而成为东西方三一论神学向不同方向发展的起点。因为此书中涉及许多关于《圣经》文本的理解，且对于基督教思想史发展具有“方向”确立意义，故它已颇具了“经典”意蕴。在书中，奥古斯丁同迦帕多西亚三杰一样，明确宣称三位一体中各个位格的区别不在于其外在行动，而在于其内在联系。不过，该书并未以证明圣子和圣灵的神性，或他们与圣父的本质统一为主要内容。其主要的理论贡献是，明确了圣灵为存在于父子之间的爱的纽带，以及创造出三位一体痕迹理论，即从受造物里面见到三位一体的痕迹或标志。可以说，在该书中奥古斯丁至少在三个基点上为西方三一论神学的发展指明道路：他对神的统一性高于其差异性的坚持；他的关于圣灵从出的教义；他主张的三位一体痕迹论，特别是对人类心理活动领域产生影响的理论。②

---

① 奥尔森：《基督教神学思想史》，北京大学出版社2003年版，第269页。

② Cf. Michael Schmaus, *Das Fortwirken der augustinischen Trinitatspsychologie bis zur karolingischen Zeit*, Vitae et veritti: Festgabe fur Karl Adam, Dusseldorf:Patmos-Verlag, 1956,56.

在宗教改革的年代，加尔文撰写出《基督教教义》，成为那一时代改革神学的系统“说明书”。加尔文断言，人能够知道的几乎所有的事情包括两个部分：对上帝的认识和对自己的认识。[①] 对自己的真正认识——在其中我们发现了自己的悲惨和不足之处——也使得我们意识到，我们需要寻求上帝的认识。想要认识上帝必须通过《圣经》，虽然严格地说上帝的话语是三位一体的第二位，但《圣经》也可以说成是上帝的话语，因为《圣经》是上帝给我们的证据，而且《圣经》的内容是耶稣基督本身。加尔文借讲解《圣经》的意义，来宣扬纯正基督教教义，即人类由于亚当的堕落而无法以自己的能力做任何灵性上的善事；上帝对于罪人的拣选是无条件的，他的拣选并非因为人在伦理道德上的优点，也非他预见了人将发生的信心；基督钉十字架只是为那些预先蒙选之人，不是为世上所有的人；人类不可能拒绝上帝的求恩，上帝拯救人的恩典不可能因为人的原因而被阻挠，无法被人拒绝；已经得到的求恩不会再次丧失掉，上帝必能保守其拣选的。可以认为，加尔文《基督教教义》代表了基督教发展新的方向，直至今日它仍被全球的神学院、神学家、学者和信徒研究、珍视，堪称宗教改革以来最重要的神学瑰宝之一。

当西方历史进入 19 世纪之后，时代的政治、经济和文化形势似乎宣告了基督教信仰的终结。随着欧洲大革命的不断爆发，越来越多的国家抛弃了支持教会的义务。随着工业革命的不断进展，科学与技术日益成为人们谈论的主题，而《圣经》中六天创世，天堂与地狱等说法开始受到怀疑。甚至是最为忠实的基督信徒——神学家们，也不得不充分吸收时代的特质。西方诠释学对经典的依赖被打破了，除施莱尔马赫的《基督教信仰》等少数文本外，诠释学关于《圣经》的讨论，日益稀少起来。西方诠释学发展出现了重大转向。

① Cavlin, *Tracts and Treatises on the Reformation of the Church*, 3vols, Grand Rapids: Eerdmans,1958,1:25.

二、《圣经》的主题思想及与中华经典之差异

《圣经》全书66卷，著作历时超过1500年，那些看似零散的各部门内容如何有机地融合在一起？仔细分析可知，其有着一脉相承的中心思想，并由之呈现出一幅完整的主旨画面。

首先，《圣经》各章节所言的本质内容均是神的启示。读者在每一部分中都可感受到耶稣基督的位格和救赎工作是神启示的终极焦点。如耶稣对他同时代的人说："你们查考《圣经》，因你们以为内中有永生，给我作见证的就是这经。"[①]《路加福音》中在谈及耶稣在去马忤斯的路上和两个门徒说话时，"于是摩西和众先知起，凡经上所指着自己的话，都给他们讲解明白了。"[②]《希伯来书》上也有如下的文字："神既在古时借着众先知多次多方地晓谕列祖；就在这末世借着他儿子晓谕我们，又早已立他为承受万有的；也曾借着他创造诸世界。他是神荣耀所发的光辉，是神本体的真像，常用他权能的命令托住万有。他洗净了人的罪，就坐在高天至大者的右边。他所承受的名既比天使的名更尊贵，就远超过天使。"[③]《圣经》开宗明义，神创造了一个完美的世界，然而人类悖逆神，毁坏了这完美。只有通过神所应许的弥赛亚（基督），受造之人才能与创造主恢复完美的"相交"。《圣经》的故事线索显明了人类对耶稣的需要，有关耶稣的应许、对耶稣的期盼、耶稣的道成肉身、耶稣的教导、钉十字架、复活、升天和他要再来的应许等，无不彰显着"神启性"。

其次，强调"应许"和"应验"意识。《圣经》中许多故事线索，都是围绕"应许"与"应验"展开的。如耶稣在登山宝训中说："莫想我来要废掉律法和先

① 《圣经·约翰福音》，中国基督教三自爱国运动委员会、中国基督教协会2002年版，5：39。

② 《圣经·路加福音》，中国基督教三自爱国运动委员会、中国基督教协会2002年版，24：27。

③ 《圣经·希伯来书》，中国基督教三自爱国运动委员会、中国基督教协会2002年版，1：4。

知；我来不是要废掉，乃是要成全。”[①] 因此，谈到《圣经》时，耶稣用的分类是“应许”（《旧约》）和应验（他的生、死和复活）。在《马太福音》中有着类似的框架，在那里耶稣清楚地讲到《旧约》的预表性质，以及通过弥赛亚的先锋施洗约翰的传道，盼望已久的应许开始应验。在《彼得前书》中还有这样一段话，“并且得着你们信心的果效，就是灵魂的救恩。论到这救恩，那预先说你们要得恩典的众先知早已详细地寻求考察，就是考察在他们心里基督的灵，预先证明基督受苦难，后来得荣耀，是指着什么的时候，并怎样的时候。他们得了启示，知道他们所讲的一切事，不是为自己，乃是为你们。那靠着从天上差来的圣灵传福音给你们的人，现在将这些事报给你们，天使也愿意详细察看这些事”。[②]“应许”和“应验”常会以“对子”的形式出现。

再次，《圣经》文本整体贯穿着“圣约”概念。圣约奠定了立约双方关系的基础，说明各方的期望，以及期望得不到实现的后果。根据圣约，神和人的关系建基于圣约。由于人类总是悖逆神，不配与神建立关系，因此神和人之间的圣约就总是建基于人不配领受的神的良善和神的自我启示之上。在《耶利米书》有这样一段：“耶和华说：‘日子将到，我要与以色列家和犹大家另立新约。不像我拉着他们祖宗的手，领他们出埃及地的时候，与他们所立的约。我虽作他们的丈夫，他们却背了我的约。’这是耶和华说的。耶和华说：‘那些日子以后，我与以色列家所立的约乃是这样：我要将我的律法放在他们里面，写在他们心上。我要做他们的神，他们要做我的子民。他们各人不再教导自己的邻舍和自己的弟兄说：“你该认识耶和华”。因为他们从最小的到至大的，都必认识我。我要赦免他们的罪孽，不再记念他们的罪恶。’这是耶和华说的。”[③] 神描述他自己和以色列之间的关系是建立在西奈山之约上。但根据上面的话可知，由于以色列一再犯罪，这约被破坏了。神应许将要有一个“新约”，是和“旧约”根本不同的。这新约产生了一群得罪得赦免的人，他们认识耶和华，有他的诫

---

① 《圣经·马太福音》，中国基督教三自爱国运动委员会、中国基督教协会2002年版，5：17。

② 《圣经·彼得前书》，中国基督教三自爱国运动委员会、中国基督教协会2002年版，1：12。

③ 《圣经·耶利米书》，中国基督教三自爱国运动委员会、中国基督教协会2002年版，31：34。

命写在他们的心上。耶稣宣告他的赎罪之死开启了这所应许的新约。虽然《圣经》中存在“旧约”与“新约”，“律法本是借着摩西传的，恩典和真理都是由耶稣基督来的”①。但人们不可把“旧约”视为要救人，或使人转变，而应看作主要是为弥赛亚耶稣要设立的新约做预言和预备。于是，由“旧约”与“新约”共同构成的圣约，便成为人们理解《圣经》主题的关键钥匙之一。

最后，“律法”与“福音”是整体把握《圣经》的两个中心词汇。与“旧约”与“新约”的区别类似，“律法”与“福音”也可看作统领《圣经》主题的一对坐标。保罗在他的书信里对律法和福音作出区分，他在《加拉太书》中写道：“但这因信得救的理还未来以先，我们被看守在律法之下，直圈到那将来的真道显明出来。这样，律法是我们训蒙的师傅，引我们到基督那里，使我们因信称义。但这因信得救的理既然来到，我们从此就不在师傅的手下了。”②可见，理解《圣经》神学的一个必要前提，即区分开预备性的律法和所应许的福音。实际上，《圣经》文本的任何一部分都可划分为“命令”（律法）或“恩赐”（福音）。人们在“命念”面前责无旁贷，但因为人们被罪玷污的内心、思想和意志，即使我们最大的义行在神看来也是污秽的破布。神的要求揭露了人们无法治愈的道德病态，并驱使人们归向神在福音里恩惠的应许。这样人们便可抓住耶稣在《约翰福音》中所说的：“凡父所赐给我的人，必到我这里来；到我这里来的，我总不丢弃他。”③所有的基督徒都会同意，旧约圣约律法的功用之一至少是指出人类的道德沦丧，并引导罪人归向基督。而新约圣经倡导的是，期待跟从耶稣的人因有圣灵内住而真正改变之前的行为。不过，人们现有的改变并未完全，这要使人们倚靠基督的义，并且渴望他的再来以及他所应许的人们身的改变。只有当人们到了最终状态，在耶稣面前永远得到改变的时候，才能完全脱离罪。

现在，我们梳理一下中华经典的主题。正如上一章所说的，以“经”为核

---

① 《圣经·约翰福音》，中国基督教三自爱国运动委员会、中国基督教协会 2002 年版，1：17。

② 《圣经·加拉太书》，中国基督教三自爱国运动委员会、中国基督教协会 2002 年版，3：23。

③ 《圣经·约翰福音》，中国基督教三自爱国运动委员会、中国基督教协会 2002 年版，6：37。

心的中华经典首要的一个特征是探究天人之际。“天人之际”就是天人关系，伴随农耕意识的强化，家族观念的产生，适应神道设教的需要，中国古代圣贤们提出并讨论了许多宇宙万物合一、知识与生命合一的命题，并反映于经典内容之中。如《尚书》记录的“政事之纪”，其“政事”与“天命”和民众有着密切的关系；《周易》本是“卜筮之书”，而“卜筮”本身，就是以人事询问“天命”，以“天命”裁定人事；《论语》中，孔子虽说“不语怪力乱神”，但又说君子应敬畏天命，并且深信自己可以在现实社会活动中体认天命、承担天命，由此而有所作为（《子罕》）。即便在道家的经典《老子》和《庄子》中，探究人在宇宙间的位置、人的生命价值也可为道家哲学的一个中心基点。

中华经典的第二个主题是阐发人本思想。经典的作者们大都相信“人者，天地之心也”，[①]，所以往往以天道为人道之本，而以人道为天道之归。《尚书》中的诰命、誓言充满了作者对于与政权生死攸关的“天命”与“小民”的关切，“呜呼！小子封，恫瘝乃身，敬哉！天畏棐忱；民情大可见，小人难保。往尽乃心，无康好逸豫，乃其乂民。”[②]《左传》中也讲：“夫民，神之主也，是以圣王先成民而后致力于神”[③]，“吾闻之，国将兴，听于民；将亡，听于神。神，聪明正直而壹者也，依人而行！”[④]《庄子》亦说：“夫至人有世，不亦大乎！而不足以为之累。天下奋柄而不与之偕，审乎无假而不与利迁，极物之真，能守其本。故外天地，遗万物，而神未尝有所困也。通乎道，合乎德，退仁义，宾礼乐，至人之心有所定矣。”[⑤]简言之，从经典的文字中可以看出圣贤对“人”之社会地位认知的自觉意识，人不仅要“为人”“立人”，还要达到一种精神自由的“至人”状态。

中华经典的第三个主题是经世精神。“经世”亦称“经纶”，“经者，理其

---

① 阮元：《礼记·礼运》，《十三经注疏》，上海古籍出版社 2016 年版，第 1423 页。

② 阮元：《尚书·康诰》，《十三经注疏》，上海古籍出版社 2016 年版，第 243 页。

③ 阮元：《礼记·桓公六年》，《十三经注疏》，上海古籍出版社 2016 年版，第 1752 页。

④ 阮元：《左传·庄公三十二年》，《十三经注疏》，上海古籍出版社 2016 年版，第 1785 页。

⑤ 王先谦：《庄子集解·天道》，《诸子集成》第二册，中华书局 2015 年版，第 81 页。

绪而分之；纶者，比其类而舍之。……惟圣人之德，极诚无妄，故于人伦各尽其当然之实，而皆可以为天下后世法，所谓经纶之也。”①从整体上看，经世精神是以“入世”为前提，“致用”为旨趣，引导人们在现实世界中“立德、立功、立言”，治理社会的秩序，谋求百姓的安宁，实现主体的价值，达到“三不朽”的人生境界。从中华经典的文字中不难看出其“内圣”与“外王”的经世路向。“内圣”强调内在的道德修养，追求成人成圣，以其人伦风范“为天下后世法”，“得志，泽加于民；不得志，修身见于世。穷则独善其身，达则兼济天下”。②“外王”则强调外在的治平大业，追求济世济民，以其经纶风范“为天下后世法”，“礼得，人道之极也。”③而《大学》对之进行了总结，“古之欲明明德于天下者，先治其国。欲治其国者，先齐其家。欲齐其家者，先修其身。欲修其身者，先正其心。欲正其心者，先诚其意。欲诚其意者，先致其知。致知在格物。物格而后知至，知至而后意诚，意诚而后心正，心正而后身修，身修而后家齐，家齐而后国治，国治而后天下平。自天子以至庶人，壹是皆以修身为本。”④即“格物至其知”是经世的起点，“正心修其身”是经世的关键，“治国平天下”是经世的极致等。

经过对比，可以发现中西经典的主题的确存在一些差异。第一，《圣经》文本凸显神的意旨，其重在神，所说的话被视为神的语言。而中华经典凸显经世的意旨，其重在人，所说的话是人生活语言的记载。从一定意义上说，《圣经》是关于上帝与耶稣的言述，只不过它采取了人言的形式，为了能使人言与神的绝对性、超越性和神圣性完全相称，其采取了多种多样的比喻、寓言、意象、象征、神话加以转述，以彰显神之语言的不可言说性。对于《圣经》文字的理解，也需要“类比原则”——以属人的方式类比性地理解神的语言；“隐喻”——言说一事，而实指另一事；“俯就”——由于神言远远超越了人类的

① 朱熹：《四书章句集注·中庸章句》，中华书局 2016 年版，第 17 页。

② 朱熹：《四书章句集注·孟子集注》，《诸子集成》第三册，中华书局 2016 年版，第 327 页。

③ 王先谦：《荀子集解·礼论》，中华书局 2015 年版，第 231 页。

④ 朱熹：《四书章句集注·大学章句》，中华书局 2016 年版，第 3 页。

心智水平，因此，为了与人类沟通，神就屈尊俯就，以人类能够理喻的方式来对其说话。与之相较，中华经典虽也关注“天”，但其重在“人”。无论文献中是对神话的记载，还是对祖先的歌颂，无不突出人之于天地存在的重要性。即使在强调君权神授时，它根本目的也是“天降下民，作之君、作之师、惟曰其助，上帝宠之”。① 换言之，言说神的目的依旧在于人，或曰在神的视域中理解人。

第二，《圣经》文本重在进行神旨的宣教，塑造平民对神的信仰，宗教意义明显。中华经典主在宣扬人伦济世，发挥文本教化功能，政治意义突出。《圣经》作为神的语言，构成了基督教神学探究的权威参照和最终根据。基督耶稣说：“我就是道路，真理、生命。”②《圣经》描述了上帝与犹太民族的关系，叙述了上帝如何创造世界、选中犹太民族并与之立约、预言重新立约等。此中，上帝的真理性就在于：他的预言必将实现，并以此种方式显示出自己是唯一的、至上的神。其目的在于让人们去信仰他，自觉听从基督的安排。在这里，似乎真理的存在意义就是为了映照神的光辉。《圣经》又像一部诗作，神启蕴涵着丰富的审美因素，进而构造出一个富于想象力的神学认识论，引导人们进入宗教的世界，去体味神的语言在隐喻、意象、寓言和神话中的灵性意义，从而坚定地追随上帝抵达他所允诺的乐土。与之不同，中华经典旨在通过圣人说教传播封建正统人伦道德以维护统治秩序，确保社会安定。其文本的根本价值在于“正名”，即将现象世界统统规范化，从而达到调整社会秩序、维系伦理纲常的目的。其要让平民相信“圣人教人，大概只是说孝弟忠信日用常行的底话。人能就上面的做将去，则心之放者自收，性之昏者自著”③。而正是这种经典的社会教化意蕴铸就了中华民族特有的精神，维护传统思维观念意识浓重。

第三，《圣经》文本充满了神学理性思维，中华经典则洋溢着浓浓的道德理性。仔细剖析《圣经》文本可知，它把宗教与思辨理性合一，以存在与理性

① 阮元：《尚书 · 泰誓》，《十三经注疏》，上海古籍出版社 2016 年版，第 179 页。

② 《圣经 · 约翰福音》，中国基督教三自爱国运动委员会、中国基督教协会 2002 年版，14：6。

③ 黎靖德：《朱子语类》卷八，中华书局 2016 年版，第 3028 页。

逻各斯为准则。其刻意区分出属于灵的语言与属于人的语言，并指出“属灵的话”终究要转换成“人智慧所指教的言语”才能被理解。因此，《圣经》理解中所有的问题都最终归结为对人的语言之理解问题。就此而言，所谓神的语言所表达的只是一种基于信仰的态度，也是一切诠释活动出发的起点。中华经典则不然，它从未在自己与普通人之间建造“距离感”。它把天与人的辩证合一作为最高宗旨，以得“道”为行动的指南。它从未选择以“宗教信仰理性化”的方式进行语言诉说，而是直接选择了辩证理性语言进行表达。它喜用平易的方式，让人们看得懂、听得懂纲纪伦常的道理，避免读者因对经典文字的误解而导致相应的社会秩序和伦理纲常的紊乱，甚至因费解经典文字而出现抛弃经典，致使带来社会秩序失控和伦理纲常的失范。

三、关于《圣经》文本的一些讨论

问题之一，作为“正典”的《圣经》经文是如何确立的？一般来说，基督徒眼中的“正典”是指那些有神独特权威和默示的确定书目。《旧约》的 39 卷成书于公元前 1400—前 430 年，其书卷构成是“律法书”（《创世记》至《申命记》），也称摩西五经，绘声绘色地描述了世界的起源，以色列民族的开端，神拣选以色列民，向他们颁布律法，带他们来到应许之地的边界上；“历史书”（《约书亚记》至《以斯帖记》），共 12 卷，主要以历史叙事的方式记述了神在以色列民中的工作；“智慧书”“诗歌”（《约伯记》至《雅歌》），共 5 卷，包含了格言、其他古老的智能文学和诗歌；“大先知书”（《以赛亚书》至《但以理书》），这 5 卷见证了神借着代言人（先知）传达给以色列的许多警告、训诫和应许；“小先知书”（《何西阿书》至《玛拉基书》），共 12 卷，篇幅较短，又称为“十二先知的书卷”。

耶稣时代的撒玛利亚人只承认经过编辑的摩西五经为他们的《圣经》，但是犹太人从不把撒玛利亚人看作是亚伯拉罕的正统后代。撒都该人在耶稣生活的时代人数虽不占优势，却代表主流信仰，他们把摩西五经以外的书卷视为权威性较小的或者较少的、默示的典籍。耶稣否认撒都该人的看法，而支持犹太人的三重正典说——律法书、先知书和诗篇。事实上，因为耶稣的存在，那个时代的基督徒很快便承认了 39 卷文本为“正典”，因为“耶稣和使徒都承认那时犹太人的希伯来文圣经正典，作为耶稣的跟随者，我也应该承认”。①

《新约》27 卷从写成到确立为正典大约经历了 300 年的时间。公元 45—100 年《新约》书卷诞生，公元 100—200 年，它们被在教会中传诵，公元 200—300 年它们被仔细考证，与伪作对比，公元 300—400 年，基督教徒终于达成完全一致，正典地位确立。《新约》记载了耶稣作为神圣之人的成长历史，同时也是他通过不断的自我升华而显露神性的过程。《路加福音》《马太福音》《约翰福音》和《马可福音》中将耶稣传道故事生动地记录下来。而路加另外还写了一卷书，就是《使徒行传》，向世人告知圣迹是怎样按照预言降临，并如何推动初期教会向外邦人见证耶稣就是弥赛亚。

当使徒在罗马帝国各处建立教会时，他们通过书信继续教训信众。后来，这些书信被教会认定为可具永久权威的典籍。使徒保罗一共写了《新约》中的 13 封书信（《罗马书》至《腓利门书》），他所做的事堪称基于传教的实践而推动教义与教会组织改革之典范。保罗所面临的问题，首先是《旧约》与耶稣基督的教义之冲突。耶稣讲述的是当下发生的事情，但是被当作《旧约》所预言的事件的实现与验证。就此而言，《新约》在本质上是《旧约》延续及其真理性的证明，耶稣的使徒同样是《旧约》的解释者，是犹太教的辩护者，此中表现出了新、旧两约之间的连续性；然而，就耶稣所阐发的不同于《旧约》的义理而言，在新、旧两约之间出现了很大的断裂。保罗的书信，充分体现其坚持“因信称义”，在某种程度上缓解了两者冲突。

---

① Walter C. Kaiser Jr, The Old Testament Documents: Are They Reliable and Relevant? InterVarsity Press,2001:31.

《新约》中其他的书信，是由雅各布、彼得、约翰和犹大写的。这些书信明显是按照作者的声望高低排序的，保罗在《加拉太书》中说“雅各布、彼得、约翰”是耶路撒冷教会的“柱石”，而犹大是耶稣同母异父的兄弟。所以《新约》中书卷的排序是《雅各布书》《彼得前书》《彼得后书》《约翰一书》《约翰二书》《约翰三书》，之后才是犹大的书信。《新约》中最后一卷书是《启示录》，它融合了不同体裁，包括书信、预言和启示文学，绘声绘色地描述了末世的异象和象征性画面等。

这里还要提一下“次经”，它们是罗马天主教和东正教基督徒的《旧约》圣经中，那些不被新教徒承认的书卷。新教徒称之为“次经”（隐藏的经），罗马天主教称之为“第二正典”。这些书卷是犹太人大约在旧、新二约间隔之间的 500 中写成的（公元前 430—公元 40 年）。新教徒之所以不承认其为圣经，是因为它们的犹太作者从未把其纳入正典，文本中包含一些明显的事实错误。更重要的是，《新约》中有一些有争议之处暗指次经，但《新约》作者从未引用过次经作为经文。相反，《旧约》几乎每一卷都被引用过。也许，次经的作用在于帮助理解《新约》背后动荡的历史背景与文化变迁。不过，由于地位未能得到公认，所以，它至今也不能拥有《圣经》式的正典性质。

问题之二，什么是《圣经》批判？在这里，“批判”不是要攻击《圣经》，而是要对其进行谨慎的、学术性研究。不过从本质上讲，《圣经》批判不是中立的鉴赏和评论，因为它所依据的标准、方法和前提都有哲学的来源。该“批判”起源于文艺复兴至启蒙运动时期，霍布斯的《利维坦》和斯宾诺莎的《神学正治论》是其发生发展的哲学前提。在过去的近三百年中，《圣经》批判的主要内容包括：文本批判——通过仔细研究古代经文，以确定《圣经》原始抄本的意思；历史批判——是否对《圣经》中的文献及其相关著作、事件和人物的深入研究；形式批判——研究的是经文的不同部分是如何从口头流传，以致被记录下来的；来源批判——试图确定《圣经》作者引用的文献来源；编修批判——是对《圣经》经文最后成文的编修者所起作用的研究；传统批判——试图确定形成最后书面形式文字前的经文历史；文学批判——把《圣经》中不同文学体裁视为统一的文学作品加以研究；修辞批判——探查经文中有效的言说模式等。

“批判”的主要结论可总结为以下十条：第一，否认神迹的先验论。休谟说神迹不可能发生，因为“所谓神迹乃是借神明的一种特殊意志，或借一种无形作用的干涉，对自然法则的违背”[①]。大卫·施特劳斯以《民数记》中关于“耶和华叫驴子开口”的记载为例说：“我们会坦率地告诉他，他是在开玩笑，他一定在做梦，即使我们不怀疑他的诚实，并谴责他是在绝对说谎。”[②]第二，消解《圣经》历史经验论。特洛尔奇把《圣经》当作西方诸多历史文献中的一个，指出《圣经》开始的创世、造人和洪水记载是世界各地都有的老生常谈的故事，直到《列王纪》后，才有了比较像样的编年史，可按照类比和关联原则，从《圣经》中选取那些与其他历史文献和知识相符合的素材，拼合出古代巴勒斯坦地区史、犹太教史和罗马史的补充。第三，怀疑《圣经》证据的不可知论。持这一观点的人，承认耶稣是历史真实人物，并且承认其虔诚的信念和高尚品质，但不相信福音书记载的耶稣事迹。他们相信“重新寻找历史中的耶稣”只能导致不可知论，“我的确认为我们现在对耶稣的生平和为人几乎是一无所知，因为早期基督徒对此没有兴趣。我们所能得到的只是片段和传说，其他了解耶稣的途径至今还没有找到。”[③]第四，判定《圣经》有错的理智主义。这是一种用明确的概念逻辑推理验证《圣经》文本的方法。斯宾诺莎从希伯来《圣经》中找出《圣经》有错的“硬证据”——文本中的常有数字矛盾之处，如《列王纪上》说所罗门在出埃及480年后开始建圣殿，与此前年代之和不一致，《以斯拉记》记录的回归人数与《尼赫迈亚记》的记录不一致；希伯来《圣经》，古抄本没有元音和标点，“后代的人按他们对圣经的解释，随着自己的意思加以补充，”[④]“古时说希伯来话的人没有把这种话的任何原则基础留给后世。他们

① 休谟：《人类理解研究》，关文运译，商务印书馆1972年版，第102页。

② 施特劳斯：《耶稣传》第一卷，吴永泉译，商务印书馆1999年版，第209页。

③ R. Bultmann, *Jesusand the Word,* New York: Scribner, 1934, p.8.

④ 斯宾诺莎：《神学政治论》，温锡增译，商务印书馆1997年版，第37页。

没有传给我们任何东西：字典、文法、修辞学，一无所有”[①]等。所以，“把《圣经》中所有的话都懂得很清楚，是不可能的。”[②]第五，概述《圣经》倾向的宗教进化论。19世纪末德国比较宗教史学派发展出宗教进化论，认为宗教开始于低级的原始宗教，最终进化为一神论的高级阶段。由此，他们推定《圣经》内容，指出古代以色列人、没有文字的日耳曼人和冰岛人，都处在相同的低级宗教阶段，可以通过跨文化比较来推测以色列人的文化，甚至把《旧约》中的族长历史比作冰岛口头流行的家族传奇。第六，解释《圣经》文字的文化决定论。这一结论假设《圣经》的每一卷都经过长期传说和多人整理、编辑，反映出不同历史时期的文化和宗教观念。比如，《创世记》来源于美索不达米亚的神话和传说；《圣经》的智慧书来源于埃及和巴比伦人创作的箴言、寓言和诗歌等体裁的“智慧文学”等。第七，确定《圣经》作者身份的社会决定论。其主要结论是，《圣经》各卷作者是不同历史时期社会群体的成员，他们的思想反映社会现实，而不是上帝向他们所作的启示。如“摩西五经”中没有早期人类和早期以色列人的真实消息，历史书和先知书也不是以色列史的可靠记载，充其量只是透露被掳后犹太教发展的一些历史信息。第八，理解《圣经》启示的主观主义。其把圣经启示等同于一种宗教信仰，并以主观主义的哲学解释宗教信仰。如施莱尔马赫认为宗教的本质是一种特殊的人类经验，基督教的本质是基督徒的自我意识和内在经验，《圣经》是具有这种意识经验的人所写等。[③]第九，阅读《圣经》文本的后现代主义。其把《圣经》视为一种“艺术品”，追问《圣经》对人类为什么重要？如若离开了圣经的历史真实性，“我们”是谁？该结论将《圣经》视为故事，而不是历史书，认为其启示在于启迪心灵。第十，索隐经文文字的意义理论。代表人物伽达默尔看到任何形式的历史考证都有考证者自身的视域，不可能还原作者的最初意图。他把文本当作唯一解释对象，每一个解释者是文本的主体。在此基础上，他指出《圣经》批判的主要任务不

---

① 斯宾诺莎：《神学政治论》，温锡增译，商务印书馆 1997 年版，第 116 页。

② 斯宾诺莎：《神学政治论》，温锡增译，商务印书馆 1997 年版，第 121 页。

③ F. Schleiermacher, *The Christian Faith*,2nd ed., Philadelphia: Fortress Press,1928, p.265.

是寻找《圣经》作者和成书的历史，而是在当代人文和社会科学的视域中重构以色列人、犹太教和新约时代的社会、文化和宗教的历史，把《圣经》文字转变成验证当代理论的历史素材，或从重构的《圣经》历史中吸取改造现实和面向未来的新启示。

应该说，《圣经》批判的出现并不是要否认《圣经》的权威，而是为了解决信徒的信仰问题。它是从一种新的视角去审视那个曾被神化了的经典文本。它的最大贡献是让人们聚焦于它所提出的问题，并围绕这些问题去形成不同的意见。而这些意见恰恰是通往正确答案的必由之路。也可以这样理解，《圣经》批判是彰显圣经真理的一个必要环节，它让人们突破了传统解经学或是神学的视域局限，以更为广阔的视野重新认识《圣经》。

问题之三，《圣经》的无错性与可错性。保罗曾经说，圣经都是神所默示的。针对这一说法，学界中一些人认为保罗肯定《圣经》是“神的默示”，但没有肯定《圣经》“无错”，还有一些人认为所谓的“无错”只是一个过时的教条，不应该成为现代基督教信仰的一部分，更有人认为《圣经》是“有限的无错”——只在那些能够产生信仰的教义上无错，而不是在科学和历史的事实上无错。甚至还有一种意风，要用“圣经权威”取代“圣经无错”。其认为，圣经权威是默示对《圣经》读者产生的力量，而经文即使无错，本身并无权威。①

实际上，“圣经无错”是《圣经》作者对“圣经启示”的整体评价，这一评价本身是神的默示，而不是人的解释，无论人是否承认，如何解释“圣经无错”，《圣经》无错是不以人的认识和意愿为转移的启示真理。人无权更改“圣经无错”的默示，但可用“信仰的类比”的方式理解这一默示。“圣经无错”是对《圣经》启示的整体判断，而不适用于《圣经》解释。任何人的《圣经》解释都不是神的智慧，也不是自明的启示，因此是可错的。《圣经》信仰介于无错的启示与可错的解释之间。“《圣经》包含得救所必需的所有事情，所以凡未载于《圣经》，或未被《圣经》证明的，都不必要人信之为信条，或视为得

① S.Davis, *The Debate about the Bible*, Philadelphia: Westminster, 1977.

救必需的要求。”凡载于《圣经》的皆为启示，凡被《圣经》证明的皆为《圣经》信条，而人上的《圣经》解释未载于《圣经》，因此不是无错的启示；除非被信仰群体公认为能被《圣经》证明，也不是基本无错的信条。

一个普遍的事实是，《圣经》中所说的指令在今天不一定都适用。比如在《马可福音》中写道：“耶稣又叫众人来，对他们说：‘你们都要听我的话，也要明白。从外面进去的，不能污秽人；惟有从里面出来的，乃能污秽人。’耶稣离开众人，进了屋子，门徒就问他这比喻的意思。耶稣对他们说：‘你们也是这样不明白吗？岂不晓得凡从外面进入的，不能污秽人。因为不是入他的心，乃是入他的肚腹，又落到茅厕里。’这是说，各样的食物都是洁净的。又说：‘从人里面出来的，那才能污秽人，因为从里面，就是从人心里发出恶念、苟合、偷盗、凶杀、奸淫、贪婪、邪恶、诡诈、淫荡、嫉妒、谤讟、骄傲、狂妄。一切的恶都是从里面出来，且能污秽人。’”①这里，耶稣对于“洁净”和“污秽”的说辞今天仍适用吗？不得不承认的是，神的教训的确有许多象征意义。如果脱离了具体语境，《圣经》中的许多说法就会变得十分“离奇”。其中许多令人费解的说法，源于耶稣要使神的子民分出来，不被周围异教文化所污染。

要明确的是，《圣经》不是一本政治手册，对教徒而言，每一页写满了同样永不过时的指令。虽然说“神的言语句句都是炼净的”②，但《圣经》更像是一本多卷的故事，后面的章节阐述之前律例和事件的终极意义，并且表明之前律例和事件是暂时的，是上帝因迁就人而暂时立下的，对于那些由圣灵引导下的神子民的生活有着持久的影响作用。考虑到历史与文化的因素，《圣经》的指令可以有三个类别的区分，一类是有着永恒价值的，到今天也无须改变的，如《利未记》中说的“你们不可偷盗”③，无论处于怎样的历史文化中，偷窃别的私有财产都是不对的；另一类的话需根据文化的不同，表达有所变化，但原则是不变的，如保罗在《哥多林前书》中说：“凡女人祷告或是讲道，若不蒙头，

① 《圣经·马可福音》，中国基督教三自爱国运动委员会、中国基督教协会 2002 年版，7：14。
② 《圣经·箴言》，中国基督教三自爱国运动委员会、中国基督教协会 2002 年版，30：5。
③ 《圣经·利未记》，中国基督教三自爱国运动委员会、中国基督教协会 2002 年版，19：11。

就羞辱自己的头，因为这就如同剃了头发一样。”①还有一类指令，仅适用于其设定时的背景环境，其没有特定的规范意义，如保罗曾对提摩太说：“我在特罗亚留于加布的那件外衣，你来的时候可以带来，那些书也要带来，更要紧的是那些皮卷。”②如此的指令在新的文化和历史环境中其实是没有进一步应用的意义的。

总之，对于《圣经》的理解可视其为一个上帝之言的语言系统和拯救史的历史科学系统。对于其文本记载的话语判断，应立足于平等的说理与辩论。正如哲学家卡尔·波普尔所说的那样，理性的本性是批判自身，一切科学理论都可证伪，通过试错的理性探索，科学理论的逼真度越来越高，但永远不能达到绝对无误的真理。③如果以这样的态度对待《圣经》，那么其中的无错性与可错性问题的争论，自然也可以找到答案了。

① 《圣经·哥林多前书》，中国基督教三自爱国运动委员会、中国基督教协会 2002 年版，11：5。
② 《圣经·提摩太后书》，中国基督教三自爱国运动委员会、中国基督教协会 2002 年版，4：13。
③ 参见赵敦华：《赵敦华讲波普尔》，北京大学出版社 2006 年版，第 40 页。

第三章　先秦与古希腊：发端之比较

按照德国哲学家雅斯贝尔斯的说法，先秦与古希腊时期隶属于“轴心时代”，其对于东西方历史来说均是“不平常”的：中国出现了以孔子和老子为代表的先秦学派，中国哲学的发端始之于此；西方出现了苏格拉底等古希腊智者等，轴心时代是塑造人类精神与世界观的大转折时代。对于中西方诠释学发展而言，该时代是学说思想萌芽孕育的温床。在中国，社会经历了前所未有的剧烈变革。反映在文化层面上，即是原来由官府垄断的专门之学逐渐散播于民间，传统的文化因子因时代的变革而被打破传统的联结模式，发生了一场新的“重构”，诸子学说应运而生，他们以多元化的视角看待世界，建构出多层面的原创性学术思想，这不仅成为日后中国文化发展的“源头活水”，也为中国诠释学的发生提供了基础条件。在西方，理性崛起，民智大开，以希腊城邦智者为代表的知识分子阶层开始对普通人早以熟识并习惯了的行为认知产生新的解读，引发了人们对平淡无奇、熟视无睹的日常生活的新的兴趣。不过，他们致力于研究“新问题”的活动，并不以工具性、实用性为旨意，更多的是为了得到心灵的安慰与满足。于是，原来充满“神迹”的经典开始有人的智慧加入理解，对于古代典籍进行理性反思的工作恰逢其时地展开了，西方诠释学的最初形态由此诞生。

一、先秦：中国早期诠释学的萌芽

中国早期诠释学的产生与“六经”的经典化密不可分。中国古代使用“经”

称其学派权威著作，非始于儒家，也非仅止于儒家。如战国时代的《墨子》一书，就有《经》上、下篇之分，又有《经说》上、下篇以说明《经》的意义。《庄子·天下》说：墨子后学“俱诵《墨经》，而倍谲不同，相谓别墨”。[①]可见，当时的“经”之名，并不具有神圣的含义。早期“经”的取义，虽然非属儒家，然使经学的研究连缀不绝，蔚为学术大观者，则非儒学莫属。从《庄子·天运》看来，战国时代的儒者已有“六经”之说，《诗经》《尚书》《周礼》《乐记》《周易》《春秋》等文本已属于儒家重要的典籍篇目。

在新出土的郭店竹简中，《性自命出》《六德》《语丛》等文献，明确标明在东周时代，《诗经》《尚书》《周礼》《乐记》《周易》《春秋》等书已存且被相提并论。同时，竹简上的文字亦表明早期儒家深信“六经”的权威性并加以引用，并通过对“六经”的阅读理解对每一种文本的整体意义作了概括，试图使每部经典的意义符号化。这无疑肯定了一个事实，“六经”并非如汉代今文学家所言完全是孔子所作。不过，孔子曾经编定修整“六经”文本的历史，应该是真实的。也正是由于孔子对“六经”进行的修订工作，为“经”向着经典化的方向发展奠定了基础。没有文本的大致统一，既不便于教学和学习，也不便于理解与解释。文本能成为经典，需要读者对之阅读、学习和运用，使之在不断地“引证”文献的过程中，逐渐权威化。经一旦成为经典，读者就会对之产生强烈的认同和信仰，视之为文明的根本。

孔子以“六经”为教，“入其国，其教可知也。其为人也，温柔敦厚，《诗》教也；疏通知远，《书》教也；广博易良，《乐》教也；洁静精微，《易》教也；恭俭庄敬，《礼》教也；属辞比事，《春秋》教也。故《诗》之失，愚；《书》之失，诬；《乐》之失，奢；《易》之失，贼；《礼》之失，烦；《春秋》之失，乱。”[②]为了便于施教，孔子删修了“六经”。根据《史记》的记载，孔子搜集上古及三代文献，编次《书》之史事；追迹夏、商、周三代之礼，加以损益，而从周礼

① 郭庆藩：《庄子集释》，《诸子集成》三，中华书局 2015 年版，第 306 页。

② 阮元：《礼记正义》，《十三经注疏》，中华书局 2016 年版，第 1391 页。

的指向；对《诗》中原有三千篇，去其重复，取其可施于礼义者，删为三百五篇；对整理过的《诗》配以乐谱，使之合《韶》《武》《雅》《颂》之音；之于《易》，序《彖》《系》《象》《说卦》《文言》；因其道不行，乃据鲁史记而作《春秋》，上至隐公，下讫哀公十四年，12公，凡242年。伴随孔子的言传身教，“六经”逐渐成为儒学的核心文本。而在孔门弟子通过引用经典而达成自身立说、立论具备合法性的过程中，“六经”的文化地位不断提升。

当“经”成为“经典”之后，对之的理解便自然成为一门学问。孔子曾概括出《诗经》《周礼》《乐记》和《尚书》的性质，“子曰：兴于《诗》，立于《礼》，成于《乐》。”①“兴”是志向的激发，“立”是规范行为，“成”是调和性情；“《诗》《书》，义之府也；《礼》《乐》，德之则也；德、义、利之本也。”②如此做法，应是中国早期诠释学解经的原初形式，不过其真正为后代诠释学发展奠定范式的创造乃是提供了“述而不作”命题的论说。

（一）述而不作：一个早期的命题

“述而不作，信而好古”是先秦时期的孔子在《论语·述而》中提出的一个重要且完整的早期诠释学命题。宋儒朱熹为之注解：“述，传旧而已。作，则创始也。故作非圣人不能，而述则贤者可及。”③按一般的理解，它说的是后人在解读经典时，要以严谨的方式阐述而不创作改变，以完全接受典籍的态度遵循文本、相信上古之言。对于经典上记载的圣贤话语，要谦逊地因袭、传承，不要加入自己的先入之见，以自己的理解演绎原有文献的内容。换言之，这是一种“我注六经”式的诠释理解与方法范式，让诠释者在有限的空间内进行文本解读，专注经典原义挖掘，而不进行过多主观发挥。然而，同样在《论语·述而》中，孔子又说：“盖有不知而作之者，我无是也。”即他自己还是“作”

① 朱熹：《论语集注》，《四书章句集注》，中华书局2016年版，第98页。

② 阮元：《春秋左传正义》，《十三经注疏》，中华书局2016年版，第1818页。

③ 朱熹：《论语集注》，《四书章句集注》，中华书局2016年版，第90页。

了一些东西，只不过他是“知而作”而矣。由此，不仅形成疑问：“述而不作”真是一种崇尚不空言而又含有保守、不创新意向的诠释取向吗？

若想正确解答疑问，必须弄清楚“述而不作”命题产生的历史背景。《史记·孔子世家》上说：“孔子之时，周室微而礼乐废，《诗》《书》缺。”① 在“礼崩乐坏”的年代，孔子立志通过对上古“六经”文献进行整理，进而为社会“正名”。其最为重要的任务，即是让上古的礼仪成法、圣语王言以“原貌”的形态呈现于世人面前。实际上，孔子在整理典籍的过程中，也加入了自己的春秋笔法与微言大义。但是，他一直秉承客观审慎的治学态度，以“追迹三代之礼”为目的，视“整理”为“印证”，要将经典中所蕴涵“道”的最初原义不加改造地揭示出来，所谓“周监二代，郁郁乎文哉，吾从周”。之所以如此，是因为他发现其时的人们已经对经典产生了诸多“误读”：由于文本具有历史性与当下性双重属性，以语言作为文本语义载体的符号性也随着时代变迁发生了某些改变；由于文本内容信息在解读中不同的读者有着不同的理解，致使因语言技术干涉引发的古今释义不同，时有发生；由于语境存在时空差异，不同时代的政治、经济、文化主题为阅读者设定了异质性明显的理解情境，甚至让许多“误读”变成了“错读”。

孔子坚信尽管时间的推移会带来人们对于经典理解的不同，但是经典中所深藏的“道”是不会改变的。“道”有着不随时间、地域改变而改变的独特属性，它具有不会被打断的逻辑性、延续性和一贯性。上古圣贤思想的精髓具有永恒性，不需要后来者的修饰、雕琢，只要人们能按原义去表达它、理解它，自觉把握它，社会中的一切自然会名实相符、等级有序，人们也就自然懂得安身立命的道理了。但这并不意味着诠释者面对文本，在诠释活动过程中只可作“无能为力”的复述，事实上作为诠释学命题的“述而不作”自身在内在含义表达不变的情况下，同时亦存在着事实偏转的可能。

第一，“述”是诠释学的一种自解原则。按《说文解字》语，“述”是遵循、

① 司马迁：《史记》，中华书局 2016 年版，第 321 页。

继承之义。对于孔子来说，就是对先王之业的遵循与继承，或曰在思想与行动两个维度上对圣人及礼乐制度的崇圣性进行“尊崇”。在其看来，先王的礼仪成法等内载着“道”，是不可妄动的。“道”是完整的、给定的，只需要人去“正焉”，但对“道”的解读并不是机械复读式的。“述”同样需要诠释理解，只不过要依明确的核心而展开。“子曰：人能弘道，非道弘人。”① 朱熹释之曰：“弘，廓而大之也。人外无道，道外无人，然人心有觉，而道体无为，故人能大其道，道不能大其人也。”② 于是在实际的执行过程中，“述”被具体操作化为“以经解经”的自解式诠释方法论。此种“自解”存于经典在理解与诠释中归属于信仰论与目的论的一贯性与整体性，也就是对文字的解读需要基于经典内部的互证活动中完成。从形式上看，其解读空间是封闭的（局限于经典内部——主要指“六经”），只可依经典上记载的文字彼此释义对方。但从实际效果上看，它又使得人们对“道”的解读拥有了“鲜活性”，表现为主体一种积极地诠释、理解与运用。孔子在《论语》中不断强调“道”要内省，这实际上是鼓励个体对经典持有创造性的理解态度。虽然经典的作者已把道理精义讲述清楚，但是读者依然要运用自己的智慧将“道”融入于生命的体验全过程中，要在不违背“原义”的前提下，对“道”作出个性化的认知发挥。

第二，“不作”与“有作”的辩证。《尔雅·释言》说“作、造、为也”。《尔雅注疏》就这三字释义为“谓为营也。皆见《郑风·缁衣》篇”。③ 显然，按经典的自解原则，“作”的意思是“营造”与“造就”。但在《尔雅·释诂下》中，作为训释字的“作”还有另一诠释：“浡、肩、摇、动、蠢、迪、俶、厉、作也。”前面的八字与“作”是古今字的逻辑关系，所以清儒段玉裁在《说文解字注》中总结出“上作，起也；下作，为也”的论断。即“作”可解之为“兴作”或“兴起”。于是一个明确的结论出现了：“述而不作”之“作”不是与书写有关的“创作”，而是要在遵循先王礼法制度的过程中，不制作、不兴作。换言之，是不

① 朱熹：《论语集注》，《四书章句集注》，中华书局 2016 年版，第 191 页。

② 朱熹：《论语集注》，《四书章句集注》，中华书局 2016 年版，第 191 页。

③ 阮元：《尔雅注疏》，《十三经注疏》，中华书局 2016 年版，第 2567 页。

让“述”建立于舍王道而改从非王道之事之上。“子曰：吾自卫反鲁，然后《乐》正，《雅》《颂》各得其所”，可见孔子在“述”经典时还进行了“正”，即为原仅在贵族流传的文献注入了新的精神，并使之普及于一般平民。此处的“正”，其实就是“作”。由此推论，“述而不作”的实质是“述中之作”，“作”是个体的独特理解与诠释，但其前提是对经典之道“原义”的发掘与领悟，不是对文字的肆意发挥。

通过上面的论述不难理解，作为诠释学命题的“述而不作”核心是对“道”的尊重与完整性的维护。但“道”在与生生不息的个体生命结合中，又会表现出不同的形式样态。“述而不作”一方面确证了先王礼乐制度的绝对真理性，另一方面也凸显了诠释者之于文本理解的重要作用。甚至可以认为，“述而不作”的重心实在“述”中之“作”，正是在其作用下中国诠释学才被开发出极大的创造性理解空间。

“述而不作”命题的出现影响是巨大的，它缔造了中国经典诠释活动中的“崇古”情结；确立了文字诠释的依经立义原则；促成了推源溯流的诠释方法；助推了返本开新的诠释学思维理路等。然而，立足诠释学视域，其也存在一些问题，如其在一定意义上为诠释活动注入了保守性，在一定程度上限制了诠释者主体性发挥等。

（二）以意逆志与知人论世：孟子的诠释方法

战国时代的孟子十分重视诠释理论的开发。在《孟子·万章》篇中，他提出了先秦时期另外两个重要的诠释学命题“以意逆志”和“知人论世”。“以意逆志”出自《万章上》①，出现于咸丘蒙与孟子的一段对话中，大意是孟子认为，咸丘蒙在论述天子能不能把父母当作自己的臣子来对待的问题时，观点的根本错误在于断章取义而不重视上下文意，以致无法掌握诗人之志。如咸丘蒙曾引

① 朱熹：《孟子集注》，《四书章句集注》，中华书局 2016 年版，第 282 页。

两句古语:“盛德之士,君不得而臣,父不得而子。”又说:“舜南面而立,尧帅诸侯北面而朝之,瞽瞍亦北面而朝之。”孟子指出这些话并非古代君子之言,而是“齐东野人之语也”,进而又引《尧典》语:“二十有八载,放勋乃徂落,百姓如丧考妣,三年,四海遏密八音。”即若舜是国君,则尧过世时便不可能享有君王待遇。咸丘蒙又说,瞽瞍虽为舜父,仍应执臣礼,并指出《诗经》中有言:“普天之下,莫非王土;率土之滨,莫非王臣。”孟子不以为然并纠正说,《诗经》上的话是讲:“劳于王事,而不得养父母也。”且以《小雅》之言佐证:“此莫非王事,我独贤劳也。”也就是说,咸丘蒙忽略了上下文,故以父子类比喻君臣,而孟子则强调文本上下文脉络的重要性,故着重父子中关系中的孝道。

在孟子看来,“说诗者,不以文害辞,不以辞害志,以意逆志,是为得之”①。剖析其意,即颂诗者必须以意逆志,才不会以文害辞、以辞害志。换言之,唯其立足于历史之情境以理解全篇,才能更好地体悟到诗人“以意逆志”之情感,唯关注其诗从而让自己也实现“以意逆志”之状态,方是真正地立足于历史之情境以理解全篇。然而,到底“以意逆志”的内涵外延如何界定孟子并未说明。后来,汉儒赵岐作出较为明晰的解释:“志,诗人志所欲之事。意,学者之心意也。孟子言说诗者当本之志,不可以害其辞,文不显乃反显也。不可以辞害其志,辞曰:‘周余黎民,靡有孑遗。’志在忧旱灾民无孑然遗脱不遭旱灾者,非无民也。人情不远,以己之意,逆诗人之志,是为得其实矣。”②志是“诗人志所欲之事”,即作者所要表达的意义,意是“学者之心意”,即诠释者的心意。“以意逆志”是诠释者“以己之意,逆诗人之志”,即诠释者以自己的心意去推求作者的原意。赵岐还说,“以意逆志”这一方法的成立依据在于“人情不远”,即人与人之间的心理同构。

赵岐之说得以宋儒朱熹的认同。朱子说:“言说《诗》之法,不可以一字而害一句之义,不可以一句而害设辞之志。当以己意迎取作者之志,乃可得

① 朱熹:《孟子集注》,《四书章句集注》,中华书局 2016 年版,第 190 页。

② 阮元:《孟子注疏》,《十三经注疏》,中华书局 2016 年版,第 2670 页。

之。若但以其辞而已，则如《云汉》所言，是周之民真无遗种矣。惟以意逆之，则知作者之志在忧旱，而非真无遗民也。”①文是字，辞是语或句，志则是作者的写作意向。“不以文害辞，不以辞害志”即依此诠释为“不可以一字而害一句之义，不可以一句而害设辞之志”。换言之，理解时不可以字义而妨碍句义，理解者同时还应脱离句子的字面意义而把目光拓展到其他句子，如此方能“以己意迎取作者之志”而掌握“设辞之志”。也就是说，理解时，不可局限于较小单位的字句而妨碍了掌握作者表现在较大篇幅中的意向。即文本的较小单位必须放到更大脉络中才能被理解，而这更大的脉络才能真正表现作者意向。无论是读者之意或是作者之意，最终都是文本之义，“以意逆志”的根本原则是“不以文害辞”。

然而到了清代，学者吴淇给出了不同观点，他并不认为经典的“意”与“志”分属于读者和作者，而是主张二者皆应属于作者。“志”是作者借文本所欲述说的意向，“意”则是作者之志淋漓尽致地表现于文本之中的东西。按其“显于外者，曰文曰辞，蕴于内者，曰志曰意”的看法，显于外者的前一文本是“文”（志对文），后一文本是“辞”（意对辞），“辞”文本有其淋漓尽致的一面，“文”文本似乎可以对比于“思”而理解为惨淡经营。换言之，作者之意即是借“辞”文本而焕发的兴味或意味，作者之志则是通过“文”文本所经营的意义或意思，读者或诠释者在诠释时，可以由文本“意味”所展示出的作者之意来追寻文本“意义”所呈现的作者之志，“意之所到，即志之所在”，此即“以意逆志”。由此而论，吴淇虽以作者的意向来诠释“意”，但由于此意向乃是焕发于此文本而非别的考虑彼文本之中者，故与前文所说之由整体的文义逆推作者之心志相比较，其实亦不脱文本的范围，并非纯然的作者导向。②

尽管后人对孟子“以意逆志”的诠释有所不同，但“志”为“作者之志”的说法毫无疑问地得到大家的认同。如果让“以意逆志”回归孟子自身，以得

① 朱熹：《孟子集注》，《四书章句集注》，中华书局2016年版，第284页。

② 参见林维杰：《朱熹与经典诠释》，华东师范大学出版社2012年版，第117页。

到确切理解，笔者认为，需要将之置于当时的语境加以体会。“以意逆志”中的“志”，主要指孟子在读《诗经》中所要逆的“志”，“夫志，气之师也”。[①]其特指诗人对自己所反映的社会生活的体验与评议，是诗人抒发的具有一定伦理道德规范的思想，尤其是诗人关于政教风俗的有启示性的见解。“以意逆志”中的“意”，在孟子那里更似诠释者在读诗中先在的“意”，而不是所谓的蕴涵在诗歌之内的那种“意”。因为在孟子时代，还没有建构出从诗歌文本的思想内容中分析出作者之“志”与“载志而游”的“意”，更没有“以古人之意求古人之志”的诠释方法。“以意逆志”中的“逆”似乎与孟子的心性理论间存在一些联系。孟子在人学领域讲“强恕而行”，其中的“恕”讲究以“反情”“推己”为起点，以“以心揆心”为方式，以“及人”“物”为目标的心理活动。这与“以意逆志”中的“逆”有着异曲同工的妙用。借用“恕”字来看“逆”，可以推论出“逆”更为强调读者阅读理解经典时的主动性和追溯性。这对于消除诠释者与创作者之间的历史距离、文化距离和心理距离，是十分必要和有益的。如此一来，可知“以意逆志”的功能在于心理诠释，强调“以心比心”。因为人情不远，所以读者凭借“逆”方可实现通过在“意”与“志”的相互对语中，发现经典的意义。不过，“以意逆志”还必须以语言诠释为基础，正如孟子所言“不以文害辞，不以辞害志”。“文”是文本的修辞方式；“辞”是言语的表达。

孟子提出的“以意逆志”命题是中国早期经典诠释学中又一重要创举。它使得诠释者在理解文本中有了一个富含自觉理论意识和深厚理论内涵的心理诠释方法论，其直接造就了心学诠释理解模式的诞生，尤其在宋明时代，陆象山、王阳明等将之进一步发扬，并创造性地开拓出中国诠释学的“心学”诠释传统。与之相关，“知人论世”的命题则进一步夯实了“以意逆志”的基础，它关注的焦点是如何在历史与经典文本的张力关系中，解读古人的心志。

“知人论世”的原文是：“一乡之善士，斯友一乡之善士；一国之善士，斯友一国之善士；天下之善士，斯友天下之善士。以友天下之善士为未足，又尚

① 朱熹：《孟子集注》，《四书章句集注》，中华书局2016年版，第211页。

论古之人。颂其诗，读其书，不知其人，可乎？是以论其世也。是尚友也。”[①] 这段文字记录的是孟子谈论如何交友。其认为交友必须知其人，如果想与古代圣贤交友，那么就需读他们的诗歌与著作，并且了解他们的为人，理解其所生活的时代。于是，“知人论世”作为“尚友”之途径，被孟子揭示出来，其诠释学意义明显：第一，从其诗、其书与其世的语意来看，“其”字都是指古人，因此论其世的重点是论古人之世而非诗书所处之世。论古人之世有两种诠释的可能：一是就古人的诗书等“作品之中”以论其世，一是借助诗书等“作品之外”的历史途径来论其世。第二，“世”的历史有大小之别，小的历史脉络可指古人的个体的生命活动，大的历史脉络则可理解为此古人身处的历史环境。

上述的两点特征在后人的解析中学理深度不断加深。清人章学诚说：“知其世矣，不知古人之身外，亦不可遽论其文也。身之所处，固有荣辱隐显，屈伸忧乐之不齐……”[②] 吴淇讲：“‘世’字一文有二义：纵言之，曰世运，积时而成古；横言之，曰世界，积人而成天下。故天下者，我之世；其世者，古人之天下也……然未可以我之世例之，盖古人自有古人之世也。‘不殄厥愠’，文王之世也；‘愠于群小’，孔子之世也。”[③] 章、吴二人从客观认知的角度去理解“知”和“论”，章氏将“人”诠释为作者遭遇的时境，即“古人之身处”，吴氏则将“世”指作既可以表示作者生活于其中的宏观历史背景，也可以表示作者身处的时境。概言二者说法，“知人论世”乃为对作者所面对的外在境遇的客观认知，要求读者“知人论世”就意味着“使经典脱离诠释者的时空情境，回归到经典成书时的时空情境而被视为当时历史条件的产物来研读”[④]。进而，“知人论世”与“以意逆志”建立了有机联系：“以意逆志”的过程是诠释者叩问本心的过程，开展这一过程的前提条件是诠释者应对作者所面对的时势或时位有准确的了解；而“知人论世”方法的运用恰好还原了作者身处的境遇。

① 朱熹：《孟子集注》，《四书章句集注》，中华书局 2016 年版，第 293 页。

② 章学诚：《文史通义 · 文通》，上海古籍出版社 2008 年版，第 54 页。

③ 吴淇：《六朝选诗定论缘起》，江苏广陵书社有限公司出版 2006 年版，第 187 页。

④ 黄俊杰：《中国经典诠释传统（通论篇）》，华东师范大学出版社 2008 年版，第 356 页。

对于“知人论世”历史上还有另一种解读。宋儒张栻说：“夫世有先后，理无古今，古人远矣，而言行见于诗书。颂其诗，读其书，而不知其人，则何益乎？颂诗读书，必将尚论其世，而后古人之心，可得而明也。”①此处特别提出言、行问题，并以为两者不分设，言并非诗书，而是表现在诗书中的古人之言。古人之世虽远，但记载言、行之“小的生命史”乃呈现在今世所存的“作品之中”，况且理无古今，故可由诗书以论其世、以明其心。也就是说，由诗书等文本才可知人，而“言行”一词正是把问题意识局限于个人领域。明儒黄宗羲也讲：“古人所留者，唯有诗书可见。诵读诗书，正是知其人、论其世者，乃诵读之法。古人诗书不是空言，观其盛衰以为哀乐，向使其性情不观于世变浮沉蝣晷，便不可谓之善上矣，非既观其言，又考其行也。”②诗书为言，个人之行则在言当中；古人远矣，唯有“诗书之言”可见其“个人之行”，论其世乃在于考其行，留意书中之行，则是理解作者心志的法门。综合张、黄二人的观点，“知人论世”与经典诠释的关系可为，一方面经典是处在其人其世的“脉络”之中；另一方面，诠释中的理解是一种今人与古人之间的活生生的正在进行中的对话。

针对“知人论世”，章吴与张黄等人形成了不同的解读立场，虽然都承认历史的重要性，但一者以为诗书并非“知人”的有效途径，故尚须脱离文本来考察历史，一者认为诗书是唯一的凭借，而且还必须拓展出诗书中个人行事的蕴涵的历史性格。立足诠释学视域，如果站在前一种“文本与历史分立”的立场，那么解读经典的重点便不在古人作品，而在对古人心志的理解，诗书等文本固然也算是理解古人心志时不可忽略的因素，但地位是次要的，首要的则是古人身处的历史背景。如果站在后一种“文本与历史结合”的立场，那么不管言行是否二分，对古人心志的理解皆须由作品出发，由于个人生活体验即在于文本之中，因此并无历史与文本的竞争问题，而是“历史在于文本”，也可视

① 张栻：《孟子说》，《张栻集》第二册，中华书局 2015 年版，第 309 页。

② 黄宗羲：《孟子师说》，载《丛书集成续编》，上海书店 1994 年版，第 115 页。

为另一种“历史的文本化”样态。

南宋朱熹也曾对“知人论世”发表过自己的评论，他的观点可为上述两种认知的“中和”，“论其世，论其当世行事之迹也。言既观其言，则不可以不知其为人之实，是以又考其行也。夫能友天下之善士，其所友众矣，犹以为未足，又进而取于古人。是能进其取友之道，而非止为一世之士矣。”[①] 诵其诗书即是“观其言”，观其言还不够，必须再“考其行”，亦称“论其世”，而其世即是行的表现。换言之，言是作品，行不在言之中，即行不在作品之中。章、吴的观点是“大历史在作品之外”，张、黄的观点是“小历史在作品之中”，而朱熹的观点是“小历史在作品之外”。在朱熹看来，“知人论世”乃是文本与历史两范畴的关联点，文本与历史两个脉络是分离开的，诠释时应先重行为脉络，次重文本脉络，历史则从中支援行为脉络，故历史意识在诠释学中尤为重要。由此，从“知人论世”出发，经典诠释学亦可表现为不同呈现方式，即“文本诠释学”“行为诠释学”以及“历史诠释学”。于是，孟子“知人论世”命题提出的重要意义，自然不言而喻了。

（三）语言与世界的关系：先秦诠释学的中心论题

在诠释学中，语言的存在是一先决条件。在“六经”等文本尚未成为中国诠释学“诠释核心”前，先秦诸子在强调理解意义时最为关注的是语言问题，并针对语言是否能够真实地说明现象世界问题展开了积极的争论，从而使得关于语言的言意传达理论的思考成为当时诠释学说发展的重点。由此，也奠基了“言以足志、文以足言”及“道不可言”“言不尽意”的中国两种基本的诠释学观念。前者相信诠释的有效性，认为读者的理解能与作者的意图相一致；后者则开启了以审美体验为中心的诠释学理论，即强调文本意义的不确定性，将诠释变为一种超越作者及语言文字的纯粹体悟。相对而言，富有实践理性的先秦

① 朱熹：《孟子集注》，《四书章句集注》，中华书局 2016 年版，第 324 页。

儒、墨诸家大致持肯定语言能说明世界，而内具虚无主义色彩的先秦道家则给出了否定认知，并因之进一步怀疑语言表达思维的能力。诸子们从多个角度论证了“名实问题”“言意问题”，并促发出特质鲜明的先秦语言诠释学的诞生。

“名”是用来指称事物的词语，“实”则是被指称的事实。以孔孟为首的儒家相信语言具有调整社会秩序的功能，通过“正名”可以赋予先秦宗法社会礼乐制度的合理性。子曰：“必也正名乎！名不正则言不顺，言不顺则事不成，事不成则礼乐不兴，礼乐不兴则刑罚不中，刑罚不中则民无所措手足。”① 显然，此处的“名”是为“名分”，是对等级关系的说明，所谓的“正名”就是通过词语的秩序化来使其所指的社会关系秩序化。尽管现象世界已发生“礼崩乐坏”的变化，但观念世界的伦理秩序却不可违背。其诠释学的意义在于，要求“慎辞”文本以“必也正名”，作者著文要从“微言”中体现“大义”，要通过“正确”的表述，让“名”与现象世界的“实”相符，进而与观念世界的“义”相配。墨家视野中的“名实”问题更倾向于从符号观念的角度切入。

墨子说，“名”是概念，并不等于“实”本身，但如果没有语言的“所以谓”，现象世界的“所谓”也就无法显示出来。所以“有实必待文多也”，现象世界之“实”有待语言指称之“名”去把握。墨子相信，语言有指称世界、传递知识、表达思想的作用，语言与世界并不是分离的，而是可以契合的。“名”可以举“实”，“名”可以符“实”，这其实就是充分肯定了语言作为人们认识世界的经验和知识载体的有效性。然而，与儒家的“正名”相比较，墨家的论说不是为了维系旧有的社会等级制度的“名分”，而是为了讨论从现实世界中得到的经验和知识是否可靠。其目的在于要求语言从各个角度各种层次上切中事实，符合经验，契合真理，正确把握世界。

以老庄为首的道家高举“无名”的旗帜，对“名”本身的确定性表示怀疑。因为老庄感兴趣的不是经验世界的具体事物和现象，而是抽象的关于世界本原的本体问题——“道”，且又因为“道”贯穿于一切事物现象之中或超越

① 朱熹：《论语集注》，《四书章句集注》，中华书局 2016 年版，第 133 页。

一切事物现象之上，所以任何一个“名”都无法和它恰切对应，任何一种言说都无法将它准确阐明。故老子曰：“道可道，非常道；名可名，非常名。”①在其看来，“无名”是天地之始，是世界的本原，一切处于浑然的状态，无法命名；“有名”为万物之母，万物的诞生，有了形迹的区别，也就有了名称。与之类似，庄子说：“有名有实，是物之居；无名无实，在物之虚。可言可意，言而愈疏。”②有了“名”与“实”，世界万物便可对号入座，所以可把“名”与“实”看作万物的家园。但名实只适用于形而下的具体物象，无法说明形而上的抽象的“物之虚”，即世界万物的本体。因为“虚”就是“无实”，按照名实对应的原则，“无实”也就应当“无名”。既然“物之虚”是“无名”的，那么称之为“道”，也是权宜的假名，所谓“道之为名，所假而行”③。从根底上讲，老庄的“无名”是由对终极之道的理解中提出来的，似与名实问题联系不甚紧密。但从诠释学解度来看，他们对“名”的消解和否定，其超越语言的态度，很有可能把文本的阅读从纯粹的语言学中解放出来，而成为一种富有哲学意味的神秘经验。尤其是，庄子那种相对主义的认识论，很有可能在动摇“名”的确定性时，为文本阅读中的多元性理解和诠释提供更多辩护的理由。

在先秦诸子那里，语言不仅作为调节社会秩序的工具而得到肯定，而且作为各种思想观念的载体而受到相当的重视。孔子说：“《志》有之：‘言以足志，文以足言。’不言，谁知其志？言之无文，行而不远。”④其中的“志”指思想或意志，“言”指口头语言，“文”是书面性的文字。由此可知，《志》的原意是：语言足以充分表达思想，而文字足以充分表达语言。然而在《易传》中，又要以看到孔子的另一说法：“子曰：‘书不尽言，言不尽意。然则圣人之意其不可见乎？’子曰：‘圣人立象以尽意，设卦以尽情伪，系辞焉以尽其言，变而通之

---

① 王弼：《老子注》，《诸子集成》三，中华书局 2015 年版，第 3 页。

② 郭庆藩：《庄子集释》，《诸子集成》三，中华书局 2015 年版，第 378 页。

③ 郭庆藩：《庄子集释》，《诸子集成》三，中华书局 2015 年版，第 461 页。

④ 阮元：《春秋左传正义》，《十三经注疏》，中华书局 2016 年版，第 1889 页。

以尽利，鼓之舞之以尽神。”① 在此处“书不尽言，言不尽意”的形上等级中，文字成为最低级的东西。为何会如此说？合理的诠释是，当孔子站在“道”的立场而不是政治立场考虑问题时，其对语言文字的表意能力深感失望，故而提倡“无言”。无论怎样，孔子对言与意矛盾关系的认知促发了先秦“言意之辩”的产生，其亦构成中国早期语言诠释学的重要论题。

相对而言，道家对于“书不尽言，言不尽意”的讨论更为深出。尽管老子从未谈论言与意的关系，但他的“道不可道”的思想却是后来庄子“言不尽意”论的理论基础。庄子正是从老子思想之旨出发，指出语言是人为的产物。由于人为是远较自然低级的概念，并且又常被其使用者所误导，其真义往往被浮华之词所遮蔽。因此，语言作为异于自然、遮蔽意义的东西是不可相信、不值得重视的。庄子详细地论述了“书”（文字）、“语”或“言”（语言）、“意”（思维）、道“真理”之间的主从关系，“世之所贵道者，书也。书不过语，语有贵也。语之所贵者，意也，意有所随。意之所随者，不可以言传也。而世因贵言传书。世虽贵之，我犹不足贵也，为其贵非其贵也。故视而可见者，形与色也；听而可闻者，名与声也。悲夫，世人以形色名声为足以得彼之情！夫形色名声果不足以得彼之情，则知者不言，言者不知，而世岂识之哉！”②庄子设计出“书”“语”“意”“道”四个递进等级，其重在强调“言不尽道”。按照他的逻辑，语言是人为的，文字更是人为的，仅相对于“意”而言，“书”已是模仿的模仿，影子是影子，和天道自然的真理更是相隔甚远。所以，所谓的文献均可称为“古人之糟粕”。于是，庄子主张否定语言乃至取消语言。既然语言无法真正切近“道”，那么任何语言的表述都意味着对“道”的损害，而只有沉默才能使“道”得以完整。故所谓“知者不言，言者不知”，“至言去言，至为无为”，认为圣人之言是“不言之言”“不言之辨”。③

然而，虽然讲“无言”，但一个不争的事实是老庄也曾著书立言，宣扬了

① 阮元：《周易正义》，《十三经注疏》，中华书局 2016 年版，第 82 页。

② 郭庆藩：《庄子集释》，《诸子集成》三，中华书局 2015 年版，第 204 页。

③ 郭庆藩：《庄子集释》，《诸子集成》三，中华书局 2015 年版，第 318 页。

自己的学说思想。老子的诠释是，他迫于关令尹喜之请不得不著五千言，并在书中提醒了读者注意文字是无力的甚至是徒劳的。而庄子的诠释更为细致，他说："言无言，终身言，未尝言；终身不言，未尝不言。"①即如果懂得什么是"无言"然后再言说，那么就会从语言的迷恋中解脱出来，从而所言的内容也就具有"无言"的意义。并且，他还提出"寓言十九，重言十七，卮言日出，和以天倪"②的说法，让人对语言本身的注意和信任要转移到对所寓之意的领悟上来。

在先秦诸子对于语言问题的讨论中，还涉及对"志"与"意"二字的解析。围绕此二字，逐渐生成了"言以足志"与"言不尽意"两个命题。前者是说语言可以充分展示自己内心的主观愿望和想法，后者是说语言难以真正穷说自己对世界的认识和体验。换言之，"志"涉及的是伦理学层面的"德"的问题，可以通过语言来呈现。而"意"涉及的是哲学层面的"知"的问题，难以一一和语言对应，所以说"知者不言，言者不知"。质言之，"德"所关涉的是人之道，即人性问题；"知"所关涉的是物之道，即本体问题。如此一来，儒家所说的"逆志"其实相当于"知人"，道家所说的"得意"其实意味着"得道"。"得意"可以"忘言"，超越语言，直契本体，而"知人"者却不得不"知言"，通过语言来判断人性。

二、古希腊：诠释学轮廓的初成

从学术历史角度看，西方诠释学最早萌生城邦智者们对古代文献的解读与理解，其关注的焦点往往集中于《荷马史诗》与《旧约》等。需要强调的是，

① 郭庆藩：《庄子集释》，《诸子集成》三，中华书局 2015 年版，第 414 页。

② 郭庆藩：《庄子集释》，《诸子集成》三，中华书局 2015 年版，第 414 页。

那时基于希腊神话的影响力，语言被认为是神与人之间关系维持的纽带。换言之，人们普遍相信诸神通过语言来颁布神意，以使得普通人有所追从。《荷马史诗》中的《伊利亚特》和《奥德赛》被认为是吟诵诗人口头流传的最著名篇章，之所以被称为“诗”，是因为其在当时主要是通过“歌”的形式来传播，“歌”又可以理解为音乐。按亚里士多德的说法，音乐的用途有三：伦理上的道德教化；实践的内心、道德与宗教的净化；振作精神的给人以美的享受。[①] 显然，这与中国儒家先秦时期的“乐教”有着共通之处。为了让口传的《荷马史诗》得以延续，人们逐渐记录了一些抄本，这样就为后来诠释学的产生提供了重要的文本对象。《圣经・旧约》并非基督教徒所写，它是犹太教的圣典。它的流传更多地基于人们对神的信仰，该书原文为希伯来文写成，时间跨度约在公元前 1200 年至前 100 年，在亚历山大时代被翻译成希腊语。《旧约》内容涉猎广泛，包括历史叙事、律法、诗歌、故事、预言等类型，贯穿于其始终的主旨是对上帝的信仰。《旧约》中存有许多神的痕迹，也存在许多古代以色列人自身生命经验的体悟。由于宗教的影响，它作为经典的权威性慢慢超越《荷马史诗》，后来成为西方早期诠释学最为重要的诠释对象。

（一）语言学与修辞学的兴起

在古希腊时代，受哲学圣贤们的启智影响，单纯的神迹已难以得到民众普遍的信从。人们渴望了解信仰背后存在的知识论合理解释。于是，《荷马史诗》《旧约》等文本被置于智者面前，社会中兴起要求对经典进行理性思辨式解读的声音。随之而来的即是语言学与修辞学知识被引入对经典的理解中。

语言学涉及对语词、范畴之定性分析和语法规则的制定问题。人们对它的关注，来自不同民族在翻译、修订经典时遇到的语言困难。立足于欧洲早期历史，当时的亚历山大大帝将希腊文明的传播大大向东扩展，然而原住民们对于

① Vgl. Aristoteles, *Philosophische Schriften*, Bd.4, Felix Meiner Verlag, Hamburg, 1995, S. 298.

异族文化，尤其是希腊神话中的“新奇”语言普遍感到陌生。他们在试图理解这些典籍的过程中，需要有实用的工具加以帮助。于是，一门关于语言的学问生成了。它所涉及的不仅仅是不同语言间的翻译问题，更是对语言自身效果的认知。智者们开始思考，感性的具体如何才能摇身一变而成为抽象的世界理性？如苏格拉底说：“我决定遁入语言，以语言来研究事物的真相。”①所以，他与别人进行交谈时，总是要追问“是什么”的问题，其意义在于明确了语言的功能就是要从感觉经验中归纳出普遍概念。柏拉图对之进一步发展，提出“理念论”中二元对立的理念世界与经验世界的关系，实际上就是概念语言与生存语言的关系。不过，古希腊语言学真正的奠基人是亚里士多德。他通过《范畴篇》《解释篇》的论述，对语词的类别、定义、命题、逻辑推论格式等作出了范式化的说明，并且较早地提出语言意义的共同性与客观性问题。

值得一提的是，始建于埃及国王托勒密一世时期的亚历山大图书馆曾收藏了公元前 3 世纪至公元前 4 世纪甚至更早时期的经典文献手稿。它不仅是一个规模宏大的图书馆，同时也是一个具有从事语文学研究性质的机构。在它的馆员中，许多都是当时著名的学者，任务是搜集和校订手稿。在精确校验古老的版本和校订讹误的过程中，发明了“历史—语法学”，并在实践的过程中制定了一套“历史—语法学”规则体系。其存在的重要意义在于，可以在相当程度上确定古代文献的文字意义。它对于打破语言传播过程中遭遇的“时间距离”“语境距离”有了很大的帮助，并将之定性为语言表达习惯的转换问题，进而将古代文献引入读者的时代，重新恢复了文本在当代的不可更改的有效性和规范性。

语言学研究对于古希腊哲学研究的发生起到了很大作用，从某种意义上说原本口语化的“逻各斯”被改造为严格书面语的“陈述”，原本源自柏拉图本体论化的“理式”纯思被改造为规范性的“范畴”的逻辑，均与哲学家对语言

① 《西方哲学原著选读》（上卷），商务印书馆 1981 年版，第 153 页。

学的探究相关。[①]语言学研究对于西方早期诠释学形成的影响也是明显的，人们在对古代典籍神话文字记录的整理剖析中不仅确认了定本，而且他们的“工作并不限于确定文本，还进一步依靠将语文学、语法学和考订学结合起的技术重新实现意义：恢复与过去了的精神世界的联系，理解长期被遗忘了的语言用法……重新进入到文本之中”[②]。

公元前5世纪，古希腊在西西里岛上的一个殖民地——叙拉古，发生了政治革命。原有的独裁统治被人民推翻，一个类似于雅典式的民主制度被建立起来。然而新旧势力围绕着前代统治所征用的财产问题，展开了激烈的法律辩论。出于应诉之需，科拉克斯与提西雅斯师徒创制了以法庭演说技巧为主体的修辞学。[③]后来，修辞学传播至希腊本土，并在雅典城邦普遍流行开来。在智者们的不断打造与补充中，修辞学逐渐成为一门学问，为人们所追捧。据考证，修辞学在希腊语中为“texnh rhtorikh”。其中的“rhtorikh”一词，常被视为一门演讲的艺术，被希腊智者们推崇。在相关的文字记载中，智者们常常在法庭辩论中充分利用修辞学，强调要了解法官的正义感、自身利益、阶层或情绪，敏锐观察法官的心情或需求的变化并作出调整。在他们看来，修辞学之要旨在于影响听众的情绪或意见，进而影响陪审员的判断。

有充分的事实证明，修辞学的流行的确影响到古希腊圣贤的思想。苏格拉底视修辞描述为谄媚或正义的赝品[④]，并对高尔吉亚所说的“修辞所提供的是以法官和议员感兴趣的话语来进行劝说的能力”以及“修辞所处理的劝说话语类型是法庭和其他公共集会上正义与非正义方面的话题”进行了批评，认为“修辞只是制造关于正义的信奉和意见，而不是正确的知识”，“修辞家并不是法庭和其他公共集会上教会大众认识‘是’与‘非’的教师，而仅仅是信念的制造者；因为显而易见修辞家不可能在短时间内完成一个面向大众的正确教导”以

① 潘德荣：《西方诠释学史》，北京大学出版社2013年版，第48页。

② 斯特万：《解释学的两个来源》，王炳文译，载《哲学译丛》1990年第3期，第105页。

③ George A. Kennedy, *A New History of Classical Rhetoric*, Princeton University Press 1994, p. 3.

④ George A. Kennedy, *A New History of Classical Rhetoric*, Princeton University Press 1994, p.8.

及“修辞家仅仅依赖信念而不是知识来进行教育”等[①]。柏拉图则将修辞艺术看作是“一种用语词来影响人心的技艺”[②]，与烹调术、装饰术、诡辩术等同属一道，而与真理毫无关系。显然，从根底上讲他是批判修辞学的。

面对苏格拉底和柏拉图的批评，古希腊城邦支持修辞学的智者们针锋相对地发起了反批评。卡利克勒斯称苏格拉底是“煽动者”，波勒斯说苏格拉底乐于将他人引至前后矛盾的境地，斯拉雪麦格认为苏格拉底是出于热衷美誉而反驳他人，普罗塔哥拉则更宽宏大量地说有朝一日苏格拉底将会因为他的智慧而闻名于世，但他的潜台词是说苏格拉底以沽名钓誉为要务。[③]如此的责难引起了苏格拉底与柏拉图一系传承弟子亚里士多德的关注。但亚里士多德并不想涉入这场孰对孰非的争论，而是想以一种超然的学术立场认知一般意义上的修辞。他撰写出专门论述修辞学的著作《修辞术》《亚历山大修辞学》等，将修辞学视为一门语言运用的艺术，认为相对于其他技术，如算术之于数目、医术之于健康等“只在其对象范围内”才有教导和说服的功能，修辞学则适用于所有的事物对象。亚里士多德刻意避免哲学家往往以伦理道德和真理知识来衡量人和世界的认识问题出发点，不以道德批判评定修辞学，而是从中立的立场出发，用中性的方法和技术来衡量、评价修辞的功效。在他看来，修辞本身不是科学，也不属于任何一种科学，因为其结论是从已经约定俗成的东西中得出的，而非对于事物本原的探索。若将它当作科学来追求，无疑会摧毁它的本性。修辞术的核心是“说服力”，其力量的展现可以在于演说者的品格，也可在于使听者处于某种心境，更可以通过关于每一事例的说服论证来证明真理或表面的真理。于是，在亚里士多德的解释下，修辞学具有了推导真理的成分，而这也让其与诠释学达成了某种内在的联系。

---

① Herrick, James A. *The History and Theory of Rhetoric*. Needham Heights:Allyn & Bacon, 2001,pp.52-55.

② 柏拉图：《理想国》，郭斌和等译，商务印书馆 1977 年版，第 234 页。

③ Cf. Marina McCoy. *Plato on the Rhetoric of Philosophers and Sophists*. New York: Cambridge University Press, 2008, p.17.

诚然，古希腊时代修辞学并没有像语言学那样应用于人们对于具体经典文本的解读中，但不可否认的是，修辞学是一种使语言具有“说服力”的意识以萌芽的形式成为一种理论发明的前导。正是因为有了“说服力”，诠释学作为一门学问，才易于为人接受。“说服”的表达是理论干预生活的表达，这也就是诠释学内在的实践性之要求。由此，西方现代诠释学理论大师伽达默尔所言的“作为理解艺术（诠释学）的理论工具在很大程度上是从修辞学借用过来的”①一语，便不难理解了。

（二）犹太教的释经活动

应该说，西方诠释学最重要的思想资源是《圣经》释义学。然而，那是公元前 1 世纪左右才开始的事。不过，在《圣经》释义学出现之前犹太教的释经活动也在一定程度上提供了诠释学因子的孕育。众所周知，基督教产生于巴基斯坦的犹太人中。耶稣也是犹太人，他的世界观、人生观、价值观的形成离不开犹太民族文化的熏陶，在他的思想和教义中包含了许多犹太文明的因子。后来当保罗周游各地，向“外邦人”传讲福音时，也时常先从“会堂”的犹太人入手。于是，可以断定最早解释《圣经・旧约》的人，肯定就是最先拥有这些典籍者——研读和编辑它们使之成为希伯来《圣经》的古代以色列人。虽然他们的身份和工作的过程，已经无法考证，但希伯来《圣经》仍然留有他们工作的清楚印记。②

根据基督教史的考证，第一批注释《圣经・旧约》的人是协助文士以斯拉的利未人。当以色列被掳并又回之后，他们不再说《圣经》所用的希伯来文，而是操巴比伦的亚兰语。因此在以斯拉向众民宣读摩西律法的一个庄严场合

---

① 伽达默尔：《哲学解释学》，上海译文出版社 1994 年版，第 24 页。

② Cf. J.L. Kugel, *Early Interpretation: The Common Background of Late Forms of Biblical Exegesis*. in: *Early Biblical Interpretation*, ed. J.L. Kugel & R.A. Greer, Philadelphia: Westminster, 1986, p. 13.

中，利未人对百姓讲解以斯拉所念的内容时，很可能已把经文翻译成亚兰文，并且解释其中的含义。[①]按照“拉比”的传统说法，这次事件促成了犹太人的一个新机制，就是“塔尔根”（翻译和解释）。

事实上，新机制是“两约”之间的犹太教确立其释经系统的重要行动。在这段时间，犹太教的敬拜包括口传的“塔尔根”，即用亚兰文翻译和解释希伯来《圣经》。最终，文士为了让这些口传的塔尔根永远使用下去，就以文字书写下来，流传至今。同时，文士和拉比也致力于研习和教导希伯来《圣经》，成其是“摩西五经”。他们努力化解经文所引起的问题，解释含糊的字词，以及调和经文之间的冲突。更为重要的是，他们尝试应用《圣经》去处理当时人们所提出的各种日常问题。并且，当时的文化危机更强化了人们对《圣经·旧约》的深入钻研。在“两约”之间的末期，犹太人在希腊和罗马帝国的统治下，面对异族文化的价值和宗教，必须认定和持守本身的宗教身份。他们在钻研自己的古代经卷中，找到了一个避难之所。在这个过程中，他们对自己的释经方法精雕细琢，影响意义深远。

公元前 333 年，亚历山大大帝完成了征服波斯帝国的丰功伟业，领土包括巴勒斯坦地区。他和继任者强行在所占领土上推广希腊文化。结果，原来的犹太社区深受古希腊文化的影响，催生出希腊化犹太教，并且希腊文逐渐取代了希伯来文的地位，在犹太人群中成为通用语言。公元前 285 年，犹太学者们试图将希腊哲学与犹太人的宗教信仰结合起来，他们翻译了卓越的希腊文五经译本。这些释文被称为“七十士译本”，因它是由 70 名学者翻译而成的，后来成为早期教会的《圣经》。[②]也许，此时《圣经》注释最大的成就，即是有了人们在对《旧约》理解中形成的语言问题。

当时，犹太教对《圣经》的注释被称为“拉比”释经学，犹太教的《圣经》被称为“塔拿克”。“塔拿克”由三个部分组成：《托拉》《先知书》《作品集》。

① 克莱恩等：《基督教释经学》，尹妙珍译，上海人民出版社 2014 年版，第 33 页。

② 克莱恩：《基督教释义学》，上海人民出版社 2014 年版，第 34 页。

其中《托拉》在犹太文献中有时指《旧约》前五章，即摩西五经，有时指全部的《旧约》篇章。并且，《托拉》的存在形式有两种，一是成文《托拉》，一是口传《托拉》。对犹太教徒来说，成文《托拉》的律令是永久的、不得更改的。但成文的《托拉》容易被伪造，所以必须有口传《托拉》的存在。在拉比释经中，语言与存在同等重要，上帝之言或经文等同于上帝本身。由于“希伯来认知体系里不存在超越于语言的形而上层面，……也没有对文字和语言的任何怀疑和保留态度”，犹太拉比便从实际需要和一己理解来细读经文，彼此视各种解读均为合理，解读的成果都是对神圣意志的认知，此即“米德拉西”。①

拉比释经有着自身的特点，它相当倚重拉比的释经传统，基本上释经是引用过去某些备受敬重的拉比对经文的评论。如他引用两段古代拉比的讲话来疏解《旧约》律法两项重要教导可能出现的冲突：(律法）教导以色列民要守安息日，无论什么工作都不可做，同时又教导他们在孩子出生的第八天要行割礼。不过，假如孩子出生的第八天刚好是安息日，怎么办？于是，托比解释说：“拉比以利以谢说：倘若他们没有在安息日前夕带来割礼刀，就可以在安息日公开地把刀带来；在危难之时，人可以在见证人面前将刀收藏起来。以利以谢还说：他们可以在安息日砍木做炭来打造铁器。拉比亚基巴定下了一条通则：任何工作可以在安息日前夕做的，都不可侵犯安息日的条例，但那些不可以在安息日前夕做的，则可凌驾安息日的条例。”②再者，拉比释经还通常是按经文的字面意思进行直解，有时为了接受字义意义甚至会引致一个相当僵化的解释。如《申命记》容许以色列人的父母引用律例惩治悖逆的儿子，而拉比释经则借着按字面含义解释的经文，列举出悖逆儿子在何种情况下可以免被定罪：“他们任何一人若是双手残废、跛脚、哑、盲或聋，就不能定他的儿子是顽梗或悖逆，因为经上记着说：父母就要抓住他——那么他们的手便不可是残废的；将他带来本地的城门——那么他们便不可是跛脚的；对长老说——那

① 刘意青：《圣经的文学阐释》，北京大学出版社 2004 年版，第 126 页。

② J. Neusner, *The Mishanah*, New Haven London: Yale University Press, 1988, p.202.

么他们便不可是哑的；我们这儿子——那么他们便不可是盲的；不听从我们的话——那么他们便不可是聋的。”①

拉比释经之所以这样做，主要是要把“米德拉西”实践出来。基本上，“米德拉西”的主旨就是把经文的深一层意思发掘出来，拉比假设这些意思是隐藏在经文实际措辞之后的。他们的最终动机是为《圣经》所没有直接提及的生活处境提供合理的《圣经》教导。在拉比们眼中，《托拉》等文本其实并非物质世界中的人工制品，在某种意义上，它甚至非由人力写成，其本身早在创世之前就已存在。由此，世界与《托拉》等文本之间就有了直接关联性。然而，拉比们在解释《托拉》等文本时也发现了其中存在着某种矛盾之处，但他们却无法找到合理解释。这就带来了一个问题——神的语言或曰属灵的语言为何会前后不一致？如果人们坚信《圣经》的真实性与真理性，神的语言的无错性，神的思想的和谐一致性，则必须通过人的语言合理地解释其中的相互矛盾的陈述，因为对神意的解说原是为了人的，它只是在人的理性所能接受的范围内才具有说服力。当人们从字面意义上理解《圣经》时，其文字表述中的牵强之处如果没有合理的解释，就必然会动摇人们的信仰。于是，发展一门对《圣经》语言系统解释的学说呼声便应运而起。当公元前 1 世纪《新约》出现，《圣经》文本达成完整后，《圣经》释义学诞生了。而其背后发展的真正动力就在于维护对神的信仰以及不同的解释之间的矛盾所产生的张力。

三、中西诠释学最初的对比

从严格意义上讲，发生于先秦与古希腊的诠释学均应只可称作诠释学思想，而非一门专业化的学问。就相似之处来说：第一，二者均视对文本语言的

---

① J. Neusner, *The Mishanah*, New Haven London: Yale University Press, 1988, p.394.

阅读理解为一门技艺方法。先秦学者普遍将语言和文字作为真实地说明现象世界的工具，是准确传达圣贤观念世界的操作物。他们循名责实，强调通过对经典文字的理解与体悟完成名与实的对应，通过言意关系的辩证分析获知体验与真理的关系。无论是“述而不作”还是“以意逆志”，其本质的要求均是对圣人心志、经典之言的全面把握，亦是让自己的思想与前代圣贤的思想达成内在的沟通。古希腊学者同样将文本诠释作为一种技术手段，不过相关的思想主要体现于对《荷马史诗》《圣经·旧约》等文献的翻译修订中。当然，他们的“工作并不限于确定文本，而且还进一步依靠将语文学、语法学和考订学结合起来的技术重新实现意义：恢复与过去了的精神世界的联系，理解长期被遗忘了的语言用法……重新进入到文本之中”。① 但从根本上说，因为诠释理论与方法的初级性，该思想还不能称为一门学问。

第二，二者诠释学思想中均充满对经典文献的“崇敬”之情。在中国，诸子们视“三代”文献为王权谱系的历史记载，对之敬畏而尊崇。学者们在对之的诠释过程中，恪守不越矩的方针原则，尽量不让己言模糊对圣言的认知。他们相信，诠释的作用是让读者更好地、更准确地理解文本作者，而不是诠释者的论说。在西方，学者们通过诠释建立了一座通向古典神话的时代桥梁，他们为自己的发现而欢欣鼓舞，这里所包含的不仅是一种理解，更直接展现为一种崇敬，因为神话中那个世界充盈着创造性冲动和生命力，这正是他们所缺乏的。更为重要的是，他们将神遗存于文本中的话语视为属灵的语言，甚至视之为一种“信仰”，由此在理解过程中保持了虔诚的心态。他们要做的只是将“属灵的话”转换成“人智慧所指教的言语”。而在此过程中，他们小心翼翼，尽量避免误解神的原意，其目标是化解因评议文本语言上的差异而可能形成的张力，并不是从诠释的角度出发，而是通过整合等方式让相关语言得到更好的理解。

第三，二者在诠释的具体活动中均内含明确的意义指向。先秦诸子显然已

---

① 斯特万：《解释学的两个来源》，王炳文译，载《哲学译丛》1990 年第 3 期，第 106 页。

有了“道”的概念，往圣先贤所言之所以要遵照、听从，源于其体现着终极意义“道”。不论是言与不言，还是意尽与不尽，诠释的最终目的是让作为真理的“道”深入人心，作为人行动的指南，由此成为社会秩序稳定，国民安居乐业的根基。古希腊时期的学者同样在内心中建构起“逻各斯”的理念，它是世界的本原，是产生万物之母，可化身为理性、判断、概念、定义、根据、关系等。各类诠释活动无非都是寻找“逻各斯”的行为。实际上，在古希腊时代早期诠释学与占卜术等同属一类，恰如诗人不是通过某种深思熟虑的艺术性理解来解读神意，而是借助于神的力量来理解启示的。只是在后希腊时期，“诠释”一词才表示“有学识的解释”，但这种学识必须与《圣经》注释联系在一起，是一种于神意中探索“逻各斯”的活动。

相同之外更多的是不同。首先，诠释活动中对于文字的态度不同。先秦学者重视文字，他们相信记载语言的文字因其能超越时间和空间限制的特点而格外受到尊崇，文字构成的经典作为先哲思想的载体具有无比的权威性。如孔子说：“言以足志，文以足言。不言谁知其志？言之无文，行而不远。”① 即语言足以充分表达思想，而文字足以充分表达语言。与之相应，口头上的言说只能在一时一地进行，无法穿越遥远的空间和时间。因此，使“言”能“行远”的不应是具有修饰性的“文”，而应是书面文字的“文”。甚至在《易经》诠释中形成了辞→卦→象→意的文本理解范式。古希腊学者却因以明了作者的意图作为诠释的根底，而在一定程度上“轻视”文字。如亚里士多德在《解释篇》中写道：“口语是心灵的符号，而文字则是口语的符号”，虽然人们说话的声音不尽相同，“但这些声音所直接标志的心灵的经验，则对于一切人都是一样的，正如我们的经验所反映的那些东西对于一切人也是一样的。”② 诠释的目的是理解圣典的作者想要表达的圣意，无论语言存在的形式是怎样的，犹太人在释经时甚至更偏爱口传的《托拉》。除了口传的《托拉》不容易造假外，更由于“从

---

① 阮元：《春秋左传正义》，《十三经注疏》，中华书局 2016 年版，第 2010 页。

② 亚里士多德：《范畴篇》与《解释篇》合订本，商务印书馆 1986 年版，第 56 页。

反对将口传《托拉》形诸文字之中，我们可以看到它的重要作用之一。成文《托拉》的律令是永久的，也是不可更改的，……而口传《托拉》避免了社团的宗教立法因缺乏发展而一成不变。”① 当然，深层的原因应是西方逻各斯主义贬低文字的倾向存在等。

其次，对于诠释文本的性质定义不同。先秦时期的学者多把经典视为历史，古希腊时期的学者则多把诠释文本视为知识进行处理。以“六经”等为代表的先秦诠释学对象，其内容程度不同地涉及哲学、史学、文学、社会、政治、语言、宗教等领域。因为这些内容基本上混杂地存在于各类历史文本内，所以一直有“六经皆史”说。其含义不仅是说这些文本都来自古代，而且是说均为远古史官之记录，属于“史科”，其原始为“先王的政典本身”，而其内容与王事密合，以至于“未尝离事而言理”。② 学者对文本处理的态度多是采取一种基于历史意识的理解，并深刻渗入经典本身的结构之中。世俗的务实化原则往往是诠释者遵循的理解理路。以《荷马史诗》与《旧约》为代表的古希腊时期诠释对象常被视为神迹的遗存，人们更多地以一种求知的态度对之加以分析理解，利用它作为探索宇宙万物的起源、发展、变化、死亡，关注物体自身的结构、万物之间的关联等奥秘的依据。在理性的指引下，神话与传说中的天神被赋予了超人的神力，并且开始意识到技术的力量。如《奥德修斯》记载，希腊联军苦战十年未果，最后一夜奥德修斯巧施木马计，一举攻陷了特洛伊坚厚的城门，获得了技术征服者的胜利，《美狄亚》中伊阿宋利用美狄亚女巫的身份巧获金羊毛等。而这样的求知崇力倾向后来经过哲学家、科学家、思想家批判、扬弃之后，成为“希腊精神”的原型，其可谓早期诠释学作出的重要学术贡献之一。

再次，适用的具体诠释技术存在差异。以修辞学为例，先秦学者也曾使用“修辞”，但其目的在于锻炼辞令，以便与他人争论。其具体在诠释学的应用多

---

① 亚伯拉罕·柯恩：《大众塔木德》，盖逊译，山东大学出版社 1998 年版，第 167 页。

② 章学诚：《文史通义校注》，中华书局 1985 年版，第 1 页。

为“辩义”，或为自己的结论找证明，进而从中发明出诸多的修辞技巧。古希腊时期的学者，多把修辞视为“说服的技巧”，说服对方的关键一则要对听者有所了解，二则自己的话要让对方听起来是言之成理、合乎逻辑。如此一来，西方早期的修辞学便更为注重逻辑推理的规范性，着力的重点在于心理分析和逻辑论证。以至于中国的修辞学常在“立德、立功、立言”三不朽上下工夫，而西方的修辞学往往在说理上下工夫。基于此，二者在诠释学中的运用也产生了明显不同。在中国，它引发了对语言的重要性和语言规范必要性的争论，对言辞、文辞与思想内容关系的不同见解，对修辞应该遵循原则的阐述，对修辞与客观环境关系的讨论等。而在西方，更多的关注点设立于如何正确理解对方运用语言艺术的问题等。

最后，促成的诠释学发展方向不同。先秦时期的诠释学人文色彩浓郁，他们视先贤创制文化经典主要为了通过书面语言的表达方式，以潜在的原创性宇宙意识为根基，超越时空二维的局限，展示生命体验，传播文化成果；后人尊崇文化经典，主要是为了穿透书面语言的表达方式，从现实的文化视界出发，超越时空二维的间距，重新体验先人的生命体验，接受前代的文化成果。简言之，它的主要定向是“人”。与之相比，古希腊时期的诠释学将对经典文本的理解与对神的信仰联系在一起。他们意识到，当面对神圣经典时，诠释作为独特的活动为人们提供了通达经文意义的途径。他们普遍怀有这样的信念，即理解和诠释均是主体的人探寻神意的工具，通过相关技艺的实施，人能体会并可遵照执行神的意旨。基于这样的意识，在早期基督教形成之初，诠释活动甚至与《圣经》等文本的正典化同步进行。因而，那时的诠释学神学意蕴明显。

第四章　汉唐与教父时代：古典阶段比较

公元前1世纪至公元10世纪，中西方诠释学发展均有重要的历史性事件发生。在中国，经学诞生，它特指训解、阐述和研究儒家经典之学，是系统地研究、探讨儒家群经之学的学问。严格地讲，它起源于战国，奠基于汉代。汉武帝“罢黜百家，独尊儒术”，立五经博士，经学大盛，遂成为中国封建时代文化的正统。经学的出现让中国诠释学有了实在的载体依托，从此二者交织在一起，彼此互促互进。在西方，《圣经》释义活动逐渐变成一门学问，由此引发《圣经》诠释学的出现。从历史发展来看，《圣经》诠释学涉及了两个词：“exegesis”和“hermeneutics”，它们的词源都来自希腊语。“exegesis”有“带出”“引出”的意思，转为“注释”“训诂”，成其指对经典的注释；“hermeneutics”来自希腊神话中主司联络、通信之神“Hermes”，它的原意是“带来消息”，转为“诠释”“翻译”等。实际上，在《圣经》诠释学的发展历程中，这两个词的意思经常交织在一起，很难完全分开。《圣经》诠释学之于西方诠释学史有着特殊的意义，它既是诠释学成为学问的标识，也是现代诠释学基本理论方法的孕育阶段。理解它，乃是打开西方诠释学与基督教神学间关系问题之门的钥匙。

比较此时期中西诠释学发展史的意义在于，它可以还原尚带有古典意蕴的诠释学面貌，为理解日后中西诠释学走向的转换提供翔实的资源。但需说明的一点是，此时西方诠释学的发展实际上经历了三个阶段：使徒时期、教父时期和中世纪前期。不过，按照伽达默尔的说法，圣经诠释学在西方大体经历了两个时代——教父时代和宗教改革时代。① 故本文将这一阶段统称“教父时代”。

一、汉唐：以“五经”系统为中心的诠释学发展

西汉武帝时代，政学一体的儒家经学学术制度建立了。统治者独立《诗》《书》《礼》《易》《春秋》五经博士，把以往的诸子、传记博士罢黜。以董仲舒为首的儒生们，在国家意志的引导下，将阴阳五行之说融入儒家思想，尊“五经”为典范，形成了首批儒家经学书籍体系，从而调整、统一、强化了儒学文化意识形态。随之，中国诠释学发展翻开新的一页，两汉经典诠释学的雏形萌生。

（一）“五经”系统的产生与发展

众所周知，西汉中期由于社会诸多原因，强化政治意识形态成为统治阶级的迫切需要，兴起于战国末期的中国历史系统天命论得到大发展。为了证明圣王体系存在的历史必然性及其发展轨迹的恒常性与神圣性，朝廷系统地组织编写了大量历史典籍文献。“五经”文本“系统”的出现，正是因其而生。作为一个系统，“五经”实际上是由“经文”原本与“传注”诠释两部分构成的。“经文”代表着文本来源上的历史“本原性”，使其有资格彰显王权存在的确实性；“传注”强化了文字内容的象征义，即学术意识形态的可行性，其可与专制制度相配合以确保封建社会统治秩序存在的合法性。因为操作技术和意识形态上的双重要求，“五经”系统表面上虽由“钦定圣书”的《诗》《书》《礼》《易》《春秋》五个文本构成，但实际上也囊括了对每一部“经”诠释的传记书本。只不过在

① 参见何卫平：《解释学之维——问题与研究》，人民出版社 2009 年版，第 19 页。

重要性的排序上，“经”优于“传”。也可以这样去理解，“五经”系统的运作模式，实质上是受国家意志、文化历史传统以及经典内部学术运用制度三者相互协调、相互制约、相互促进来完成的。

基于诠释学的视域，“五经”文本的选择有着特定的意蕴。曾被称为“第一经”的《易》以象征化的理论和增附义理说明的方式，表达了所谓宇宙和人生的根本规律及个人选择的智能指南。① 其“经部”记载着“王言”的遗存，历史神圣性明显；“传部”是圣贤对经之文本进行的权威性释义。《易》提供出对儒学思想的图式化表达，义理说教、利害经验教训、卦形结构之辩证关系等构成其主要内容。《春秋》被人们认为是王言与圣言合一的著作，因其是“五经”中唯一的非先王而由“素王”孔子所作的“经”，故被视为古代王官学，一度被推为“首经”。《春秋》的“经部”为鲁国的史记，“传部”包括三部独立的史体书——《公羊传》《穀梁传》《左传》。其中，“经部”因记录简略，为后人进行义理附会提供了绝好的“诠释”机会，所谓“春秋笔法”由此得名。“传部”中的《公羊传》主要是对经文中孔子微言大义的揭示，并成为武帝执政时期提倡儒术的最重要经典依据。《穀梁传》相传为武宣时代汉儒争相立经时仿照公羊体例的伪制，其侧重传《春秋》之义理，记事虽不及《左传》，但持论较《公羊》平正。《左传》以文史见长，记事翔实，多用事实诠释经文。如果说《易》之经传是儒学的哲学通论的话，那么《春秋》经传则是儒家的政治哲学。经文的简略造就出充足的意义诠释空间，而传记中义理记载之丰富为儒学伦理道德思想的表述创造了有利条件。

《诗经》的经文分为国风、雅诗、颂诗三部分。其中的 15 国国风类诗为民间诗，具有相当的历史生活真实性，雅类被认为是贵族文士的抒情作品，颂类是公室祭祀的和庆典的欢歌。《诗经》的传部有“三家并立，独存毛诗”一说，“毛诗”传解十分简单，且残存于后汉郑玄笺注之中，故又称作“毛郑本”。长期以来，《诗》之经传被看成是儒家道德教化、政治讽谏的重要工具，其通经

---

① 李幼蒸：《儒学诠释学——重构中国伦理思想史》，中国人民大学出版社 2009 年版，第 237 页。

致用效果明显。“五经”中的“礼部”由《仪礼》《礼记》《周礼》等部分构成。据传，西汉时礼部典籍只有《仪礼》，人们相信它所记载的“礼”乃是先秦历史中真实的“礼”。而至东汉时出现了《礼记》与《周礼》。自此，“三礼”之说方成。《仪礼》中少有思想类文句，其更多地是以“史”的形式存在。因而，它较为适合作为训诂对象，易于学者对其进行实践解读。《礼记》更似“传”，其主要宣传儒学之理论与思想。《周礼》在形式上为史学著作，但因缺少历史实证性支持，故疑似汉刘歆伪作。《礼经》的诠释学意义在于，它记录了儒家制度、法令、仪式、心态、理论、风俗、礼器等诸多内容，实为认知儒学整体的重要工具。《书经》记载着三代官室诏诰之文，反映着上古重要的政事。其经文可划分为诰、誓、记事三体，今文本 28 篇，古文本 100 篇。它是“五经”中最重要的史学典籍，因真伪争论颇多，故其经传之说最具争议。

《诗》《书》《礼》《易》《春秋》五本典籍，如果只是简单地集成在一起，显然不能称之为“系统”。之所以说“五经”是个“系统”，其根源在于：首先，“五经”文本内部共性明显。它们均是传承自古代王权的典籍，或多或少地记录着历代王室言行和政事，“天生”被赋予尊贵性与神圣性特征。其经文都直接或间接地表达和反映着统一王权谱系的历史存在，具体内容可视为统治者的权力运用和爱民精神的混成。“五经”经文均创造于帝王，而宣教于民间的“圣贤”孔子。其次，“五经”文本相互配合，以象征的方式，共同担负着儒学意识形态的宣扬功用。它们是王言与圣言的混成，表达了儒家对于政治道德的诉求。《诗》指“尘世”，《书》向“王权”，《礼》涉“制度”，《易》宣“天道”，《春秋》讲“史”，“五经”之整合，实为上古“王道”的呈现。再次，“五经”成为整体即符合学术需要，又可满足统治者需要。[①]它产生于三代，自带“权威”，删定于孔子，彰显“亲民”。在一定意义上，这是权力与学术的结合，并在汉代神学的配合下成为一种“信仰”，为常人所信服。更为重要的是，如此的“五经”已与国家意志缠绕在一起，其通过经文对天道与王权互动权力话语的展示

① 参见康宇：《天人之思与五经系统的建立》，《学术交流》2018 年第 1 期。

以及相应传注的诠释，确立了“现世王”具有了与“祖先神”等同的合法性。最后，“五经”被儒家与官方整体推出后，逐渐成为一种意义符号，无论在朝廷还是在民间均视为一“共生物”，彼此密切联结，不可离分。

成为“系统”的“五经”对于经典诠释学来说，提供了一个具有无限理解“空间”的舞台。第一，它带来了社会对于文本原义追寻的需求。曾遭受过“秦火”的“五经”，经楚汉战乱后，典籍本身散失严重。其文本后于汉代又不断经历失而复现、错乱残缺与重新结集。弄清楚经典文本原文到底是什么，原义确切如何？遂成为儒者乃至整体社会都想解决的问题。于是今文学家将那些口耳相传，后著之于竹帛上的汉代文字整理成经典；而古文学家则依据那些或发自鲁壁，或藏于民间的先秦文字“真书”重新集成经典。由于文本来源的不同，今古文学家以不同的方式挖掘经典原义。今文学者利用经典文字书写方法转换之机，大胆扩张“诠释力量”，阐发和附会经文之“微言大义”，因为他们相信今文经典已无文字认知障碍，故诠释“原义”是重点；古文学者则认为诠释“原义”最大的任务是确证所据文本的真实性与可靠性，要从那些不为时人所识别的先秦文字入手，通过真实考据明确其含义。汉代今古经在追寻“五经”原义的路径上对立百年，却在客观上造就了中国经典诠释学两个基本的诠释路向——“六经注我”与“我注六经”。

第二，它为揭示文本作者原意的需求生成提供了机会。按照现代诠释学的观点，理解文本的意义只能被视为理解作者的原意基础，对文本意义的诠释是否就是作者的原意，还必须考察作者思想之整体，以及他的所言所行。汉代的解经者们显然发现了因“障碍”而产生的“文本的距离”。经历时间转换的文字，其字形与读音会变化，甚至表达的意义也会变迁，此为“时间障碍”；由于文本形成地点与传播地点时常不完全在一地，所以因空间间隔产生的地域差异往往也可为意义传达的“空间障碍”；汉字符号在使用中还会因上下文不同而导致不同的意义表达，“引申义”“余义”繁多，此谓“语境障碍”。此三种“障碍”的存在势必使作者想要表达的意思与读者理解的意思无法同一，尤其体现在对“五经”之“传部”的诠释中，故“距离”出现了。今文学家的做法是将经典意义与自身人伦日常相联系，用“体验”“感悟”的方式诠释作者之意。而古文学家想通过文字考证、语法分析以及文本脉络的梳理，求导作者原意。当“五经”成为“系统”、立于官学、地位属性发生向上的转移后，整个社会对于准确释经的需求以及相关权威性的认定提出了更高的标准。今古文经两种意见相持、互不让步，客观上进一步加大了两汉时期人们对于文本意义理解的复杂性。同时也让“诠释”的样态，丰富多彩。

第三，它为开发读者所悟之义创造了条件。如果说文本原义与作者原意分别隶属于文本和作者，那么对于读者来说，这两层意义乃为客观性意义；而真正属于读者主观性意义的，只有读者所悟之义。此“义”的最大特点是，读者需要通过对“元典”旨意、圣言“原义”与作者“原意”的积极探索以获得充分理解，并以所得之“物”反观自身，与主体曾经有过的切己体验相联系，最终产生超越性的效果。就经典诠释来说，经典所记载的文字“圣言”只是个人领悟的出发点，其教会了读者大的道理，而读者还要学会具体操作，沿着圣人开启的精神方向继续探寻以充实和发展义理。当“五经”成为“系统”时，由于经与经之间产生了远比“单本”经文文字更为复杂的联系，这为读者以新的视角重新理解“单经”以及“群经”创造了理想条件。这意味着读者可以用整体、超越的视角，生产出对文本更多“新”理解，或曰赋予经典超出文本原义、作者原意的理解。即读者可能会意识到比经典自身想表达的更多的意义。并且，由于“系统”的内涵外延原比简单的经目作品更加广阔，故经典的诠释空间也在无形中被放大了。换言之，这为不同的读者体悟出不同的理解，或者同一读者在不同阶段产生不同的理解，同样创造出新的可能。

需要着重指出的是，“五经”成为“系统”还在事实上确证了儒家典籍由“书”入“典”而成“经”的结果，“经典”一词终于“合法”地应用于文本诠释之中了。先秦时的“五经”，虽经孔子“述而不作”、删减编撰，但终究只是“书”。按《说文》的诠释，“书”的本义是“著”“记”和“写”。“五经”在其时准确地讲，只被社会认可为上古的“书籍”。在孔孟荀等儒学大师的推动下，至西汉初年，“五经”至多获得了“典”的地位。何谓“典”，《说文》说，“典”是“五帝之书”；《尔雅》讲，“典”为“常”。能成为“典”，源于不断有儒家从众多“书”中突出提炼其中的几本，以强调某种特定“意识”。而当“五经”成为官学，进而架构出“系统”时，“经”的称谓出现了。“经”意味着“治理”“经营”“经纶”，它具有“经世治邦”的社会政治意义。也就是说，“五经”自此成为一种社会发展的指导思想与方向指南。这样一种“经”属性的获取，不仅来源于朝廷的钦定，更在于“五经”在此取得了神圣性的符号意义，“经所以有五何？经，常也。有五常之道，故曰《五经》。……人情有五性，怀五常，不能自成，是以圣人象天五常之道而明之，以教人成其德也。”[①]“经”为圣人“象天五常之道”所作，它的神圣性由“天”赋予，毋庸置疑。

伴随汉代依经立论思想的强化，汉人逐渐对“五经”产生绝对信仰。在他们看来，“五经”大义涵盖了关于宇宙、自然与人生的所有真理。“五经”既是圣人垂范之“文”，又是其他理论学说展开的思想前提。因为所有文论的存在必须立足于“天”，尤其当“五经”系统获得汉帝王在国家体制上的制度化安排后，“五经”在实践中慢慢变成了信仰对象而非思想对象。其“经”的意义反复被社会实践所确证，对“五经”的诠释在事实上亦成为知识阶层生命自我实现的过程，“书不经，非书也；言不经，非言也。言、书不经，多多赘矣。”[②]当“五经”变为社会一切言说的标准时，其经历的“书→典→经”过程，终于完成了。就诠释学意义而言，“五经”从此没有了时间性，它可以跨越时空距离与任何时点、任何地点的人开展相应的对话。当然，这里的“无时间性”也非是说经典会超脱历史而永恒，而是说它可以超越特定时间空间的局限，可以随时作为当前有意义的事物而存在。成为“经典”的“五经”其系统的内部统一性已然不再建立于一个个的单独存在的概念的基础上，而是作为统一性的概念整体为每一个概念提供意义的可能性。立足诠释学，因为经典的“无时间性”，使得“五经”文字的诠释具有了始终向未来敞开的特质，进而促成“五经”

① 陈立：《白虎通疏证》，中华书局 1994 年版，第 447 页。

② 扬雄：《法言·问神》，见汪荣宝《法言义疏》，中华书局 1987 年版，第 164 页。

本身及其概念整体也相应地具有一种理解的无限性。经学自此终于有了经典诠释学的合法身份。

因为诠释之需，“五经”系统内部开始形成某些制度化的东西，“训释”的体例和规则也慢慢成熟起来。“训”指训诂，它代表着汉代经典诠释学发展的文字技术性方向，为古文经学者所采用，并促成中国学术史成为一种文字性的“内学”；“释”指阐释，它代表着汉代经典诠释学发展的义理方向，其重在彰显儒学之通经致用，今文经学者多用此方法。两汉时期，先流行“释”，后流行“训”，随后在郑玄“小一统”中，“释”“训”结合，终成“训释”解经范式。在“释”“训”单独盛行的年代，今文经学大讲阴阳灾变，倾向于政治性解经，宣扬“五经”之微言大义，往往借题发挥，建构出中国早期经典诠释学之“神学诠释”与“政治诠释”两个发展方向。其中，“神学诠释”的奠基者是董仲舒。他借诠释《春秋》，详细阐述出“天人感应”、阴阳五行、三统循环等说法，并建构出天人一统的神学图式。董仲舒创造性地将“灾异说”引入解经，以五经作为阴阳五行的权威文本去诠释现实生活。其“诠释”的主要思路是，考察事物的文理，依据五经的思想，揣度圣人的心意，参照上天的意志，打通现象世界、语言世界、观念世界、理式世界之间的界限，将其纳入阴阳五行的宇宙系统，从而使统治者采纳儒家学说来施政。①“政治诠释”与“神学诠释”的不同是，许多具有儒家正统礼乐精神的学者不言灾异，而主张调节人伦比尊崇天命更能建立理想社会，讽喻君王比推演五行更能干预现实政治。其主要体现在汉儒对于《诗》的诠释中。如“齐诗派”匡衡的诗解即是以纲纪人伦、教化情性为主要内容，重点强调“诗”之教化民众情性、可促成王道政治实现的品性。又如“韩诗派”薛汉亦将“诗”视为成教化、正风俗、行讽谏的工具等。

与之不同，汉代古文经学者倾向于历史主义，讲究文字训诂，明典章制度，力图还原经典之原始意义，他们助推了“文字诠释”路径的生成。古文经学者相信，“五经”的文本书写来源于先秦文字，要诠释其思想，必先弄清古

① 参见周裕楷：《中国古代阐释学研究》，上海人民出版社 2003 年版，第 71 页。

文字与今文字的关系。他们强调文字的起源独立于语言，是基于人们对自然的观察与模仿形成，故其是“道”和“意”的感性显现形式，即文字负有载道功能。在此思想指引下，他们的经典诠释学在一定程度上成为“字义学”，其力图通过训诂解决经典中因时间上的古今差异、空间上的各方殊语造成的阅读困难，从而尽可能接近经文原典的意义。值得一说的是，东汉马融首开以传附经的先例，即把自己所作注夹杂在经文当中，其规范了解经者必须依照经文本文逐字逐句诠释的样态。而之后的郑玄更发明出“笺注”体裁，让注释的文字紧附于经书之文上，定型了“文字诠释”的范式。

应该说，两汉时期“五经”成为“系统”对于中国经典诠释学发展的影响是巨大的：核心文本得以证实，诠释范式得以确定，发展方向业已明确，“诠释”的意义深入人心。然而，这一时期也出现某些可能诱发“诠释学”误入歧途的因素：一是谶纬曾一度让“五经”由“经”入“纬”。西汉的“神学诠释”让“灾异说”“天人感应说”等进入儒学之中，然而它的副作用也是明显的——谶纬盛行开来。谶纬在形式上由谶书和纬书构成，谶书主要是记载吉凶得失的文字、图记，而纬书则主要依附“七经”（“五经”加上《乐经》和《孝经》），以迷信之说预言治乱兴废。在王莽和东汉时期，谶纬的权威性甚至超越了“五经”，并发展出《易纬》等七纬三十种书，儒家经典随之由“经”变“纬”。当社会中越来越多的人以谶纬为依据改造经学“旧说”时，以纬书依附于经书而另立新说时，其对诠释学的伤害便显而易见了。经典诠释学发展有自身学统，如长时间浸染于“纬”，那么它的学术意义必然会丧失殆尽。同时，儒学也不会允许谶纬发展成一种凌驾于儒家的政治伦理之上的“道”，对其荒诞和粗俗内容反击势在必行。扬雄、桓谭、王充、荀悦、仲长统等开始对谶纬进行坚决的批判，东汉政治最终被覆灭，谶纬的神学体系崩溃了，儒家经典得以由“纬”回“经”。

二是烦琐的章句之学曾让经典诠释学不堪其重，让常人与真正理解经典的距离渐行渐远。汉代章句又称“说”，其特征是依附经传而行，分章、析句、释义。章句解经必须明句读、划章节、析句意、概括全文、阐发要点主旨。行内容“诠释”前，还要作序与题解，介绍作者生平、勾勒作品年代，破题意、说写作方法。并且，还十分讲究师法与家法的传承。虽然它可以让读者快捷地理解经文之言的主旨意思，但由于其偏爱拘泥于一章、一句地注解文本，极易使诠释者与读者的思想凝固化，或曰思维程序化。[①]尤其当其发展至东汉末年，便得日趋附细碎烦琐时，已不求在义理上有所发明而只专注于铺排文字、牵引词句的工夫时，章句的诠释效果已然不复存在，只能走向衰落。这在客观上为经典诠释学“诠释活力”的重新，扫清了障碍。

（二）魏晋隋唐时期的经典诠释学

汉儒尊崇“五经”，除了孔子“六经”中《乐经》佚失的原因外，借用阴阳五行中兼具神圣性与神秘性的“五”字作为划分门类之符号的意图也是明显的。实际上，汉代“五经”包含着五种经文和四种传文，此九种“原初”典籍才是“五经”系统完整的内核。当儒家经典诠释学进入隋唐的时候，其典籍数目的称谓终于冲突“五”的局限，而逐渐朝向多元去转化。但在此之前，“五经”系统因与玄学相遇，经历了一次诠释学方向的转折。

魏晋时期，玄学大兴。玄学是儒道思想相融的产物，其特点是略于具体事物而究心抽象原理，即形而上学。在它的视域中，经典的诠释应具有一种超越现实政治的品质，关于语言、思想与本体存在之间的关系认识，是解经的关键。汉代经典诠释的意义在此式微，为人所摒弃，而其发明的几种诠释模式，或在魏晋学者“言不尽意”的讨论中被颠覆，或在“得意忘言”的论说中被解构，或被“寄言出意”之思所取代，或由“辨名析理”之辩所置换。儒家经典诠释学的发展，揭开了新的一页。以何晏、王弼为首的儒家们发明出一系列的诠释学论题，在形式与内容上均提升了经典诠释学说的抽象义与理论层次深度。具体来说，兴起于先秦的“言意之辨”命题，在此时重被提及，并上升为玄学解

---

① 康宇：《儒家诠释学的产生与发展》，黑龙江大学出版社2012年版，第13页。

经系统的思想基石。《易》上说“书不尽言，言不尽意”，孔子对之诠释“圣人立象以尽意，设卦以尽情伪，系辞焉以尽其言”①。汉魏之际的荀氏兄弟率先为之引发争论：兄荀俣主张“言尽意”，认为经验世界中抽象化的符号“象”，可以完全传达圣人对世界认识的“意”，而对卦象说明的“辞”，能充分表达圣人对世界解说的“言”；弟荀粲则说“言不尽意”，认为圣人对世界的认知体验，决非在“象”等符号所能表达的范围之内，圣人用以认识世界的语言，也超越了文字符号所能运载的范围之外。于是，“言”能否“尽意”的结论直接决定了“五经”等经典中的文字能否彰显圣人思想的真谛。

儒生何晏显然是“言不尽意”的支持者，他著《论语集解》《无名论》等，力证儒家的“性”与“天道”皆含本体论意蕴，或为人的终极依据，或为宇宙的深微大道，圣人的最高境界是“无名”，所以儒家的精义是没有任何语言可与之对应的。接下来，何晏又以《周易》和《老子》的诠释为依据，并从中凝练出“以无为本”的形上学命题，着力立足本体论描绘出一个宇宙统一性图式，以表达魏晋人民对统一国家秩序的渴望。但遗憾的是，他没能找到一个可以合理自圆其说的解读经典方法，以建立玄学解经体系。这一任务的实际完成者，是后来的年轻人王弼。王弼曾亲注《周易》与《论语》，强调圣人体“无”。尤其在解《易》中，他创造性地提出言、象、意的递进逻辑关系，进而建构出了儒家早期的哲学诠释学思想体系。他借用道家《庄子》中的筌蹄之喻，循序渐进地消解了语言指称在洞察意义世界方面的有效性，并提出“得意忘象”“得象忘言”的命题，并巧妙地批判了汉代经注中流行的“案文责卦”“推五行”等附会文辞的方法。王弼明确了经典诠释应运用的方法，一是“寻言以观象，寻象以观意”，二是“忘象乃得意，忘言乃得象”。也就是说，诠释者要承认言、象具有指示意义的作用，但还要超越言、象的指称而直接去体验圣人之意，并且要把具体言词消融于承载思想的文本文脉中，促成言词的逻辑依附于思想的逻辑，并在适宜之处于文本的“无言”部分注入诠释者认为的符合作者思想逻

① 阮元：《周易正义》，《十三经注疏》，上海古籍出版社 2016 年版，第 82 页。

辑的诠释。

王弼的经典诠释学思想高深，但也是“超前”的。在儒家哲学思想尚未能全面建立自己的形上学体系，还未将对经典的“理解”上升为抽象层面，或曰可超越文本而诠释的时候，那种“玄思”式的解经方法，自然无法流行开来。当南北朝时代开启之际，一种新式依赖于经典自身的“义疏”诠释方法出现了，并迅速被世人接受。“义疏”综合了汉代的经注体与佛教的讲经体，内容为疏通原书和旧注的本义，诠释原书的思想，对旧注进行考核、补证等。“义”为“义理”、经之意旨；“疏”为条录整理与疏通证明。从形式上看，“义疏”又可细分为“讲疏体”，由讲解经籍、分述字词义理，笔录而成书；“疏注体”，专于一家故注，兼讲经文故注；“集疏体”汇集诸家解说以释经文。“义疏”解经多以章句串讲为主，以字词名物辨析为辅，并解析说明原文意旨，且博采群书，多引前人旧说，以作参证，且示有所依据。南朝人皇侃是义疏解经的大成者，他著《论语义疏》将经文、注文同疏，让诠释从经文的段落层次、章法结构研究开始，并以佛之义理阐释儒家原典，又援道入儒，使得儒家经典诠释内含玄学思想意蕴。

从本质上讲，“义疏”解经的方法出现是儒家经学与佛、道二教妥协的产物。魏晋时期风行的道玄对儒家“五经”系统的损害是明显的，“三玄”（《周易》《老子》《庄子》）在事实上已经替代“五经”成为中国经典诠释学的核心文本，其让儒学的社会权威性大大减弱，经学与儒家经典诠释学说的发展陷入了低谷。但玄学毕竟无法在根源性上颠覆“五经”，它讲究儒道“和合”，只求得老子高于孔子而已。但南北朝时兴盛的佛教带来的冲击却截然不同，佛教有完备的宇宙观和人生观，其价值理念与文化根底与儒学有着根本不同。其缜密的逻辑思维体系，系统性的讲经方式方法，对于文本理解的强大想象能力，在思想层面与社会层面均极大地动摇了儒学的地位。“义疏”解经其实是儒家经典诠释学处于守势时，疲于应战的产物，它是不能从根本上对付佛教提出的挑战，也无法挽救“五经”权威性与社会信服力下降的后果。面对危机，儒学及儒家经典诠释学必须作出进一步的改变。

进入隋唐后，儒生们开始了“返本开新”以重振经学的尝试。他们首先要完成的任务是，肃清儒学内部经典传递过程中所积累下来的复杂问题。隋代刘焯、刘炫等人开始有意识地整理儒家典籍，去伪存真。唐代颜师古则利用秘书省珍藏的大量文集，以魏晋、南北二朝以来的古今本为底本，悉心选校《周易》《尚书》《毛诗》《礼记》《左传》等五种文献，并推荐给太宗以成五经定本。至此，儒家经典的文字统一工作完成。随后，孔颖达《五经正义》的诞生标志着儒生对于前代经典文献总结定本的彻底完成。而《五经正义》在儒家经典诠释学史中，也具有了划时代的意义。

《五经正义》由魏王弼、晋韩康伯注《周易正义》、晋杜预注《春秋左传正义》、汉郑玄注《礼记正义》、汉孔安国注《尚书正义》、汉毛公传、郑玄笺《毛诗正义》等版本汇编而成。其初成时名为《义赞》，后奉太宗诏，改为《正义》。其以“官学”形成促成隋唐经学统一，此前对峙百年的“南学”“北学”之分不复存在。它所带来的统一不仅是经、传文本的统一，而且也是义疏本的统一。《五经正义》的出现正式确认了儒家经典诠释学说在唐代的话语中心地位，也为唐代人文思想划定了一个有限的诠释边界。它还成为唐代官方教科书，起着“每年明经依此考试”的作用，儒家经典意义的提取在官方意识形态的制约下走向了相对一元。立足诠释学视域观之，《五经正义》开辟了一种训释体例严密、内容全面，且以“阅读理解”为主要功能的“义疏”体，其修辞观别具一格且创新不断。尤其在经典“原义”还原方面，孔颖达进行了大量经注疑义的疏通以呈现圣意“原貌”。不过受政治因素的影响，《五经正义》需要将唐朝当政者的统治思想“杂糅”于“五经”文字诠释疏解之中。为了维护“统一”，其还需坚持“疏不破注”的诠释原则，即各经一经选定注本，便需极力维护原注，即使存在确凿的偏漏，亦不加纠正，而是找论据为之辩解。从效果上看，该做法在一定程度上带来了经典诠释学思想发展的凝固，表现为传统旧说排斥了新颖的创见，集体的诠释取代了私人的理解，权威的文本压抑了多元的著述等。但也可以这样去理解，如果诠释是为了获取文本原初的意义，它是“反诠释”的，但其在唐初“章句繁杂”令学者无所从的情况下，基于维护儒家诠释学信仰的目的而择善尊崇，却又是合理的，亦表现出诠释的有效性。

然而，墨守成规的章句注疏之学，经学内部文本解读的烂熟和垄断化所导致的思维惰性与创新思想枯竭，还是导致了经典诠释学的生命活力与发展动力逐渐衰弱。尤其在佛、道二教的挤压下，儒家经典诠释学如果只是实现形式上的统一，显然是无法拓展生存空间的。于是从中唐起，一场声势浩大的文本“升格”运动开始了。唐玄宗主政时，亲自主持了“五经”文本的改良工作，包括改《尚书》古文为今文，定《礼记》第五篇《月令》为第一篇，《曲礼》以下依次为降，择《孝经》郑注、孔传，自撰《御注》等。开元二十七年，《唐六典》成书正式确立“九经”制度，“正经有九：《礼记》《左传》为大经，《毛诗》《周礼》《仪礼》为中经，《周易》《尚书》《公羊》《穀梁》为小经。通二经者，一大一小，若两中经；通三经者，大、小、中各一；通五经者，大经并通。其《孝经》《论语》并须兼习。”①“九经”制定之于经典文本重要的改变是三《礼》、三《传》分立、《孝经》与《论语》获得了“准经”的地位，其意义影响深远。它让儒生意识到经典诠释学需要有新的兴奋点与思想增长点，传统的“五经”系统是可以扩充和改变的，而所谓的诠释定则也是可以创新的。

在同一时期，出于对注疏学日益僵化的不满，刘知几著《史通》发明出以史学方法诠释“九经”的先例。它将《尚书》《论语》看作记言、记事之史，并指出《春秋》中的“十二未谕”。其不仅创出“六经皆史”的先河，更打破了传统“经”之神圣性。受“安史之乱”的刺激，诸多儒生亦开始重视经学之致用的功效。他们认识到当藩镇势力强大，中央政府羸弱时，国家可能会亡国。于是，其将更多的经典诠释研究投向《春秋》，以强调君臣之义。他们渴望“以己说经”，遂将自己的政治主张融入经注之中。啖助、赵匡、陆淳等人对《春秋》传注提出批评，主张以己意去取三传，合而为一；倡以经为本，“舍传求经”之风，开“新春秋学”之风尚。他们指出《春秋》经文虽然简易，但其理却明如日月，旧时恪守章句注疏之学的做法，学者大多只关注一传，然春

① 李林甫：《唐六典》卷二《尚书吏部》，中华书局1992年版，第45页。

秋三传彼此不通，且相互攻驳，这对于“本经”来说是一种伤害。理解经切不可迷于传注，必要时应舍弃注疏，直指经文以求本义。啖助等人在释《春秋》的时候，还着重谈到了“理”与“教”的概念，其将“理”之旨设为“尊王”，将“教”之旨设为“忠道原情”，重在伦理道德。这些均是儒学变新的“信号”。自此之后，治《春秋》者不再拘于三传，并由《春秋》经解影响到其他四经，传统“五经”文本在“以经为本”的前提下被重新诠释。传统经学中重“史之贵实”精神的脉络，也悄然发生改变。以《春秋》为首的“五经”之后来的诠释不断贴近于“舍人事而言性天”，尤其是“尊王”的“理”逐步被推奉到无以复加的高度，经学走向理学的趋势萌生了。

与之相应，韩愈、李翱等积极倡导古文运动，提出儒学“道统论”。他们认识到佛教对儒学已构成严重威胁，力主辟佛，以继承弘扬儒家圣人之道为己任。他们共同建构儒家本体化的心性论，并强调解经之彰显内圣外王、经世致用的重要性。为了证明儒学中存有足以抗衡佛教“法统”的“道统”，韩愈大力尊崇《大学》与《中庸》，指出它们是与《易经》等同重要的经典。《大学》《中庸》原为《礼记》中的两篇，专讲儒家的道德伦理行为，在中唐前未曾受到重视。而韩愈睿智地发现了其中的立德修身要义，他从《大学》中提炼出“正、诚、修、齐、治、平”等道德修养程序，从《中庸》中总结出“性三品说”，明确“中庸”为圣人之外的人道德行为的最高标准。此外，他还推崇孟子，认为孟子使孔子之道尊，圣人之道易于行，孟子可与圣人并列，其“功不在禹下”，《孟子》一书完全可以由“子”入“经”等。很明显，韩愈的经典诠释学说已跳出了以往注经拘泥章句、讲求注疏的模式，义理发挥占有了较大比重。李翱乃韩愈的弟子，他于儒家经典中着重表彰《中庸》《大学》《论语》《孟子》和《易传》。尤其是他以《中庸》为载体，撰写出《复性书》，建构出一套系统的复性去情的人性论。在李翱的经典诠释中，已经不见了汉代经学之烦琐考据的方法，以心解经、以理解经的提法，性命之学的论说屡见不鲜。其已隐约展露出儒家新式经典诠释方法的到来。

值得一说的是，韩愈和李翱共同著出儒家诠释学名篇《论语笔解》，其冲破了唐初“疏不驳注”的戒律，力主超越汉儒而直承孔孟，舍汉魏旧注而直究经文本义。为了让《论语》经文诠释流畅通顺，凸显义理，他们甚至对《论语》原文改字 16 处，变更经文次序 2 处，删除经文 1 处。[①] 相对于汉代以来，学者注经唯经是从，释经不敢有一字之逾越的状况，韩、李的做法无疑是一次大胆的创举，也可以理解为儒家疑经风气的始起。自此后，越来越多的唐儒对传统经典提出疑问，他们怀疑作者的可靠性，认为篇章顺序不合圣人本旨、经中字句有脱误，经中史实不正确，进而对经书进行相应的修补。

唐末五代，社会纷乱，政治更迭不断，经学的发展陷入低迷。不过，对于经典诠释学来说还是发生了两个重要事件。一是后蜀后主孟昶下令招选“士大夫善书者”刻石经。至蜀汉亡，共完成《孝经》《尔雅》《论语》《周易》《毛诗》《尚书》《仪礼》《礼记》《左传》（前十七卷）。后至北宋，在赵氏政权的主持下又完成《左传》（十七卷之后）、《穀梁传》《公羊传》《孟子》等。前后历经 187 年，“十二经”终成。此“十二经”以“唐九经”为蓝本，加入注文。它虽未获得官方法典的确认，但起到的社会效果明显。普通民众意识到“五经”不仅可以扩至“九经”，更可发展至“十二经”乃至更多。换言之，儒家圣典可以随时代的发展而产生更多的变迁。既然文本可以改变，那么诠释方法的变化也会是合理的了。二是雕版印刷术的出现极大地方便了经书的刻印、流传，儒家经文得以在社会中迅速普及。但总的来说，五代儒生对于儒家经典只是作了简单的文字传承工作，并没有对经书进行系统的整理，更缺乏对经典进行全新的诠释以形成一个崭新的诠释系统的必要条件。

总结自魏晋隋唐儒学的存在样态，其在本质上出现了发展方向上的转折。它日益重视自身思想体系的建构，已出现确立自身形上本体论的尝试，“三教合流”思想流行起来等。而此转折的动力主要来自经典诠释学说发生的改变：以“五经”为中心的诠释系统受到内外交困已经难以继续下去，正趋于瓦解；“九经”文本具有不稳定性，以《孟子》为代表的传记升格运动愈演愈烈，并

---

① 参见康宇：《儒家诠释学的产生与发展》，黑龙江大学出版社 2012 年版，第 13 页。

要求成为经典诠释的新中心；义理解经在经学体系中的重要性不断增强等。由“五经”到“九经”，强烈预示着儒学及其经典诠释学说很快就会步入一个全新的发展阶段，即清人皮锡瑞所说的“经学变古的时代”。

（三）反思汉唐诠释学之发展

汉唐时期，中国诠释学发展与“五经”的兴衰有着直接关联。五经是上古三代历史文献资料的汇编，其中包括了宗教、文学、历史、政治、道德等方面的内容，是中华民族文明初创时期的历史经验和文化传统的积淀与总结。当五经系统形成并被官方所确认后，它对于中国传统社会和传统文化的发展产生了重要影响。它使得作为上古三代文献的儒家著作成为社会公认的经典，让诠释经典的学说拥有了学术与社会的双重合法性，标志着上古三代的文化传统之命脉得以确认与传承，儒家所理解的社会历史观占据了传统文化的主导地位。自此之后，以诠释经典为主要思想阐发方式的儒学成为历代社会的意识形态和人生哲学，儒学的价值理想成为古代中国人人生追求的基本信念。

作为一种诠释学，其在汉代的发展具有如下的特征。第一，诠释文本的依据是儒家对上古三代社会理想与价值观的总结。所谓的王道政治、圣人理想，经由儒家的提炼成为原本只是资料文本汇编的五经之核心精神，这不仅提升了五经的经典性，而且打通了一条儒家借诠释而弘扬自家学说思想的捷径。第二，“天人合一”思想是贯穿汉代诠释学的基本思维方式。天人合一既是世界观，又是认识论。汉儒对之进行极大的发挥，运用天人感应、人副天数、祥瑞灾异说，将之与五经诠释相连接，不断深化对儒家王道政治的认识。但也让谶纬等迷信思想进入到诠释学理解之中。第三，汉代诠释论说体现着经史合一的特质。实际上，汉代已有“五经皆史”之说。诠释者头脑中的历史观念，已不是简单的历史事实记录，还包括文化传统、社会制度、道德理念、精神风貌等，是一个有机的、蕴涵着价值理想和评判标准的文化系统。他们对于经典的诠释，更似对中国历史的诉说，五经中的每一句言辞均被赋予了历史的意义，由此经史合一成为必然。第四，当时儒者对经典的诠释，主旨目的并不在于理论建构，更为重视阐发经典思想以达成治国平天下的“致用”效果。诠释者往往借解读五经以宣传周公、孔子等圣人形象，倡导世人投身政治，以实现王道为己任，通过学习五经以学会经邦济世的本领。究其原因，当时汉代去古未远，又正值文化传统断绝后复兴时代，百废待兴，因而拥有传统文化资源的儒者自然可在社会中受到重用。汉王朝政治、经济、军事诸制度的建设也是不完全的，均需要从五经中寻找依据和解释等。①

发展进入魏晋时期的中国诠释学，实际上发生了“玄化”。它是大一统帝国崩溃的直接后果，汉政权的衰亡使得思想学术界与政治、经济领域原有联系机制断绝丧失，让两汉期间流行的以章句训诂为内核的诠释学范式失去了供养来源。随着“独尊儒术”的局面被打破，道、法、名、兵家子学再度崛起，直接刺激了中国诠释学思维的改变，因为这些学派在直觉认识人和概念的辩证思维方面有着儒家所不具备的特长。随着魏晋“清议”之风的兴起，天下士人逐渐改变原有道德评判依五经之说而作出的原则，儒者亦不得不放弃闭门造车的章句训诂，加入“清议”的行列。由于门阀制度的盛行，士阶层在政治上屡屡受挫，当时的知识分子时常处在想要积极参与社会政治，但又因外部原因不得不与政治保持一定距离的两难之中。故而其思想便常常于儒道之间游动。这使得传统的经典诠释者面临独特的“窘境”：既要努力保持政治导师的形象，为当局者指明发展理论，又由于阶层限制不能与政治贴合太近，只能独享“消极的自由”。于是，他们开始注重个体内在精神的修养，达成自我调整，以实现精神上的解脱。从经史意义上说，魏晋玄学化的诠释高扬了义理解经的方式，在直觉认识和理性思辨方面作出了极大贡献。但从诠释学精神层面来说，其体现的积极入世性却减弱了。

唐代《五经正义》的出现，让经学以及诠释学在经典文本的选取上得到了统一。它是对南北朝以来义疏之学的规范和统一，也让“五经”系统中诠释学

① 参见姜广辉：《中国经学史》第二卷，中国社会科学出版社 2003 年版，第 10—11 页。

范式的成熟度达至高点。然而，一门学问发展顶峰的到来也意味着新的改变正在孕育。自中唐起，疑经之风的日盛为后来宋明理学诠释学范式的形成奠定了基础。众所周知，不囿于成说，大胆怀疑创新，是宋学的基本特点之一，而疑经惑传之思，正是推动汉唐解经思维向着宋学解经思维转化的中间环节。必须承认，作为主导中国思想文化发展的经学至唐代时，已陷入困境。唐初孔颖达虽通过《五经正义》完成了经学的统一工作，统一了对经义的疏解，但仍沿袭汉学的章句注疏之学，坚守注不驳经，疏不破注的原则，学者拘于训诂，墨守正义，不重视对经书义理的探讨，显然不利于新思想的产生和发挥。就效果上看，它在一定程度上抹杀了萌芽于魏晋玄学的义理解经新思路，使得中国诠释学发展日益僵化。在佛、道精致的思辨哲学大行其道的学术背景下，在复兴儒学、重整纲常之风愈演愈烈的大形势下，时代迫切需要新的经学与诠释学范式的产生，这不仅是一种外在形式的变革，而且是“五经”系统的一次涅槃。社会实存的变迁不断昭示，围绕传统五经文本与解经之说而成的诠释学，随着时代的发展，已显现出不合时宜之处，阻碍了自身的进一步发展，若想获得新的活力必须发生一场大的变革。

二、教父时代的《圣经》诠释学

公元 1 世纪左右在罗马帝国统治下的巴勒斯坦地区诞生了基督教，它以《圣经》为教义。活跃于教会活动中的教父们为了让教义更好地发挥信仰作用，自觉地对《圣经》理解展开了理论化研究工作。同时，当《圣经 · 新约》完成后，面对异端造成的混乱，教父们还要疏理教义以使得《圣经》之“旧约”与“新约”的内容彰显出一致性特征。于是，教父们成为最早的《圣经》诠释者。他们在维护基督教义权威性的过程中，促成了《圣经》诠释学的诞生。随之，西方诠释学史迎来了发展中的重要阶段——教父时代。

（一）使徒时期的探索

严格地讲，公元1世纪的这段时间在基督教史中准确的称谓是“使徒时期”，因为此时最主要的基督徒释经者（使徒）是虔诚的犹太人而非教父，他们认定耶稣就是应许给以色列的弥赛亚，并引用《旧约》来支持自己的信仰，在解释《旧约》时，也会遵照其他犹太宗教团体的相同原则。他们释经时通常会应用一个原则——耶稣已经按照字面应验了《旧约》的预言。使徒们大都循着相同的方向，在耶稣本人和他有关神国的教导中，发现《旧约》的预言已经应验。换言之，他们是从基督论的角度去解释《旧约》的。按照保罗的说法，在没有基督的情况下阅读摩西律法，就像蒙着帕子去读一样，读者根本不能明白它的意思。①

不过在实际操作中，使徒们还是加入了其他几种释经的方法。一是他们通常会搜寻《旧约》的历史和诗体部分，找出预言基督和教会工作的经文。这样的做法被称为“预表解经”：在《旧约》中出现的事情、对象和观念中，找出神所默示的预表（模式或象征），预言神在未来历史中的作为。它的假设是先前的事情、对象或观念，将会在以后重复出现。目的是说服公元1世纪的犹太读者，接受《旧约》和《新约》的观念和事情有相似之处，而且后者更超越了前者。二是通过文字字面的上下文解经。此方法是根据《旧约》经文的正常意思作出解释，如耶稣直接引用《旧约》的经文，来回应法利赛人对他本人或其门徒的批评。三是“原则”的应用。即不是直接引用某段《旧约》经文的字面意思，而是解释该段经文背后的原则，然后将其原则应用到一个与原来处境不同，但仍可互相比拟的情况中。如保罗引用《何西阿书》，证明神的心意是要同时拯救犹太人和外邦人等。

公元1世纪，最杰出的《圣经》诠释者是生活于亚历山大城的斐洛，他被誉为是“中世纪哲学——犹太哲学、阿拉伯哲学、更重要的是基督教哲学的

---

① 参见克莱恩等：《基督教释经学》，尹妙珍译，上海人民出版社2011年版，第40页。

奠基人”①。斐洛通过希腊哲学解释犹太圣经《旧约》，认为希腊哲学与《旧约》在表达真理方面殊途而同归。在他看来，柏拉图哲学与《旧约》所载摩西的教导同样源出神圣的启示，只不过《旧约》使用的是寓言。作为诠释者，他的任务就是把《旧约》的寓言所含的永恒真谛揭示出来。斐洛是隐喻解经法的坚定实践者，他相信在对《旧约》的理解中，对文本背后比喻义的掌握要比文本字面义掌握更为重要，《圣经》的真理性知识充分隐含于“隐喻”之中。为此，他用隐喻诠释方法几乎注解了《旧约》里记载的所有故事，恰如其所言：“我要尽我所能作出清楚的解释，阐明其内在隐晦的哲学思想。”②

在斐洛看来，隐喻解释应与语文学解释结合起来。不过他又认为隐喻之意仅仅对于信仰者来说才是可能达到的，它所要求的，不仅是智力上的努力，而且还须是灵魂与精神上的努力，并且，神圣文字的真实旨意，归根结底只有通过信仰行动才能被获得。由此出发，《旧约》已不是可以通过解释语词字面意义便可掌握的文本，而变成了一套含有隐秘意义的“密码语言”。理解它，必须借助宗教的体验和为神谕唤醒的灵感来领悟。在实践中，斐洛将许多希腊哲学中“逻各斯”概念植入《旧约》诠释中。他说逻各斯是上帝之思的产物，是圣言与圣思，它是受造的，依赖于上帝而存在，不能被视为一种自我独立的存在，但它又与上帝一样的永恒、并且如上帝那样包容一切。在一定意义上说，《旧约》中的摩西就是逻各斯的化身，他是上帝的代言人，站在上帝和普通人中间，传达上帝的旨意，这个位置正是逻各斯所处的位置。

斐洛制定了一套立足隐喻理解的解经原则：一是坚持一种普遍主义的“一神”论信仰，表达对上帝的虔诚；二是主张一元论的世界观，即感官世界与理智世界不分离；三是不舍弃经文的字面意义，但重点是要找出深藏其中的深意；四是把《圣经》看作一个整体。应该说，斐洛的解经方式具有一定系统性，他总是依《圣经》的主题，努力寻求经文的隐微大义，并且注意过渡到从属经

① 《简明不列颠百科全书》第3卷，中国大百科全书出版社1985年版，第84页。

② 斐洛：《论亚伯的生出及亚伯与他兄弟该隐的献祭》，《论凝思的生活》，石敏敏译，中国社会科学出版社2004年版，第4页。

文主题，最终让隐喻的理解回到主要的《圣经》文本上。但在他的实际操作中，亦不免存在某些神秘主义式的理解。从形式上看，他典型地按照柏拉图主义的思想，主张人的最终目的是“得见上帝”。人不可能理解上帝，因为“理解”意味着以某种方式拥有。但是有限的人永远不能拥有无限者。不过人却有可能通过某种直接的直觉“看见上帝”，在此经验中，人超脱他自己而进入神秘的“入定”境界。这种“入定”的神秘经验，是一系列绵长而逐步上升的过程的顶点和目标。通过这种过程，人的灵魂得到净化。对每一个人来说，躯体是灵魂的稳定体，理性和感觉是相对立的。

关于使徒时期还有一点要说，那就是在当时犹太人释经时出现了一些原始“诺斯底”（灵知）倾向。该倾向主要从启示文学中的二元论演化出来，启示论的信徒们看到他们所殷切期待的结局终究没有到来，便转向一种超历史的拯救化以寻求慰藉。他们围绕着“上帝的宝座”进行一系列的冥思臆测，创造了一种所谓的“宝座神秘主义”。但要确定犹太教中的这种诺斯底主义的真正源头，要确定究竟有哪些成分是从启示主义中土生土长的，还是要通过启示文学而追溯到波斯的二元论，以及要确定有哪些是受到外来的或基督教的影响，现在还很难作出结论。①

（二）教父时代的发展

随着最后一位使徒（约翰）的离世，基督教会的发展进入一个新时期，下迄格列高利一世于公元590年任教宗为止。此阶段被称为“教父时代”，原因是被称为“教父”的教会领袖在使徒时期后四个世纪之间作出了重大贡献。此时，使徒的著作在教会中仍然被传阅，另有一部分在后来成为《新约》组成的书卷和信件被视为重要的圣典，不过《旧约》的权威性是不可动摇的，它还是

① Robert M. Grant, *Gnosticism and Early Christianity*. New York: Columbia University Press, 1959, pp.39-69. 此书收集了大量证据，证明诺斯底主义（Gnosticism）的主要特点在犹太教启示文献中都已经能够找到。而诺斯底主义正是兴起于犹太启示传统的失败。

宗教信徒们释经的核心。需要说明的是，“教父时代”出现了另一类别释经权威——教会传统，它开始对制定教会的教义，产生重要的影响。事实上，直至1400年后的新教改革之前，其决定性的影响一直存在。

整个教父时代可以分为三段。首先是“使徒教父”时期（约公元100—150年），教父们释经的对象主要是在教会中的基督教徒和攻击他们的犹太人，其释经目的是教导信徒明白基督教的教义，以及反驳犹太人的论点，为信仰辩护。就具体方法来说，他们或是采用预表解经法，解释《旧约》与《新约》的关系，尤其是涉及耶稣的教导，如《巴拿巴书信》将《旧约》的两段经文理解为基督十字架的预表——摩西举起双手，以色列人便能战胜亚玛利人等；或是采用寓意解经，尤其在处理《旧约》时，往往引用《旧约》的经文来支持他们的教导，以加强教义的可信性，如《巴拿巴书信》提到《旧约》的赤色母牛洁净礼仪的解释，即从礼仪的细节引申出重要的属灵意义；或是采用一种“米德拉西式”（布道书）解经方法，如《创世记》记载，亚伯拉罕在施行割礼时，替318名男子行了割礼，教父的解释是：“现在18是由两个字母：J=10和E=8——于是你便得出‘JE’，即耶稣。由于字母T（=300）代表十字架，为要传达这一个特殊的意思，它的数值也是300。那么，他清楚地表明，JE这两个字母象征耶稣，而T这个字母象征十字架。”①

其次，亚历山大学派时期(约公元150—400年)。随着早期教父相继离世，教父时代进入新的发展阶段，新一代的兴起者承担了解释《圣经》的工作。此时，主张寓意解经的亚历山大派和强调字义解经的安提约基学派，以“对子”的形象出现了。两个学派各执己见，互不相让，彼此的论争持续了上百年。他们思想的碰撞让早期的《圣经》诠释学呈多元化发展。寓意解经学派的思想来自古希腊的柏拉图思想。柏拉图认为，真正的实体隐藏在人看见的表象背后。后来，斐洛对寓意解经进行了进一步阐释，指出《圣经》的经文就像人类一样，它有身体和灵魂两部分。而在亚历山大学派时期，克莱门特与奥利金成为寓意

---

① R.A. Kraft, *The Apostolic Fathers*, 4 vols., ed. R.M. Grant, New York: Nelson, 1964,p.109.

解经的两个重要继承者。

克莱门特的著作有《对异教徒的劝告》《训诲者》《杂记》《谁是可以得救的财主?》《提阿多徒斯著述节录》等。他认为，《圣经》有双重含义：经文如同人类一样，有一个身体（字面）的意思，还隐藏着一个灵魂（属灵）的意思。相对而言，那个属灵意思更为重要。他曾以寓意解经的方式为《圣经》中每一个故事的细节赋予了基督教意义，同时为了保持《圣经》的历史意义和隐喻释经的自由与深度，提出了《圣经》多种含义的学说。在他看来，《圣经》经文的历史和字面意义是真实的，但它最高的价值在于把它作为象征或隐喻，来解释出宇宙更深远的真理。克莱门特还高扬以经解经的原则，认为经文要凭借着它合宜的经文和直接的上下文来理解。不过在执行中，他以更宽广的含义来理解这一释经原则，把隐喻释经也包括进去。具体来说，他先找一些有同样观点、同样事物、同样名称，甚至同样经目的经文，来考虑特定段经文的隐喻含义，然后再把这个意思搬到他正在研究的经文之上。这样依靠《圣经》别处的不同经言语，就会在某段经文中找到它本来没有的意思。①

奥利金著有《六种圣经对照》《经文注解》《讲道集》《圣经注疏》等。他认为，正如人是由身、心、灵组成，《圣经》同样具有三重意思。他把克莱门特原来分为身体和灵魂的二重观念加以扩充，将灵魂分为魂和灵，加上第三重的“道德”意思：信徒如何与别人建立关系的道德指引。他还将属灵意义的观念，提升为教义意义的观念。换言之，那是关于教会本质和基督徒与神之关系的意思。在奥利金的视域中，《圣经》中每个单词，甚至每个字母都包含着神秘。由此，《圣经》的真正意义不能全部从字意的解释而来。那些看起来极其荒谬的经文也是出于上帝的灵感这个事实却证明了“以灵性方式”解释《圣经》的必要性，故《圣经》是具有多重意义的教义。但在实际操作中，奥利金却很少在经文的字面、道德和灵性意义三分论基础上，以系统的方式发展自己的释经学。而这是他的“诠释学”还处于初始化阶段的重要表征。

---

① 参见冈察雷斯：《基督教思想史》第1卷，陈汉民等译，译林出版社2010年版，第189页。

与亚历山大派思想相对，安提约基学派反对任意寻找寓意的做法，认为这种做法缺乏明智，而主张依据经文的字面意义去理解。[1]该学派的代表人物是提欧多，他拒绝“暗藏之义”的说法，认为：“（圣经）每段经文都有字面意义，或正式的字面意义，或隐蔽的字面意义……对《圣经》的所有记述，所有律法，甚至礼仪的律法，都必须首先按简单的字面意义去理解。”[2]基于此观点，他将大多数希伯来先知的预言都划定到关系犹太历史范畴的未来事件范围内，并批判用隐喻释经的方法解读《圣经》。虽然安提约基学派也曾有一些追随者，但就对后世的影响而言，其远不及亚历山大学派产生的冲击力强悍。

最后，教会大公会议时期(约公元400—590年)。随着罗马皇帝归信基督，政治对教会的解经产生了深远影响。在皇权看来，正统主流和异端支流之间的教义纷争危害了帝国的政治稳定。所以其对教会施压，平息争端，订立标准的教义。于是教会领袖们开了一连串的教会大会会议，以确定教会公认的教义。他们的决议界定了正确的基督教信仰，为正统观点辩护，对抗异端的思想。由于任何一方都是引用《圣经》作为支持，会议的公告尝试根据使徒的传统，详细说明《圣经》的正确解释，以及什么是异端的误解。大会会议的重要性，在于他们对“正统信仰”的描述，那是基督教信仰的主流，与正确地解释《圣经》和使徒的教导一致。

此时，伟大的教会领袖奥古斯丁成为基督教正式信徒，并明确有力地表达了自己对释经的看法。他在撰写《论基督教教义》一书时，表达出复杂而微妙的解经取向。他指出，解经最为重要的原则是引导读者去爱神和他人。正确的解经是要培养一个合乎体统的、道德的、委身的基督徒生命。奥古斯丁还说，若要正确解释《圣经》，就必须注目于经文的字面或历史意思，因为那是它真正的“意思”，或经文要表达的信息。就整体而言，奥古斯丁应是亚历山大学派的继承者。他将《圣经》文字理解分为两种：一是直指，二是寓意。前者一

---

① 参见何卫平：《解释学之维——问题与研究》，人民出版社2009年版，第21页。

② 古兰特：《释经简史》，载《圣经考释大全》，周天和译，香港基督教文艺出版社1981年版，第307页。

般不会有别指，后者则别有所指，它和修辞相关，寓意同样是为了显明真理。不过，奥古斯丁也注意到过分主观寓意解经的弊端，为此还提出三个解经原则：一是要参考其他较清晰的经文对有关主题的教导；二是参考“信仰的规范”或教会传统对这段经文的解释；三是要是上述两个准则出现矛盾的见解，就该从上下文来判断哪种见解才是最符合经文意思的。

与奥古斯丁同时代的神学家卡西安著有《论修道制度》《灵修对谈录》《论主的道成肉身、反对聂斯脱利》，并且发明出四重解经法理论，即《圣经》的字面性解释、伦理性解释、寓意性解释和神秘性解释，可谓教父时代寓意解经和字义解释的系统总结。这种方法突出了解释的多样性，也要求释经者具有想象力和创造力，一直到宗教改革时行都盛行。不过，“四义”解经的方法也存在过于刻意，甚至有时会牵强的一面。

教父时代的晚期发生了一个重要事件。学者哲罗姆把新旧两约和次经翻译成拉丁文。这部从希伯来文和希腊文抄本翻译而成的译本，称为“武加大译本”，成为西方教会公用的《圣经》。它的独特贡献是为拉丁语提供了一部基于原文，而不是根据译本翻译的《旧约》译本。但它也带来一个直接影响，从那时起，由于各种现实的理由，西方教会停止了以希伯来和希腊原文研究《圣经》，直到文艺复兴时期才得以恢复。

（三）中世纪上半段的释经活动

从时间段上看，中世纪处于教父时代与宗教改革之间，是一个承上启下的过渡期。为了对应中国的汉唐时期，所以本章的论述纳入了中世纪的上半段（公元 590—1000 年）。正如一般所认知的那样，这一时段可谓一个黑暗而专制的时代，神职人员和一般信徒因无知而蒙受磨难，道德沦丧的教会领袖只顾不择手段地抓紧教会权力。而对于释经学而言，教父注释汇编几乎成为中世纪上半段仅有的亮点。

中世纪之前基督教徒内部已存在教父注释汇编，那时的汇编中摘引了许多释经者的见解。但到了中世纪，汇编的作品却大多集中于奥古斯丁和哲罗姆等教父的作品了，因为其表达的是教会认可的教义观点。换言之，这时的释经者在运用教父注释汇编时，其解经重在倾向迎合教义规范。其间，教会的修士们发展了一套释经注解的做法，就是教父写在《圣经》页边或行间的附注或解释。并在中世纪下半阶成为学校教导经义时普遍的做法，最后这种做法得到统一的设计，结果见于巴黎出版所出版的《圣经》中（约 1220 年）。

实际上，中世纪上半段可说的西方诠释与释经活动的确有些乏善可陈。值得一提的，大概也就是加洛林时期“复兴”中的几场争论。加洛林帝国的短暂光辉在中世纪上半段的黑暗中点亮了一丝火花，在查理曼的统治下（8 世纪末至 9 世纪初），西欧大陆上出现了一个相对安静和稳定的中心，因而使人们有可能从事研究、思考和著书立说。当时，人们对僵化的基督教释经活动产生了麻木感，对于《圣经》文本内部的一些模糊认识产生了追问的兴趣。托利多的主教埃利潘都在按基督的神性来看他和圣父的父子关系以及按基督的人性来看他和圣父的父子关系之间作出了区分，认为第一种父子关系是恰当的和自然的，而第二种父子关系是“嗣子”和恩典的父子关系。该说法刚一提出就遭到比都、阿尔昆、保利努以及教皇哈德良一世和利奥三世的强烈反对。他们认为，“嗣子论”可能会有分裂基督位格的倾向，因为只有一位上帝之子，而他是不能被分开的。埃利潘都强调的是基督神人二性之间的区别，旨在保持其人性的完整性，而比都等人担心“嗣子论”会分裂救世主的位格，以致失去道成肉身的真实性。遗憾的是，“嗣子论”的争论随着埃利潘都的去世后，很少有人愿意接着讨论，于是在没得出什么重要结果的情况下便消失了。

加洛林时期还出现了一次关于“预定论”教义的争论。修士哥特少勒克是坚定的奥古斯丁主义者，他在大量阅读奥古斯丁、安布罗斯、格列高利、普罗斯帕等人的著作中得到了预定论的教义启示，写下了一些宣扬“预定论”的文章，认为上帝预定了天使和被拣选者得求，也预定了魔鬼和被摈弃者受谴责。他的说法受到了拉巴努斯的反对，并撰文《论预知和预定论，并论自由意志》，将预定论降低到神的预知水平上，认为上帝根据预知而知道谁将得救，谁将拒绝所提供的得救。由于话题的敏感性，争论迅速引来当时大多数著名神学家的参与，拉特兰努、塞尔维塔斯、普顿丢、流巴斯等纷纷发表言论，并且观点对立。后来，“预定论”成为利姆斯和里昂两个强大主教教座之间的对峙。直到公元 860 年，统治者洛泰尔二世在图察主持了一个宗教会议，公布了一个折中的和模棱两可的主张后，争论才渐渐平息，最终让辩论无疾而终。

后来，加洛林帝国中还出现了关于马利亚童贞问题、圣餐问题以及关于灵魂的争论。但与前几次争论一样，最终也没有形成统一的结论。最根本上说，这只是引发了几次对于基督教释经问题争论的“插曲”，并未对释义学乃至西方诠释学产生实质上的影响。

三、引申义与字面义：中西方共同面对的主题

一个显见的事实是，公元前 1 世纪至公元 10 世纪中西方在释经与诠释的活动中共同出现了解读经典时引申义取向与字面义取向对立的状况。在中国，它具体表现为“六经注我”与“我注六经”之争；在西方，则表现为寓意解经与字义解经的二分。

“六经注我”与“我注六经”之别反映的是自汉代始出现的今文经学与古文经学之间的争斗。今文经学是汉代学者根据以当时通用的文字隶书记录下来的儒家经典而阐发的学问，广泛流行于西汉。董仲舒是首创者，何休为继承及发挥者。今文学家相信孔子删定“六经”作托古改制的手段，立万世不易之法，故为经学的始祖。出于政治需要，他们着重阐发经文的“微言”“大义”，为封建的“大一统”作论证，故特别重视公羊家的春秋学。西汉武帝用公孙弘议，依今文经学设五经博士，又采纳董仲舒“独尊儒术”的主张，表彰今文经籍，今文经学正式成为官学而大兴。西汉中叶以后，古文经学开始兴起，今文经学因拘于师承家法，流于烦琐和诞妄，故渐衰。东汉初年，光武帝改变王莽的政

治措施，曾一度恢复设立今文十四博士，但不久即废去。

古文经学兴起于西汉末，其是汉代学者根据从民间或孔子旧宅墙壁中发现的用先秦古文字书写的儒家经典而阐发的学问。根据他们的说法，秦始皇焚书、项羽毁典，使孔子所编“六经”多所残缺。尚存者或藏于宅壁，或散佚民间，至汉代才陆续重新发展，主要有《古文尚书》《周官》《春秋左传》等。王莽建新朝时，采刘歆的建议，立古文经学博士，以排斥今文经学，自此开始经学上今文、古文二派的论争。古文经学对经书字句、篇章、中心含义及古代典章制度和人物的训解、评论均和今文经学不同。崇奉周公、视孔子为“述而不作、信而好古”的先师，以“六经”为孔子整理古代史料之书，故偏重于名物训诂，其特色为考证，其流弊为烦琐。重经籍所记事实，倡文字学和考古学，所世又称其“汉学”。

今文经学与古文经学之争，代表着中国诠释学发展中产生的两条进路：一是经典文本字词背后的意义开发，一是经典文字字面意义的开发。其产生于汉代，但影响直至 20 世纪仍旧存在。它奠基了中国诠释学基本的风格走向。这与西方诠释学在教父时代出现的寓意解经与字义解经之争的现象在形式上十分相似。然而二者又存在实质不同：

第一，中国今古文经学的对抗势均力敌，西方寓意解经面对字义解经却出现前者压倒式优势。总的来说，今文经学与古文经学针锋相对，今文经专明经书中的微言大义，古文经则详对经书文字进行训诂；今文经重师法，古文经重家法；今文经学者多专治一经，古文经学者多兼通诸经；今文经认为“六经”乃为孔子教人之书，故“六经”的排列以各经内容深浅度排序，即《诗》《书》《礼》《乐》《易》《春秋》的顺序，古文经以孔子为史学家，“六经”乃为前代史料，孔子只是将这些史料加以整理，故应按时代的早晚为序，即《易》《书》《诗》《礼》《乐》《春秋》为序。可以认为，今古文经学解经存在实质不同。并且，在日后的发展中二者在不同时代的影响力交替错位，往往是一个时代或独兴今文式解经，或独兴古文式解经，就其统治力而言，可谓不分上下。

与之相比，安提约基学派的字义解经之影响，远不及亚历山大学派的寓意解经。安提约基学派只是反对任意寻找寓意的做法，认为这种做法缺乏明智，而侧重依据经文的字面意义去理解。但该学派并不否定《圣经》中寓意的存在，其与寓意解经的区别在于只是程度上的，而不是实质性的。至少有一点他们之间是共同的，那就是承认《圣经》具有双重的意义。随着5世纪奥古斯丁的出现，神秘意义被赋予《圣经》等文本之中，字义解经的地位日益下降，实在难以再说其与寓意解经存在对抗了。之所以出现这样的情况，显然与《圣经》从未以“史”的样态出现于西方学术界的现实，直接相关。

第二，无论是“六经注我”的今文经，还是“我注六经”的古文经，其发展均与社会政治有着密切关系。寓意解经与字义解经则只与宗教神学发生联系。中国今文经学产生的背景是汉代政权初步建立，它需要通过经书诠释而达到社会政治教化的目的。董仲舒“天人感应”、阴阳五行、三统循环说等的提出，建构出一套天人一统的神学图式，其目的是将汉代政治与神学化的“天”整合为一体。但经典文本之中原本没有相关文字的描述，故诠释者必须脱离原典文本另作此方面的发挥。为了方便发挥，今文经学的著述形式也大都独立成书，不与经书合编，更不与经文相杂，这样著书名义上是为了尊经，实际上却保持了解经著作的独立性，使经学家享有独立思考和论辩的自由。当然今文学家们还相信调节人伦比尊崇天命更能建立理想的社会，讽喻君王比推演五行更能干预现实政治。于是经典文本从阴阳灾异的阴影中走出来，成为纲纪人伦的教材或针砭时政的谏书。而在古文经学那里，经典被视为“史料”，记录着三代政治、哲学、伦理和历史。因此，他们对经典进行“古为今用”的同时，充分注意到其严肃的学术性。其认为，由于时代变迁，地域相隔，语音与语义发生了很大变化，有了古音与今音的不同，方言与雅语的区别，故要读懂先秦古籍，必须借助于音义的分析。汉初开始通行隶书，可是士大夫必读的重要典籍均是用古文字写的，要沟通古文字与隶书的联系，就必须依赖于文字的注释和说明。但古文经也未放弃经学诠释中的政治意蕴，只不过其要阐发的道理必须寸步不离经典原文的基本要求罢了。

西方寓意解经中的“寓意”显然注重的是神学的“寓意”，其目的在于更好地揭示上帝的意图，以引发人们对宗教的信仰。其强调的是人们对圣典的了解仅仅停留在字面上是不够的，还应从中找出更深刻的寓意，需要运用哲学理论来对宗教神学进行解释并帮助宗教建立起形成自己教义的方法。从斐洛的实践中可以看出，他有意利用寓意解经，通过对希腊哲学的言说方式的应用以建立起一种普遍主义的犹太教，让希腊主义走向希伯来信仰。但由于没法回应当时希腊社会面临的问题，其给出的穿着希腊哲学外衣的神，变成了虚无的“柏拉图的神”。而克莱门特与奥利金等人吸取了斐洛的教训，他们改变了后者那种将希腊哲学拿来植入希伯来信仰里面的方向，而充分利用释经以基督教的思想回应希腊哲学所遇到的困境，使基督教信仰主动地走进希腊文化。尤其是奥利金，他已将寓意解经作为载体以阐发“三位一体”的神了。而在奥古斯丁那里，教义、理性及信仰的关系得到进一步梳理，强调信仰，但又不排斥理性，“两希”文明之融合在这里得到充分的体现。一般来说，奥古斯丁之前的寓意解经假定了神与人之间存在着一种互动合作关系，神允许人具有作某些重要决策的自由。由于人具有选择的自由，也就必须为其错误的选择承担责任，受到上帝的惩罚。而自奥古斯丁起，可以看到在寓意解经中神之权威的至高无上性、人之灵魂的软弱无助性和对神之恩典的绝对依赖性被突出地强调。人对神的信仰已成为必须完成的义务。正是由于寓意解经与神、神意的关联如此紧密，所以其发展迅速与影响力大大超越字义解经，自然可易理解了。

第三，中国诠释学中出现的谶纬不可与西方的神学画等号。汉代神学目的论思想进入诠释学后，发展出一个独具特色的异端——谶纬。谶纬实际上是谶书与纬书的简称，谶书是预言吉凶得失，尤其是预言改朝换代之事的文字和图记，纬书相对经书而言，主要将儒家经义附会吉凶祸福，预言治乱兴废。在汉代乃至魏晋隋唐的诠释学发展中，谶纬一度成为依据作为改造经学旧说的工具，所谓“言五经者，皆凭谶说”①。纬书则依附于经书而另立新说，所谓“经

① 王充：《论衡·效力篇》，古籍出版社 1957 年版，第 128 页。

之支流，衍及旁义”①。如此的经义诠释包含了大量的臆说成分，使得中国诠释学蒙上了厚重的神学面纱。与之相比，西方要建构的是一种神与人之间沟通的桥梁，让人皈依宗教，并且将基督教等教义进一步彰显，其是与哲学知识等融于一体的，按当时的说法这是理解神圣的光照与真理的“捷径”等。

① 陈乔枞：《诗纬集证》卷一《推度灾》，《纬书集成》，上海古籍出版社 1994 年影印版，第 1145 页。

第五章　宋明与中世纪后半段及宗教改革时期的比较

公元 11 世纪至 17 世纪，中西诠释学的发展呈现出不同的样态。在中国，随着“四书”系统替代“五经”系统成为承载诠释学发展的新文本体系，诠释学自身也出现重要转型——理学诠释学正式诞生。作为宋明时期出现的新儒学，理学相关理论及方法论的提出大多通过依据中华经典的“新”解读及思想发挥的形式完成。理学家们通常以诠释经典的方式，结合时代发展的要求而提出自己的理学和哲学思想。尽管其中陆王心学一系从心学立场出发，把经学纳入心学的范畴，以六经为我心之注脚，认为儒家经典是为了说明心体的，但心学一派在本质上仍属于理学。尽管心学对经书的诠释服务于其心学说，但最终也并非脱离经学和儒家经典来阐释自己的理论。在此基础上，中国诠释学的古典阶段迎来了自身发展的顶峰——诠释学样态丰富多彩，诠释学理论成熟而深邃，诠释学方法范式出新层出不穷。但在同一时段的西方，诠释学的发展深深感受到中世纪之“黑暗”的负效应，理论创新乏善可陈，出现于诠释学史中的重要人物寥若晨星。虽然宗教改革的发生为陷入“死寂”境遇的学术发展点亮了前进灯火，但去除传统观念蒙蔽的任务，不可能在短时间内完成。

一、以“四书”为中心的诠释

一般认为，理学系统创生于两宋，流行于元明清，它是儒学于汉后最具学术思想价值的哲学体系与意识形态系统。理学的重要特征是为儒家哲学思想增添了性理学与孔孟心志学，并通过四书系统使传统“仁学”显示出一定程度上分离于经学系统的独立伦理学身份。就宋代理学来说，它是儒学的哲学化发展，它试图为具有经验主义品格的传统“五经”系统奠定某种理论性基础：提升孔孟学在儒学中的地位，用孔孟之说诠释五经学术等。而这一切完成的基础是，“四书”系统的架构。“四书”系统的出现是伴随五经权威失落，经学中传、记地位凸显的直接后果，作为中国诠释学发展新的兴奋点和思想增长点，《易传》《论语》《孟子》《大学》《中庸》等传记的重要性悄然超越五经，成为新的诠释中心。随之，中国传统诠释学的样貌也发生了改变。

（一）“四书”系统的形成与诠释学发展概观

北宋初年，中唐疑经惑传之风仍在延续。“宋初三先生”之一的孙复，其经说多异于先儒；石介对汉魏以来只重文辞而离析六经之旨的倾向提出批评；刘敞著《七经小传》，其论多异诸儒之说，打破汉儒专事训诂名物的传统，攻旧注、改经文，以就己意。而王安石更主疑《春秋》，斥之为断烂朝报，并在他主持的变法中重立“五经”制度，剔除《春秋》，将文本确定为《周易》《尚书》《毛诗》《礼记》和《周礼》等。伴随疑经之风，易学研究兴起。张载、邵雍开启宋易形上学探索之路，二程著出新的《易传》学。他们的目的是通过《易》之经传的新诠释来找出儒学本体论的经学根据，通过普遍化的“理”范畴以努力建立天道和人世间的内在相通或天人合一的认知。但“易学”归根到底还是“五经”系统的产物，宋儒想要创造自己的义理体系，必须建立自己的权威经文系统。于是，《论语》《孟子》《大学》《中庸》等传记开始备受青睐，其诠释中心的地位慢慢形成。最终，“四书”成为新的系统，成功地从“五经”系统那里夺走了话语权。象征古代文明之大成的“五经”，慢慢地不再具有至高无上的意义，时人再挟古自重时，不必再举“周孔”而直称“孔孟”了。

所谓的“四书”，是指先秦流传下来的《论语》《孟子》以及汉代发现的

《大学》《中庸》的集合。由于《大学》《中庸》写成于汉代，却被宋儒误认为先秦典籍，故有着“伪文”身份。理学家们正是基于此错误认知而进行孔门义理推断，进而将上述四部典籍有机联系在一起，使之构成了一个儒家新的经典系统。《论语》是孔门弟子对于孔子言行的记录，其中保存了大量关于君子如何致“仁”的修养学以及有关“善理想、恶现实、勇实践”的先秦儒家伦理学主张。如果说，“五经”讲述的是群体层面的王事公言，那么《论语》所表达的则是个体层面的“致君子学”。《孟子》载有孟子及其弟子的各项活动，及政治、教育、哲学、美学、伦理学等学说和思想，其包括众多王事劝诱及对道德异端的批判，并开创了心学性理说传统。《大学》总结了先秦儒家关于道德修养、道德作用及其与治国平天下的关系，且提出融道德与政治为一体的“大学之道”理想，被视为“四书”系统的“入德之门”。《中庸》记录了儒家关于天人社会的“大道理”，它以“中和”释“中庸”，视为君子的最高道德标准，以“诚”为“天之道”，把“至诚”看作是达到天人合一最高修养境界。

与“五经”一样，“四书”成为“系统”也非典籍的堆积。首先，《论语》《孟子》《大学》《中庸》分工明确，效用互补。《论语》是孔学第一概念“仁”学说的主体，可定“四书”诠释之规模、内涵与外延，作用相当于总纲。《孟子》主在传播心性论，是儒学建立可与道学、佛教理论相对抗的思辨理论基础，也是仁学实践学的基础。《大学》提供了儒学的基本伦理目标以及实现的途径，是主体实践的手段。《中庸》是儒家形上学形成的基础，联系着理学“道问学”与“尊德性”的要义。并且，因为《大学》《中庸》原为“五经”的一部分，因此它们又成为“四书”系统与“五经”系统或曰孔孟伦理学说与儒家制度学说间沟通的“桥梁”。其次，“语孟”“学庸”组别之分，稳定了“四书”的系统结构。“语孟”的话语是人性经验论方向的，它们是儒家“仁学”的经典，强调伦理学意蕴。它们论述的是一种治世实践，力求让客观的“道”与主观的“仁”建立逻辑必然性联系。然而，“传”不可离“经”。“学庸”出身“五经”，其话语的本质代表着儒学原始的意识形态，它提供以经为基础的工夫德目，可以制约“语孟”。“语孟”的核心思想是宣扬儒家道德之养成，“学庸”则将儒家道德养成的原则和方法朝向经学的学术性实践和儒学的社会性实践转化，即为一种从原理向目标过渡的方法论。宋代理学家们常常困扰于主体伦理学的形上学建构与社会政治历史的实践主理学建构间的张力，即个体层面的仁学自觉与集体层面伦理要求的外在压力强化间的矛盾。“四书系统”通过“语孟”和“学庸”组别的划分，最好地解决了这一问题，“语孟”讲究心志培养，“学庸”强调政治教化。如此一来，它便充分达到了“道德理想主义”与“伦理中心主义”相互配合的效果，由此“四书”系统更易为人接受，其结构也愈加稳固。最后，作为整体的“四书”可以更好地彰显“新儒学”的价值。毫无疑问，理学是一种新儒学，它具有孔孟中心论倾向，仁学价值观朝向，但在发展中却深受佛道形上学观念的影响。这与以“五经系统”思想为中心的传统儒学有着很大不同。“五经”记录着王言和王权谱系的意识形态，代表着权力系统。而理学蕴涵着丰富的个体伦理学精神和社会实践意识，因其凸显孔孟学说的道德性而代表了儒学的良知系统。显然，它需要新的经典体系以维护自身的合法性。而《论语》《孟子》《大学》《中庸》集合在一起，可以构建出一个完美的“圣言”体系，可以用圣言平衡王言，以伦理学平衡政治意识，或者说以孔孟伦理学标准重新诠释和制导“五经”系统。同时，“学庸”的“五经”属性又可有机地沟通与化解两个系统间的内在对立性。同时，当“四书”成为系统时，儒家“道统”脉络主线亦得以彰显，它可将孔孟与先王并列，以抬高圣贤地位，为理学制造出更好的发展机会。对于统治者而言，“五经”是权力谱系的象征，本就不适合作为德育教化的工具，“四书”文本平易可读，更易当作思想宣传工具。其在另一层面，强化了“四书”系统的不可肢解性。

当然，“四书”成为系统不是一蹴而就的。宋初，周敦颐著《太极图说》《通书》，其主意虽是围绕解析《易》学而作，但其内容多引用转述《语》《孟》《庸》中之思想，尤为重要的是它还从先秦儒典中提炼出“诚”“中和”“养心”等核心范畴。周氏的后继者张载同样以《易》为宗，并发明出以《中庸》为体，以孔、孟为法，框架出一个以“四书”的思想精华为内核的新儒学体系。发展至二程那里，“四书”之属性被明确了：《论语》为传道立言之学，《中庸》乃孔门传授心法，《大学》是圣人之完书，《孟子》是圣人精义之阐发。二程通过诠释、发挥《四书》的思想，建立出天理论、人性论、格物致知论以及居敬涵养论的理学体系。并且，他们确认了《四书》之重要性列于《五经》之上的命题。南宋朱熹著《四书章句集注》，首次将“四书”作为“系统”的存在，并详细疏解了“四书”系统的内在逻辑结构。

伴随“四书”系统的出现，中国诠释学说出现了新的发展倾向：一是传统“正义”的权威性及其所据“五经”文本的神圣性日益受到质疑与批判，把握圣人著述的原初“本意”，并据此而重新发明经典的原初“本义”，被社会所认同；二是人们普遍肯定超越文字训诂的个人化的心灵体察和认知，由读者之意去推测作者之志，使经典诠释从烦琐章句义疏中解放出来的观念成为共识；三是开始提倡自由灵活的阅读方法，在承认作者本意的前提下，肯定对文本意旨的多元化理解和诠释的合理性与有效性。并且，专门的“读书法”也被创造出来。以朱熹为代表的理学家们，通过明确圣书意识、为何读书、解读者之心态、读书次第设计、读书与工夫论关系的论述等，将经典诠释由“技术科学”朝向“理解科学”进行改造，儒家诠释学中现代诠释学“要素”不断增多。

在宋代，中国诠释学说生成了两个基本范式：借形式化加以拓展的知识论理路与借践行性予以证成的实践论途径。①前者以朱熹为代表，该路线讲求向外求理的方式，将心与物、心与理进行两分，认为知识的获取离不开经验。解读经典需以“格物致知”为手段，以经典的原始文本为依据，相应的理解与义理阐发须建立在探明经文本义的基础之上。要学会通过“分殊”，认知“理一”，再由“理一”落实于个别事物之上，以凝结个别的、具体的所以然之理。在操作上，先要对经典进行技术性的训诂，后以反复阅读厘清文本脉络，再通过主体阅读经验与“下学上达”的体会，深究经典义理，最后将经中之理推及自身人伦日用中，以确保理之普遍有效性。实际上，此理路是一个“实践→理论→再实践”的过程，其中理解、诠释与应用不可分割。后者以陆象山为代表，该

① 参见康宇：《宋代经典解释方法的建构》，《哲学动态》2009年第7期。

路线主张道德意识收摄归心，将诠释经典视为一个“发明本心”的内求路径。其认为，心与理具有原始的同一性，如果读经者体证了自己的本心，那么自然也就能轻易理解经典的意义了。经典其实就是圣人之心的记载，治经也不是要增加经验性的内容。诠释经典实际上就是将圣言与主体本心“同化”，同化此心也就同化了此理。在实践中，该范式并不太多关注经典的文字内容，而更多地以经典作为“注脚”，强调道德的信仰性，或曰本心的呈现。如果说前者是一种“月印万川”，游走于“理一”与“分殊”的诠释的话，那么后者则是一种“水月镜花”，徘徊于言意的价值世界之中，并在一定程度上消解了经典的独立价值。

宋人解经风格的不同，源于不同流派对于义理理解的差异。朱子一派持有“心统性情”“格物致知”的理论，反映在经典诠释上，即是字字考究、步步体认；象山一派相信读经的目的是体证本心，文本文字只是“心”之外显，故其常忽略“分殊之理”，弱化事实世界。不过，他们在对经典之“理（心）”的追求上却是一致的。“知识论”解经，在不断向人彰显文本之蕴涵意义的普遍有效性的同时，亦将重点设于使主体悟经典大义以促道德践行的工夫论上；“实践论”解经，在“心”之大前提下，不乏对“理”的系统说明。受其影响，宋儒将经典诠释的空间无限放大，并让概念创新与逻辑推理在解经中的作用极大彰显，本体论、认识论、伦理学等哲学思维被大量应用于诠释方法论之中。可以认为，儒家经典诠释学乃至整个儒学在此时得到了充沛的发展动力，学说发展的思想增长点找到了。随之，“五经”系统的话语权力正式让位于“四书”系统，传记成为经典诠释的中心，经退居到了边缘位置。人的主体意识和理性主义道德意识在经典诠释中凸显出来，儒学抵挡甚至是反击佛道出世主义的武器被不断创造出来。

元明二代，程朱理学成为官方统治思想，因朱子学与科举科目关系密切而得到全社会的“尊崇”。朱熹对于四书诠释的意义和文本之外的发挥，实际上已超越了文本本身，进而成为一种新的根源性权威。在元代皇庆二年修订的国家法典中，“四书”的序列由官方认定列于“五经”之前，合称为“四书五经”。而在明代永乐十三年，世祖颁布《五经大全》《四书大全》后，朱子以及《四书章句集注》等释经典籍的威势更是如日中天。然而，极度尊朱的后果是严重的。一方面，朱子学在事实上取代了经学，使得儒家经典诠释学在文本选取范围上受限，理解空间萎缩；另一方面，科举制让朱子解经方法程序化、僵固化，思想学说教条化，发展缺乏活力，进而生命力不再旺盛。在此情境下，经典诠释已无创造性可言，所谓的理解活动亦成为拘于文本的死物。自明中期起，一些不堪忍受八股封闭式解经路术的有识之士倡言“自得”式理解，他们宣扬体证式经典诠释之路，进而促成明代著名的“心学”解经思潮。

江门的陈献章主张把读者从书本中解放出来，将经学与心学联结，以我观书，读经以求诸吾心。其学生湛若水以“随处体认天理”为宗旨，宣扬回到生活意义世界，还原经典著述和诠释活动的本来意义。而同一时期的王阳明直接将经典诠释进行了“心性化”的改变，指出“四书、五经不过说这心体”。并认为，经典乃为吾心之常道，它与“本心”是一体两面，前者是后者的物化，后者是前者的心灵底本，明心就是明道，诠释活动不可只停留在读经及弄清楚字面的文义上。王阳明还将程朱的“传授心法”与“十六字传心诀”改造为心学之源，亦把儒学圣人相传的道统改造为心学。他建构出“良知”与经典间不离不弃的关系，通过“知行合一”说，将读书、诠释与工夫融合在一起。随着阳明心学在社会中被普遍接受，儒家经典诠释学风格发生了重大变化：在文本诠释过程中日益强调诠释者与原作者之间的心灵对话或情感共鸣，以情感取代理性，以灵悟取代知识，以个性取代历史，以印象取代分析，蔚然成风。经典原文的意义不断被淡化，避开甚至悬置起来。理解经典彻底成为一种直接的体证和领悟，训诂考证被摒弃。诠释者的主体能动性不断被高扬，直觉与直抒胸臆变为主要的方法，体究“本心”为诠释的终极价值，经书的地位实质上只存在于“复印件”的意义上了。

从诠释的有效性上看，阳明心学解经显然比朱子离开文本更远。其在诠释中有意地在文本上“增加”了东西，因而相应的理解也就具有更多的开放性。其丰富了经典的意义，更似一种“创造的诠释”。在这样的诠释中，经典原来具有的历史、文化和语言的向度被弱化了许多，这与儒学传统对于诠释的意义定位产生很大的偏离。明末清初的实学家们显然对此持批判的态度，他们认为心学那种“任性”般的文本解读，实际上亵渎了作者和经典。由于放弃了对作者立言本意的追求，诠释者的主观心解只能失去基本的支点和归宿。其强调当经典诠释不立文字而自逞私臆时，无法提供有效性的验证，故必须重新重视考据之于诠释的意义。于是，从经学内部资源入手，排除主观式解经之空疏流弊的说法，在后来的清代社会中渐成气候。

（二）几个代表性人物的思想

宋明时期是中国诠释学发展的“黄金”时代，其表现为诠释学理论与方法论层面深刻性不断加深，诠释学与哲学建构的联系日益紧密，而以“四书”系统为中心所汇聚的文化符码更直接地表达了“轴心时代”的创造精神和古典文明的意蕴，更能体现出人的主体意识的自觉和理性主义的张扬，特别是道德意识和审美情趣的发微。在此，我们选取几个典型人物的思想加以“微观”解析。需要说明的是，朱熹、陆九渊、王阳明等学者的诠释学思想将在中西个案比较部分中详细描述，此处暂且不提。

1. 程颐

程颐是北宋经典诠释学的奠基人之一，开创了儒家本体论诠释学，建构了经学文本理解原则与方法论，助推了儒家经典核心由“五经”向“四书”的转化。尤为重要的是，他用“道”范畴综合联结了经典诠释中发现文本原义、探究作者之意与读者之独立于作者和文本所得之义。这既化解了读经、悟道与主体“前理解”之间的矛盾，又开一代经典诠释学新风，让“理解道”与“实践道”得以贯通。立足哲学的视域，程颐实际上将解经升格为一种实践哲学，让阅读和理解经典成为主体自我领悟和修养的手段，或曰工夫论。

在程颐生活的年代里，理学的发展步入了仁学的朝向。理学家们普遍表现出一种“孔孟中心论”倾向，他们确立了仁学人本主义伦理价值学旨归，并对孔孟至高精神地位进行了重新认定。在其看来，仁学的本质是人本主义学说，它富含的思想是有关人际关系的正当形态问题。换言之，仁学理念的提出乃基于人性和人际关系之经验性事实，其彰显了人性中“善”的本能，不会随着时间的发展而改变，从而具备了成为世间永恒有效之伦理学的可能。同时，仁学又是原始儒家的本宗，高扬仁学可以有效对抗佛老形上学理论话语对于儒家根基的袭扰，可重树儒学权威以维系世道人心，更为树立以“理”为终极意义的精神信仰和以道德人格为本位的生活理念贡献力量。然而，他们急切地需要解决一个现实问题：如何通过学理思考建立起社会政治现实和孔孟伦理学理想之间的逻辑关系和可操作联系，即让仁学思想在其时代拥有社会现实性。宋儒的最终选择是“返本开新”——通过对儒学原典的再解释，挖掘新意以“调整”思想和实践方向。简言之，在文本解读中提升“可理解性”之逻辑，以求读解者之“心安”。程颐便是这一运动的主要实践者。

程颐在具体诠释经典之前完成的任务是，让人们明白儒家经典为什么重要。他针对当时许多人认为儒家经典不可能存在差错，进而形成盲目信仰的现象提出批评，认为读经实为求圣人之道，读者如果只停留在背诵言词、文字训诂，而不达圣人之意的话，那么经就成为了无用的“糟粕”，进而读经对于社会而言将毫无用处。沿此思路，程颐指出，儒家各经典内容虽所言内容不同，但其所载之道却是同一的。此“道”关乎于道德本体，乃为“千载不传之学”。在其看来，经典为圣人所作，圣人的价值判断固出自其仁德仁心，但此仁德仁心不应只是圣人的一己之明，而应合于天道人性的公共之理。诠释者要从经典中体认和传达的就是这个天道人性的公共之理。即人们要从经典中探究世界本质与人性本质之类的问题，或曰“性与天道”。程颐强调“仁”的作用，他说：“心譬如谷种，生之性便是仁也。”① 仁是人的本性，它与作为生命活动的心联系在一起，仁的发展就是人心本性的发展。“圣人视亿兆之心犹一心者，通于

① 程颢、程颐：《二程集》，中华书局1981年版，第184页。

理而已”①，心与理又是同一的，如果破除表象，在千差万别的个体私心与人欲之中，存有“理”的统一。而“理便是天道也”②，于是仁、性、心、理、道之间达成了统一的逻辑关系。并且“道未始有天人之别，但在天则为天道，在地则为地道，在人则为人道”③，“道”是所有生命存在的终极实在，天道、地道、人道“理一分殊”。对于普通人来说，读经悟道是最为直接的路径。而“仁”乃是儒家经典所载成圣之道的核心，所以通晓了“仁”自然能得“道”。至于如何求“仁”？程颐说：“为学，治经最好”④，并在其诠释《论语》中“克己复礼为仁”一句中，给出了具体方法——“克者，胜也，难胜莫若己，胜己之私则能有诸己，是反身而诚者也。凡言仁者，能有诸己也。”⑤求仁，即是求道。求仁即是使仁“能有诸己”，人而不仁，皆为私欲所弊，一旦胜己之私，仁就“能有诸己”。“仁”在人性之中，人性本来就是“仁体”，但人们常受外物所染而不能灵根自植，故“学者识得仁体，实有诸己，只要义理栽培。如求经义，皆栽培之意”⑥。治经的目的，就是要用经典中的义理帮助自己，坚定自己，使仁“实有诸己”。

显然，程颐将经典的意义总结为“知仁达道”。经是圣人载道之书，求成人成圣之道，求作为天地万物之根源之道，必由于经。道实为天理，可贯通天人，而其本质上又兼具伦理性质。它不仅代表宇宙中的天道规律，更代表着人事中最高的至善之理。治经可识仁，进而得理、得道。程颐的论说是具有突破性的——汉唐儒生解经同样言道，但他们的道不具有道德本体属性。程颐所言“经以载道”实则带来了儒家经典诠释学的本体论转向，治经就是追问宇宙本体的过程，可操作化为求仁的过程。实际上，程颐的做法是努力倡导人

① 程颢、程颐：《二程集》，中华书局 1981 年版，第 764 页。
② 程颢、程颐：《二程集》，中华书局 1981 年版，第 290 页。
③ 程颢、程颐：《二程集》，中华书局 1981 年版，第 282 页。
④ 程颢、程颐：《二程集》，中华书局 1981 年版，第 2 页。
⑤ 程颢、程颐：《二程集》，中华书局 1981 年版，第 366 页。
⑥ 程颢、程颐：《二程集》，中华书局 1981 年版，第 49 页。

们通过对经典或圣人教导的理性认知达成孔孟学之实效，也就是通过儒学的理论化认知强化对仁学价值观的体认与实践，即形成“道问学”与“尊德性”的统一。

众所周知，儒家经典承载着圣人之道，其即是圣人对以往经验、智慧的总结，也是上古盛行的价值观的承载，在一定程度上具有超越时空性与无限的诠释性。与大多数的宋儒一样，程颐十分注重借助经典诠释对孔孟之学中的伦理思想与道德范畴等进行解释和运用，只不过他更为强调诠释形上学的作用。在其看来，文本的具体内容是千差万别的，但其中心思想“道”却是同一的。这种“特殊”与“一般”的关系，实质上是具有本体论性质的体用关系。

在诠释《西铭》一文时，程颐提出“理一分殊”的命题：“《西铭》明理一而分殊，墨氏则二本而无分，……分立而推理一，以止私胜之流，仁之方也。无别而迷兼爱，至于无父之极，义之贼也，子比而同，过矣。且谓言体而不及用，彼欲使人推而行之，本为用也，反谓不及，不亦异乎？”① 通过批评墨家思想，程颐明确了分殊之“分”，具有伦理学的职分意涵，即老幼及人是“理一”的原则，落实到具体的职分情境中则需有等差之别，其显然涉及伦理学中“原则与应用”的关系。对此，南宋朱熹评论道：“伊川说得好，曰：‘理一分殊’。合天地万物而言，只是一个理；及在人，则又各自有一个理。”② 即“分”凸显了“区别”之意，含有形上学之存有论的意蕴，也就是理之形上学的“一”。

在对儒家典籍的诠释中，程颐对《易》的着力颇多。之所以如此，其在对《易》的评论中表露了心迹：“圣人作《易》，以准则天地之道”③，“其义周尽万物之理”，故可以见“生死之理”，智者可据此“安其分而知命”，故可“无所忧”。④ 天道运行可“显诸仁”，圣人可“有心而无为”，“天地之间，万物之理，

① 程颢、程颐：《二程集》，中华书局 1981 年版，第 609 页。

② 程颢、程颐：《二程集》，中华书局 1981 年版，第 2 页。

③ 程颢、程颐：《二程集》，中华书局 1981 年版，第 1028 页。

④ 程颢、程颐：《二程集》，中华书局 1981 年版，第 1029 页。

无有不同。”[①]在他看来，易学之旨在于随时变易以从道，顺性命之理，尽事物之情，对它的诠释可以完美地凸显“理一”与“分殊”的联系。于是，程颐解易常试图从理、象关系入手，讨论文本隐含义与表象意之间的体用关系。他以理为微，以象为显，指出：“至微者，理也；至著者，象也，体用一源，显微无间。”[②]所谓理在象中，即象识理，离象无理。经程颐的诠释，《易》中的理与象的体用一源性被强化：象为现象，理为义理，亦可为“理”形上学本体，它们二者间由此兼具了道体与现象之本体论以及义理与表象之“真理论”的体用关联。

现在有个疑问，程颐不断强调文本中形上“理”之重要性，那么这是否意味着他会贬低经典文字的重要性？答案是否定的。如上文所述，程颐明确说，治经是最好的为学求道路径。虽然“圣人作经，本欲明道”，“今人若不先明义理，不可治经”[③]，但离开了经典却不可能全面理解道。即经以载道并不等同于人们可以轻视经典，而是说要在深入研究经典的基础上找到理解其所承之道的正确途径。学经而不识道，如同治器而不适用。故程颐专注于论证文字与理之间的联系。他说，经典中文本之文意可以帮助人们理解义理，同时义理也可以帮助人们理解文意。从体用论角度上看，的确义理比文意重要，但不了解文意，义理是万万得不到的。不过，当义理与文意间产生意思矛盾冲突时，“善学者，要不为文字所梏。故文意虽解错，而道理可通行者不碍也。”[④]即只要得到义理，即使搞错文意也无妨。不仅如此，为了使文意同义理保持一致，对经书文本加以质疑、更改、删除以及重新确定儒家经典也是有益的。

程颐还区分出经典的文本原义与作者之意，认为要理解经典，就要通过读经来了解著经的圣人，“凡学者读其言便可以知其人；若不知其人，是不知言

① 程颢、程颐：《二程集》，中华书局 1981 年版，第 1029 页。

② 程颢、程颐：《二程集》，中华书局 1981 年版，第 582 页。

③ 程颢、程颐：《二程集》，中华书局 1981 年版，第 13 页。

④ 程颢、程颐：《二程集》，中华书局 1981 年版，第 378 页。

也。”[①]努力通晓作为载道之器的经典文字的客观意义，与了解作为这些经典之作者的圣人之本意之间，并不存在矛盾。但需学会“观圣人之气象”，“学圣人者，必观其气象，《乡党》所载，善乎其形容也。读而味之，想而存之，如见乎其人。”[②]气象者，气之形象、征象也。对其观，意味着读者要把自己设想成圣人同时代人，将自己置身于圣人所讨论的情景中。因为诠释经典、求经学道并非只是种思想活动，而是要在圣人那里学得成圣之道，透过现象求本质，由“分殊”达成“理一”。程颐曾言：“仲尼浑然，乃天地也；颜子粹然，犹如风庆云也；孟子岩岩然，犹泰山北斗也”[③]，而“人有斗筲之量者，有钟鼎之量者，有江河之量者，有天地之量者。斗筲之量者，固不足算；若钟鼎江河者，亦已大矣，然满则溢也；唯天地之量，无得而损益，苟非圣人，孰能当之”[④]！孔孟等圣人可以如天地北斗彰显其无得而损益，普通人则会经由斗筲之量等表现出某种亏欠与不足。但拥有斗筲之量者却可以在与圣人天地之量的比较中、追赶中不断激发自己内在的德性生命，在效仿圣贤的过程中挖掘出经典之道、文之义理，感悟体用间的关系。

应该说，程颐的体用论思想具有较强的理性启蒙精神。由于中国古代逻辑思想发展缓慢，自然科学和社会人文科学方向的理性思考活动时常停滞不前。所以墨守成规、思想僵化一直困扰着传统经学的发展。儒生们习惯于汉唐经典诠释方法，对经典的认知局限于固化的诠释空间中。北宋理学的出现，标志着宋儒伦理理想主义意识的觉醒，其内在的仁学根源又自然联结起孔孟之学中的理性主义思维方式。故更多理论化、实证性的伦理学精神内涵注入到儒家学说中，并启蒙出新时期的理性主义态度，相应的经典诠释空间亦被无限放大。程颐在经典诠释活动中讨论的体用关系学说，生动地展示了宋儒哲学思维主方向的理性主义发展，其催生出新的诠释形上学路向，诠释目标日益“理学化”，

① 程颢、程颐：《二程集》，中华书局1981年版，第280页。
② 程颢、程颐：《二程集》，中华书局1981年版，第1234页。
③ 程颢、程颐：《二程集》，中华书局1981年版，第1234页。
④ 程颢、程颐：《二程集》，中华书局1981年版，第108页。

并最终将诠释带入到一种统一的仁学伦理学建构层面中。受其影响，其时的诠释活动亦发生了范式转向，透过文字寻求本体根源流行开来，读经与体悟道德理想、体验生命活动联系起来，“仁”的作用不断彰显。在此基础上，儒学心性论、气论以及性理学说得到大发展，天理观与性理观在存在论与价值论的统一中，同一起来。从一定意义上说，正是程颐在诠释活动中肯定了体用论的存在，方才萌发了北宋的“仁学诠释学”样式。

在程颐的努力下，由经穷理成为经典诠释的指向。但诠释文本自身是一项复杂的活动，需以科学的理路进行。程颐给出的建议是：首先，经典文本的诠释顺序是，先“四书”后“五经”。在儒家经典中，程颐大力推崇“四书”，认为《论语》“传道立言”[①]，“深得圣人之学”[②]；《中庸》乃“孔门传授心法”[③]；《大学》乃“孔子之遗言”，“圣人之完书”；《孟子》“性善、养气之论，皆前圣所未发”[④]。他将“四书”视为儒家典籍的精髓，指出其是儒家圣人之道最重要的载体。并强调“穷得《语》《孟》，自有个要约处，以此观他经，甚省力”，“《论语》《孟子》既治，则《六经》可不治而明”[⑤]。也就是说，“四书”是通往“五经”的钥匙，“四书”中包含了“五经”的纲领，其是理解、体悟“五经”之学的基本门径。

北宋以降，“四书”升格运动愈演愈烈。究其原因，是宋儒面临应对佛老之说挑战，重建新时代儒学的任务使然。要想抗拒佛老，除去批判吸收佛老本体思维外，儒学还需对自身传统心性之学思想资源进行发掘、利用，弘扬仁学，重塑学科理论中的“性与天道”传统。由于“四书”是孔子、思孟心性论思想的最重要载体，所以表彰“四书”其实也正是对仁学之“孔孟意象”传承，亦是在加强儒学内部仁学实践和实行的力度。“五经”学说的重心在“礼”，虽也有关于人生及性情的探讨，但实难引起人们对心性问题自觉地关注。换言

① 程颢、程颐：《二程集》，中华书局 1981 年版，第 44 页。
② 程颢、程颐：《二程集》，中华书局 1981 年版，第 411 页。
③ 程颢、程颐：《二程集》，中华书局 1981 年版，第 1204 页。
④ 朱熹：《四书章句集注·孟子序说》，中华书局 2011 年版，第 184 页。
⑤ 程颢、程颐：《二程集》，中华书局 1981 年版，第 278 页。

之，“五经”难以成为程颐凸显儒家心性理命之学的经学体系或知识体系。于是，程颐力主将诠释的重点转向“四书”，意图通过诠释“四书”，使儒学在学理上超越佛老心性论，并以此建立起以“理”为基点的新儒学哲学体系。

从本质上讲，先“四书”后“五经”的诠释定位是，将“五经”学术与经验主义仁学伦理学有效联结起来，为孔孟学说奠定理论基础以提升其在儒学中的地位，通过孔孟学说解释五经学术，以使传统儒家进一步理论化、伦理学化。程颐的观点，实际上是要颠倒传统儒学内部实践学的逻辑顺序，要将以前“四书”服务“五经”，变为现实的“五经”服务“四书”。其结果，助推了日后儒学制度运作中“四书”系统对“五经”系统的超越，在一定程度上削弱了“五经”的神圣性，仁学在儒学中的地位不断上升，《论语》逐渐成为儒家思想的“总纲目”。当然，程颐并非要让儒学摆脱“五经”系统，只不过要对儒学内部结构进行调整以实现学科生命活力的再现。

其次，“四书”是整体，研习有次第。程颐将“四书”视为一个血脉相通的整体，认为四部典籍间存在着一以贯之的精神旨趣。在对“四书”的理解过程中，可以通过“以经解经”的方式彼此联结。程颐预设了“四书”之间具有相互理解、解释的可能性，主张经书之间的互解以及由一经通向另一经。但他又特别强调了《论语》和《孟子》的重要性，将《论语》《孟子》视为诸经的测度标准，认为可以由对这二者的诠释推及其他经书的内核，甚至超越《中庸》《大学》，直达“五经”，“尝语学者，且先读《论语》《孟子》，更读一经，然后看《春秋》。先识得个义理，方可看《春秋》。”①

由于“四书”产生年代有差异，各书所反映的思想难免存在不同。为了维护经典的统一性，程颐试图通过诠释而达到弥合的状态。如孔子说“性相近”，而孟子明言“性善”，二者的意思并不一致。对此，程颐指出，孔孟的说法并不矛盾，二者在不同的层面对人性进行了把握和描述，孔子说的是“气禀之性”，孟子说的是“性之本”。又如，《论语》说“忠恕一以贯之”，而《中庸》

① 程颢、程颐：《二程集》，中华书局 1981 年版，第 164 页。

说“忠恕违道不远”，程颐的化解是，将“忠”界定为天理，“恕”界定为人道，在道的层面上二者是“贯之”的，而对于平常人来说天理与人道又是两个境界。

程颐曾设计出一个由孔子到曾子到子思再到孟子的圣人之道的传授体系，以此确定孔孟学在儒家道统中的正宗地位，并进一步说明“四书”间的内在一致性。但他又说读“四书”应有研习次第，“《大学》，孔子之遗言也。学者由是而学，则不迷于入德之门也。”[①]《大学》之后，是《语》《孟》，“入德之门，无如《大学》。今之学者，赖有此一篇书存，其他莫如《语》《孟》。”[②]至于《中庸》，对它的理解必须“玩味”，“《中庸》之书，其味无穷，极索玩味。”[③]程颐四书次第思想后来在朱熹那里得到发扬，朱子还进一步区分了《论语》《孟子》的顺序，“学问须以《大学》为先，次《论语》，次《孟子》，次《中庸》。”[④]按程朱的说法，《大学》之用在于定规模，《论语》《孟子》之用在于定标准，而《中庸》则是“学者之至”，是进入较高层次后的学习内容。如此一来，“四书”拥有了结构上的立体性，层次感分明起来。

再次，理解经典有基本路径可寻。在程颐看来，经典诠释的目的在于让人更好地理解经典之意，而其中的“意”包含文字的意义与义理两个部分。相对而言，义理更为重要，“读书者，当观圣人所以作经之意，与圣人所以用心”[⑤]。因为读者在读经时常将自己的“己意”带入其中，并且圣人思想伟岸，凡人思想境界在客观上与之存在距离，所以必须寻找科学的路径去理解，方可得经典真实的意义、圣心的意向，或曰“真理”。关于如何能够有效地理解，程颐给出了具体的方法：一是遵循文义→文意→圣人之意的逻辑顺序。解经的焦点第一步要放在具体文本的解释上，要认真读懂经典中每一段文字，此时小学的工夫十分重要，训诂考据的本领必不可少。此阶段的重点是，避免以己意干涉

① 程颢、程颐：《二程集》，中华书局 1981 年版，第 1204 页。

② 程颢、程颐：《二程集》，中华书局 1981 年版，第 277 页。

③ 程颢、程颐：《二程集》，中华书局 1981 年版，第 224 页。

④ 黎靖德：《朱子语类》，中华书局 2016 年版，第 258 页。

⑤ 程颢、程颐：《二程集》，中华书局 1981 年版，第 54 页。

文意，所谓“以物待物，不以己待物，则无我也”①。接下来，在通晓文义的基础上求文本之义。这需要联系上下文，透过文字看其引申义，理解该段文字在整篇中的意义。最终，在文义、文意通畅的情况下，透过现象看本质，获取圣人之心意，由特殊走向一般，体悟经典中含有的义理（普遍真理）。程颐强调，圣人学问深不可测，所以理解他们所著的文字表面意是体悟其思想的基点，故为学所须兼重文义与义理，“读书而不留心于文义，则荒忽其本意。专精于文义，则必固滞而无所通达矣。”②

二是学会由“切己”而达作者之意。程颐说，在先解文义，后得文意，终得圣心的过程中，义与意的获取皆需切身而自得。所谓“切己”是一种领会式的体证，即读经后要反省自己，将阅读的心得与自身的道德生命相关联，体味其中的妙处。也可以理解为是一“意义实现”的过程。程颐说：“某年二十时，解释经义，与今无异，然思今日，觉得意味与少时自别。”③经义无异，觉味有别的原因在于随着生命体验的丰富，对经典意义的感悟自然也会加深。圣人之意不变，而理解者在不断的“切己”中会对意义产生不同的领会。从这个意义上讲，“切己”不仅具有与生命关联的道德向度，同时也兼具时间延续的历史向度。

三是在修身养性中理解经典。在儒学理念中，主体的学习与修养不可分割，研读经典的过程也是个人品格的发展和德性的养成过程。程颐对此深信不疑，他主张解经的态度就是修养的态度，经典诠释中方法论与修养论是统一的，涵养可致知，进学亦须敬。理解经典需将主敬涵养与致知穷理联结起来，让二者交相互发，如此才能使体悟更为明晰，涵养更为坚实。在实践操作上，程颐说应以“主敬”的态度认知经典，以“诚正”的思想修炼内心的涵养。“学莫大于平心，平莫大于正，正莫大于诚”④，“问：‘如何可以格物？’曰：‘但立

① 程颢、程颐：《二程集》，中华书局 1981 年版，第 125 页。

② 程颢、程颐：《二程集》，中华书局 1981 年版，第 1203 页。

③ 程颢、程颐：《二程集》，中华书局 1981 年版，第 188 页。

④ 程颢、程颐：《二程集》，中华书局 1981 年版，第 317 页。

诚意去格物。'"[①]读经即是在格物，格物需辅以主敬、诚正之态度，学习、求经也是诚意、正心养性的过程。所以，对待经典要持有敬畏感，理解经典要辅之以“静修”。程颐指出，儒家之道即是成圣之道，圣人不仅识道，更会践行道。所以，个体的知行需统一起来，要在充分认识道的同时实践道。故“治经，实学也”[②]，“读书将以穷理，将以致用也”[③]。简言之，他要让人明白研读经典的方法论自身即具有伦理学意蕴，主体德性的养成是对经典意义把握的最好践行。

最后，经以载道，但穷理多端。诠释文本是理解经典之道的重要途径，但决不是唯一的方法。程颐对此有着清晰的认识，所以在教导人们如何高效地研读文本的同时，又说诠释经典不可完全拘泥于经典，有时还需超越经典。如经典与历史之间存在密切关系，故要学会用历史考察经典中提及的事件，用经典辨析历史中的对错。所谓经为“道之体”、史为“道之用”。又如揆人事，“学者有所得，不必在谈经论道间，当于行事动容周旋中礼得之”。[④]主体能够合理地处理人伦关系，从另一层面上说，这也是对经典之道的理解。道是评判万物的尺度，从经典文本中习得的道需要与“己一”，“心即性也。在天为命，在人为性，论其所主为心，其实只是一个道”。[⑤]道内在于人身，亦存于外物，理解经典的格物过程，可以推及万物。万物皆异，其道则同。只有真正明白内省人事与体察物情，理解文本与求取诸身的一致性，方才确实体证了经典诠释理路与理解原则的妙用。

程颐在经典注释中还运用“体用”思想、“理”“道”等概念赋予儒家典籍以新解，开启出义理经学的新范式，并由此建构出自己的“格物论”与“心性论”等哲学理论。通过诠释《大学》，他给出了一整套由个人修养而达到治国

① 程颢、程颐：《二程集》，中华书局 1981 年版，第 277 页。

② 程颢、程颐：《二程集》，中华书局 1981 年版，第 2 页。

③ 程颢、程颐：《二程集》，中华书局 1981 年版，第 1187 页。

④ 程颢、程颐：《二程集》，中华书局 1981 年版，第 404 页。

⑤ 程颢、程颐：《二程集》，中华书局 1981 年版，第 204 页。

平天下目标的政治哲学理论，认为大学之道有先后本末次序，指出应由格物、致知、诚意、正心而修身、齐家，最终实现治国、平天下的目标。由诠释“格物致知”命题出发，他给出了由个别“穷理”，推及整体“理”的过程，完成了由“物”到“理”的自我复归逻辑。程颐说：“‘致知在格物’。格，至也。物，事也。事皆有理，至其理，乃格物也。”①“格”可训为“至”，“物”可训为“事”，“格物”即“穷至事物之理”。在其看来，心中本来有知，但心不能直接体认，而须“格物”，以求达到心的自我体认。“格物”就是“穷理”，“穷理”才能“致知”，推而及之，才能返回到形而上的“理”。这显然是他基于“天理论”对“格物”命题的改造，将“格物”与“天理”联系，将《大学》中“致知在格物”一说发挥成与其“天理论”相一致的“道德认识论”。

程颐强调，格物的对象“物”，不仅包括自然界的物质存在，也包含人类社会的各种伦理规范。所以，尽管格物内容涉及广泛，途径多样，但其重点应落足于主体对人伦日用之理的认识与把握。至于格物的性质，他认为其重点并非是从外界获得某种真理、知识，而在于要通过穷理以体验、印证、恢复人心中固有的“天理”。在解释如何“格物”时，程颐进一步提出了价值观（如何可以格?）和方法论（如何格?）的问题，“但立诚意去格物，其迟速却不在人明暗也。明者格物速，暗者格物迟。”② 人之“明”“暗”关乎于价值理念。如无“诚意”，“格物”也白费，达不到“穷理”的目的。故“格物者适道之始，欲思格物，则固已近道矣。是何也？以收其心而不放也。”③“格物”是通向“理”的开始，需要“收心”不放，“正心诚意”地去“格物”，才能“近道”，否则便不能“中理”。

可见，程颐借诠释《大学》的格物说，建立起一套认识和把握天理的哲学方法论与修养论，并且期待人们通过“积习”“贯通”的工夫践行格物穷理，以体察、把握“天理”，以之作为自己思想与行动的指南，完成道德修身进而

① 程颢、程颐：《二程集》，中华书局 1981 年版，第 365 页。

② 程颢、程颐：《二程集》，中华书局 1981 年版，第 277 页。

③ 程颢、程颐：《二程集》，中华书局 1981 年版，第 316 页。

实现社会政治理想。与之类似，程颐借诠释《论语》《孟子》与《中庸》发明了自己的“心性论”。通过诠释《论语》，他将“仁”提升到天理的高度，“仁，理也。人，物也。以二合在人身言之，乃是人之道也。”①并指出，人要想行人道便应以“诚敬”的心态对待具有天理地位的“仁”，自觉遵循、践履“仁”。通过诠释《孟子》所言的“性本善”以及《离娄下》中的人、禽之辨问题，他将天理等同于人之本性，认为“性即理也，所谓理，性是也。天下之理，原其所自，未有不善。喜怒哀乐未发，何尝不善？发而中节，则无往而不善。”②在诠释《中庸》“生之谓性”时，程颐采用了张载“天地之性”与“气质之性”的说法，提出人性二元论，“告子言生之谓性，通人物而言之也。孟子道性善，极本原而语之也。”③“生之谓性”有通人物之性的一面说，故言“性相近也”，但其失在于将人、物、牛、马不加区别。人性其实有理、气二元之分，孟子的性善，触及人性本原是“性即理”的天命之性；告子的“生之谓性”涉及“才”是气质之性的表现。程颐主张结合天命之性与气质之性两个层面来探讨人性，达到对人性的全面理解。由此，他的理学心性论的轮廓被勾勒出来。

程颐还通过诠释《中庸》中“未发”“已发”“中”“和”等概念建构出心性修养说。他认为，喜怒哀乐未发之“中”是不可求的，求中之“思”与喜怒哀乐一样，有思即属已发。由此主体应当于喜怒哀乐未发时进行“存养”。在此过程中，“敬”的工夫十分重要，因为它关乎“心”“性”“情”之间的互动。其认为，“心”之体，寂静不动是“未发”；“心”之用，感受而遂通为“已发”。“情”为“性”之动，即“感而遂通”。心动于中而发，接触外物而产生七情。若“正心养性”制“七情”使之合于“中”，便是“善”。“心”之“未发”为“中”，发而“中节”便是“和”。中和才能立和行，这是大本根。总之，心与情的关系也似“天命之性”与“气质之性”的关系。“天命之性”为善，心亦“本善”；“气质之性”有善有不善，“情”亦有善有不善。

---

① 程颢、程颐：《二程集》，中华书局 1981 年版，第 391 页。

② 程颢、程颐：《二程集》，中华书局 1981 年版，第 292 页。

③ 程颢、程颐：《二程集》，中华书局 1981 年版，第 1253 页。

《伊川易传》记录了程颐对《易》的诠释与理解，从中也可看到其许多哲学理论建构的印迹。如程颐立足于卦爻象和卦爻辞及其意义的探讨，架构了宇宙本体论，将天理提升为哲学的最高范畴。他认为，“理”不仅是《易》学的本体，更是天地万物、伦理道德的本体，从而将价值本体论与儒家伦理学说结合起来。他还将“体用一源，显微无间”确立为《易》学的基本原则，将理和象的体用关系扩展到哲学中的理和事。又如他从诠释文本入手建构哲学命题，从思辨的角度提示了义理的深刻性。其解《贲》卦象传说：“理必有对待，生生之本也。”①“对待”即是矛盾对立，相待而存，是对立而统一的辩证法思想；解《恒》卦，“彖传”说：“天下之理，未有不动而能恒者也”②，即“运动守恒”；解《比》卦，提出“又众爻皆阴，独五以阳刚居君位，众所亲附，而上亦亲下，故为比也”③，即“君当亲民”等。

此外，程颐通过解《春秋》提出了“民本”思想，“为民立君，所以养之也”④；通过解《诗经》将“诗”的意义确定为天理的外现，改变了汉唐之际以“礼”为核心的经典范畴说；通过解“三礼”，让“礼”与“天理”达成联系，“礼者，理也，理也，文也；”⑤通过解《尚书》提出了“行难知亦难”的命题，“故人力行，先须要知。非特行难，知亦难也。《书》曰：‘知之非艰，行之惟艰。’”⑥等。

通过努力，程颐将“体”“用”“理”“仁”“道”等哲学范畴融入到经典诠释中，并建构出理学化的哲学体系。但他的这种以自己哲学系统贯通“四书”“五经”的做法，是否会在经典文本与诠释者之间造成紧张性？综观程颐的诠释活动，答案是肯定的，其既出现了语境的紧张性，又有思想上的紧张性。前文已经提到，他在文意与义理发生矛盾时不惜更改《论语》的原文；为了理顺“格物论”

① 程颢、程颐：《二程集》，中华书局 1981 年版，第 807 页。
② 程颢、程颐：《二程集》，中华书局 1981 年版，第 860 页。
③ 程颢、程颐：《二程集》，中华书局 1981 年版，第 737 页。
④ 程颢、程颐：《二程集》，中华书局 1981 年版，第 1096 页。
⑤ 程颢、程颐：《二程集》，中华书局 1981 年版，第 1177 页。
⑥ 程颢、程颐：《二程集》，中华书局 1981 年版，第 187 页。

的逻辑，他将“格”的意义发挥为“至”与“穷”，将“物”训为“理”“外物”和“性分之物”等。对于此，正确的理解方式是将读者置身于诠释者当时的历史语境，在把握其时代精神的前提下加以体悟。程颐所处的年代，创造性的思想不能通过论文著作之创新而达到，只可通过注释和编辑传统典籍系统而实现。故他必须借诠释经典以彰显自己的哲学理念，将理学的建构建立在传统儒学内部典籍的全新理解之上。其试图弥补代表王言的“五经”和代表圣言的“四书”这两个系统之间的“感觉差距”，不得不修正某些经典的文字表述，以使“五经”可以成为“四书”义理存在的根据，使“四书”能够独立地发挥伦理学精神指导作用，让孔孟仁学理想与现实儒家经典教条之间不再存有“鸿沟”。但他又不能让诠释距离经典太远，所以每处“改动”必伴随大量语言的解释。其效果，的确完成了儒学哲学化与理论化的目标，在学术性实践中强化了孔孟仁学精神。由此可以推知，在中国经典诠释学传统中，经典文本与诠释者的哲学建构间，存在着既不可分割，又互为紧张的关系。故读者要学会进入古人的时空情境，在古人的思想脉络中温故而知新，如此才是理解经典的最好方式。

2. 罗钦顺

罗钦顺被誉为“朱学后劲”“江右硕儒”，他生活于明代中期心学兴起的年代。作为程朱理学的坚定支持者，他批禅学、驳心学，但在思想上却不与程朱合，而是为明代气学开规模、定纲领。就学术理论而言，他是一个复杂的人物，其学说关联着理学、心学和气学，着力于在“理”“气”“心”“性”等核心范畴间架构一个彼此照应、逻辑旨归同一的哲学体系，而结果又难以被三方学派完全认可。虽然如此，罗钦顺却成为理学发展由理本论向气本论过渡的关键人物，而且其还影响了明代心学的前进路向。究其原因，他对传统理气关系的改造、对“理一分殊”命题的修正，顺应了时代思潮的发展，其与王阳明心性问题的争论，观点出入道学、心学、老学、禅学，独具匠心，深刻启示了后学对于心学理论的认知。

近年来，学界对于罗钦顺思想的探讨或专注于其理气关系的思考，或执着于其心性问题的思辨，而将理气、心性问题归一共述的研究较少。其缘由是，两种思想体系间可能存在矛盾之处。恰如黄宗羲言：“先生（罗钦顺）之论心性，颇与其论理气自相矛盾。夫在天为气者，在人为心；在天为理者，在人为性。理气如是，则心性亦如是，决无异也。……岂理气是理气，心性是心性，二者分，天人遂不可相通乎？”① 即罗氏在理气论中主张“气”是宇宙万物的根本，“理”是“气”运动变化的一定条理秩序，但在提出性体心用之说时似乎将理气关系颠倒了，又回到了理先于气、理能生气的传统思路之上。此“矛盾”之说，在当代学者的论述中得到了一定程度的认同，有关罗氏在阐发其基于人生思考之“性本论”的心性说与提供其立论根据的自然界之“气本论”的理气说中存在无法统一之内在矛盾的说法，已十分常见。但笔者认为，此“矛盾”如变换理解切入点，确实存在“消解”的可能。其钥匙即在考察罗氏对经典的诠释，其中已蕴涵了统一理气与心性关系论题的线索。并且，细思罗氏解经释典理路，亦可对明中期理学发展样态给予更为明晰的呈现。

在明代心学“水月镜花”式理解文本流行的时代，脱离文字而“贵意象”的阐释理论颇为盛行。那种强调发挥诠释者主观性的“六经注我”范式成为解经方法的主流，人们相信任何文本的意义都是游移不定的。文本的意义需要诠释者运用自己的意念与情感呈现给读者，要让经典由过去融入现在，让诠释成为一种主观的情绪理解。忽略文本原义，以诠释者自己的情知感悟为中心，无视诠释的有效性，不再刻意追寻作者原意，让经典成为一种表达自己情感的工具，成为这一此时期经典诠释的最大特点。如此一来，经典文字本身的重要性下降了，诠释已俨然成为一种超越原作的再创造。

面对这样的情况，罗钦顺颇不以为然，他指出理学义理的发明，绝离不开儒家经传真义的理解，“凡古圣贤经传，其言累千万计，无非所以发明是理。博学而慎择之，审问而精思之，明诸心，体之身，积之厚而推之善，其仁至于不可胜用，然后为学之成。不此之求而徒事空言，以徼利达，则其志亦陋

① 黄宗羲：《明儒学案》卷四七，中华书局1985年版，第1109页。

矣。”① 儒家经典上所记载的，都是圣人对义理的发明，只有立足于经典文字，潜心钻研，厚积薄发，方能获取理学真谛。于是乎，他说：“凡天下之理莫不备于经书，必其讲之素明，然后行之不缪。故终始典学，高宗之德所以无愆；好古敏求，孔子之圣所以为大。”②讲义理不可离经书，因为任何文本都有一个绝对正确的意义存在，而这也是作者的创作意图，或曰“理”正是经典想要揭示的东西。

虽说罗钦顺学宗朱子，但他的为学历程却十分曲折。据载，他早年志注于禅学，后来转向于研究儒家的典籍和濂、洛、关、闽之论著，才意识到“前所见者乃此心虚灵之妙，而非性之理也”③。再持续专研而到深思熟虑的阶段后，自述：“积数十年，用心甚苦，年垂六十，始了然有见乎心性之真。而确乎有以自信。”④进入思想成熟的第三阶段后，他不但不再接受禅学，而且不再依傍程朱理学，而建构了修正朱学的思想体系。正是有着如此丰富的经历，才使得他对心学、禅学那种不求甚解、肆意发挥诠释者主观情感的解经方式产生内心的抗拒，并自觉地转向着力于经典文本之“知识论”方向的解读。不过，罗钦顺的经典诠释并非汉儒式的训诂考证，就整体而言“扬宋抑汉”乃是其总的思路。

罗钦顺强调：“学莫先于明道也，道苟明焉，日新而不已，则积之而为和顺之德，发之而为炳蔚之文，措之而为正大光明之业，由体达用，沛然有余，盖学之有得于心者然也。然自孟子没而圣学不传，千数百年之间，道术四分五裂，上焉者类以佛老之似乱孔孟之真，正焉者记诵词章而已。”⑤圣学之所以不传，原因是佛道二教思想的流行，动摇了儒学的社会正统地位。而理学的出现正是为了重建道统，尤其是濂、洛、关、闽之学的出现，将道的理解由体达

① 罗钦顺：《韵州府重修庙学记》，《整庵存稿》卷一，文渊阁《四库全书》本。

② 罗钦顺：《献纳愚忠疏》，《整庵存稿》卷十，文渊阁《四库全书》本。

③ 黄宗羲：《明儒学案》卷四七，中华书局 1985 年版，第 1109 页。

④ 黄宗羲：《明儒学案》卷四七，中华书局 1985 年版，第 1110 页。

⑤ 罗钦顺：《月湖文集序》，《整庵存稿》卷八，文渊阁《四库全书》本。

用，并践行于百姓人伦日用，从而将儒家精义以“理”的形式表达出来，其所言“道”，精粗隐显，一以贯之，大小合宜，天下莫不能用，绝非汉唐诸儒可比。为学问者，最终目的是得孔孟之学，但亦不可离开程朱理学此一中间环节，“舍程朱之说而欲求至于孔孟，与希升堂而闭门者有以异乎？亦多见其惑矣。呜呼！世道之隆污鲜不由于学术，而吾人之所谓学，其不及者如彼，过之者又如此，有志之士可不明辨而熟讲之乎！”①

经典之所以重要，因为它承载着“明体”之学。学问只有“明体”才能“适用”，但“明体”不可以己说经，或是为了纠正记诵词章之弊而走向“脱略章句而注心玄妙”的心学方向。正确的做法是，强调客观的向外探求，把阐发道理与章句解读一定程度地结合起来，以形式化和知识化的理路，明确圣人赋予经典文本之上的微言大义与切实义理，“圣贤千言万语，无非发明此理。有志于学者，必须熟读精思，将一个身心入在圣贤言语中，翻来覆去体认穷究，方寻得道理出。从上诸儒先君子，皆是如此用工。其所得之浅深，则由其资禀有高下尔。自陆象山有‘六经皆我注脚’之言，流及近世，士之好高欲速者，将圣贤经书都作没紧要看了。以为道理但当求之于心，书可不必读，读亦不必记，亦不必苦苦求解。看来若非要作应举用，相将坐禅入定去，无复以读书为矣。一言而贻后学无穷之祸，象山其罪首哉！”②

在诸多文本中，罗钦顺最重《易》与《大学》。他称《易》为理学“性与天道”之旨，“程子曰：‘圣人用意深处，全在《系辞》。’盖子贡所谓‘性与天道，不可得而闻’者，《系辞》发明殆尽。学者苟能有所领会，则天下之理皆无所遗。凡古圣贤经书微言奥义，自然通贯为一，而确乎有以自信，视彼异端邪说，真若蹄涔之于沧海，碱砆之于美玉矣。然或韦编屡绝，面不能辨世间之学术，则亦保以多读为哉！”③对于《大学》，他的定位是其不仅是“入德之门”，更是经学与理学联系的桥梁。尤其是其中的“格物说”，更是理学思想的核心

① 罗钦顺：《万庵县重修儒学记》，《整庵存稿》卷一，文渊阁《四库全书》本。

② 罗钦顺：《困知记》，中华书局1990年版，第72页。

③ 罗钦顺：《困知记》，中华书局1990年版，第26页。

组成。由此，罗钦顺对于《易》与《大学》两个文本的诠释也成为认识其理气论与心性论的“快捷”通道。

对于“理”，罗钦顺的解读是：“理果何物也哉？盖通天地，亘古今，无非一气而已。气本一也，而一动一静，一往一来，一阖一辟，一升一降，循环无已。积微而著，由著复微，为四时之温凉寒暑，为万物之生长收藏，为斯民之日用彝伦，为人事之成败得失。千条万绪，纷纭胶轕而卒不可乱，有莫知其所以然而然，是即所谓理也。初非别有一物，依于气而立，附于气以行也。”①“理”是宇宙本原“气”运行变化的条理形式，是内在的规则、规律和属性。“气”是物质性的，“通天地，亘古今，无非一气而已。”②它只有聚散而无生灭，所以宇宙得以长存。理与气的关系是，“理只是气之理，当于气之转折处观之。往而来，来而往，便是转折处也。”③此结论初一看，似乎是罗氏在强调气为第一性，理为第二性。便细味后会发现，实则不然。罗氏并非在说理是气的派生物，而是说理并不是先于气而制宰于气的“别为一物”，理气可为一。不过“为一”不是“合一”，其强调的是统一性，“夫往而不能不来，来而不能不往，有莫知其所以然而然，若有一物主宰乎其间而使之然者，此理之所以名也。‘易有太极’，此之谓也。若于转折处看得分明，自然头头皆合。”④人们可以通过读《易》明知“太极”的道理，继而也就可清楚理气间到底是如何统一的了。

南宋大儒朱熹是“认理气为二物”命题的提出者。罗钦顺虽继承朱子理学，却不认同朱子的理气说，“所谓朱子小有未合者，盖其言有云：‘理与气决是二物。’又云：‘气强理弱。’又云：‘若无此气，则此理如何顿放？’似此类颇多。唯《答柯国材》一书有云：‘一阴一阳，往来不息，即是道之全体。’此语最为直截，深有合于程伯子之言，然不多见，不知竟以何者为定论也。”⑤“理气二

---

① 罗钦顺：《困知记》，中华书局 1990 年版，第 2 页。

② 罗钦顺：《困知记》，中华书局 1990 年版，第 11 页。

③ 罗钦顺：《困知记》，中华书局 1990 年版，第 60 页。

④ 罗钦顺：《困知记》，中华书局 1990 年版，第 68 页。

⑤ 罗钦顺：《困知记》，中华书局 1990 年版，第 5 页。

物”乃是朱子“未定于一”之处，可以进一步商榷。不过，罗氏也不赞成理就是气，气就是理之言，而认为理是虽非别于气的“二元”存在，但在形式上二者又非完全等同，准确地说是二者是一种“一物二体”的关系。如何认知这一点？我们同样需从罗氏对《易》的诠释中寻找答案。

罗钦顺解《易》，将之视为穷理尽性之书，“夫《易》之为书，所以教人穷理尽性以至于命也。苟能穷理尽性以至于命，则学《易》之能事毕矣，而又何学焉。性命之理，他经固无不具，然未有专言之，如《易》之明且尽者。《易》苟未明，他经虽有所得，其于尽性至命，窃恐未易言也。”① 在对《易》的解读中，他最为关注的是对太极和两仪关系的解释。他说：“《易·大传》曰：《易》有太极，是生两仪，两仪生四象，四象生八卦。夫太极形而上者也，两仪、四象、八卦，形而下者也。圣人只是一直说下来，更不分别。可见理气之不容分矣。……还有可为证者一条：形而上为道，形而下为器，须着如此说：器亦道，道亦器是也。合此数说观之，切恐理气终难作二物看。”② 因为太极作为无形之理同有形的两仪、四象、八卦不能分割，所以可以推论理与气亦不是二物。又因为道器不能分割，故太极之理同卦爻象不容分割，也可说明理气不容为二物。宇宙的形成源于气化的运动，而此运动是有规律的，这个规律便是理。“易有太极”，即事物的变易皆有其理，但理并非实体，主宰气的运动变化，只是阴阳变易自身固有的规律性罢了。

在论及《太极图》时，罗钦顺说：“至于‘无极之真，二五之精，妙合而疑’三语，愚则不能无疑。凡物必有两而后可以言合。太极与阴阳果二物乎？其为物也果二，方其未合之先，各安在耶？朱子终身认理气为二物，其源盖出于此。”③ 理与气的关系并非合一，“理须就气上认取，然认气为理便不是。此处间不容发，最为难言，要在人善观而默识之。”④ 理与气严格来说不是等同

① 罗钦顺：《困知记》，中华书局 1990 年版，第 75 页。

② 罗钦顺：《困知记》，中华书局 1990 年版，第 70 页。

③ 罗钦顺：《困知记》，中华书局 1990 年版，第 29 页。

④ 罗钦顺：《困知记》，中华书局 1990 年版，第 32 页。

的，气为实体，理是气的运动形式。如以哲学之思辨对之理解，那么理气关系可为，气运的大化流行是气，气之所以如此存在运动是理。在此意义上说，气是实存，理亦为实存。因为“若有一物主宰乎其间而使之然者，此理之所以名也”①，故理是形上，气是形下，理是气不得不“往而来”“来而往”的主宰，“而”就是转折处，但理不是外在的主宰物，而是气运内在的自然。

罗钦顺还言：“天地间非阴阳不化，非太极不神。然遂以太极为神，以阴阳为化则不可。夫化乃阴阳之所为，而阴阳非化也。神乃太极之所为，而太极非神也。为之为言，所谓莫之为而为者也。张子云：‘一故神，二故化’。盖化言其运行者也，神言其存主者也。”②此处说的太极，即是阴阳二气统一体和气运动变化的规律，正是因为“统一性”的存在，所以宇宙才有运动变化的存在，此即“神乃太极之所为”。但我们不可以太极为神，如同不能以阴阳二气为化一样。太极和神，阴阳和化，虽有区别，但不可遗弃一方，言神即包涵化，言化即包涵神，言太极即包涵阴阳，言阴阳即包涵太极。此复杂关系同样可推及理气，“理气为一”，它们是“一而二，二而一者也”的存在。

应该说，“理气为一”是罗钦顺对于程朱理本论最大的修正，其带来了“气本论”的论说。不过，他对于理作为事物的本质说，即程朱所言一物之所以然，是否先于具体事物而有的问题并没有进一步论说，而是接受了他们“理一分殊”的思想，认为“人犹物也，我犹人也，其理容有二哉？然形质既具，则其分不能不殊；分殊故各私其身，理一故皆备于我。”③不过，罗氏的创造性运用是利用“理一分殊”的思想，将《易》中的太极还原到物质世界里，“盖人物之生，受气之初，其理惟一；成形之后，其分则殊；其分则殊，莫非自然之理；其理之一，常在分殊之中，此所以为性命之妙也。”④人与事物的理都是一气变化的理，其理是同一的，所以叫“理一”。但在成形之后每一个具体事物的规律或

① 罗钦顺：《困知记》，中华书局 1990 年版，第 60 页。

② 罗钦顺：《困知记》，中华书局 1990 年版，第 213 页。

③ 黄宗羲：《明儒学案》卷四七，中华书局 1985 年版，第 1109 页。

④ 罗钦顺：《困知记》，中华书局 1990 年版，第 2 页。

特性，其表现又是各不相同的，这就叫“分殊”。万物的根源是气，人与物禀赋之初都是相同的，因为此时气还没有变化，而按其“理”决定气的前提，故曰“理一”；但当气化流行、生人生物后，气就呈现出千变万化的“聚散”，于是“理”自然也就会跟着变化，一物有一物之理，自然会表现出“成形之后，其分之殊”的样态。于是乎，可以说“理一”存在于具体的分殊之中，“所谓理一者，须就分殊见得来，方是真切。”①

罗钦顺坚信，“理一分殊”是普遍而绝对的真理，亦可进一步确证“理气为一”命题的正确性，“仆从来认理气为一物，故欲以‘理一分殊’一言蔽之。执事谓：‘于理气二字，未见落着。’重烦开示，谓‘理一分殊，理与气皆有之。以理言，则太极，理一也；健顺五常，其分殊也。以气言，则浑元一气，理一也；五行万物，其分殊也。’”② 进而，将之视为解读《易》之经传的基本方法路径。但其与程朱所言之“理一分殊”具有差异性又是毫无疑问的，它绝非论证“理”为世界的本体，而重在强调理气之统一。由此，他解释《易》中之道、器关系时，主张“道器不二”，“明道先生尝历举《系辞》‘形而上下’数语，乃从而申之曰：‘阴阳亦形而下者，而曰道者，惟此语截得上下最分明。元来只此是道，要在人默而识之也。’截字当为斩截之意。盖‘立天之道曰阴与阳’及‘一阴一阳之谓道’二语，各不过七八字耳，即此便可见形而上下浑然无间，何等斩截得分明。若将作分截看，则下句‘原来只此是道’更说不去，盖道器自不容分也。”③ 甚至他还提出“太极”亦不是“主宰”，“或者因‘《易》有太极’一言，乃疑阴阳之变易，类有一物主宰乎其间者，是不然。夫《易》乃两仪、四象、八卦之总名，太极则众理之总名也。”④“太极”只是“众理之总名”，本质上是“理”，按“理气为一”的思路对之诠释，则“太极”也就不是气外的“另一物”，而按理为气之理去理解，则“太极”也同样

① 罗钦顺：《困知记》，中华书局 1990 年版，第 35 页。

② 罗钦顺：《困知记》，中华书局 1990 年版，第 151—152 页。

③ 罗钦顺：《困知记》，中华书局 1990 年版，第 133 页。

④ 黄宗羲：《明儒学案》卷四七，中华书局 1985 年版，第 1109 页。

不是什么世界主宰了。

综观罗钦顺解《易》，“理气为一”是其总的诠释路向。“理气为一”运用的重点，并非为判别理气何为第一性问题，而是着重讲二者的统一性关系。这是一种对理气关系认知新的视角，即由外在必然支配转向内在自然秩序的理解过程。他意绝不在突出主体意识与客观实存的对立，而在于建构一种“理气合一”的宇宙观。认识到这一点，可以为“化解”罗氏理气论与心性论间的“矛盾”，奠定理解的前提。

罗钦顺治学以心、性、理、气为宗，“心性理气诸说，凡《记》中大节目。”①他将“心”视为人的“神明”，将性视为人的“生理”，“孔子教人，莫非存心养性之事，然未尝明言之也；孟子则明言之矣。夫心者，人之神明，性者，人之生理。理之所在谓之心，心之所有谓之性，不可混而为一也。”②人的知觉作用“心”是可以变化的，随着感应的不同而不同，故人心可称为“情”；性则是人、物成形后的定理，是不能随着感应变化而变化的，故性可称为“理”。心、性之间关系密切不可分割，“谓之两物而又非两物，谓之一物又非一物；除却心即无性，除却性即无心；惟就一物中分判得两物出来，方可谓之知性。”即心性是一物的两个方面。

罗氏曾专门针对人心、道心问题修正了朱子的心性论。朱子言“人心道心”以心之知觉“理”或“欲”对二者进行区分，“道心”不是性体，也不具有“本体”的地位和高度，只是具有认知主体和实践主体的作用。对此，罗氏表达了不同看法。他将“道心”界定为未发之性，将人心界定为已发之情。由此，作为性体的“道心”上升至本体论高度，“道心”就是本体，不仅人有道心，物物皆有道心，工夫的重点，乃归向此性理本原，天命之性。然而，罗氏又说：“人心道心，只是一个心。道心以体言，人心以用言，体用原不相离，如何分得？性命，理也，非气无缘各正。太和，气也，非理安能保合？亦自不容分也。”③

① 罗钦顺：《困知记》，中华书局1990年版，第113页。

② 罗钦顺：《困知记》，中华书局1990年版，第1页。

③ 罗钦顺：《困知记》，中华书局1990年版，第204页。

道心、人心在概念上有形上、形下之分，人心不是道心，心也不是性。但若从具体的天道创生言，道心(理）非悬虚之体，需有气之活动而成人与万物之性，而人心气之活动也必须以理为其主宰，才能长久而不已，所谓“保合太和”。所以理气不相离，由之推论心性，则“盖心性至为难明，是以多误谓之两物又非两物，谓之一物又非一物。除却心即无性，除却性即无心，惟就一物中分割剖得两物出来，方可谓之知性。”①

从罗氏对道心、人心，心性关系等的讨论中可以看出，如同“理气为一”，心性间同样体用而别但不相离。理气若有分，则儒家生生不息之性理创造性难以证立；心性若有分，人之心则不能由“知觉”作用而彰显性理。可见，罗氏对心性关系的认知与理气关系一样，重在讲统一性而非对立性。而此一点在其对《大学》的诠释中，表现得更为明显。

明代心学领军人物王阳明曾释《大学》，认为其所言“格物、致知、诚意、正心、修身”诸条目，说的是“工夫之细密，而要之只是一事”，“夫正心诚意，致知格物皆所以修身，而格物者，其所以用力实可见之地”。②也就是说，“明明德”的工夫，重在格物。由此，他推论出心、性、理以及意、知、物等其实具是一物，曰本心或良知，“理一而已，以其理之凝聚而言则谓之性，以其凝聚之主宰而言则谓之心，以其主宰之发动而言则谓之意，以其发动之明觉而言则谓之知，以其明觉之感应而言则谓之物。”③在阳明看来，格物就是格心，也就是诚意的外在工夫，“若鄙人所谓致知格物者，致吾心良知于事事物物也。吾心之良知即所谓天理也。致吾心良知之天理于事事物物，则事事物物皆得其理也。”④对此，罗钦顺提出了反对意见：“格物，莫若察之于身，其得之尤切。程子有是言矣。至其答门人之问，则又以为，求之精性固切于身，然一草一木皆有理，不可不察。盖方是时，禅学盛行，学者往往溺于明心见性之说，其于

① 罗钦顺：《困知记》，中华书局 1990 年版，第 40 页。

② 王阳明：《王阳明全集》，上海古籍出版社 2015 年版，第 50 页。

③ 王阳明：《王阳明全集》，上海古籍出版社 2015 年版，第 50 页。

④ 王阳明：《王阳明全集》，上海古籍出版社 2015 年版，第 51 页。

天地万物之理，不复置思。”[①]《大学》之格物的真正意思是，“格物致知，学之始也。……物格则无物，惟理之是见。”[②]通过格物以致其知，认识事物之理。不仅如此，格物致知的目的更在于认识性命之理，“穷理尽性以至于命，……然物格知至，则性命无不了然。”[③]格物致知是过程，认识理是目的，最终是为了“穷理尽性以至于命”。

“穷理尽性以至于命”一语来自《易·说卦》，罗钦顺对之解释为：“人之有心，固然亦是一物，然专以格物为格此心则不可。《说卦传》曰：‘观变于阴阳而立卦，发挥于刚柔而生爻，和顺于道德而理于义，穷理尽性以至于命。’……此理在人则谓之性，在天则谓之命。心也者，人之神明而理之存主处也。岂可谓心即理而以穷理为穷此心哉！”[④]即理在人便是性，心作为人的神明，在于认识和存住此理。所谓格物是在事物上穷理，不是格心，“故有志于学者，须就天地万物上讲求其理，若何谓之纯粹精，若何谓之各正。人固万物中之一物尔。须灼然见得此理之在天地者，与其在人心者无二；……方可谓之物格知至，方可谓之知性知天。不然只是揣摩臆度而已。”[⑤]从心性之辨出发，罗氏强调阳明把“格物”之“物”释为“意之用”，即物是心意的产物；而把“格”训为“正”，所谓格的不是正心内之物的说法与《大学》宗旨不合，“物者，意之用也。格者，正也，正其不正以归于正也。此执事格物之训也。向蒙惠教，有云：‘格物者，格其心之物也，格其意之物也，格其知之物也。正心者，正其物之心也。诚意者，诚其物之意也。致知者，致其物之知也。’自有《大学》以来，无此议论，……夫谓‘格其心之物，格其意之物，格其知之物’，凡其为物也三。谓‘正其物之心，诚其物之意，致其物之知’，其为物也一而已矣。就三物而论，以程子格物之训推之，犹可通也；以执事格物之训推之，不可通

---

① 罗钦顺：《困知记》，中华书局 1990 年版，第 3 页。

② 罗钦顺：《困知记》，中华书局 1990 年版，第 10 页。

③ 罗钦顺：《困知记》，中华书局 1990 年版，第 14 页。

④ 黄宗羲：《明儒学案》卷四七，中华书局 1985 年版，第 1110 页。

⑤ 罗钦顺：《困知记》，中华书局 1990 年版，第 122—123 页。

也。就一物而论，则所谓物者果何物耶？如必以为‘意之用’，虽格安排之巧，终无可通之日。”①

细究罗钦顺以心性关系论格物，批阳明，其理论基点实为打通理、气、心、性之间的联系，理之所在谓之心，心之所有谓之性。“天命之谓性，自其受气之初言也。率性之谓道，自其成形之后言也。”②性与气一致，是化气而出的，需要向外格物而认知，“天生正于受生之初，明觉发于既生之后。有体必有用，而用不可以体也。”③“盖心之所以灵者，以有性焉，不谓性即灵也。仆尝言，‘天地间非太极不神，然遂以太极为神则不可’，即此义也。夫宾主之分，乃其理之自然。是以虽欲一之，而语脉间自不能无对待之势，不可得而一也。”④心与理相通，是形下的不同表现，同样经由向外格物而认知。如果像阳明那样主张格心以“致良知”以求，则理气、心性间的统一性必会受到质疑，“既言‘精察此心之天理，以致其本然之良知’，又言‘正惟致其良知，以精察此心之天理’。然则天理也，良知也，果一乎，果非一乎？察也，致也，果孰先乎，孰后乎？此愚之所不能无疑。”⑤

显然，在心性问题上罗钦顺是“性即理”的坚持者，这也是黄宗羲说他“言理气不同于朱子，而言心性则于朱子同”的原因。不过，罗氏的观点与朱子相较还是有不少差异的：他始终以认识器官和认知能力来释“心”，认定心不是理，而朱子则有将“心”本体化的嫌疑；在人性论上，朱子主张天命与气质之性的二元论，而他却反对以天命释性，认为性即气，是一元人性论的立场。更为重要的是，经过上面的讨论，我们可以发现在罗钦顺的经典诠释思想中理与气、心与性实则不存在产生时间的先后关系，亦不存在彼此的派生关系。从他对《大学》中“格物”问题的言讲中，更可知其着重彰显的是人与万物虽皆以

① 罗钦顺：《困知记》，中华书局 1990 年版，第 141 页。
② 罗钦顺：《困知记》，中华书局 1990 年版，第 142 页。
③ 罗钦顺：《困知记》，中华书局 1990 年版，第 142 页。
④ 罗钦顺：《困知记》，中华书局 1990 年版，第 55 页。
⑤ 罗钦顺：《困知记》，中华书局 1990 年版，第 113 页。

性（理）为本体，却需人之“心”的体悟作用明了性理，所以格物就是性由心显，即人心而体认道心的过程，“就形而下者之粗，悟形而上者之妙，二之则不是也。”① 故可以认为，罗氏开辟出理学理论发展的又一新方向。

以经典为依据，罗钦顺阐发出自己的哲学思想。其总的思路是，批心学而扬弃理学。罗氏讲理气，在顺天理之自然的前提下，回归融合程朱、张载之学，以“理气为一”命题消解了传统的理本论，但又保存理气相即不离以及理存于气的见解，并由此论证了世界一本于气，理只是气化流行所呈出的属性，气是体，理则是只是此体所显现出的一种用，理、气虽不同，但这只是体、用之间的差异，两者本质上是同一的，即统一于气，理、气是一物。这样，理即不可能先于气、外于气而存在，理也不能成为气外的另一本体，自然理、气也就不可呈现出二元态势了。罗氏谈心性格物，强调从分殊处求其理一，从而导出即天地万物而求天理的结论。其重点在于心性不离不混，心是人的神明，性是人所以为人的道理，在理一分殊的前提下格物，必然导致向外三极（天、地、人）之理的穷至，格物最终要明心性之理，体认得精之又精，才得真切。在言及理气与心性关系时，罗氏说性作为阴阳之理，在受气之初便为“理一”；成形之后，因心的作用化为万殊，“‘六经’之中，……言性自当汤始”，后孔子论性，称“性相近”，子思曰：“天命之谓性，率性之谓道”，至宋代朱子提出天命之性与气质之性的分别，总之“性命之妙，无出理一分殊四字，简而尽，约而无所不通，初不假于牵合安排，自确乎其不可易也”②。

从上面的论述中不难看出，罗钦顺在根底上讲还是一个理学“中坚”。他要扬理而非抑理，其气学的思辨终归还是为理学服务的。但其对心学和禅学的批判也是坚定的，除了前文所涉及的相对“隐含”的表述外，他在诠释经典时还曾直接提出批评。如“《虞书》曰：‘人心惟危，道心惟微。’《论语》曰：

① 罗钦顺：《困知记》，中华书局 1990 年版，第 158 页。

② 罗钦顺：《困知记》，中华书局 1990 年版，第 7 页。

‘从心所欲不逾矩。’又曰：‘其心三月不违仁。’《孟子》曰：‘君子所性，仁义礼智根于心。’此心性之辨也。二者初不相离，而实不容相混。精之又精，乃见其真。其或认心以为性，真所谓‘差毫厘而谬千里’者矣。”[①]“佛氏有见于性，无见于性，象山亦然。其所谓至道，皆不出乎灵觉之妙，初不见其有少异也。……盖以灵觉为至道，乃其病根。”[②]可见，罗氏深知自己的学术使命，他要竭力维护理学之道统。

现在让我们回到前文黄宗羲对于罗钦顺理气论与心性论存在矛盾的评判上。显然，其说法存在可质疑性。黄氏所言的立论依据是“在天为气者，在人为心；在天为理者，在人为性”，而此依据与罗氏的思想是不相符的。罗钦顺言性，不是传统的“理”，而是阴阳之理、人之生理，理与性均从属于气，以气为存在的根据。其所说的心，亦不是黄氏认知的心，而是对“阴阳不测之神”的反映，并从属于气。黄氏认为罗氏之矛盾生于其性体心用论混同了“理能生气”说，但真实的情况是罗钦顺以体用关系说心性，性为体并不是说性是整个宇宙的本体，性也不能主宰气，而产生于受气之初，从属于气。其所说的心与性均以气为存在的前提，其性也不是本体之理。更为重要的是，无论是理气关系，还是心性关系，罗氏均未刻意区分第一性和第二性问题，关注的焦点是其统一性的问题。所以不可武断地认为程朱“理能生气”的观点与罗氏性体心用论之间存在什么必然的联系。换言之，罗钦顺的理气论与心性论并不矛盾，只是各有所指罢了。而这也正体现出罗氏哲学思想的时代价值，他开理学发展之新风尚，由此在宋明理学史中占有重要地位。

3. 杨慎

有明一代，经学发展式微。恰如皮锡瑞所言：“论宋、元、明三朝之经学，元不及宋，明又不及元。”[③]《明史·儒林传》也讲：“经学非汉、唐之精专，性

---

① 罗钦顺：《困知记》，中华书局1990年版，第1页。

② 罗钦顺：《困知记》，中华书局1990年版，第114页。

③ 皮锡瑞：《经学历史》，中华书局1959年版，第283页。

理袭宋、元之糟粕，论者谓科举盛而儒术微，殆其然乎！"[①]究其原因，程朱理学入驻科举，天下士子竞相习诵，并将之奉为经典，且作为判别是非标准而不容他人质疑批判。尤其在明初朝廷颁布三部《大全》后，朱子学逐渐取代经学并成为学术专制的工具，从而造成人们对经学的理解日益程序化、教条化，儒家经典诠释视域不断受限，诠释空间不断缩小，所谓"八股行而古学弃，《大全》出而经说亡"[②]。虽然明中期兴起的阳明心学一度为经典诠释注入了生命活力和浪漫主义色彩，但是随着"心学"的滥用以及清谈"任性随意"式诠释方式的蔓延，经学发展日渐空疏，致使经典之作者和文本在一定程度上受到了"亵渎"。在此情境下，明中后期出现的"特立独行"学者杨慎，率先对其时经学发展路术提出挑战。他主张"返本开新"，从经学内部资源的挖潜入手，试图以还原本经的方式重振儒家经学之社会权威。从对其经典诠释思想的剖析中，我们可以管窥明中后期经学内部出现的变革因子以及时代赋予其的外在创新要素。

明中期后，社会中兴起了大量的重新评估汉学、宋学优劣之言论。原因是，明前期较为专一的宋学面对日益加深的阶级矛盾、民族矛盾，已然束手无策，难以进行思想控制。而其时经学应对社会危机的软弱无力以及自身发展的官衙化与僵固化，又使得越来越多的人不再信服儒学经典的权威性。随后出现的陈白沙与王阳明等的心学，虽然部分地修正了程朱理学的弊端。但其主张"六经分裂于训诂，支离芜蔓于辞章业举之习，圣学几于息矣"[③]的说法，坚持超越文本让主体精神直接回归生活意义世界，以体证和领悟方式沟通"心"与经典的理路，却在客观上进一步削弱了经学的社会地位。尤其当它促成"凌虚厉空，师心去迹"[④]之风弥漫于学术界时，人们对心学的质疑，随之产生。一时间，回到经典、纠偏理学以重新赋予经学创造性与根源性之声，不绝于耳。

---

① 《明史》卷二八二，中华书局 1974 年版，第 7222 页。

② 顾炎武著，黄汝成集释：《日知录集释》，河北花山文艺出版社 1990 年版，第 2 页。

③ 黄宗羲：《明儒学案》，中华书局 1985 年版，第 1080 页。

④ 杨慎：《升庵集》卷三，《文渊阁四库全书》别集类，商务印书馆 1936 年影印本。

杨慎正是这场向宋学发难运动的领军人物。

杨慎，字用修，号升庵，自幼聪颖过人，成年后学术建树颇丰。他对业已成为官方意识形态的朱子学持否定态度，“信信，信也；疑疑，亦信也。古之学者成于善疑，今之学者惑于不疑。谈经者曰：‘吾知有朱而已。’朱之类义可精义也。”① 即当世人研读朱子的书只为了通过科举考试时，那么经学的意义也就不被彰显了。杨慎不满于同时代学者对朱熹经学毫无批判的接受，进而责难宋代道学，认为理学家舍弃汉唐注疏而专注于义理阐发，乃是舍本求末。同时，他也不赞成明代心学思辨玄想式的思维方法，认为那种以直觉与主观来研究经典的方法只能让经学变得空疏无用。其对于陈白沙视经典为“虚”，将经注工作集中于言外之意的态度提出批评，指出它只能引导读者步入空虚的禅学，颠覆儒学，所谓“六经所以载道，一字一义皆圣贤实理之所寓，实心之所发。以之发言，则言必有物；以之措行，则行必有恒”。② 对于身边日渐盛行的阳明心学解经之法，杨慎明言以良知之教为中心的经典注释必然会导致经学发展背离本原，而“六经皆我注脚”的思路只能促使读者背弃儒学、反叛经典，“今之学者，谓六经皆圣人之迹，不必学。又谓格物者，非穷理也……无筌而欲得鱼也。”③

为了给经学“正名”以重振权威，杨慎开始着手建构“新”的经学研究范式。其伊始，乃是对“道学”与“心学”的概念进行界定，“或问：‘何谓道学？’曰：‘天下之达道五，能行五者于天下，而又推类以尽其余，道学尽于是矣。’‘何谓心学？’曰：‘道之行也，存主于内，无一念而非道；发达于外，无一事而非心。表里贯彻，无载尔伪，心学尽于是矣。’故道学、心学理一名殊。明明白白，平平正正，中庸而矣，更无高远玄妙之说，至易而行难，内外一者也。”④“达道五”指的是《中庸》中所说的君臣、父子、夫妇、昆弟、朋友等

---

① 杨慎：《升庵集》卷二，《文渊阁四库全书》别集类，商务印书馆 1936 年影印本。

② 杨慎：《升庵经说》，台北艺文印书馆 1970 年版，第 5 页。

③ 杨慎：《升庵集》卷七五，《文渊阁四库全书》别集类，商务印书馆 1936 年影印本。

④ 杨慎：《升庵集》卷七五，《文渊阁四库全书》别集类，商务印书馆 1936 年影印本。

五种基本社会关系的学问。在杨慎看来，“达道”就是在此五种关系中取得一种合乎“中庸”的标准，道学之旨正在于此，其道理平易，没什么玄妙之处，只不过知易行难，真正的践履要下大工夫而已。“心学”关注的虽是抽象人性理论与世界观，但其内涵同样“明明白白，平平正正”，是另一种“达道”的途径。可以说，道学、心学名称有异，却实质本同。但明中期流行的道学、心学发生了“变异”，其在理学家的阔论高谈中变得玄妙难懂，落实于实际生活中又“颠倒错乱，于人伦事理大戾”。究其根底，是经学的发展迷失了方向。

杨慎认为，经典诠释应保持经典的典雅品格，关注文字考据是理解圣人思想的必由之路，且训诂必本于《说文》与《尔雅》，“《说文》之解字，《尔雅》之训诂，上以解经，下以修辞，岂不简易哉！世之有《说文》《尔雅》，犹中原人之正音也。”① 他推崇两汉旧注对于经典的解读，因为其时距孔子去世未远，汉人的经说应得儒学本真。而宋人注说多不可取，因为其将经学理学化、心学化，并且其常常蔑弃传统的经史之学，倡导义理之学，说经往往断于己意。如此一来，经学似乎变得易入易学，无须皓首穷经便可高谈义理，却生硬地将经典意义“支离”，误读曲解文本。实际上，谙悉汉唐的传注、疏释才是把握正确《六经》要旨的途径，离开了考据的“清谈”是无法还原经典的原貌的。

杨慎还对汉代以来经学的发展进行了阶段划分：“六经自火于秦，传注于汉，疏释于唐，议论于宋，日起而日变，学者亦当知其先后。近世学者往往舍传注、疏释，便读宋儒这议论，盖不知议论之学自传注、疏释出，特更作正大高明之论尔。传注、疏释之于经，十得其六七；宋儒用力之勤，铲伪以真，补其三四而备也。”② 其要表达的意思是，经学的发展是一个整体，不可跳过某一阶段的认知，舍弃某一阶段积累的成果，而直达下一阶段。那种放弃汉唐之学，而直接进入宋学议论的做法是不可取的。这里实际上又揭示出另一个事实——杨慎虽然批判理学、心学的解经之法，但并未想推翻以《四书》为基础

① 杨慎：《升庵集》卷二，《文渊阁四库全书》别集类，商务印书馆 1936 年影印本。

② 杨慎：《升庵集》卷七五，《文渊阁四库全书》别集类，商务印书馆 1936 年影印本。

的解经典范，也没有试图用训诂考据范式贬低宋学。只不过，他想让人们明白汉学与宋学都是经学发展过程中不可或缺的诠释系统，二者均不可少。他真正想批判的是宋儒放弃汉注而直接议论，并没有指责其将异端思想注入经学而污染儒学经典。甚至对于汉注，杨慎也曾提出批评。他指出，那些崇奉汉代经注的信徒，其实和那些盲目信任朱子学或心学观念的做法是一样的。要知道，宋学中的议论对于经典诠释而言也是必要的。不过，杨慎对于当时社会中一度流行的放弃语言文本而思维上倾向禅学式解经的做法是深恶痛绝的。他说："学道其可以忘言乎？语理其可以遗物乎？故儒之学有博有约。佛之教有顿有渐，故曰多闻则守之以约，多见则守之以卓。寡闻则无约也，寡见则无卓也。"①不通过训诂理解经典语言的空发议论，以形上学的方法追求道德真理的做法，是不能认同的，即语言与意义不可分割。

那么，杨慎是如何诠释经典的呢？首先，他以古代音韵学和文字学为解经基石。杨慎十分注重经典文字的古音研究，曾为之著出《转注古音略》《古音丛目》《古音猎要》《古音余》《古音略例》等书。他认为，经典中文字的字音与字形间有着特定的联系。训诂本于声音是汉注流传下的传统，必须坚持。况且，文字的字形通常可成为一种印记，一旦形成即有固定的形式，但其字音却会随时间的发展而处于动态变化中。同一个字，在不同的地域或不同的时代，读音都会有所差异。故不可根据文字今日之读音推测其"古义"，想要跨越时空距离所造成的有声意象与概念间的错位，释经者需要尽可能地楔入经典形成的时间段内的语音系统。如此，方能得到训诂的正解。同样，文字的语义也需要考据，它依赖于文字学的工夫。考察文字古义，要学会辨识本义、余义、引申义等，尤其要注意假借义。杨慎常言，儒家典籍中的字、词、句、篇章的正确解释工作是真正理解儒家经典的前提。但他又强调，评估经典诠释效果的好坏不应以诠释出的字数多少为依据。他举例说："若郑康成之简奥，或以三字而括经文之数十字，盖寡而不可益也，亦传注之神也。孔颖达之明备，或即经

① 杨慎：《升庵集》卷七五，《文渊阁四库全书》别集类，商务印书馆 1936 年影印本。

之一言，而衍为百十言，盖多而不可省也，亦疏义之圣已。”①

其次，他以“博约而一”为经典诠释的基本原则。杨慎治经“尚博”，他相信儒学原典自有其历史的本真，当后人试图去发现和认识这种历史本真的时候，便会提出某种适应于经典的解释。人们也许并不能认同这种解释一定符合历史本真，但它至少提供了发现和认识历史本真的一种可能性。②如何能让历史本真呈现的机率加大？答案是，要博学于文，“凡六经三史诸子百家中有疑于辞、悖于理者，皆精察而辨明之。”③即解经工作不应仅限于经典本身，还要拓展至收集理解历史文献、诸子作品以及时代中的文学作品等工作。“博学”实质上是一种知识的积累，学问不博，只能见一不见二，必会给诠释活动造成很多局限。与“博”相对，杨慎还提出“约”的主张。“约”意思是融会贯通，即发现和把握事物规律的抽象归纳演绎思维。在宋明理学中，普遍存在着“由博反约”的主张，即知识积累到一定程度要将之进行哲学化的提升。对此，杨慎也是赞同的。但他强调：“博学而详说之，将以反说约也。或问反约之后，博学详说可度乎？曰：不可。”④没有“博”的“约”，不可能真正的“约”。并且，即使在“约”后，仍然要不断地“博”。因为只有诠释者在博约持续的合一过程中，才可不断补充、提高、完善对经典的整体性认识与理解。

再次，他以怀疑的态度做学问，认为解经有时亦可“不尽信书”。杨慎言：“古之学者，成于善疑。”⑤对于那些禁锢于前代大师思想，只信不疑，解经不敢越雷池一步的学术行为，持坚决批判的态度。他指出，诠释经典需有怀疑的精神，做真学问必须善于思考、敢于怀疑。面对传统释经典籍的权威，要大胆地提出质疑。杨慎主张旁征博引，不畏书，发旁人不敢发之言。他甚至引《孟子·尽心下》“尽信书，不如无书。吾于《武成》取二三策而已矣”，对《孟子》

---

①　杨慎：《升庵集》卷四七，《文渊阁四库全书》别集类，商务印书馆1936年影印本。

②　姜广辉：《中国经学思想史》卷三，中国社会科学出版社2010年版，第1112页。

③　杨慎：《升庵集》卷七五，《文渊阁四库全书》别集类，商务印书馆1936年影印本。

④　杨慎：《升庵集》卷七五，《文渊阁四库全书》别集类，商务印书馆1936年影印本。

⑤　杨慎：《升庵集》卷二，《文渊阁四库全书》别集类，商务印书馆1936年影印本。

一书本身提出质疑。他认为，《孟子》上所说的尧舜禅让之举，虽出于公心，但这种“逊避”方式毫无道理可言。当然，杨慎也说疑经的前提是诠释者需以多闻文献为基础，要多学习前人疑古的见解，并以一种道德理性的标准进行取舍。凡符合道德理性的则信之不疑，反之，必有疑取之。

这里说明一点，杨慎主张的道德理性不同于同期理学家们所说的性理分离、理欲对立式的道德理性。他所坚持的是性情合论，即人性兼有性情，且二者互为表里，相辅相依。所谓“《书》曰：‘人心惟危，道心惟微；惟精惟一，允执厥中。’人心，情也；道心，性也。精一执中，约情之偏而合性之中也”①。人心是人的情欲，道心是人的本性。情不离性、性不离情，不可“存理灭欲”，人性依情欲而成，情欲则是人性之呈现。据此一点，也可以看出杨慎之说与“宋学”之差异。

最后，引入历史的方法，以“道”“事”互证的方法来求证经书之真。杨慎一方面指出，经学是儒家义理的大纲，诠释者需要在把握历史的变迁中体悟儒学的品格；另一方面也讲，“经史并重”乃是经学研究方向，“经以道法胜，史以事辞胜。经不得史无以证其褒贬，史不得经无以要其归宿，言经史之相表里也。”②在他看来，经典文本的解读必须与历史方法相结合，这不仅表现在对名物典籍、制度的考证中，更体现在以经证经、以史证经的客观求证中。当然，他的经学绝非一种简单的文史考证，其隐含的目的是为儒学义理体系找到更多合法性证据。就此意义说，他所要求的是对程朱理学、阳明心学等进行纠偏，而非是要彻底地推翻宋明理学。

但不可否认的是，杨慎的经典诠释思想的确是对宋学的“反动”。第一，他提倡汉学，重汉唐古注疏，本身即具有相当程度的反宋学意识。第二，他明确提出“欲训诂章句，求朱子以前六经”③的经学理念，这与宋学是格格不入的。第三，他将文字训诂置于经典诠释的中心，在客观上起到了以实证研究拒

① 杨慎：《升庵集》卷五，《文渊阁四库全书》别集类，商务印书馆 1936 年影印本。
② 杨慎：《升庵集》卷四七，《文渊阁四库全书》别集类，商务印书馆 1936 年影印本。
③ 杨慎：《升庵集》卷六，《文渊阁四库全书》别集类，商务印书馆 1936 年影印本。

斥宋学思辨趋向的效果。那么是否可以认为，杨慎是后来清代考据学兴起的先驱呢？答案是否定的。因为杨慎并没有像清初汉学学者那样将汉学的训诂考证用作拆解宋学的解经体系，亦没有完全坚守儒家“元典”以彻底发掘上古儒学圣人之教的强烈愿望。他想要去做的是，让那些文献不够坚实的注解充实起来，要使儒家经注在广博知识积累的情况下得以正确解读，以尽可能去除其中的直观主义或主观主义等。

总结杨慎经典诠释的特点可见：首先，批朱熹以扬古注。杨慎将古注疏之不传归罪于朱子学的盛行，因而他不断通过寻找朱子注说中的纰漏以证实宋学注经方式的不可靠。如他说朱子的《周易本义》不讲《易图》出于陈抟，显然想要“掩耳盗铃”，混淆耳目。又如“井卦”释义中，朱熹以为“井者，穴地出水之处”，杨慎却说：“朱子生南方，又兵戈隔绝，不见北方井制，书中考见之，不如目睹之真也。故其解多支离。”①之所以如此做，源于杨慎想要强调：“宋世儒者失之专，今世学者失之陋。失之专者，一骋意见，扫灭前贤；失之陋者，惟从宋人，不知有汉唐前说也。宋人曰是，今人亦曰是，宋人曰非，今人亦曰非。”②他始终坚信“汉世去孔子未远”的事实，认为离开汉唐古注疏而进行经典诠释只能带来学者的褊狭与无知，而使经学的发展误入歧途。

其次，斥改经之非以维护本经。自宋以降，疑经改经之事层出不穷，经书甚至成为学者彰显个人思想的工具。为了切合己意，许多人不惜改变古经文字，致使经典在社会中受尊敬的程度大打折扣。对此，杨慎深恶痛绝。故他在经典诠释中时常斥责改经之弊，认为改经之举实质上颠倒了经典文本与诠释活动的关系，对经学的危害极大。如他批评时人将《汉书》中“祘”字改为“算”字，“《汉书·律历志》刘歆引《书》云：‘先其祘命’，师古曰：‘逸书也。言王者统业先立算数，以命百事也。祘，古算字。’近俗本改‘祘’作‘算’，而俗士不知算命之义，又颠倒其字作‘先算其命’，成何语言，似星士招牌矣。可

---

① 杨慎：《升庵集》卷二，《文渊阁四库全书》别集类，商务印书馆1936年影印本。

② 杨慎：《升庵集》卷二六，《文渊阁四库全书》别集类，商务印书馆1936年影印本。

笑也，又可恶也。凡古书有古字不可轻改。若依古作‘祘’，则人难罕识，而识之者必博古士也。”① 因为改经结果，只能让人忽视甚至遗忘经典文本本身，从而导致诠释活动本身事实上的消亡。在杨慎看来，圣人著典籍的根本目的在于“正名”，即将现象世界规范化，从而达到调整社会秩序、维系伦理纲常的目的。因此，如果人们因诠释者改经而误解圣人之意，那么肯定会导致相应的社会秩序和伦理纲常的紊乱，进而经典会被社会所抛弃，随之势必出现社会秩序的失控和伦理纲常的失范。换言之，改经是经典诠释活动中最大的“毒瘤”。

再次，通小学以明经言。杨慎对许多明儒认为文字言韵与儒家经典本义揭示毫不相干的做法，提出批评。他说：“今日此字（学）影废响绝。谈性命者，不过剿程、朱之糟粕；工文辞者，止于拾《史》《汉》之聱牙。示以形声孳乳，质以《苍》《雅》《林》《统》，反不若秦时刀笔之吏、汉代奇觚之重，而何以望古人之宫墙哉?”② 这里，其想要说明的是，要读懂古书，必先通字学。因为对于书面文本的阐释来说，文字是唯一的先决条件，其他的语言、思想、真理等，都只能在文字中去发现。在杨慎看来，圣贤之道记载于文字之上，文字记录着语言，具有声音和意义，缺少了文字工夫的诠释必定是不完整的诠释，也是不正确的诠释。他曾自言自己的小学研究经历：“慎自志学之始，已嗜六书之艺，枕藉《说文》，以为折衷，至今四十余年矣。”③ 正是基于小学的工夫精湛，人们可以从杨慎的文字解读中找到许多古代文字学、声韵学和训诂学的线索。

最后，经典诠释多有创新。因为采取了与时代流行之不同的研究范式，杨慎的经典诠释显得十分与众不同，其所发现者亦有多处创见。如释《周易》，他给出了《易图》的考辨，认为先天图作于陈抟，后天图作于邵雍，邵氏之所以作图，源于孔子《易》学难明，作图以阐发之；释《诗经》，他对《小雅 · 正月》《大雅 · 崧高》中的文字进行了新证；释《春秋》三传时，指出颇多杜预《左传》说之不是，驳正了《公羊》《穀梁》之诸多附会之说等。之于《四书》的诠释，

① 杨慎：《升庵集》卷五二，《文渊阁四库全书》别集类，商务印书馆 1936 年影印本。
② 杨慎：《升庵集》卷二，《文渊阁四库全书》别集类，商务印书馆 1936 年影印本。
③ 杨慎：《升庵集》卷二，《文渊阁四库全书》别集类，商务印书馆 1936 年影印本。

杨慎最大的发明是对“格物”进行了新解。他说：“格之为字，从木为义，从各为声，俗云‘门格’、‘窗格’、‘亮格’皆是也。格者，隔也。格而蒙之帛，明既不蔽，而尘又不入。呜呼！外物为吾心尘也多矣，色、声、香、味，皆心之尘也。吾心之尘，隔之使不侵，即所谓‘奸声乱色不留于聪明，淫乐慝礼不接于心术’，兹非‘格’之说乎？”① 由此，“格物”与“去尘”间达成了内在联系。

应该说，杨慎的经典诠释是以反宋学为中心的。究其原因，一为当时学风的刺激。世人或是因科举而尊“朱注”，解经思想不思进取，或是鼓吹心学，以心灵和直觉释经空谈。杨慎推本逐源，将之归于宋学之“以六经为注脚”式的“心悟”学风。二为杨慎本人遭遇所成。他早年依程朱之说为朝廷献上《大礼疏》，却由此受到了谪贬，致使一生命运坎坷。在他对自己一生的反思中，程朱之说在一定程度上可谓其厄运的导火索，故斥责之。但无论怎样，杨慎开启的明中后期实证考据方法，的确带来了明中后期学风的转变。以焦竑、胡应麟、陈第、方以智等人为代表的学者，沿着杨慎的解经思路力主考据，众多学者开始穷毕生之力有系统地研究儒家典籍中的语言和文献问题。虽未形成一股强大的潮流，但终究为日后清代考据学的大兴奠定了基础。其主要影响表现是：

第一，斥疑经改经之非者不断涌现。儒家经典诠释学中疑经之思潮于宋初最为兴盛，后明代亦有勃兴之势。许多明儒甚至将改经作为逞意妄作的主要形式，对此杨慎的追随者们公开提出驳斥，因为他们相信杨慎所说的，如果承认经书是孔门的真传，那么经书则不可随意改动。明人郑瑗作《井观琐言》，认为“凡古书简编错乱，程、朱大儒亦不敢擅为更张。但云某当作某，某当正某之下，某当在某之前而已。惟《孝经》《大学》传文之错，有经文可依据，故朱子考而正之。今此书任意移易，辄云当丽于此无疑，如内饔掌膳羞，辨腥臊膻香之不可食者，乃遽取《内则》‘牛夜鸣则庮’等辞以附之，岂先圣阙疑阙

① 杨慎：《升庵集》卷五，《文渊阁四库全书》别集类，商务印书馆 1936 年影印本。

文之意乎？”[①]虽然晚明之际，学者改经之举仍未能杜绝，但我们至少从郑氏之言中可以看出，已有学者像杨慎一样挺身而出，明言对改经之举的不满之意了。而且，这些为保全经书完整面目而出现的斥疑经、改经之非的言论，的确给后来清代经学复兴带来了实质性益处。

第二，经书真伪之辨的论争日盛。人们聚焦于剔除经书中非孔门真传的部分，以免因后人的附会而影响到儒学典籍的纯正。此类行为的源头即来自杨慎对于易图真伪的辨析。杨慎通过自己的考据，证明了易之《先天图》作于陈抟，《后天图》作于邵雍，而朱子“先有图后有传”之说是错误的。这样的观点被明末学者充分继承，如黄宗羲的《易学象数论》、黄宗炎的《图学辨惑》《周易象辞》等均有相应论述，乃至在清初学者毛奇龄的《河图洛书原篇》、胡渭的《易图明辨》等书中也能找到类似的痕迹。在杨慎的带动下，一大批儒学经典进入到学者考证的视野中。除《周易》外，《古文尚书》《子贡诗传》《申培诗说》《周礼》《石经大学》等均得到了多层次地辨伪，其成书的历史脉络已然清晰可见。

第三，考订文字音义之风流行开来。明前期学者释经多重视文字，人们在读古经时常遇到文字上的困难。面对此情况，杨慎率先提出不通古文字，不得古经之要义，且需从古音学说做起的说法。随后众多学者作出响应。如焦竑说：“今人不通字学，而欲读古书，难矣哉。”[②]方以智也言：“备万物之体用，莫过于字；包众字之形声，莫过于韵，是理名物之辨当管库也。……此小学必不可少也。”[③]通观明代经学史可见，自杨慎始考证字音、订正字义的研究逐渐受到明儒的重视，进而一种不因袭旧说的创新精神应运而生。对于经典的诠释，人们开始尝试从考订文字字形、字音、字义的小学工夫做起。此种思潮发展至明末，社会中更出现对儒家典籍的异文的研究，如陈士元著出《五经异文》等。可以说，自明中期至明末对于儒家经学之字义、字音、异文的研究，均取得了相当的成就。其源头，毫无疑问地来自杨慎。

---

① 《从书集成初编》第73册，中华书局2011年版，第718页。

② 焦竑：《笔乘》卷二，《金陵丛书》第十二册，台北大通书局1970年版，第32页。

③ 方以智：《通雅》卷二，《方以智全书》第二册，上海古籍出版社1988年版，第7页。

第四，名物制度考证之举悄然复兴。在经学初兴的汉代，汉人由于去古未远，注解各种名物制度时，都相当简略。晋唐学者重义疏、宋代学者重义理，他们所关注的是字句的疏解和文意的阐发，于名物制度的研究着力不足。明前期，学者或醉心于朱注经学的背诵，或沉溺于心学思想的抒发，至于名物制度的考察，大多不放于心上。但自杨慎始情况发生了改变，他将文字训诂与名物制度考证并重，认为其二者是不可分割的。在他的经学研究中，相应的考证分为天文、地理、宫室、人物、器用、饮食、动物、植物等多个类别。他以旁征博引的方式对其进行解析与认定，其举证之繁多，推理之精细，乃为明代前人难以企及。受之影响，明代考据学思想的追随者们纷纷将名物制度考证视为回归圣人思想的必由路径。相应成果层出，且以《诗经》考证最能看出名物制度研究的倾向。典型的说法来自焦竑："夫《诗》有实有虚，虚者其宗趣也，而以穿凿实之；实者其名物也，而以孤陋虚之，欲通经学古，以游圣人之樊，岂可得哉！"① 此处的"虚"指是诗篇旨趣的研究，而"实"即是名物制度的研究。冯复京著《六家诗名物疏》54卷、何楷著《诗经世本古义》28卷，也均是其时的代表之作。从他们的论述中可见许多结论大致与杨慎相合，且多次引杨氏之言以证成他们的说法。

此外，杨氏学说还直接引发了明代中后期的辑佚工作的繁荣。杨慎主张复古经，他曾作《风雅逸篇》10卷，收集了三百篇以外的逸诗、逸句，谚语、俚语等。他认为，古书有许多原有内容在流传的过程中亡佚；也有一些内容因后人的删减或传抄疏漏而失，复古经就是要将这些不完整的地方恢复完整。在他的倡导下大批学者深入辑佚工作中，许多古书相继被学者挖掘出来，一些已经亡佚的书，也逐渐有人辑出来。其涉及广泛，经、史、子、集各部均有，成果相当可观。焦竑《笔乘续集》中的《逸诗》条，陈士元的《孟子逸文》等名作，便是此时出现的。

综上可见，杨慎的经典诠释思想之影响是巨大的。他带来了宋明经学旧有

① 焦竑：《焦氏澹园集》卷一四，《金陵丛书》第十二册，台北大通书局1970年版，第14页。

范式的突破，建构出新的学风以摒弃其时流行的自由心证式注经方法。受其思想启迪，越来越多的人开始怀疑或批评朱学或阳明学注解典籍的可靠性，曾经一度被遗忘的客观考据学，以一种新的样态重又回归学术的视野。当然也应清楚地认识到，杨慎在高扬考证学的过程中，其学说亦存在一些缺失，如其中有许多疏忽或臆断的地方，并且其在某些时候，在材料证据并不充分之际，也会率尔立论，结果虽出新却不能推陈，但他的治经方式毕竟已与前人大不相同，或者说其思想的出现，标志着传统考据学的重大革新。后人李子田曾对之评价："用修著《丹铅余录》等书，至数十百种，搜奇抉谲，撷采钩隐，皆世所骤闻，而学士大夫所望而骇叹者，以是声誉籍甚。"①不过在此还要说明的是，杨慎之学说虽然引发了时人许多共鸣，但其影响力度尚未达到与朱子学或阳明学分庭抗礼的程度。在整个16世纪，那种学者以毕生之力有系统地研究典籍中的语言和文献等诠释问题的风气，一直难以盛行，考证学也未能成为一种被世人普遍认可的潮流。但其确实为明代经典诠释学带来了一股清流，为传统经学生命力的焕发作出了重要贡献。

放眼整个明代中后期，为什么以杨慎为代表的考证学革新会在此时出现？追根溯源，这与其时的时代背景密切相关。众所周知，以经典诠释为基础的宋明理学"理论学"大体呈现于"形上本体论"和"心性本体论"两个方向上，而其"实践论"也展开于"道问学"与"尊德性"两个进路上。数百年间，理学家们自身对于自家的本体认识论与实践方法论的关系问题争论不休，对于理学之"认识论"为其"实践论"之理论根据的认知，诸多学者因意见不同而表现出相互攻击的态度，进而在一定程度上伤害了理学乃至经学。如程朱理学者认为心学者未曾把握孔孟仁学的总体精神，不知学理的认知性可成为独立的仁学目标；心学派则认为理学派所谓的理性认知不一定导致学者体践仁学的成效，即认识天道不等于体践天道。至明中叶，此争论愈演愈烈，两派学者纷纷以释经为武器，一方面严守自己的阵地，另一方面想尽办法寻找对方的弱点加

① 李子田：《正杨·序》，《钦定四库全书》子部十，商务印书馆1936年影印本。

以批驳。于是正统的理学派们极力彰显四书的权威，并将之归结于朱子注上，认为孔孟之思想只有通过朱子的诠释方能被认可和接受。而心学派却开始厌弃经典理解过程中的复杂环节，认为研经据典乃是“侮经”，强调一种直接的体证与领悟，以“心”与经典沟通。最终结果，经典诠释学或因过于拘泥于朱子学而失去创造性，成为被书本禁锢的死物；或因注解过于自由随意，成为单凭胸臆而为训解的空疏诠证。受之影响的经学发展，已然极为衰落。

与此同时，自明中期起援佛诠儒之势渐起。在经学典籍的注解中，随处可见解读者引据佛典、妙会佛意的文字，众多“殆似禅门语录”的著作涌现出来，以至“明人说经，大似禅家举公案”① 现象比比皆是。更有甚者，一种穿凿附会、曲解经义的“狂禅”式解经方法被发明出来，经典的原貌完全被扭曲。佛教思想的侵入，让那些儒学的守卫者们深感不安，因为佛经中的义理已经严重影响到儒家经学义理的权威性，佛教的人生观与宇宙观日渐腐蚀了世人对于儒学的信仰。儒学、经学必须作出自身的调整，重建价值解释系统，从三代古文明的原创性著作中找到应对力量。然而，社会中佛教的势力是强大的，明儒意识到彻底“弃佛”只能是个幻想，于是便有人开始号召“濡首”于佛教而又“知返”于儒的统一。他们显然已警觉到过度的引佛释儒的根本其实是“滥释”儒学思想，但又迫于压力不得不承认以儒释合一的方法探寻经典中道德真理的可行性。他们不断地宣扬儒者、佛教信徒各自运用其语言去解释他们所理解的道的各具优势，彼此可以相互补充。而语言、文献与经籍的研究因是儒学独有的特质，故受到他们大力推崇。

前文曾言，科举制在很大程度上影响了经学在明代的创新。但科举考试的残酷竞争也在一定程度上促成考生不得不运用新的切入点与写作风格去组织整理传统的经注论说，故远溯上古以求灵感，遍寻诸子以获启发，逐渐成为一种趋势。于是，曾经被忘却的远古，一夜之间成为新观念的丰沛来源，为人所崇尚。不可忽视的一点是，此时明代藏书出版业的繁荣也成为一股推动力量。自

① 马一浮：《四书遇题记》载《四书遇》，浙江古籍出版社 1985 年版，第 1 页。

嘉靖中叶，大批出版商涌现，迅速成为推动社会商品经济发展的重要力量。他们利用技术日益成熟的印刷技术，将图书流通意识不断注入世人头脑中，并创造出一个前所未有的图书市场。建造藏书楼，成为藏书家成为一种流行观念，藏万卷书不仅成为一种社会身份标志，更可以通过藏书交易使普通人转身变为富人。数以百千计的书坊、书肆，遍布江浙地区，而明朝政治中心北京更是“海内舟车辐辏，筐篚走趋，巨贾所携，故家之蓄，错出其间，故特盛于他处”①。大批罕见的先秦古籍被重新刊印出来，其中亦有许多手稿的首刊，出版商们让诸子百家的作品得以高度流通。面对浩瀚的典籍文献，科举仕子们将之视为应试的重要参考书目，利用这些资料可以使其撰写出的八股答卷更易为主考们瞩目。作为一种客观效果，越来越多的汉儒经注如《尔雅》《风俗通》《春秋繁露》《白虎通论》等引发了普通人的兴趣。而考据训诂学在不经意间拥有了巨大的图书资源，“书本之学”再度繁荣的客观条件因此具备了。

主客力量的聚集最终引发了明中后期经学发展的革新，回到原典去返本新成为一种新的认知，传统的训诂考据学在杨慎等人的带领下重又焕发了青春，并为18世纪清初汉学的兴起埋下了伏笔。需要注意的是，这里之所以称为“伏笔”而非“发端”，主要原因是两次运动中存在某些本质上的不同。杨慎等人在经典诠释中崇尚考证并非因坚持为知识而求知的思路，他们批判宋学的原因，是源于对学术统一、忽略异说的不满。他们对于训诂的兴趣，并非是认为宋明经注被佛老入侵而变得不可靠而迸发出来，更多的是基于他们对博学的信仰以及对其时学者鄙视知识与读书的病态思想延伸出来。他们推崇汉儒训诂，却没有将之作为攻击宋学的武器，也没有刻意彰显汉学与宋学在解经上的歧异。与之相比，清初汉学的思想是极端的。他们高举“净化主义”与“礼教主义”两面旗帜，一面反对异端，一面倡导保守。他们要将彻底去除佛教与道教对儒家正统思想的玷污，将文献考证的任务设定为找出并根除儒家经典中的异端因素。他们要对礼教伦理进行再定位，力争使之贯彻于民间的秩序，要通过

① 胡应麟：《少室山房笔丛》卷四，上海书店出版社2001年版，第164页。

考据经典以明确古代礼制。而这样的“净化”与“礼教”之于经典诠释，其实具有很大的危险性。因为过多的批判极有可能引发人们对儒家经学更多的不信任，从而伤害到儒家经典的权威性，而纯粹的由语言和历史作为释经的基石，将对文本的理解简单建立于一系列严格筛选的概念和价值之上的策略，也会大有问题。

从这一点上说，现在学界将汉学真正的复兴定位于清中叶汉学的兴起是有道理的。因为在那时经学中的净化主义已经转向至特定的范围之内，儒家经典在整体上已得以解脱。考据学者的视野已更多地关注训诂学、音韵学以及古代制度，而非一些可疑的文献。研究上古的礼制已成为一门学问而非政治工具。明中后期流行的名物训诂与汉代经注研究，终于得到可以融入的舞台，其学术价值得以展现。杨慎等学者所宣扬的没有人可以跳过经书而能领悟古人的思想，也没有人可以不识字而了解经籍的说法，得到了世人的公认。也许，这正是明中后期经学发展革新的意义所在。

4. 刘宗周

刘宗周，字启东，号念台，明末著名理学家，蕺山学派创始人。他早期师从湛门甘泉学派的许敬庵，以研习程朱居静学说为要，后又沉浸于由自身对经典的体悟而开辟出主张身心收敛之静存为主的“慎独”说，晚年则着力建构以“意”为心之体的“诚意”说，从而极大地拓展了儒学发展的新生面。据《刘子全书》记载，刘宗周对于王学的态度早年是怀疑，认为其融入太多禅的元素；中年转而信奉王学，将之视为“圣学”；晚年则为王学辩难不遗余力。恰如其弟子黄宗羲所言：“盖先生生于新建之学凡三变：始而疑，中而信，终而辩难不遗余力，而新建之旨复显。”①

从本质上讲，刘宗周学说属于“新”王学。因为他的“慎独”说以体证人生命中本有之“纯粹意志”为主线，与阳明心学之旨一脉相通，但有方向上的

① 黄宗羲：《南雷集·子刘子行状》，四部丛刊景印本。

修正；其“诚意”说以真切的体认为理路，与阳明良知说存有诸多共同之处，亦有内在的改良。他对于经典的态度是：“昔贤诗云：万径千蹊吾道害，四书六籍圣贤心。学者欲窥圣贤之心，遵吾道之正，舍四书六籍无由。夫圣贤之心即吾心也，善读书者，第求之吾心而已矣。舍吾心而求圣贤之心，即千言万语无有是处。阳明先生不喜人读书，令学者直证本心，正为不善读书者，舍吾心而求圣贤之心，一似沿门持钵，无益贫儿，非谓读书果可废也。”①经典是圣心的承载，圣心即吾心，通过读经探寻圣人之心，掌握圣人之道，进而使吾心光明是每一个人修身养性必由的路途。四书、六经存在的妙用在于，可以让读者从经文的微言大义领悟中，更快更好地领会圣人之心，其是由圣心转化为吾心的中介。王阳明主张不以经典文字束缚对吾心的体悟，实质是强调个体要以切身体验的方法直证本心，并不是说要废弃研经读典。他不喜欢人读书，是因为世人有许多人不会读书，至使“圣道”在误解中“失真”，使吾心不能自明。如果每个人都学会善读书，那么得圣心、正圣道，明吾心自然就找到了捷径。

“读书，儒者之业也。曾子曰：所游必有方，所习必有业，岂其徒事乎文胜也哉？而太史公列九家，谓儒者博而寡要，当年不能究其蕴，累世不能殚其功，则亦因其不能详说反约，从此以得吾之心而求道故耳。……先之小学，以立其基；进之《大学》，以提其纲；次《中庸》，以究其蕴；次《论语》，以践其实；终之《孟子》，以约其旨，而所谓恍然于心者，随在而有得矣。”②作为一名儒生必须要读书，因为其是儒家治学的前提与基础，可以让人以此得吾心而求得道。但要牢记曾子和司马迁之言，读书不可“徒事乎文胜”和“博而寡要”，要明确读经而明心之旨。读儒家经典亦有次第，先读“小学”，再读四书。读四书，先读《大学》得纲领，二读《中庸》得其意，三读《论语》明其行，再读《孟子》明其旨。

在这里，刘宗周给出了与宋代朱熹规定的读四书顺序不同的见解。朱熹认

① 刘宗周：《读书说》，《刘宗周全集》第2册，浙江古籍出版社2007年版，第305页。

② 刘宗周：《读书说》，《刘宗周全集》第2册，浙江古籍出版社2007年版，第296页。

为，“学问须以《大学》为先，次《论语》，次《孟子》，次《中庸》。……某要人先读《大学》，以定其规模；次读《论语》，以立其根本；次读《孟子》，以观其发越；次读《中庸》，以求古人之微妙处。”① 因为《大学》中存有“德”之三纲领、八条目，是儒家修身治学总的纲领，是理解儒家经典意蕴的起点；最后读《中庸》是因为其深奥抽象，理解难度大，只有求得圣人微妙后方能得其承载的道心；《论语》《孟子》一讲孔子之道，一讲理义大体，“初看亦难”，故要在理解《大学》文本之后再去研读。朱子如此安排的目的是通过读四书以发明圣人之道，经与经之间的层级是递升的，由习得基本纲领之“根脚”至明确道统之大本。而刘宗周的读书安排显然在此另有深意——要借读四书以“得心”。他也承认《大学》是四书的纲领，故应先读。但《中庸》是要义，是对《大学》的注疏，“先儒谓《中庸》是《大学》注疏，直是字字体贴出诚意工夫。”诚意是什么？刘宗周将之视为心灵意识的智能存有或精神本体，只有先以《中庸》明了《大学》的要义，方能凸显诚意道德意识的修养工夫，因为主体人的一切行为活动，视听言动都是心理“意根”的流出和发动。在对“心体”的整体理解与体悟下，再读《论语》与《孟子》中器化的道德践履内容，自然也就更容易明圣道，得吾心了。

读罢“四书”后，刘宗周说还要再读更多经典，“于是乎读《易》，而得吾心之阴阳焉；读《诗》，而得吾心之性情焉；读《书》，而得吾心之政事焉；读《礼》，而得吾心之节文焉；读《春秋》，而得吾心之名分焉；又读四子，以沿其流；读《纲目》，以尽其变，而吾之心无不自得焉。”② 读《易经》以明确吾心变化规律，读《诗经》以了解吾心内蕴之性情，读《尚书》将吾心与社会政治连接，读《礼经》使吾心明了礼仪、礼节，读《春秋》让吾心确认社会名实、等级关系之分。读者还要读周敦颐、张载、程颢、朱熹、王阳明等理学“五子”之书，以全面掌握孔门心法发展之脉络，最后读《通鉴纲目》，以宏观视角明确儒学

① 黎靖德：《朱子语类》卷十四，中华书局 2012 年版，第 249 页。

② 刘宗周：《学言下》，《刘宗周全集》第 2 册，浙江古籍出版社 2007 年版，第 453 页。

发展之流变，如此一来吾心将无不自得，圣人之心、圣人之道亦可尽在主体心中掌握。

需要说明的是，刘宗周对于诸子之书并不排斥。其认为，儒生对于诸子百家之书亦可涉猎，但对于“异端典学”是必须摒弃的。他不断强调以得吾心为读经之旨，并明确提出“六经”之教皆以阐释人心之蕴的命题。在其看来，“六经”文本乃心学之源，“《诗》以劝善惩恶，教主兴，故人得之以兴，兴以人心所自兴也。《礼》以范情约性，教立主，故人得之以立，立以人心所自立也。《乐》以穷神达化，教主成，故人得之以成，成以人心所自成也。《诗》《礼》《乐》之教，君子无日不从事焉，而所得有浅深。”①“六经”向人们揭示了为学之方，规定了学者规范。其教育人们心之善、心之敬、心之和。从产生的先后关系上讲，“心”为万物本原的道理在“六经”文字生成前便已存在，所以《诗》《书》《礼》《乐》《易》《春秋》是可说是“心”之记载或是圣人之传、心之意蕴阐发，绝非心之发明。孔子删定笔削“六经”最大的贡献是，让尧舜之心得以延续，而尧舜之心亦是吾心，得吾心即是明圣人之道，所以读“六经”的重要性不言自明——可将求学圣人之教与“明心”相互贯通，“须是存心与读书为一事方得。”②

在“六经”成文中，刘宗周尤重《尚书·大禹谟》“人心惟危，道心惟微，惟精惟一，允执厥中”的“十六字传心诀”。认为，“求中于心，而中外非物；求心于危微，而心不坠有无；求执中之功于精一，而执非沦于把捉，所谓诚之者人之道也，尽人所以合天也。虞廷十六字有功于万世心学大矣。”③即“虞廷十六字”凸显了心学之原，明确了道心与人心不分离，肯定了经学与心学的相通。他指出，读书明心必须以“十六字传心诀”为进路指导。

从刘宗周对于读书问题的论述，可以看出其与传统阳明心学对于经典的态度已有了很大不同。阳明一系包括王龙溪、罗近溪等后学对待经典诠释，常脱离文字而进行主观性很强的“水月镜花”式的意义理解与解释。从一定意义上

① 刘宗周：《论语学案》，《刘宗周全集》第1册，浙江古籍出版社2007年版，第422页。

② 刘宗周：《圣学吃紧三关》，《刘宗周全集》第1册，浙江古籍出版社2007年版，第32页。

③ 刘宗周：《论语学案》，《刘宗周全集》第1册，浙江古籍出版社2007年版，第431页。

说，其诠释意图放弃了对作者立言本意的追求，而具有强调发“己义”的自由任性特点，致使诠释活动中存有的主观心解失去了基本的支点和归宿。按清儒的评价，以阳学心学为主流的明代经典诠释，因在整个过程中不立文字和自逞私臆使得诠释结论缺乏有效性的验证，从而违反了儒家圣人文本的根本价值在于“正名”，即将现象世界规范化，以达成调整社会秩序、维系伦理纲常目的之总的理论预设，故“桑门以不立文字为最上乘者非吾儒之学也”①。毫无疑问，刘宗周的经典诠释是与经文自身相关联的，其已有意改变明代因对文本“随意性”解读文本导致诠释活动“庸俗化”的态势了。而这也预示了，其发展出的“心学”思想自然会表露出诸多新的特质。

一般认为，刘宗周之学，以“慎独”为宗。他自言：“自昔孔门相传心法，一则曰慎独，再则曰慎独。夫心有独体焉，即天命之性，而率性之道所从出也，慎独而中和位育，天下之能事毕矣”②，“圣学之要，只在慎独”③。其“慎独”之思的确立，即始源于对《大学》文本的解释。众所周知，《大学》中的慎独，本来是指闲居独处之时，应自我警惕，时时修养，以防范不当的行为。“慎独”实为一道德存养工夫。而宗周在解读《大学》慎独之意时，却超越了修养工夫的意蕴而把之视为“本体”，“隐且微矣，隐微之地，是名曰独，其为何物乎？本无一物之中而物物具焉，此至善之统也。”④“独”不是“有”，也不是“无”，而是“隐微”的，其中并无一物，却有一切事物之理在其中，它是一切至善的统领，是纯善的本体。所谓的“慎”，则是一种戒慎恐惧的工夫。所以“慎独”就是存养本心。宗周还说：“大学之道，一言以蔽之曰：‘慎独’而已矣。”⑤在他看来，“慎独”乃为统摄“八德目”的纲领性概念范畴，“如求之好恶之机，得吾诚焉，所以慎之于意也。因求之喜怒哀乐之发，得吾正焉，所以慎之于心

① 钱大昕：《潜研堂文集》卷二四，商务印书馆 1935 年版，第 79 页。
② 刘宗周：《人谱》，《刘宗周全集》第 2 册，浙江古籍出版社 2007 年版，第 5 页。
③ 刘宗周：《学言上》，《刘宗周全集》第 2 册，浙江古籍出版社 2007 年版，第 424 页。
④ 刘宗周：《中庸首章》，《刘宗周全集》第 2 册，浙江古籍出版社 2007 年版，第 351 页。
⑤ 刘宗周：《中庸首章》，《刘宗周全集》第 2 册，浙江古籍出版社 2007 年版，第 351 页。

也。又求之亲爱、贱恶、畏敬、哀矜、敖惰之所之，得吾修焉，所以慎之于身也。又求之孝弟慈，得吾齐焉，所以慎之于家也。又求之事君、事长、使从，得吾至焉，所以慎之于国也。又求之民好、民恶，明明德于天下焉，所以慎之于天下也。”①换言之，儒家的诚意、正心、修身、治国、平天下，都必须用“慎独”的工夫才有可能达成。

刘宗周还说，慎独工夫为历代圣贤一直所实践，只是表述的方式有所不同，“在虞廷为‘允执厥中”，在禹为‘克艰’，在汤为‘圣敬日跻’，在文王为‘小心翼翼’。至孔门始单提直指以为学的，其见于《论》《孟》，则曰‘非礼勿视、听、言、动’，曰‘求放心’，皆此意也。”②在此，慎独又是一种知行合一的工夫。在解读《中庸》时，刘宗周再次强化了慎独的本体与工夫的意义，“天地万物之大，推之而不见其始，引之而不见其终，体之动静显微之交而不见其有罅隙之可言，亦可谓奥衍神奇，极天下之至妙者矣，而约其旨不过曰慎于独。独之外别无本体，慎独之外别无工夫。”③由之可以明确，真正的本体是“独”，慎独则是一门修养工夫，两者可以分言，“说工夫只说个慎独，独即中体，识得慎独，是发皆中节。天地万物，在其中矣。”④

在解读《中庸》“天命之谓性，率性之谓道”一句时，刘宗周诠释了作为本体的“独”之意思，认为因独是虚位，所以从性体视角看，它是思虑未发起的心理意识，不见不显的心理动机；从心体视角看，它是思虑已发动、手目可见的喜怒哀乐情绪的自我表现，这是主体吾心的独自体认。“独者心极也，心本无极，而气机之流行不能无屈伸、往来、消长之位，是为二仪，而中和从此名焉。”⑤“独”是万物的本原，它至大无外、至小无内。主体后天接受的教化，都是使“知”复还“独”的过程，是明了善而达到诚的过程。

---

① 刘宗周：《中庸首章》，《刘宗周全集》第 2 册，浙江古籍出版社 2007 年版，第 352 页。
② 刘宗周：《中庸首章》，《刘宗周全集》第 2 册，浙江古籍出版社 2007 年版，第 351 页。
③ 刘宗周：《中庸首章》，《刘宗周全集》第 2 册，浙江古籍出版社 2007 年版，第 352 页。
④ 刘宗周：《学言下》，《刘宗周全集》第 2 册，浙江古籍出版社 2007 年版，第 450 页。
⑤ 刘宗周：《学言下》，《刘宗周全集》第 2 册，浙江古籍出版社 2007 年版，第 465 页。

为了使“独”不受外物纷扰而保持“本心”，所以还要附以“慎独”的工夫。在儒学宗师朱熹和王阳明看来，主体邪恶观念的产生，源于其接触了具体物象后产生私欲而不能保持“天理”“良知”所致，于是有了“存理灭欲”“致良知”等工夫。而刘宗周却以为本体化的“独”是至善无恶的，不能等待有了邪恶的念头后再加以检查，朱、王的工夫都是事后补救的方法，更为有效的方法是把道德修养工夫再向内心世界深处推进一步，在邪恶未产生之前就加以“慎独”工夫，以防患于未然。慎独是圣学的要旨，是立大本的工夫，“慎独之功，只向本心呈露时随处体认去，便得全体荧然，与天地合德。”① 通过诠释《中庸》，宗周又直觉体认到慎独的修养工夫是由内在的“意根”诚意来支撑的，只有诚意，在才真正做到慎独。所以他又说，《大学》主“心”，从“意根”言慎独。“意”是道德本心所蕴涵、是深奥，先验的道德本性是道德本心内在所以然，比“心”更深微奥秘。因此《中庸》言不睹不闻之“性”，比《大学》言“心”更进一层。《中庸》所言慎独实指思虑未发，密藏不显的“性体”，故慎独工夫也有了两个阶梯，由大学心体之意根之诚实渗透至《中庸》的性体，以本心独知本性，“心”收摄于“性”，这便是“归显于密”的工夫，性体之蕴义当扣紧心体的诚意慎独工夫中开显表露出来。这也是为什么刘宗周主张读者读完《大学》后，随即要看《中庸》的根本原因。

在刘宗周的经学思想中，不仅《大学》《中庸》讲的是慎独之学，而且“四书”“五经”就整体而言均是在讲“慎独”，“夫道一而矣，学亦一而已矣，《大学》之道，慎独而矣；《中庸》之道，慎独而已矣；《论》《孟》、‘六经’之道，慎独而矣。慎独而天下之能事毕矣。”② 慎独之旨，当为建构“心体”之用。明了了慎独，也就自然会明了读“六经”而得吾心之阴阳、性情、政事、节文、名分等诸多内涵。并且，为了突出慎独的重要性，刘宗周以慎于独即是尽性之学出发，把心与性联系起来，认为心、性均以独为本，而归宗于慎独。指出，独之

① 刘宗周：《证学杂解》，《刘宗周全集》第2册，浙江古籍出版社2007年版，第288页。

② 刘宗周：《杂著二·读大学》，《刘宗周全集》第4册，浙江古籍出版社2007年版，第417页。

本体为一，期其形而上者谓之性，形而下者谓之心，心、性都归于独，以独为存在的根据，旋即又提出“性因心而名”的命题。

刘宗周生活的明万历、天启、崇祯三朝，内乱外患严重，“今天下之势，如漏舟泛江湖，濡衣褐，解幞被，叫呼狂顾，塞此溃彼。”① 明王朝已呈“将覆溺”之际，亡国破家之象频出。宗周认为，社会危机的出现在于“士大夫不知有本心久矣”②，“孰知良心掩覆之下，往往千层万节，不可推讨。近而为声色，远而为官爵，浊而为货利，清而为声名”③。为了收拾人心，他“企图通过论证‘人心有独体’，以纠正当时的不良学风、士风，……使人从善去恶，跻于道德之域，以解救世道之弊”④。他甚至主张“今天下之乱，固必有所处本矣，则君心是也”⑤。治天下，正人心，首先要正君心，“臣愿陛下从事慎独之学”⑥。刘宗周一生所作的努力，就是“正人心”，弥补朱王学说的漏洞和流弊，唤起人心，重振明王朝。他所要“慎”的“独”，从本质上讲是希望个体从世界观的根本，树立维护封建道德原则的自觉性，即倡导“慎独”的主观目的所在。

明崇祯二年，刘宗周作《独证篇》，以《大学》诚意和《中庸》已发、未发之说来教示读者；崇祯十六年，他作《大学诚意章章句》，将诚意的解释与经典文本相贯通；清顺治二年，他又作《大学古文参疑》对诚意之说进行了更为深入的解读。其言：“大学之道，诚意而已矣。”⑦ 在刘宗周看来，诚意是《大学》中统摄性的概念范畴，所以是既是“专义”，也是“了义”。既如此诚意应是涵摄格物、致知、正心等三条目的。朱子在诚意之前补了格物传，似以为诚意之前另有格致工夫，诚意之后，又有正心工夫。阳明虽提及诚意在《大学》中的重要性，但当说到致良知时，却把诚意放在第二义。宗周以为这些观点都

① 陶望令：《歇庵集·歇庵集因旱修省陈言时政疏》，海豚出版社 2018 年版，第 71 页。
② 刘宗周：《不能以身报主疏》，《刘宗周全集》第 3 册，浙江古籍出版社 2007 年版，第 188 页。
③ 刘宗周：《再彼愚悃疏》，《刘宗周全集》第 3 册，浙江古籍出版社 2007 年版，第 212 页。
④ 蔡方鹿：《中国经学与宋明理学研究》，人民出版社 2011 年版，第 1183 页。
⑤ 刘宗周：《与章羽侯吏掌垣》，《刘宗周全集》第 3 册，浙江古籍出版社 2007 年版，第 175 页。
⑥ 刘宗周：《不能以身报主疏》，《刘宗周全集》第 3 册，浙江古籍出版社 2007 年版，第 188 页。
⑦ 刘宗周：《杂著二·读大学》，《刘宗周全集》第 4 册，浙江古籍出版社 2007 年版，第 417 页。

是不对的，需要加以改正。他说："诚意者，行之始也。即在学问思辨时，即就格致中看出，非格致了方去诚意也。可见，格致、诚意二而一、一而二。"①就是说，诚意之前，并非先有一格致，两者之关系乃是一时之事，而非前后之事。至于"诚意"与"正心"的关系，乃是"意"为"心"主宰，此一主宰在心之内，而非心之外。就《大学》八条目之前四目格物、致知、诚意、正心来说，诚意实为四目的枢纽。

值得一提的是，刘宗周在晚年所作《大学古文参疑》中，论及"诚意"时，并未对"慎独"进行发挥。原因何在？"诚者，天之道也，独之体也。诚之者，人之道也，慎独之功也。"②"诚意之功，慎独而已矣。意也者，至善归宿之地，其为物不二，故曰独。"③"独"是至善的统会，"意"是"至善归宿之地"，二者皆指人至善的本体。"诚"和"慎"，都是指工夫的过程。就诚意来说，慎独是其工夫；就慎独来说，诚意是其工夫，两者互为本体，又互为工夫，于是可以认为二者具有一定的等同性，自不必刻意发挥了。④

朱子解读《大学》时曾说："意者，心之所发也。"⑤对此，刘宗周言："心如舟，意如舵。"⑥即意不是心的消极产物，而是存于心，会对心产生制约调节作用的能动物，所谓"好善恶恶者，意之动"⑦便是一个极好的例证。宗周说，意对心的作用主要表现在两个方面：一是意对欲的规范；二是意对觉的调解。并说，觉是心的一种理性思维表现，意乃为觉之主，其作用主要是给理智活动进行定向。显然，在刘宗周的心体理论中十分注重主体主观能动性的发挥，他从意与欲的关系上确定了意志的调解作用，又从认识论的角度突出主体意志的能动性。其对于朱子于心意的认知，明显有了突破。刘宗周强调，意虽然对心

---

① 刘宗周：《大学古文参疑》，《刘宗周全集》第1册，浙江古籍出版社2007年版，第613页。

② 刘宗周：《学言中》，《刘宗周全集》第2册，浙江古籍出版社2007年版，第420页。

③ 刘宗周：《杂著二·读大学》，《刘宗周全集》第4册，浙江古籍出版社2007年版，第418页。

④ 林庆彰：《明代经学研究论集》，华东师范大学出版社2015年版，第384页。

⑤ 朱熹：《大学章句》，《四书章句集注》，中华书局2016年版，第3页。

⑥ 刘宗周：《会录》，《刘宗周全集》第2册，浙江古籍出版社2007年版，第512页。

⑦ 刘宗周：《答史子复》，《刘宗周全集》第2册，浙江古籍出版社2007年版，第278页。

存有调节制约作用，但是其自身又必须以知为精神，“意之精神曰知”[①]。知为理智，即意的活动需要理智的指导。就诚意而言，意对欲的调节以诚意为必要条件，而诚意则离不开知。主体的好恶是一种意向活动，要使之端正，必须对善恶有着准确的理性认知。换言之，宗周说法的目的是以合理之意（由知而诚意）抑制盲目的意欲冲动。为此，他坚决反对以念为意，并要借助后天的致知工夫以“治念”，将意向活动纳入理性规范中，乃为一正解。

通过上面的论述可见，刘宗周的理论思维由慎独到诚意，实质走上了一条“心性归一”的路线。心是个虚灵，虚可以向外包容一切，拥有世界，天地之体之用，都成人之体用；心又是个纯乎天理，如果一个人时时能够慎而独，那么他的心便可与天理一致，无丝毫人欲之私；心也是觉，是个觉醒能照的心体，亦称明觉之体；心亦为一天地，可效法天地，拥有天地。与之相应，性是至善，主体善的行为是由善的本性所发出；性也是理，因理是任何事物都有的共性；性还是气质之性，会受到私欲的影响。心与性可统摄统一，至于二者间的冲突也疏离可以通过慎独和诚意的工夫加之修缮。基于此，刘宗周甚至将《中庸》“天命之谓性”一句改为“心心之谓性”，认为性为心生，所以讲心外无性。

黄宗羲曾说，明代诸大儒中，阳明、宗周，卓然两大师：阳明在理论上奠基，宗周在行动上贯彻；前者的良知学和后者的慎独学，乃一脉相承，均为诚学之两节目——心识和体践。分析可知，从经典诠释中展示出的刘氏慎独学与王氏良知学的一般性相比，其不仅偏重于主体侧的自性之诚，而且偏重于外实践的选择之诚。如宗周言：“本体此诚，工夫亦此诚。……诚者不思而得，良知不虑而知，良知，一诚也，致和，诚之者也。此文成秘旨。”[②]诚与功利之心相对，对其真正的实现需要心学实践的作用。也许，这正是其面对外族入侵最终选择节义殉明的原因。

---

① 刘宗周：《会录》，《刘宗周全集》第2册，浙江古籍出版社2007年版，第512页。

② 黄宗羲：《明儒学案》，中华书局2015年版，第1535页。

刘宗周还特别强调自己的心学与佛家的心性之学存在本质不同，“释氏之学本心，吾儒之学亦本心，但吾儒自心而推之意与知，其工夫实地，却在格物，所以心与天通。”① 以心为枢纽，读书得吾心十分重要，“圣贤之心，即吾心也，善读书者，第求之吾心而已矣。”② 而将心学体悟实践出去，以追求自知知情意三方面的“自我相互协恰”为足，亦不可忽视，“吾儒之学，直从天地万物一体处，看出大身子。天地万物之始，即吾之始，天地万物之终，即吾之终。……原来生死只是寻常事。”③ 也就是说，主观之“诚”与客观之“效”，要有一定的联系。

从内涵上看，刘宗周的心学之说是属于阳明王学一系的。但其与传统王学追求理念的差异，又必然使之心学之说存有新的特质。我们知道，宋明理学家们虽以“儒学得兴”为己任，却因个人参政不利而主动地与儒教社会政治保持了距离，致使其治学活动日益成为纯学术性和纯信仰性的学问。入明以后，陈白沙、湛若水、王阳明直到阳明后学等心学一脉，均以个人信仰实践作为个人学术目的，严守儒学政治与个人治学之间的分际，绝不独立探讨所谓的政治伦理性实事主题。而宗周的思想深受东林学风将学术与现实政治相联系观念的影响，将做学问与关切社会实存问题紧密联系起来，便自然涌现出许多特质之新了。

首先，他修正了阳明对于良知的认知。宗周认为，阳明言良知，是据孟子而言，非《大学》本义。他指出，《大学》所言之致和，是知止、知本之知。而知止知本，是就“诚意”说者，知止知本是知“意”之为本而持守之。而意乃至善所在，由之而言知，则是先意而后知，“知藏于意”。他主张，好善恶恶之意即知是知非之知，可谓良知的定向，“然则致和工夫不是另一项，仍只就诚意中看出。如离却意根一步，亦更无致知可言。余尝谓好善恶恶是良知，舍好善恶恶，无所谓知善知恶者。好即是知好，恶即是知恶。非谓既知了善，

① 黄宗羲：《明儒学案》，中华书局 2015 年版，第 1514 页。

② 黄宗羲：《明儒学案》，中华书局 2015 年版，第 1578 页。

③ 黄宗羲：《明儒学案》，中华书局 2015 年版，第 1580 页。

方去好善；既知了恶，方去恶恶。审如此，亦安见所谓良者？乃知‘知’之与‘意’，只是一合相，分不得精粗动静。”①良知存于好善恶恶之意中，好善恶恶是道德心之真实而具体的呈现。意统摄知自然也就将良知收摄于诚意之下。显然，这与阳明规定的良知，已有最大的不同。如此规定的良知，在根本上表现了从慎独工夫所证之生命之深根以体悟良知的意义，这样的良知形态，可以认为是从“羞恶之义”来体认出的良知。这里所言的好善恶恶，来自孟子所说的“羞恶之心，义之端也”的表述。由此推之，刘氏是从好恶之好必于善及恶必于恶有恶报以言良知，凸显的是良知之“义”属性。所以他的结论是，阳明所说之良知是从知善知恶处说，与孟子所说良知之原义仍有距离，“阳明子言良知，最有功于后学，然只是传孟子教法，于《大学》之说终有分合。”②立足向外实践的视角，刘宗周要表明的是，良知不可只是对善恶作客观判断，更为重要的是要导致见善必好，见恶必恶的状况的出现，能够产生现实的效果。

其次，他强化了心学对于朱子理气观的批判。朱子承接二程思想，设计出二元论的理气观，“所谓理与气，此决是二物。但在物上看，则二物浑沦，不可分开各在一处；然不害二物之各为一物也。若在理上看，则未有物而已有物之理；然亦但有其理而已，未尝有是物也。”③理气的关系是在“形”为二元，但在实践功能上又是一元。由此推出的心性论强调“道心”“人心”的两分，而在工夫论上则是“主敬”与“穷理”的一元。对此王阳明曾提出批评：“心，一也，未杂于人谓之‘道心’，杂以人伪谓之‘人心’。人心之得其正者即道心，道心之失其正者即人心，初非有二心也。程子谓人心即人欲，道心即天理，语若分析，而意实得之。今曰‘道心为主，而人心听命’，是二心也。天理、人欲不并立，安有天理为主，人欲又从而听命者。”④然而，在刘宗周看来阳明的

① 刘宗周：《学言下》，《刘宗周全集》第2册，浙江古籍出版社2007年版，第453页。

② 刘宗周：《良知说》，《刘宗周全集》第2册，浙江古籍出版社2007年版，第372页。

③ 黎靖德：《朱子语类》卷一，中华书局2012年版，第9页。

④ 吴光编校：《王阳明全集》卷一，上海古籍出版社1992年版，第7页。

批评存在不妥之处，“先生说人、道只是一心，极是。然细看来，依旧是程、朱之见，恐尚有剩义在。孟子曰：‘仁，人心也。’人心便只‘人心也’之‘人心’，道心即是‘仁’字。以此思之，是一是二？人心本只是人之心，如何说他是伪心、欲心？敢以质之先生。”①即他认为阳明以本心之为私欲所惑而失其正者为人心，是将人心视为“伪心、欲心”，这样人心便不可能与道心通而为一，其与程朱之说没有本质的区别。

为了彻底纠正朱子之说，刘宗周在诠释《中庸》时指出，朱子在工夫论上的支离归因于其以二元理气论将人心与道心二分，而实际上人心、道心是同一主体的两面，二心实为一心。由此宗周进一步推论：“夫心，囿于形者也。‘形而上者谓之道，形而下者谓之器’。上与下，一体而两分，而性若踞于形骸之表，则已分有常尊矣。……此性之所以为上，而心其形之者与？即形而观，无不上也；离形而观，上在何所？悬想而已。”②心为形下，性为形上，但脱离了形下心，形上的性只是悬想中的抽象物，亦无任何意义可言。从中，我们可以看出其思想似乎已具有“形下”统摄“形上”的倾向了。

与之类似，刘氏强调形下重要性的表述还有：释《易》时他说：“‘一阴一阳之谓道’，即太极也。天地之间，一气而已，非有理而后有气，乃气立而理因之寓也。就形下之中而指其形而上者，不得不推高一层以立至尊之位，故谓之太极；而实本无太极之可言，所谓‘无极而太极’。”③在释《论语》时他又说：“形而上者谓之道。道不可言，其可言者皆形下者也。虽形下者，而形上者即在其中。故圣人之教莫非下，亦莫非上也，顾学者所闻何如耳！”④等等。重形下的原因在于，刘宗周要让儒学的“心志实践”为人所重视，亦与其强调心学工夫之“果”有着必然联系。其产生的客观后果是，王学在明末的发展中务实性大大加强了。

---

① 黄宗羲：《明儒学案》，中华书局 2015 年版，第 202 页。

② 刘宗周：《原性》，《刘宗周全集》第 2 册，浙江古籍出版社 2007 年版，第 281 页。

③ 刘宗周：《圣学宗要》，《刘宗周全集》第 2 册，浙江古籍出版社 2007 年版，第 274 页。

④ 刘宗周：《论语学案》，《刘宗周全集》第 1 册，浙江古籍出版社 2007 年版，第 422 页。

再次，他重新界定了阳明“四句教”。刘宗周晚年时著出《人谱》，将其在经典诠释中的心学体悟以系统的形式总结出来。他强调，人在读经典中要通过学会慎独而诚意，最终达到“无善而至善，心之体也”的本体境界。之所以这样做，是因为他感到其时的国家、社会、文化等都已到了山穷水尽、岌岌可危之际，必须要从改造教化人心入手，重塑身心之学。于是他大讲心性善恶问题，力求让人改恶从善，由此推己及人及物，从而达到改造人、社会和国家的目的。刘氏深感当时流行的阳明后学因学说的“悬空性”，已无法收拾人心，并极易使人步入狂禅一路。所以他便从当时社会普遍流行传颂的阳明“四句教”入手，以新的解读让人感知心学实践的重要性。

刘宗周主张意为心之主宰，认为心之所以为心，意外无善，把意主宰化、本体化、至善化。由此，他说：“阳明只说致良知，而以意为粗根”[①]，所以讲“有善有恶意之动”，意念的发动，难免被私欲所累，而有恶。若意念的发动皆合乎中节，而有善。意是善恶的根源，而意自身是喜好善、厌恶恶的。因为意为心之所存、心的主宰，所以意好善恶恶即为无善无恶的体。而“无善无恶心之体”一句并非阳明本意，因为天地间的道理，应是有善无恶心之体，在有善无恶的心体统摄下，为善就是去恶有恶报，去恶就是为善。如果心体无善无恶，如何去统摄去人欲存天理？“四句教”有此一句，完全是由于王龙溪的误传。而对于“知善知恶是良知，为善去恶是格物”两句，刘氏的态度是“就良知言本体，则本体绝非虚无；就良知言工夫，则工夫绝无枝叶”[②]。良知为本体，其本就可知善知恶，如果设定良知之知需在发生具有善和恶的“意”出现后而得，即知在意后，因意而知，那么其本体的意义何在？同时，格致工夫也不应只在已发的善恶观念上，而应在事物条理的“物则”上用力。也就是通过为善去恶的真实实践，而达于此心之理——“体独”。

刘氏进一步说，“四句教”中最大的问题在于，其将“意”作为已发，从

---

① 刘宗周：《学言下》，《刘宗周全集》第 2 册，浙江古籍出版社 2007 年版，第 454 页。

② 黄宗羲：《明儒学案》，中华书局 2015 年版，第 1579 页。

而在根底上否认了“意”作为心之体而具备的潜在的好善恶恶的价值指向性。如此一来，“意”将被归类于经验世界，那么很可能与以“念”的形式被误解，并导致“诚意”在心学中的地位降低，进而主体的“意识纯化”问题也就无法得到解决了。宗周还认为，传统的对于“四句教”中“四有”“四无”的认知很容易让心学禅化，让人们专注于直悟本体而忽略了下学工夫，这是不妥帖的，也是有悖于“六经”所言的儒家心学理念的。

最后，他凸显了心学中的“情”的概念。依阳明对于《中庸》的理解，因“未发之中”是良知，所以“喜怒哀乐”等情感当属形而下的范畴。对此，宗周不以为然，并别出心裁，将“喜怒哀乐”提升至“形而上者”以讨论，赋予其与心、性、理同等的地位。“《中庸》言喜怒哀乐，专以四德言，非以七情言也。喜，仁之德也；怒，义之德也；乐，礼之德也；哀荣，智之德也。而其所谓中，即性之德也。”①“喜怒哀乐”可以与“仁义礼智”一统。之所以如此，是因为他认为，心体本无动静，未发、已发不可以静动言，仅可以寂感言。主体在喜怒哀乐未发之际，虽无活动之迹可见，但心体本身之活动只是在“寂”的状态，不可谓其不存在；喜怒哀乐在已发之际，虽有活动之迹可见，但此非心体本身之发动，而只是其所“显”之迹。《中庸》的言之未发、已发，其实是就心体之藏与显而言，不是就其前后时际而言的。

刘宗周生于明末社会大动荡之时，依傍经典诠释提出“慎独说”，并将四书五经要义总结为慎独之道。其主旨，重在纠正其时不良学风、士风，要用慎独诚意的道德工夫论，收拾人心，解世道之弊。他将“气”范畴引入心性论，提出气、心为形而下，性为形而上的心学新观点，充分体现出明末理学、心学发展向着政治伦理实践学方向转换的时代特点。同时也表明，此时的“王学”已无法再保持纯粹意义上的心学形态，与之紧密相关的心性论哲学发展逐渐式微也成为客观的事实。它还揭示出明末心学中“实践学实用主义”元素的扩充，具体表现为传统的仁学、诚学中加入了许多“节义”的特质。总的来说，

---

① 刘宗周：《学言中》，《刘宗周全集》第 2 册，浙江古籍出版社 2007 年版，第 430 页。

刘宗周的经典诠释学具有很大的包容性，集理学之成。但从本质上讲，其并未能开辟出明代心学新的理论思维核心话题，细究其慎独诚意之说只是接着程朱道学讲，也没能转换其理论思维所借助的经典文本，四书五经的核心思想并未因其学说出现而发生太大的变化等。[①] 这也许是宋明理学、心学发展已步入诠释空间发展桎梏的一个侧面体现。不过，其对日后浙东学派思想的发展起到重要的影响作用，却是毋庸置疑的。

5. 王夫之

王夫之一生以“六经责我开生面”为治学宗旨。其中，“六经”乃是儒家传统典籍的泛指，“责”则兼具要求之意。全句合在一起，即是儒家经典自身要求我使之别开生面。之所以有如此的认识，与王夫之自身对儒家典籍的认知，所处的时代背景及人生遭遇有着直接关系。同时，这也是王夫之始终试图借解读经典以展现时代的历史使命与自己的生命情怀，并创造出一套别开生面的富有哲理批判精神的儒学体系的根基所在。

王夫之要“开生面”，源于其对明代儒学发展状况的不满。众所周知，自孟子距杨、墨以廓圣道后，辟异端便成为儒家为之努力的一个方向。自中唐始，随着道统观念的逐步确立，此种意识亦趋强烈。越来越多的儒者认为异端不辟则邪说不息，邪说不息则圣道无由而复。而到了明末，异端之风已造成儒学发展“舍‘多学而识’以求‘一贯’之方，置‘四海困穷’不言而讲‘危微精一’”[②]。其反映于经典诠释领域中，即学者放弃了对经典的尊崇、对知识的追求以及对社会的关怀。对此，王夫之十分痛心，遂着力批评当时学者对先秦经典的解释过程中普遍存在的“不公”“不经”或“不祥”等现象，“夫其所谓瑕者何也？天下之言道者，激俗而故反之，则不公；偶见而乐持之，则不经；凿慧而数扬之，则不祥”[③]。所谓“不公”，是说许多文本解释，偏执于一端，

① 参见张立文：《中国哲学思潮发展史》，人民出版社 2014 年版，第 1473—1474 页。

② 顾炎武：《亭林文集》卷三，《顾亭林诗文集》，中华书局 1983 年版，第 40 页。

③ 王夫之：《老子衍》，《船山全书》第十三册，岳麓书院 1988 年版，第 15 页。

不知过度解读亦会伤害经典；“不经”是指许多解释其实只是一时之论，须在特定的条件下方能成立，其结论与永恒的“道”相距甚远；“不祥”则是一些解释出现了穿凿附会的现象，以致使普通人对正道产生误解，对社会国家造成不良影响等。在其看来，儒学的发展需新一轮的“返本开新”，而关键的核心是以新的思想重建经典诠释学。

王夫之分析道，明末异端盛行与理学化经学的畸形发展密切相关。与汉唐经学注重制度名物的训诂考证不同，宋代理学注重发挥经典文本之义理阐发，并由此建立了一套“性与天道”的“内圣”之学。然而至晚明时，过度发展的“内圣”学逐渐走向“空疏”，以至让经学属性中长时间没有得以彰显的“外王”的社会政治功能丧失殆尽。理学言“内圣”，强调以主体的道德修养为根本。无论是程朱的视道德为“天理”，还是陆王的以“天理”在人心，其注重的均是主体的道德人格养成。尤其是当“致良知”成为经典诠释的主题时，重体认而轻践履，重直觉而轻知识的风尚，已然让学问成为空疏之物，“程子统心、性、天于一理，于以破异端妄以在人之几为心性，而以‘未始有’为天者，则正矣。若其精思而实得之，极深研几而显示之……盖言心言性，言天言理，俱必在气上说，若无气处则俱无也”①，“陆、王乱禅，只在此处，而屈孟子不学不虑之说以附会己见……比而同之，乱天下之道也”。② 王夫之说，今日之理学已严重背离儒学原典精神，脱离了社会现实，失去治国平天下的功能。于是，他主张改革儒家经学发展方向，回归原典、立足经典文本，在明确圣人原意的基础上，对之进行全新的阐释，以发明出一套适应其时社会巨变的新学说。

综观王夫之的实践操作，可以发现，其所谓的“新”集中表现于两点：其一，突破传统经学之束，打破陈规之限，借经典以抒发自己的政治理念与哲学思想；其二，反对空谈心性、批判空谈误国之风，力主务实求真、经世致用的实用之学。很明显，他将治经的目的设定于转变世风，借儒家经典而欲扫除晚

---

① 王夫之：《读四书大全论》卷七，《船山全书》第六册，岳麓书院 1988 年版，第 1109 页。

② 王夫之：《读四书大全论》卷七，《船山全书》第六册，岳麓书院 1988 年版，第 431 页。

明空疏流弊，以致力于儒学正统的重建。为此，他通过释《周易》提出“天下惟器”的道器观，释《尚书》提出“能必副其所”的能所观与“行可兼知”的知行观；释《孟子》《大学》提出“理固在气中”的理气观；释《诗经》提出“以性节情”的性情论；释《春秋》提出“严夷夏之防”的民族观等。

值得一提的是，为了夯实诠释的根基王夫之还建构出系统的哲学理论为之助力。包括“即气言体”的本体论，视“天体”为纯然一气本体，“命体”为气化之流行，“性体”为气之定体，进而将宇宙视为一个大的生命场；“先天善性与后天习性”浑然一体的人性论，涉及天理与人欲之对立，人欲的公私对立问题等；以“达用”为主的工夫论，涵盖心、意、性、情的贯通等。应该说，这些哲学理论的融入让王夫之的经典诠释思想更具深刻性，进而助推了儒家在政治伦理学思考上的新发展，促进了儒学朝向经验人本主义学术方向的新展开。

王夫之在对《老子》第二章“天下皆知美之为美”解说时，提出了著名的“两端一致”命题：“天下之万变，而要归于两端。两端生于一致。故方有‘美’而方有‘恶’，方有‘善’而方有‘不善’。据一以概乎彼之不一，则白黑竞而毁誉杂。”① 所谓“两端”，是指相对而生的两个概念，无此亦无彼，也就是老子所说的“有无相生，难易相成，长短相形，高下相倾，声音相和，前后相随”的意思。但“两端”除了相对而生之外，更具有相互包含，不可分割的特性。所谓的“一”，其蕴意来自《周易》“太和絪缊之实体”之说，《张子正蒙注》对之注解：“惟两端迭用，遂成对立之象，于是可知所动所静，所聚所散，为虚为实，为清为浊，皆取给于太和絪缊之实体。一之体立，故两之用行。”② 显然，“一”为“两端”的根源，“两端”矛盾统一于“一”，它们之间类似形上、形下的关系，“两端者，究其委之辞也；一者，诉其源之辞也。”③

事实上，在王夫之对于经典的诠释活动中，“两端一致”的思维随处可见。如他在解读《周易》时，提出“乾坤并达而捷立”一说，认为太极是真实存在

① 王夫之：《老子衍》，《船山全书》第十三册，岳麓书院 1988 年版，第 18 页。

② 王夫之：《张子正蒙注》卷一，《船山全书》第十二册，岳麓书院 1988 年版，第 16 页。

③ 王夫之：《尚书引义》卷四，《船山全书》第二册，岳麓书院 1988 年版，第 105 页。

的宇宙生命体，其以“卦”的形式器化于外，即由六阳六阴十二爻构成完整的卦体。此卦体具有二德“乾”与“坤”，而乾坤实为一体，所以乾之六阳背后实有六阴，坤之六阴背后亦有六阳，乾坤二卦实为一完整卦体互为依存的两面，共同构成“象”生命的纯德。其他的六十二卦才是“象”本体发用的展开，但每一卦均是本体的自我呈现而非另外的现象。又如，他在《张子正蒙注》中讲，日月寒暑昼夜分为两端、两行，阴阳生死亦分为两端；但天的运行是一，神的恒存是一。天的运行一，必须由日月寒暑昼夜的两行、两端来显现；神的恒存一，亦必须由阴阳生死的两端来体现等。王夫之通过“两端一致”式的解析，一方面说明了世界万物存在的多样性、复杂性，以及过程的曲折性、错综性；另一方面也为其发明的以对比辩证思维解读经典提供了依据。他想建构出这样一条诠释思路：理解经典要透过文本表象去体悟义理之真谛，诠释者要深入生命性内部去省察事物两端的一致性，要在仔细打量道心与人心的交织中，体验经典内含之道。所以，真正能够诠释经典义理的方式，不是直说道德真理的存在样态，而是通过理解历史发展之“势”，曲折地明了“道”是如何在不同理实条件下展示出不同的“端”，而其“一致”的过程。由此，他在经典诠释中注入了大量历史观念。

若以更为宏观的视角观之，王夫之实际上将经典诠释活动整体视为一个“两端一致”的过程。在他看来，经典与诠释者是相互发明的，当解读经典者秉其精诚的体证所得以说经中义理的时候，实际上是以六经之义理注我，同时也是以我的实践体悟以证六经。我因六经启发而开悟，六经也因我之实际而更开生面。也可以这样去理解，经典中存有常道，每个诠释者的言说虽有不同，但必须在道的义理上存有融通。一旦某种诠释无法通过反求六经而获得解释的合理性，那么这种诠释即是有问题的，或曰不合理的。王夫之以“二端一致”说预设了经典诠释的目的与功能——解析文本以开发经典的时代义理，旨在教化当世之人。诠释者应用最为贴切人情的时代语言去对经典作出新的阐发，以弘扬经典之道，警醒人心。而这也正是王夫之要遍注群经的主旨——让世人明确，经典经目虽繁多，但义理实一，道的呈现虽然多变，但体一的实质不会改变。

从整体上看，王夫之的学术思想具有浓厚的“人性史哲学”意识。其在经典诠释中往往以人为起点，视人是天地之心，具有理解的能力。并以为，此种理解亦可衍生批判、创造，最终开辟出历史的新天地，而历史新天地又反过来教养人性。据此，王夫之强调诠释实质上应是一种历史的诠释。于是，经典、诠释者与道形成了一个“诠释的循环”。对之把握要求诠释者必须洞察文本事件的历史意义，在“两端”的理解诠释中感悟“一致”的“历史之道”。此时的“两端”是对比的两端，“一致”是辩证的一致。王夫之还说，学问须见道，对之理解不可只停留在语句之上，要“得意忘言、以意逆志、志通于道”。经典诠释要由言(句子) 而构(结构)，再上而溯之为象(圆向)，进之为意(意向)，最后终于道 (根源)。其是一个由人的主体能动而掌握，再上溯而想象、体会，最终而得其“证悟”的过程。立足于哲学的理解，王夫之这里所强调的乃是诠释活动中“方法论”与“本体论”间的“二端一致”：二者虽有区分，但在整体上却会交融于一体而不分。方法论重在技术工具性，它在诠释中起到“说明”的作用，是对外在因果的表述分析；本体论则起到“解释”的作用，重在内部道理的开发。基于二者的互动，诠释得以展开，即道之获得需去除语言、文字的遮蔽，上通于道，再由道开启新的理解，即诠释是基于某一“高深”理解的活动，再由此建构出相应的语言符号的活动等。由此也可以得出结论，训诂与义理本是一体，但经典诠释的根底是一个“义理明而训诂明”的过程，而非相反的逻辑。换言之，文献的佐证、历史的考证在诠释中都是必需的，心性的体证与理论的思辨也是不可缺少的，但最重要的是寻求经典之意的本体之源，并由此开展“二端一致”式的论证。

基于“二端一致”的思维，王夫之在具体解读经典文本时常选择成对的范畴进行讨论，作为理解活动展开的出发点。他在解《周易》时，以道器关系为易之核心问题，认为“合道器而尽上下之理，则圣人之意可见矣”[①]。在

① 王夫之：《周易内传》卷五，《船山全书》第一册，岳麓书院 1988 年版，第 568 页。

他看来，《周易》之思想精华皆在“形而上”与“形而下”的讨论中，弄清楚了“道器”关系，也就真正理解了大易之道。所以，他重点解释了《系辞》中“形而上者谓之道，形而下者谓之器”一句。他说：“‘形而上’者，当其未形而隐然有不可逾之天则，天以之化，而人以为心之作用，形之所自生，隐而未见者也。……‘形而下’即形之已成乎物而可见可循者也。形而上之道隐矣，乃必有其形，而后前乎所以成之者之良能者，后乎所以用之者之功效定。故谓‘形而上’而不离乎形。道与器不相离。”①“形而上”的特质是“未形而隐”，“形而下”的特点是“成形而可见”。也就是说，形的隐显可作为区分道与器的标准。而“道”与“器”并不是两个并存的事物，它们是同一事物的两个方面，“道”是法则，“器”则是个体具体的特性。道器不可分离，二者相互统一。并且，“‘上’、‘下’者，初无定界，从乎所拟议而施之谓也。然则上、下无殊畛，而道器无异体，明矣。天下惟器而已矣。道者器之道，器者不可谓之道之器也。”②有形有象的物体是客观世界存在的实体，“道”不能作为独立实体而存在，只能以“器”为其存在的载体。所以古代的圣人们均将治器、作器、述器以至成器，视为自己的主要任务，“治器者则谓之道，道得则谓之德，器成则谓之行，器用之广则谓之变通，器效之著则谓之事业。”③

通过对“道”“器”这一对子的诠释，王夫之表明了他的哲学理念——形统上下、道器交体。形而上的道不是虚无，只是隐于形中而不显；形而上不能孤立存在，只能寓于“形而下”的形器之中；形贯通上下、道器，无形即无所谓形上、形下的道器。而道器互相为体，不可分离。道体以致器用，器用以备道体，器体以致道用，道用以备器体。从逻辑顺序上看，王夫之以器为先，以道在后，实为一重要创新。因为在中国古代哲学中“道体器用”已乎是一定则，而王夫之明确指出“道者器之道”，即道的存在以器为依据。当然，王夫之也

---

① 王夫之：《周易内传》卷五，《船山全书》第一册，岳麓书院 1988 年版，第 570 页。

② 王夫之：《周易外传》卷五，《船山全书》第一册，岳麓书院 1988 年版，第 1027 页。

③ 王夫之：《周易外传》卷五，《船山全书》第一册，岳麓书院 1988 年版，第 1027 页。

承认道是器现象背后更本质的东西，承认道本器末，“道为器之本，器为道之末，此本末一贯之说也。”① 于是，道器间出现了两种关系——“器体道用”和“道本器末”。而二者又是一致的，因为从“二端一致”的角度上看，道器间实为“交与为体”。

王夫之在解读《尚书》时，以“能”“所”关系的诠释为中心。他通过解释文本中“君子所其无逸”和“王敬作所不可不敬德”两句，展示其对能所观的论述，“天下无定所也。吾之于天下，无定所也。立一界以为‘所’，前未之闻，自释氏昉也。境之俟用者曰‘所’，用之加乎境而有功者曰‘能’。‘能’、‘所’之分，夫固有之，释氏为分授之名，亦非诬也。乃以俟用者为‘所’，则必实有其体；以用乎俟用而以可有功能者为‘能’，则必实有其用。体俟用，则因‘所’以发‘能’；用乎体，则‘能’必副其‘所’。体用一依其实，不背其故，而名实各相称矣。”②“能”“所”二名本来自佛学，“能”为能知、“所”为所知。王夫之对其加以改造，将“能”定位于主体的能动作用或功能、能力；将“所”定位于客体自然或礼乐制度。在他看来，所本能用，体用一依其实——作为接受主体体认作用的客体对象“所”，它必须是实有的本体或实体；作为作用于客体对象而产生功效的主体体认能力的“能”，必须是实有的体认能力。无论是体或是用，都需遵守“二端一致”的定则，均以实有为依据，即一于实有。同时，所俟能，能用乎所——客体对象是有待主体去体认和利用的，主体的体认活动是由客体对象作用于主体所引起的。双方都依赖对方的存在而存在，主体体认活动作用于客体对象，并获得与客体对象相符合的主体体认，即达到主客体相融合的认知。

王夫之提出“能必副其所”的认识论方法，强调“‘所’著于人伦物理之中，‘能’取诸耳目心思之用。‘所’不在内，故心如太虚，有感而皆应，‘能’不在外，故为仁由己，反己而必诚”。③ 认知对象本不在主观意识中，所以主体对之的

① 王夫之：《读四书大全论》卷七，《船山全书》第六册，岳麓书院 1988 年版，第 886 页。

② 王夫之：《尚书引义》卷五，《船山全书》第二册，岳麓书院 1988 年版，第 376 页。

③ 王夫之：《尚书引义》卷五，《船山全书》第二册，岳麓书院 1988 年版，第 376 页。

理解不可有先入之见，要以客观的态度对待。但主体在认知过程中，必须发挥主观能动性。即认识事物是一个主观与客观有机结合的过程。王夫之还批判了拒绝客体对象物而把“所”掏空的观点，指出其目的是别立一心以治心，“如其拒物而空之，则别立一心以治心，如释氏‘心王’、‘心所’之说，归于莽荡，固莫如叛君父……其祸人心，贼仁义，尤酷矣哉。”①拒物空所，能亦空能，方是能所关系的真正体现。“能”“所”间既对待、冲突，又统一、融合。两者不发生交接关系，就不能构成主体的体认活动。简言之，“能”与“所”不离不杂、相俟相副。

再一个“对子”的例子是，王夫之在《读四书大全说》中提出了理气、理欲观。《四书大全》以“四书”原文为主，加入朱熹的集注而成。王夫之通过解读、评论该书，对于理学思想体系进行了系统总结。因为其中涉及许多经典的注解，故亦可认为其是一本文本诠释之书。王夫之将“理”分为二种，“一则天地万物已然之条理，一则健顺五常、天以命人而人受为性之至理，二者皆全乎天之事。”②作为实理的“理”，有“诚”与“道”的韵味；作为事物的条理、准则的“理”，是事物运动变化过程中的必然联系。也可以说，理为天下万物的属性，理既寓于事物，只能循物而求理；理亦是健顺五常的道德原则，是人与生俱来的天给予的道德本性。在读《孟子·告子》篇时，他提出了“理气”关系命题，“天下岂有所谓理，气得其理之谓理也。……理固在气之中。”③在其看来，“理与气互相为体，而气外无理，理外亦不能成其气，善理气者必不判若两人然离析之”④。理以气为体，气以理为体，即“理气同体”、理气合一。并且，理气交充相涵，“理者理乎气而气之理也，是岂于气之外别有一理以游

① 王夫之：《尚书引义》卷五，《船山全书》第二册，岳麓书院 1988 年版，第 378 页。

② 王夫之：《论语·泰伯》《读四书大全论》卷五，《船山全书》第六册，岳麓书院 1988 年版，第 716 页。

③ 王夫之：《孟子·告子》《读四书大全论》卷十，《船山全书》第六册，岳麓书院 1988 年版，第 1077 页。

④ 王夫之：《孟子·尽心上》，《读四书大全论》卷十，《船山全书》第六册，岳麓书院 1988 年版，第 1115 页。

行于气中者乎？”[①]理外无气，气外无理，理气绝非二物。从逻辑结构上看，“理即是气之理，气当得如此便是理，理不先而气不后。”[②]理气是“二端一致”中的“二端”，彼此相即相依，无所谓彼先此后之别。

由人性论出发，王夫之在《读四书大全说》中又谈及了“理欲”问题。他说：“天理充周，原不与人欲相为对垒。理至处，则欲无非理。”[③]所以理“必寓于人欲以见”，“终不离欲而有理也”[④]。在此他把理视为道德原理、道德本性，把欲理解为物欲利益、感受性欲望。其认为道德是人的社会生活自然而然的提升，是天理流行的自然呈现。而欲具体表现为声色、货利、权势和事功等。理欲间既有其对待冲突的一面，又有其统一融合的一面。就冲突而言，道德原则与人的物质欲望间确有不同，二者彼此内涵、性质须加以分别。但从融合一面讲，理之所至，欲就是理，去欲则理行不通。所谓天理寓于人欲，天理与人欲同行。道德原理、原则，根源于人的感性生活、人际交往之中，而不是存在于“绝对观念”之中，否则必会导致禁欲活动的出现，“圣人有欲，其欲即天之理。天无欲，其理即人之欲。学者有理有欲，理尽则合人之欲，欲推即合天之理。于此可见：人欲之各得，即天理之大同；天理之大同，无人欲之或异。”[⑤]天理人欲互体，去掉感性厚生欲望的道德理性是无载体的虚无，丧失社会道德理性的感性欲望离禽兽亦不远，“故有声色臭味以厚其生，有仁义礼智以正其德，莫非理所宜。声色臭味，顺其道则与仁义礼智不相悖害，合两者而

① 王夫之：《孟子·告子》《读四书大全论》卷十，《船山全书》第六册，岳麓书院1988年版，第1057页。

② 王夫之：《孟子·告子》，《读四书大全论》卷十，《船山全书》第六册，岳麓书院1988年版，第1052页。

③ 王夫之：《论语·宪问》，《读四书大全论》卷六，《船山全书》第六册，岳麓书院1988年版，第799页。

④ 王夫之：《孟子·梁惠王》，《读四书大全论》卷十，《船山全书》第六册，岳麓书院1988年版，第911页。

⑤ 王夫之：《论语·里仁》，《读四书大全论》卷四，《船山全书》第六册，岳麓书院1988年版，第637页。

互为体也。”①

诸如上述的“对子”论述，在王夫之的经典诠释活动中比比皆是。通过如此的诠释，王夫之成功地建构出其颇具哲学意蕴的朴素辩证法思想。遵从“二端一致”的交融互摄原则，经典、主体与道之间形成了精妙的“诠释学循环”。以范畴为切入点理解经典成为一种新的样式，通过对部分的理解而推知整体成为一条诠释主线。当然，王夫之并不否认对文本细节的理解依赖于对文章的整体把握。只不过，他不囿于烦琐的训诂考据，而着力于抉发经学之义理，结合时代阐释经释的微言大义。他发明的“对子”式的解读，根本目的是更易让读者直观地了解诠释者所想表达的思想主旨以及便利于诠释者自身哲学思想阐发罢了。

应该说，诠释中的“对子”逻辑让王夫之的经典诠释独具特色。第一，其充满了“和合”之意。很明显的是，王夫之解读经典想要根据自身所处时代的价值取向和文化情境与经典文本及其作者进行一场“跨时空”的交流对话，并获得心灵上的接触。他要对传统解经思路进行创新与改造，要实现对经典原义的理解、对作者之意的理解与对读者之意理解间的融会贯通。“对子”结构的运用既可以让他的解读具有系统性、逻辑性与整体性，又可以让“汉宋兼采”拥有发挥的空间。它既可以让传统解经方法中存留下的矛盾冲突得以缓解，又利于诠释者对解经活动进行全方位反思，以协调、和谐与完善诠释本身。第二，其表明了实学立场。王夫之做学问重“实”，其意旨在于朝向历史、文化、政治、学术诸现实中的各类“真实”：兼及认知之真实和实践之真实。“对子”的设计是更易探寻经典之内外真知的途径。因为通过它，可以有效地凸显经典中最有用、最实在的“知”。复杂的经典内容被化作成对的概念，让读者可以在对“两端一致”的把握中，实实在在地体悟经典核心的要义。第三，其让诠释活动具有了简单化倾向。不可否认，“对子”式的诠释似乎让人们对经典的理解变得“简易”了。讲究意蕴体味的传统典籍理解工夫在成对范畴的讨论

① 王夫之：《张子正蒙注》卷三，《船山全书》第十二册，岳麓书院 1988 年版，第 121 页。

中，开始变得简单。其在一方面加强了理解的可操作化，另一方面却不可避免地限制了读者对于经典内涵与外延的想象空间。或曰，其在对经典诠释活动“实用化”的同时，却造成了某些合理认知的有限性。第四，其为哲学理论建构创造了条件。有了“对子”结构，王夫之可以更有效地阐释其创造的辩证法思想，可以让读者对特定哲学概念的理解更加系统化。这更为其相关哲学理论建构提供了理想的舞台。通过对“对子”二端的思辨诠释，其抽象义、引申义一目了然；对“对子”一致的解读分析，对问题的整体反思、逻辑推理不言自明等。

王夫之常言治学应“欲除俗陋”，不可墨守成规地解经。他主张以超然的心态去从事学术研究，以独立的学术品格对待经典诠释活动。所谓“超然”，即淡泊名利、不蒙于心、坦坦荡荡，坚守道德节操，甘于与清贫寂寞相伴；所谓“独立”，即不为尊者讳，不为权者媚，不为流俗从等。之所以“超然”和“独立”，其与王夫之所处时代流行的“气节”精神直接相关。在明末内外负面政局压迫下一股“节义”思想产生出来，大批儒士以退隐、拒仕、治学为应变度世之方。他们在伦理学实践上超越了汉唐时代的忠君意识，其道德指向更贴近于仁学义理本身。虽然归隐，但他们中的大多不仅心怀故国，而且希望通过对明朝及历代失败经验作出总结，以有助于未来民族复兴时之参照。王夫之秉承了这一精神，他一方面通过拒仕以满足不忘故国的感情需要，另一方面又坚持为学的生活方式，以期延续儒学命脉，以期通过深化学思以为民族日后可能的复兴做准备。也正基于此，我们方可从王夫之的经典诠释中看到了许多富有时代批判精神的新思想、新理论。

王夫之解《易》，倡导忧患意识。“阳之仅存于位，而以俯临乎阴；人君于民情纷起之际，君子于小人群起之日，中国当夷狄方张之时，皆唯自立矩范，不期感化，而自不敢异志。若其不然，竞与相争，亵与相昵，自失其可观之德威，未有不反为其所凌者也。”① 此段对于《观》卦的解释，可知人处“之际”“之

① 王夫之：《周易内传》卷二，《船山全书》第一册，岳麓书院 1988 年版，第 200 页。

日”“之时”，应自立规矩，严君子小人之分。君子处乱世，应爱身爱道，德威自重，存仁存礼，在己而不在物。他解《尚书》时，强调“体认诚性”，并将尚书学与易学相“互补”，“愚于《周易》《尚书》传义中，说生初有天命，向后日日绵有天命，天命之谓性，则亦日日成之为性，其说似于与先儒不合。今读朱子‘无时而不发现于日用之间’一语，幸先得我心之所然。”[①] 王夫之指出，《尚书》中最重要的意旨是“诚”的实有精神，天地万物是实存的，实存便是“有”，实有是因为其固有的本性“诚”。人的生命存在与社会伦常的存在，皆是“有”。之所以实存，是由于五行的实用。《洪范》篇中的“五行”，便是说的这个道理。而“性者道之体，才着道之用，形者性之凝，色者才之撰也”，性不离人物，离物无以言性。性有人物的承担，性为实存，而非虚有。故“诚”为实有，“性”为实用。他解《诗经》时，提出“真情”“以性节情”的性情论。他说，人是有喜怒哀乐情感的动物，道、心、力、情四者的基础是情。情是人的活生生的生命表现，是形上层面人的本性的发用。“诗以道情”是理解《诗经》的基础，为文真情是诗之本，“诗以道情，道之为言路也。情之所至，诗无不至；诗之所至，情以之至。”[②] 王夫之借解诗来抒发自己的主张，情欲人人皆有，绝情窒欲，不仅违背人的生理，而且与社会伦理人情不符，而“情以亲天下者也，文以尊天下者也。尊之而人自贵，亲之而不必人之不自贱也。何也？天下之忧其不足者文也，非情也。情，非圣人弗能调以中和者也”[③]。情之未发状态是性，发而中节是和，要以“中和”来“节情”。“节情”不是使情不顺畅，而是不使纵情过度罢了。

在解《礼》时，王夫之预设了礼可以连通天理人性。他指出，“形而上者道也，礼之本也；形而下者器也，道之撰也，礼所为即事物而著其典，则以各

---

① 王夫之：《大学》，《读四书大全论》卷一，《船山全书》第六册，岳麓书院 1988 年版，第 405 页。

② 王夫之：《古诗评选》卷四，《船山全书》第十四册，岳麓书院 1988 年版，第 654 页。

③ 王夫之：《召南·论鹊巢》，《诗广传》卷一，《船山全书》第三册，岳麓书院 1988 年版，第 307 页。

适其用也。”[1] 天理为道，固为礼之根本；礼为发用，必合天理之道而尽人情人性。“礼者，以达情者也。礼立则情当其节，利物而和义矣”[2]，因为“两端一致”，故天道人情可以致一。但一致并非无别，天道人性需要由礼运行其间而贯通，“人之有情皆性所发生之机，而性之受则天地、阴阳鬼神、五行之灵所降于形而充之以为用者，是人情天道从某原而言之，合一不间，而治人之情即以承天道，固不得歧本末而二之。”[3] 在解《春秋》时，他结合满人入主中原实行民族压迫的事实，提出了独到的民族观。他认为，夷狄与华夏之分不是来自种族或地理的差异，而是因为文化的不同，文化即礼。春秋时的荆、吴、徐、越、杞、莒诸国均因无礼而成为夷狄，在它们那里真正意义上的仁道并未确立。当夷狄入主中原后，结果只能是间中国、乱人伦。所以，文明社会中一定要建立天子之不死社稷之义，“诸侯以社稷为守，天子以天下为守。以天下为守，故不死其社稷。”[4] 即天子应与天下共存亡，以天下为守不是徒守天下之土，更要维护天下之道也。

此外，王夫之解《老子》讲究“夫之察其诗者久之，乃废诸家，以衍其意；盖入其垒，袭其辎，暴其恃，而见其瑕矣，见其瑕而后道可使复也。”[5] 在其看来，理解老子言说必须深入老子思想内部，发现其逻辑结构，方可揭示出其理论依据的片面性，从而发现相应弊端。毫无疑问，王夫之是一个老子学说的批判者。但其对老子思想学说中有价值的东西，仍以开放的态度加以肯定与吸收。如他确实了“无为而治”的有效性，肯定了老子“静为躁君”的观点意义，认同了其中“和以致生”的精神等。他所批判的主要是老子以虚为本之说，并指出老子只知无形无象的虚无而不知事物存在显著与隐藏，即明与幽的差分等。他解《庄子》强调生命价值的体验，并以此认为《庄子》高于《老子》，“庄

① 王夫之：《礼器》，《礼记章句》卷十，《船山全书》第四册，岳麓书院 1988 年版，第 579 页。
② 王夫之：《礼运》，《礼记章句》卷九，《船山全书》第四册，岳麓书院 1988 年版，第 535 页。
③ 王夫之：《礼运》，《礼记章句》卷九，《船山全书》第四册，岳麓书院 1988 年版，第 561 页。
④ 王夫之：《庄公》，《春秋家说》卷上，《船山全书》第五册，岳麓书院 1988 年版，第 145 页。
⑤ 王夫之：《自序》，《老子衍》，《船山全书》第十三册，岳麓书院 1988 年版，第 15 页。

子于儒者之道，亦既屡诮之矣。”① 他还说，《庄子》一书的宗旨不在“出世”“遁世”，而是通过对现实世界诸相的批判，表达着要转化“无道乱世”为“有道治世”的愿望等。

应该说，王夫之诸如上述的经学新思想不胜枚举，他在一生中遍注诸经将自己的生命情怀注入于经典诠释活动之中。表面上看，他的“不主常故”形式多样，但若究其本质则可看到，其内在有着自己的逻辑核心，即忧怀家国的情感指向，重视人格的精神旨意以及重建秩序的政治理想等。从他的诠释中，人们可以看到遗民之恨、对圣德的敬仰、对君子人格的追求、对君主制的批判、对以民为本君道的追求等。从王夫之对经典的解读中，人们可以找到那个时代儒家在社会大动荡后对人生和社会意义进一步深思的志向，对经学的反省与学术朝向民族精神实践方向发展的努力。其学术思想的“启发性”，毋庸置疑。然而，王夫之在经典解读过程中出现的问题也是明显的：他过于偏重政治历史问题的思考，且民族意识强烈，致使其学说中许多认识存有“过犹不及”之感。仅就经典诠释来说，他的许多论述均出自主观评断，而并非根据文本而进行的客观学术分析，诸多结论具有简单化倾向。但瑕不掩瑜，王夫之的确开出了其时经典诠释学说发展新的“生面”，他在彰显中华传统典籍价值的同时，亦突显出千秋文章大业的人生追求。若不是因其以遗民自居、遁隐山林，以致学术不彰，其在学术史中的影响势必将更为放大。

（三）宋明诠释学发展评析

毋庸置疑，宋明诠释学的发展是中国诠释学史上的一个高峰。在此简单概括一下其发展演变、理论构成、基本特征及诠释学观点。总的来说，宋明诠释学的发展与宋明理学的发展是同步的。北宋“五子”奠基了理学诠释学范

---

① 王夫之：《天下》，《庄子解》卷三十三，《船山全书》第十三册，岳麓书院 1988 年版，第 472 页。

式，他们推崇《易传》《中庸》，高扬《孟子》学术地位，把哲学本体论与儒家伦理学直接统一于天理，为中国诠释学形上体系的建立作出重要贡献。南宋理学的大繁荣带来诠释学之大发展，胡宏、张栻开湖湘诠释传统之先河，吕祖谦发明婺学诠释方法，陆九渊建构出心学解经理念，朱熹则开创了“四书学”诠释理论与方法范式。元代，随着理学的传播及由朱学向心学的演变，中国诠释学在许衡、刘因、吴澄等人的努力下，逐渐走向“朱陆合流”。明代理学中出现了心学之盛与气学的流传态势，陈献章、湛若水的诠释学思想直接启示了王阳明。而阳明在“知行合一”思想的指引下，终成心学解经之大成，让“致良知”成为诠释学解读经典的核心旨向。与之相应，罗钦顺、王廷相、王夫之等另辟蹊径，将气学思想融入经典诠释之中。明末学者刘宗周是理学诠释学的总结者，其在“慎独”思想的统领下将各种诠释理论融合为一，使得中国诠释学呈现出多元的理论色彩，最终其心气二元论哲学偏向于以心学为主的样式等。

在公元11世纪至17世纪的600余年发展中，宋明诠释学理论特征主要表现为：第一，将儒家伦理与思辨哲学相结合。理学家们站在宇宙本体论的高度为儒家伦理学提供本体论的哲学依据，他们引经据典通过文本义理解析将儒家伦理与思辨哲学结合起来，在否定先前儒学较为粗糙的“天命”观和“天人感应”神学目的论的同时，创建出以经典诠释为根据的天理论思想体系。第二，强调以己意说经，将经学形式与性理学的内涵相结合。通过对中华经典的“返本开新”，理学家们通过讲义理引申发挥哲理的大义，努力以之为基础进行哲学理论建构，把思辨性哲学与儒家伦理和一般义理结合在一起。在具体解经过程中，理学家们大都遵从“以己说经”的路线，即将内容的阐释与义理的说明联系在一起，且重在弘扬来自主体认知的性理、心性之学，绝非为了解经而解经。最终也让诠释学发展的重点由注疏之学走向义理之学。第三，思想上的“三教合流”是大趋势。无论是程朱一派，还是陆王一宗，在主儒的基础上讲究对佛、道思想的吸收均是一致的。他们借鉴佛、道之本体思想建构儒学的诠释形上学，并且创造性地提出“理一分殊”的解经范式，进而促成整个中华传统文化的“三教合流”大趋势。第四，联系实际，求实、求理。此时，“由经穷理”“经所以载道”等思想被提出，治经的目的设定为明道、明义理。理学家们在诠释经典时着重指出要通经以明理，明理以致用，反对空言无实、烦琐考据之弊。并且，还提出治经中明理后笃实践行的重要性。第五，经典诠释的旨向多为强调道德理性价值，相对忽视人的自然属性。理学家在诠释经典时倾向于把道德理性提升为宇宙本体，把道德理性凌驾于自然界之上，其结果是使自然界成为理性的产物。他们往往利用经典之语说明人之道德属性的重要性，相对而言把人的感性欲望置于从属地位，须服从道德理性的主导和人心的统摄等。

显然，宋明时期的理学诠释学在中国诠释学发展史上是一个重要里程碑，它的作用无可替代。关于这一点，我们将在后面的中西个案比较中进一步论证。因为该时期过后，中国诠释学开始步入近现代发展阶段，故在此可以对中国诠释学发展的古代统阶段做一些总结工作了。

回顾自先秦至宋明的中国诠释学发展史，可见其特质鲜明：首先，它有“一个中心”，即围绕经典文本的解读而展开。随着文本内蕴因诠释性积累而不断丰富，其理论方法亦日益深广，厚度增强。作为观念的经典原义在持续的解读中，为诠释学带来了体系化的意义建构。并且，每当学说发展受到阻碍，回归原典、返本开新，亦是最好的解决办法。可以说，离开了经典，中国古典诠释学便没有了生长根基。其次，它有“两个向度”，即“我注六经”与“六经注我”。前者把诠释活动看作是已有知识的注脚，诠释的目的是使得知识的确定性更加明晰；后者视诠释为理解经典与发现自我生命意义的关联，要通过解读文本将主体的生命意志融贯于圣贤义理的陈述中。“我注六经”强调经典的“原典性”与独立价值，“六经注我”强调经典的活用性与时代价值。二者恰为一个“对子”，共生共进，让儒学发展充满“活”的力量。它有“两个理路”，即由外而内与由内而外。由外而内是客观的诠释，强调分析与归纳；由内而处是主观的诠释，强调演绎与践行。最后，它还有“四个层次”，即经、传、注疏、义理。经是圣典；传是解经之作，反映着“轴心时代”的思想意识，故可以“升格”；注疏即阐经，又释传，是经传的合注；义理是经、传“原意”的顺延，并加入诠释者的意志等。

中国古代诠释学的内涵与外延是复杂的，对其把握要注意几个问题。第一，诠释者的“历史性”。经典以及经典的诠释者都是特定时空的产物，二者所处的社会、政治、文化背景时常不一致。诠释者不可能以毫无“成见”的方式理解经典，他必然会以自己所接受的历史情境、历史记忆和思想体系探究经典。这样的历史性不可能被消解，或者说不应被消解。那么该如何处置它？答案是，可以利用经典的超时空性妥善处之。让诠释者与经典以及经典作者进行跨时空式的对话，以使其能在完全消解历史性与过度膨胀自我历史性间找到动态平衡。

第二，经典诠释与哲学思想建构间的矛盾统一。通过诠释经典而建构哲学体系，并经由哲学体系再解读经典，已成为儒学发展的常态。但这也常会遇到问题——是否会因专注于哲学思辨而颠覆某些经典？抑或因迁就经典而导致哲学系统受到损伤？从实践上看，语境上的紧张性以及思想上的紧张性，常常致使经典文本与诠释者之间出现“张力”。理想的解决方式是，发读者之心经由经典遥感经典作者之心，由“心解”而与古人精神相往来；将经典文本置于经典的时代脉络中理解，在温故知新中“知人论世”。要明确，当诠释者带着自己的问题进入经典时，“张力”虽难以避免，但可以用对话体验化解障碍，使之达成特定的均衡。

第三，诠释追求的是“更好地”理解，还是“不同地”理解？这涉及中国古典诠释学说的定位问题，解读文本到底是为了“复原”，还是“再发现”。所谓的“更好”，是更为准确地揭示原义，还是“比作者理解的更好”？所谓的“不同”，是更接近于“真理”，还是更多地诠释创作？其实只要明确诠释活动必须包含对经典的尊重与传承，以及对经典之于当代发挥实效的努力即可。评论每一种诠释方式的优劣，除了确立经典自身的意义外，还要考虑到能否使旧的经典展现出新时代的实用性。诠释方式的“更好”与“不同”没有定论，经典的世界需要“活用”，既要理解过去已有的成果，又要让诠释发明存在继续发生的可能。

二、中世纪后半段及宗教改革时期的《圣经》诠释学

与中国诠释学的大发展相比，西方诠释学发展在此阶段陷入了“瓶颈”。由于历经近千年的中世纪对欧洲人人性与欲望的压制，诠释学发展失去了“活”的灵魂。虽然自13世纪起，《圣经》诠释中的理智因子与逻辑思辨要素成分不断增多，寓意象征、修辞隐喻等方法模式地位动摇，读经、解释日趋朝向理智化。但传统宗教势力的影响仍然是深刻的，从实质上讲诠释活动依然会感受到种种局限。宗教改革与文艺复兴时代的到来，让西方诠释学的发展进入到一个新的历史时期。但改革派在反对传统释经中的独断论时并不彻底，于是历史批判主义与浪漫主义诠释学便在夹缝中生长出来。

（一）中世纪后半段的释经活动

当西方历史进入中世纪下半段后，《圣经》诠释学发展出三种典型的释经取向。第一，教父见解。这是对中世纪上半段流行的释义方法之继承，教父注释汇编解经依旧是主要的经典诠释依据。第二，释义注解。其做法是在《圣经》页边或行间的空白处加入注释。至公元11世纪末，社会中普遍盛行这种做法，巴黎所出版的批注《圣经》中大多是这样的类型。该类型的注释大多是寓意性的。不过，与之前奥利金所说的经文包含三重意思相比，此时人们更倾向于认定《圣经》每段经文均具有四重含义：字面、寓意、道德、灵意。第三，历史性解释。这一做法是为了寻找经文的历史意义，参考犹太人的权威著作。其释经的着力点为，探讨经文的历史或字面含义，而且经常引用犹太人的解释。并且，此时还出现了“经院哲学”运动，其主旨要分辨出基督教徒信仰与人类理性的关系，后果是使字面释经的取向得到了更具影响力的支持等。

客观地讲,《圣经》诠释学在此时期的发展十分缓慢,主要原因是“黑暗”的气氛压抑了解经者的思维与激情。在欧洲,公元10世纪曾被称为“铅与铁的黑暗世纪”①。其实,这样的评价可以恰当地应用于11世纪乃至12世纪上半叶。曾经有过短暂辉煌的加洛林王朝崩溃了,教权与皇权的社会控制力之争,耗尽了社会中仅存的学术更新的能量。10世纪,值得一说的是,与解经具有一定联系的著作,只有格佐写的《论主的身体和血的论文》、阿德曳写的《论伪基督的论文》以及阿托写的《圣保罗书信评注》等。11世纪初,奥利拉克的学者格伯特当上了罗马教皇。几年之后,他的门徒弗勒贝特当了沙特尔的主教,他在这里开创了一个诠释《圣经》与教义的学术研究传统。11世纪下半叶,学者兰弗朗克和贝伦加尔展开了圣餐问题的争论,说明神学研究有了重新成为经典诠释之活跃与创新的努力目标。

12世纪带来了基督教思想史的一个新纪元,对于《圣经》诠释学之发展的意义同样重要,所谓的“神学觉醒”带来了一系列的硕果。教会不再处在一个强大帝国的阴影之下,而正在进行改革,并声称教皇的权力和权威高于皇帝的权力和权威。社会的进步与商业经济的发展,引发了欧洲城市化的扩张,于是神学活动中心逐渐从修道院迁移至城市的教堂学校,其为日后大学的产生奠定了基础。安瑟伦率先提出释经的目的不是窥视上帝的奥秘,而是使信仰悟出它自己的道理,“那些要求(他写下他们从他那里听到的东西)的人之所以要求这样做,不是为了通过推理进入信仰的境地,而是为了理解和默思他们所相信的东西感到高兴,也是为了尽可能做好准备,随时答复所有那些可能问我们为什么抱着希望的人。”②阿伯拉尔著出了《六天创造天地的解说》《罗马人书评注》《神学导论》和《基督教神学》等。他设计出一种新式的神学研究方法,即在使用《圣经》和教父权威以及在这基础上开展理

① Baronius, quoted in R. Garcia Villoslada, *Historia dela Iglesia Catolica*, Vol. 2. Edad Media, BAC,104: 132.

② J.Mclntyre,St. *Anselm and His Critics: A Reinterpretaion of the Cur Deus homo*. Edinburgh: Oliver & Boyd, 1954, p.1.

性的探讨的同时，设法不超出正统化的范围。彼得·伦巴德写出12世纪欧洲神学研究的巅峰之作《格言四书》。虽然该书在释经方面没有独特的创见，但它是以对当时流行的匿名著作《格言总结》和其他几本著作内容进行大量摘抄的形式完成。伦巴德实际上是一名出色的总结者，他把多个派别的释经思想与结论进行了综合，其著作的意义不在于教义上的创见，而在于其避免了辩证论者和反辩证论者的极端立场，也在于他借释经对每个神学争论点提供了大量的参考资料等。

安瑟伦、阿伯拉尔、伦巴德等人对于《圣经》诠释学发展的贡献在于，他们强调运用逻辑分析和三段论方法释经的必要性，通过处理不同的神学题目，产生了伟大的“思想殿堂”。更为重要的是，他们在一定程度上启示人们可以利用亚里士多德的因果关系理论重新编排释经者的思想世界，从而在解读《圣经》时，充分考虑其背后可能存在多个原因的思路（如：神、《圣经》作者等的意向限定了经文的意思等）。

公元13世纪，才华横溢的经院哲学家阿奎那写出了《神学大全》。该书将基督教徒信仰之表达理性化，并以自身结构系统化特质优势最终成为罗马主教教会神学的标准总论。阿奎那综合了前三个世纪以来释经学术讨论的理性成果，加深了释经与虔诚的基督教信仰的联系。较之同时代的人，他更重视经文的字面意思。按他的理解，离开了文本语言自身，经典背后任何的寓意、灵意都是不存在的。事实上，他确信经文的字面意思已经包含了信仰的一切所需。这显然是对流行了几个世纪的寓意解经的一种矫正，其理由基础是文字意义是精神意义获取的根源，离开文字表达的精神是虚幻的。在其影响下，中世纪后期的《圣经》诠释蕴涵的理智逻辑成分不断被突出，曾一度流行于教父时代的神秘性释经趋向开始淡化了。

不过，从主流的解经思想上看中世纪后半段依旧是寓意解经的天下。寓意解经者仍是中世纪教会中最为活跃的群体。只不过，此方法在教会的霸权地位有了一定的下降而已。以经院哲学为代表的解经势力将哲学的工具应用到神学上，使得有关《圣经》的解释系于更理性和客观的支柱之上。其作用并非是要推翻寓意解经，而是基于“对经文及其字面含义日渐增加的兴趣”，把中世纪解经置于“指向宗教改革而不是远离它的轨道上”。① 实际上，它使得《圣经》诠释学朝向理智的发展积蓄力量，为迈向下一步作了预备。

（二）宗教改革时期的《圣经》诠释学

16—17 世纪宗教改革的到来为《圣经》诠释学发展拉开了新的序幕。当时，人文主义思潮兴起，社会中对古典文学研究兴趣的复兴以及欧洲活字印刷的发明，进一步促进了人文主义运动的发展。随之而来的是语文学与语法学的整体进步，这使越来越多的人可以有机会重新理解曾经孕育于希腊文明、罗马文明等文化中的古代世界样态。著名的文艺复兴到来，成功地解放了那个时代欧洲人的思想，人们终于能够以平等的眼光针砭世俗社会中的时弊，直面封建特权权威的衰落，透视君权神授的虚无，充分主张个体的自由权利。当此种解放思想成功入渗透至宗教社会中时，传统罗马教廷在思想上和组织上专制的合法性受到极大的挑战。宗教改革家们开始重视个人信仰和个人得救，坚持信众之平等的观念。这样的思想势必影响到传统的《圣经》诠释学。

先是人文主义学者伊拉斯谟对经院神学的逻辑提出批评，认为这样的神学不能提供任何精神食粮，以满足基督徒的饥渴的需求。他建议，思想枯燥的流行神学要让位给“基督的哲学”，也就是以基督的教导为中心，真正的灵性和道德的关怀。这使得许多人开始相信若想使新的思想产生必须攻克经院哲学的堡垒。之后，希伯来和希腊原文的《圣经》译本不断涌现。新译本的出现，直接后果是暴露了之前拉丁文《圣经》“武加大译本”的诸多误译之处，从而削弱了它作为支持教会教义的绝对权威。此外，社会中对寓意方法的不满也日益增多。16 世纪，一个叫盖勒的人留意到，寓意解经的滥用已经使《圣经》变

① 克莱恩等：《基督教释经学》，尹妙珍译，上海人民出版社 2014 年版，第 52 页。

成“蜡鼻子”，让读者任意解释。① 显然，寓意解经那种武断和猜测的性质，已经令许多人感到不满。

那时候，社会中流传一句谚语：“伊拉斯谟生了蛋，路德把它孵出来”。② 路德全名马丁·路德，是16世纪欧洲宗教改革运动的创始者，主张基督教在神学、圣礼及宗教组织三个方面进行革新。在他的释经中，坚称对基督教徒而言，只有《圣经》拥有神圣的权威，并以此提出宗教改革的前提——唯独《圣经》原则，肯定《圣经》是其自己最佳的解释者，读者无须借助教父注释，也能明白《圣经》。如此一来，他打破了教会传统和教会领袖在制定教义上拥有与《圣经》同等权威的固有原则。

从本质上看，路德所主张的宗教改革，对象不仅是教会，《圣经》的诠释方式同样被纳入进来。在其看来，在教会独断论传统笼罩下的《圣经》解释掩盖或扭曲了经文的本义。要揭示经文本义，最有效的途径是返回到原初的文本。于是，重新翻译和诠释《圣经》成为一项必须完成的任务。1534年路德译出了第一部完整意义上的标准德语版《圣经》，该译本语言流畅易懂，并把多种方言整合为标准的德国语言体系，被尼采称为是《圣经》最好的德文译著。对于《圣经》的理解，路德也总结出几条基本的原则：如理解中的信仰优先原则——把自己完全托付给上帝，坚守上帝之道；理解《圣经》的文本原则——《圣经》的意义具有自明性特点，故“上帝所说的话必须以简单地按其字面意义进行理解。因为上帝的话语并不由我们的喜好来决定其改造与否”③；摒弃隐喻的解释，因为隐喻的一个弊端是让意义与文本相分离，或曰易于让文本文字失去自身存在的重要性意义。

加尔文也是领导释经革命的主要人物，同样拒绝寓意解经，认同历史释经

① B Hall, “Biblical Scholarship: Editions and Commentaries,” in *Cambridge History of the Bible: The West from the Reformation to the Present Day*, ed. S.L. Greenslade, Cambridge: At the University Press, 1963, p.100.

② Olson. The Story of Christian Theology. New York: Mentor Books,150,367.

③ 路德：《路德文集》第二卷，上海三联书店2002年版，第209页。

的方法。他肯定《圣经》是教会唯一终极的权威，那是要凭信心去接受的权威。但他也同意释经带有一定的主观成分，所谓“圣灵的内在见证”。加尔文认为，这见证并非要光照释经的过程，而是在信徒的心中印证某个解释是正确的。① 不过，他相信释经应带有主观成分，所谓“圣灵的内在见证”。弗拉西乌斯被伽达默尔称为“新教诠释学的第一个创立者”，亦是一位路德派宗教改革家。在他看来，上帝之道即真理，它蕴涵于《圣经》之中。所以，他投入了大量精力用于《圣经》的解读活动中，并制定解经的规范与规则。弗拉西乌斯的代表作是《圣经指南》一书。在书中，他列举了 51 项造成理解《圣经》困难的原因，而后又提出与此相应的矫治方案和规则，以经文本身为依据来解决这些疑难之处。他力图说明，对于《圣经》理解而言，根本不需要教会牧师的宣讲，只有诠释的方法才是必须的。并且，他尝试通过诠释学来证明一种普遍有效的诠释之可能性。其在问题解决的过程中，不仅形成了一种关于诠释技术的意识，而且也通过自身所阐发的诠释方法论与其他辅助方式使基督教教义获得了坚实的基础。其中最为著名的是解经三原则：虔信原则——对于基督的真正信仰能使主体与文本联结在一起；语法原则——诠释者要把握《圣经》纯然朴素的意义，摒弃隐喻发挥而带来的神秘虚无感；心理学原则——强调主体在理解中要有“先前之见”，也就是事先要具有充分的知识储备，这些知识对于读者有机地将文本各部分连接，以整体的视角理解经典是有益的，即使在微观上也会促成主体对于文本单个部分之理解的坚实与完善。

简言之，宗教改革在一定程度上重新确认了对《圣经》字面意思解析的重要性。诸多改革者肯定了《圣经》本身是清楚明了的，也是它自己最佳的解释者。然而，他们对如何理解《圣经》的共识，却不能保证他们一致赞同《圣经》的内容“是什么”。事实上，他们对许多经文的意思都没有一致的意见。并且，其还造就了一个较为极端的表达方式，所谓“激进宗教改革运动”。在诠释《圣经》时，“重洗派”和“门诺会”一类的团体严格坚持宗教改革“唯独圣经”

---

① T.H.L. Parker, Calvin: An Introduction to His Thought. Louisville: Westminster Press,1995,27.

的原则，以及《圣经》的自明性，尽管他们应用的方式，被其他宗教改革者强烈反对。

1545—1563年，特兰托公会议召开并作出决定，代表了天主教会对宗教改革的正式回应。会议反对新教“唯独圣经”原则，重新确认罗马天主教的释经传统凌驾在其他释经之上，他们的释经结合了《圣经》和传统，后者包括教宗和教会大会议的教义决定。会议也维护了“武加大译本”的权威，禁止任何人作出有违教会教义的释经。结果，此阶段的释经出现两个主流：一个是新教的，另一个是天主教的。后来，经过差不多四个世纪的融合，双方的释经取向的距离方得以拉近。

当然，宗教改革不是唯一在中世纪后产生的改革运动。同样值得一提的还有文艺复兴，其标志着人们对古典希腊文、罗马艺术和哲学重新产生兴趣。对希伯来文和希腊文兴趣的恢复，有助于宗教改革，并催生了把人类的思想视为一个能够判断真理的独立权威意识。倘若认为基督教信仰的复兴带来了宗教改革，那么人类对理性的越发依赖则催生了文艺复兴。结果，从宗教改革和文艺复兴引发出来的各种重要运动，影响了宗教改革之后对《圣经》的诠释。我们不可否认，新教神学对于诠释学的发展起到了很大的推动作用，但还有一个因素不可忽视，即那个时代的自然科学的长足进步，也加速了《圣经》诠释的世俗化过程。17世纪，培根写出《新工具论》，由此确立了近代科学的目标和方法。受其影响，诠释学同与自然密切联系的科学思维结合起来开启了一个全新的视角。在神学领域中，科学方法之理念与新教倡导的“文本原则”所内在地包含着的“解经方法论”要求相互激荡，终于在神学内部培育出一种自觉的方法意识，并在此意识的推动下不断将诠释学打造成有别于解经学，而类似自然科学方法的精密、客观的方法论学科，亦即一套普遍适用的诠释规则体系。由此，诠释学与《圣经》的联系，渐行渐远，《圣经》诠释学不可避免地式微了。

1654年，路德派神学家丹豪尔出版了《神学诠释学或〈圣经〉解释方法》一书，指出诠释学的根本任务就是澄清文本中意义晦暗不明之处。他界定了一个好的诠释者：他是任何言语的分析者，尽管它们是晦涩的，但也是可解释的，通过解释而将真实的意义与错误区分出来。① 诠释学应是一项类似于技术工具，与语法学和修辞学处于同一层次的、可以归入逻辑学的基础科学。并且，诠释学的重点已不再是剖析《圣经》及其文本“是什么”“为什么”的问题，而是转向了属于更高层次的解经方法论研究。显而易见，丹豪尔的说法已让诠释学具有了某些“一般”的意义。在丹豪尔的努力下，原先不为人所重视的“诠释学”术语日益受到人们的关注，在学界出现的频率也越来越高。特别是德国新教教会，由于它们已经不可能像以往那样求教于教会权威来裁定《圣经》理解中的疑难问题，所以寄希望于有效的方法与标准来独立判断，此乃推动作为理解方法论的诠释学之研究与普及的又一个根本动力。

同一时期，斯宾诺莎出版了《神学政治论》，其思想从根本上动摇了《圣经》的权威。他指出，理性在释经过程中占有首要地位，人们应该以研读其他书籍的方法——运用历史研究的法则——来研读《圣经》。举例来说，从理性的角度去理解《圣经》中宣称神直接干预人类历史的有关记载，只是犹太人的一般说法，并非真正的启示。因此，神迹故事不过是一种驱动无知者顺服的有力方法而已。这意味着，要用人的理智来判断《圣经》的权威，而不是相反。在斯宾诺莎看来，理智原则是诠释方法论的基本原则，“我认为诠释《圣经》方法与诠释自然的方法没有什么差异，其实是完全一致的。诠释自然的方法首先在于推定自然的历史，并且基于确定的知识推究出自然事物的定义。同样，我们诠释《圣经》就须收集关于《圣经》真正的历史材料，如同基于确定的知识和原则那样，来推论《圣经》作者——他无疑受到这一历史的影响——的思想。”②

17 世纪的欧洲还诞生了“敬虔主义”，它代表了一种反向作用以抗衡新教经院哲学那种索然无味的理性教条主义，以及新教崇拜礼仪所呈现的僵化形式主义。兰姆巴哈即是一个敬虔主义者，他不满意新教那种清晰的语言分析方

① 参见潘德荣：《西方诠释学史》，北京大学出版 2013 年版，第 195 页。

② Baruch de Spinoza, Theological-Political Treatise, Cambridge University Press, 2007, p.59.

法，而倡导对《圣经》的灵的意义进行探讨。他也不采用斯宾诺莎以历史研究作为解经路径的思路，而是以厘清作者写作时的“情感”为解经的有效进路。他想证明的是，语言的意义依赖于情感。若能亲耳聆听那些神圣的作者讲述载于《圣经》的话语，人们就能够更好地理解那些意义晦涩不明的段落，因为将通过他们在讲述时的声音、手势了解其讲话时的情感，知道此话题因何而起，也就容易知其真意。随着敬虔主义这种从事实性的东西转向灵性的东西探索，语言在探索文本意义上已失去其价值，变成了寻觅灵魂过程的工具，而情感则被视为思想与语言的源泉。于是乎，浪漫主义诠释学的先驱形成了。

（三）《圣经》诠释学史总结及对西方早期诠释学发展反思

《圣经》诠释学发展至 18 世纪初，其古典阶段终于迎来了尾声。在此，我们对其发展历史进行一次简单的梳理：寓意解经和字义解经是古代基督教《圣经》诠释学中重要的理论核心，在大多数时间内寓意解经占据了统治地位。《圣经》诠释学的内容经教父时代的奥立金与奥古斯丁等的总结初具规模，后来被卡西安加以系统化，并进一步创出解经的规范方法论——“四重意义法”。路德的宗教改革对中世纪教条化的解释进行了全面批判，提出回到《圣经》自身，进而重新开发了字义解经，并确立了《圣经》的自明性原则、自解性原则和整体性原则等。但由于新教解经时出现了自身的矛盾，所以斯宾诺莎开始宣扬历史批判主义，兰姆巴哈开始建构情感诠释学。并最终引发后来“一般诠释学”的诞生。

总结西方诠释学的古典阶段发展，主要涉及的内容包括语言与语文学、修辞学和《圣经》诠释学。而语言与语文学、修辞学的研究往往交织于对《圣经》的诠释，它们共同成为理解《圣经》的工具，并构成了早期诠释学的基本样态。西方现代诠释学的发生便是在此基础上孕育、生长而成，其中文艺复兴与启蒙思想在此起到了极其重要的作用。虽然诠释学的源头可以追溯到古希腊时代，但直至近代之前，其实尚未形成一种方法论意识的自觉。在复兴的时代，其历史境况使得重新理解《圣经》成为必要。正是在重新理解《圣经》的过程中，人们获得了推动学问发展的原动力。该动力的获取与文艺复兴塑造的欧洲新世界图景息息相关。作为神学信仰的宗教之于中世纪的欧洲，依然具有支配力量，宗教活动甚至构成了平民日常生活的一部分。于是乎，指向《圣经》的“理解”，自然要与揭示藏身于文字背后的“神意”相关。由于历史和宗教的变迁，基督教世界的各民族在各自历史发展的历程中，获得了与他们的祖先以及其他民族不同的历史体验，然而《圣经》本身与对它的种种解释却不可能参与长时间的历史疏远化过程，所谓“经典”，作为普遍性的东西已不再和指向“具体”的解释相吻合。在这种情况下，人们先是产生了对“具体性的解释”的怀疑，继而怀疑到“普遍性的经典”本身。这对于基督教世界来说是不可思议的。①若信仰是不可割舍的，人们就必须根据自己的历史体验对经典做更为切近自己生命的解释。于是，一股对于《圣经》乃至一切惯常认知的“重新理解”运动兴起了。

就理解方法论而言，早期的诠释学发展表现出两个基本的特点：一是它表现为一种立足当下朝向过去的单向度理解过程，二是它所追寻的是“文本”中的“神圣绝对的精神”。致力于解释神圣经典（《圣经》）的原义，在一定程度上束缚着思想本身的发展，但在这漫长的探索与分析论证的过程中，人们的抽象思维有力、思维规则的操作技能却获得了长足的进步。特别是《圣经》诠释学在发展中形成的模式化的解经步骤，其特质在西方诠释学史中独树一帜。

第一，关于释经者的界定。因为此阶段释经与神学相关，所以释经者要有合乎理性的信心。在大多数时间内，《圣经》被认为是上帝基督对教民的神启，于是全面准确理解《圣经》的前提必须是完整地认识神及其旨意。换言之，只有相信和依赖神的人，才能完整理解在神话语中所蕴涵的意义。当然也并不是说一个信神的人就不能理解《圣经》，或者在解经技艺上会超越信神的人，只不过在此阶段人们普遍相信不信神就不会以《圣经》为神的启示，甚至会批判

① 潘德荣：《西方诠释学史》，北京大学出版2013年版，第221页。

《圣经》，其会导致神的真义被掩盖。

在《圣经》诠释学发展的鼎盛时期，普遍的认知是，解经者应甘愿在《圣经》之下俯首，放下个人的意愿，按照作者原想的方式聆听经文。对经文的诠释也不可拘泥于“历史—文本”的方法，而是协助释经者理解《圣经》的原意。要明白，圣灵的光照的意义，即在神的方面，读者只能是为顺服神的真理、寻求正确理解的主体。再有，就是会用适当的方法来从事释经工作。其要求释经者不懈努力与全身心投入，学会努力做到最好，以及学习与研经有关的不同范畴的知识等。

第二，正确诠释《圣经》的前提。对于任何人来说，正确理解《圣经》的前提之一是承认默示的启示。《圣经》是一部超自然的著作，借着默示的过程，通过由神所预备和挑选的发言人，把神的成文启示给他的子民。这是释经者必须明白的道理。要明确《圣经》具有权威，而且是正确的。它是神的启示，神通过它说话，它一定是所有人信仰与行为的准绳。它准确地说出我们是谁，告诉我们如何生活，因此拒绝《圣经》的信息就是拒绝神的启示。对于人们来说，《圣经》借由圣灵引导的释经者所传达的信息是值得信任的，而且《圣经》的教导也是正确的。《圣经》是可以理解的，它向任何愿意阅读它的人展示出清晰的信息，所以历代人都能明白它的教导。《圣经》展示了无与伦比的属灵价值与改变生命的能力，它会影响读者的灵性。作为释经者，就是要将《圣经》的属灵价值传递给读者，让他真正理解经文的意思。

第三，诠释《圣经》有着基本法则。读者理解《圣经》的信息，需要其必须根据作者选择用表达其思想的传意符号来把握信息。因此，遵守释经法则十分重要。要明确，无论哪段经文，其原意必须与上下文一致。这样的释经，在整个教父时代都在盛行。根据那个时代人的理解，解读《圣经》绝不可断章取义。因为它会违背作者的“思路”，让字词的准确意义无法通过上下文界定。《圣经》中所有的陈述必须根据它在上下文中的正常意义来了解，研读的经文越短，出错的机会越大。释经还要掌握历史文化的背景，《圣经》的文献及其记载的事件，源于古远的时代。《圣经》作者之所以撰写各卷，不只是反映古代语言、文化或民风，也是把他们的信息写给后代各种不同的人。释经者要依据经文的历史和文化背景对经文作出理解，必须以本身的语言来表达《圣经》真理，所用的方式尽可能符合《圣经》文化的概念。但也要注意，不要容许历史文化背景的细节破坏了理解经文要点的主要任务等。

以上是对《圣经》诠释学发展千年的历史进行的粗略的特质总结。必须承认，《圣经》诠释学在西方诠释学史中有着特殊的意义。它一度成为古代欧洲神学的基础，其在西方读经、布道、制定教义的过程中曾起到重要作用。《圣经》诠释学存在的基石在于，《圣经》被视为永恒的神对人说的话语，人们学习《圣经》的目的正在于能通过上帝之“道”去认识他的原旨。在教会的传统中，《圣经》诠释学是研究作者原意的学问，当然它也包含使《圣经》重生、使死的文字充满活力、使历史性的叙述成为现实性“应验”这一层面的要求。并且，它的某些特质亦成为现代诠释学建构所遵照的范式等。

三、中西古代诠释学史之差异探讨

如前文所述，中西诠释学史发展阶段处于不对等的地位。这一点在宋明与中世纪后半段及宗教改革时期的比较中，突出显现出来。无论从理论的丰富性、层次的深刻性、方法的完备性、思想的成熟性，还是杰出人物学说之于诠释学史的重要性来说，中国诠释学无疑均占优于西方诠释学。必须承认，西方遭遇中世纪的“黑暗”是一个重要原因。而在后来宗教改革与文艺复兴的过程中，西方诠释学的发展明显走向了与前代不同的路向。中西诠释学的分野自此显明起来，为其后来差异性的扩大埋下了深深的伏笔。

因为比较不是为了比较而比较，所以在这里暂且放弃此阶段中西间不成“比例”的比较。我们将视野扩展，以宏观的视角回顾中西诠释学史古典阶段发展的整个历程。尝试通过特质的探寻，为中西古代诠释史发展之差异找到有价值的线索。我们认为，就古典阶段而言，中国的诠释学史复杂多变，内涵外延的发展更为多元化，而西方的诠释学史在神学的主旨下，内在的构成相对简单。二者似乎走上了两条不同的路线，因此可供“比较”的元素相对单一。不过，通过系统分析仍可发现，中西古代诠释学的发展存在某些相似之处：它们都以书本典籍为诠释对象；以语言或标记语言的文字为切入点；强调意义的理解和原义的发现；在经典诠释中始终存在训诂与义理、字义与寓意的张力关系等。然而由于时代背景与历史情境不同等原因，中西古代诠释学发展在本质上表现出的更多是差异性，这促成中西方诠释学学术样态的迥异，各自特质更加分明。

中国古代诠释学专注的对象是以儒学典籍为核心的中华经典。其范围囊括经、史、子、集，可谓包罗万象。从体例类别上看，存有经、传、记、章句、序、笺注、义疏、考据、校注、评注等多种形式。其中“经”，是学者对上古文献精心选取、整理所得，主要指包含“四书五经”在内的“十三经”。儒家认为，“经”乃天地之常，而对之的解释文字构成了“传”。“传”别称“说”或“记”。通过“传”，上古的文字可以与后世学者的思想融为一体，进而建构特定的理论系统，如“五经”系统、“四书”系统等。同时，因为“传”，“经”亦有了“备王道”的意蕴，如本为历史事件记载的《春秋》，由于《左传》《公羊》《穀梁》等的出现而变身为一部政治伦理学典籍等。换言之，“传”让“经”有了更多与时代需要相适应的因子。汉代，儒家的经典成为“官学”，“章句”之学盛行。就本意来说，“章句”意在分章、析句、释义，并依附经传而行。在今文经学兴起的时代，“章句”明句读、释句意、概括文本主旨的用途被发挥至极。然而，由于它在东汉末年日趋烦琐、内容膨胀，令人日益不得经典大义要领，终走向衰落。“序”与“笺注”同出现于汉代，前者按先后次序逐篇概括释经文字，后者则将注文夹杂在经文中间逐字逐句地进行诠释，后又发展出疏、补注、考辨等多种形式。“义疏”之体是魏晋隋唐诠释学发展出的重要体例。“义”指发挥原文“大义”，“疏”为疏通证明。就内容不同，又有“讲疏体”“集疏体”“疏注体”之分。它的出现意义在于，兼通玄释，学术风格为开放式，而之大成的标志是唐代《五经正义》的撰成。“考据”亦称“考证”，指在文本诠释中，依资料进行的考核、证实和说明。汉代的“考据”主要以训诂形式出现，经过宋明的发展，至清乾嘉时期形成了系统的理论与方法，并成为“汉学”的重要标识。

自孔子整理“六经”，确立了中华经典的“典范”后。诠释经典文本，以明圣言、圣意即成为诠释学发展的旨向。而且在诠释活动中，诠释者始终视经典为“尊奉”的对象。一个通行的理念是，经典自身是完美的，不会出错且有内在的系统性，诠释的任务就是给读者完整地呈现出经典的原义。至于经典中存在的字面矛盾，不过是人们对经典解读的失误罢了。在如此的预设前提下，挖掘出经典原本的旨意，隐含意等成为诠释者最重要的任务。一旦特定时期经典的条文注说受到社会质疑时，用新的方法“返本开新”便是中国古代诠释学学者自圆其学最为通常的做法。无论是文字训诂，还是张扬义理，诠释者都会宣称自己继承和阐发的均是圣人本意。

西方古代诠释学的解读对象主要是《圣经》，虽然基督徒、摩门教徒和耶和华见证人等阅读的是同一本《圣经》，但他们却可以得出令人吃惊、截然不同的结论。如此，诠释学的价值得以彰显。随着基督教势力的发展，《圣经》在西方人眼中慢慢变成一种“隐秘的密码语言”，需要借助宗教的体验和为神学唤醒的灵感才能领悟。人们对《圣经》的态度日益变为“信仰”。然而，当《圣经》诠释学进入高度抽象思辨的领域后，经典作为普遍性的东西已不再和指向具体的诠释相吻合。人们开始产生对“具体性的解释”的怀疑，继而怀疑到“普遍性的经典”本身。诠释者认识到必须通过语言分析接近神学的原始经典，让人们相信神圣绝对的东西是可能的。诠释对于“本义”而言是不可或缺的，只有通过诠释才能找到《圣经》等经典中的“神圣绝对的精神”。因而探查和揭示经典的“原意”成为西方古代诠释学追求的最终目的，一种从现在向着过去的单向理解运动生成了。

西方古代诠释学没有发展出类似中国的诸多体例，但其发明出许多“正确”理解的技术，从教父时代奥立金、奥古斯丁等对文字寓意的挖掘方法概括，到卡西安“四义”解经法的形成；从路德在宗教改革时提出回到《圣经》本身，进而创造出较为系统的释经理论，强调释经的自明性原则、自解性原则和整体性原则，到后来以斯宾诺莎为代表的哲学意义的《圣经》诠释学诞生等，让诠释技术的成熟性成为西方古代诠释学的一个重要特质。就本质而言，技术的成熟源于西方学者对于《圣经》诠释限度有着严格的自觉意识。他们普遍认为，人与神之间有着不可逾越的鸿沟，神的言说具有无限的诠释空间，而人由于理性的不完善，定会存在着认知上的局限，因而其对经典的诠释终究是有限度的。所以要在技术上进行规范，解经的本质即在于“更好地理解”，也就是尽可能地接近文本的原意。基于此，它更重视文本的意义信息，关心这些信息怎样被“吸收”，发展为个别部分，并根据它与整体及其他部分的关系来处理“解释的循环”。而这与中国古代诠释学相比，是具有独特性的。中国古代诠释学在对文本“原意”的“尊奉”中既讲求原则性，又不乏灵活性。它要求诠释立足于经典的原意，深入文本，充分挖掘往圣先贤的本义，通过字句训诂、考据取证等语言诠释方法，最大限度地追求自然之理与天地之道。然而它又非一味执着于训诂考证，许多时候，诠释者会结合自己的人生理解及生命体验，以心会心，以求有所思、有所疑，进而对经典文本有所“新得”，或称为“不同的理解”。

还有一个差异来自中西古代诠释学对于诠释“本体”认知的不同。此处的“本体”特指一种“有”或存在。正如前文曾提到的，中国古代诠释学认为，诠释对象与诠释主体无法分开，本体是一种自我呈现。这实际上假定了文本就是作者同在心志的外在表现。换言之，文字的“真义”需要通过诠释者的思想来显示和确证。例如孟子提出的“以意逆志”，断言诠释经典不可“断章取义”，要立足历史语境把握全篇，以诠释者的“心意”追溯或推测文本作者之“志”。

但是，在西方古典诠释学中，诠释对象是一种客观的实有，需要诠释主体去探究这个实有的真实。也就是说，文本与作者并非内外一体，文本只是一客观实有的对象。显然对于文字本质的意义，作者的主观能动性被极大地忽略了。诠释者喜欢用“神性模式”来讨论作者与其作品的关系，突出强调文本的永恒性与不变性。例如，奥古斯丁在诠释《圣经》时提出“信”与“以经解经”的规则。即要对《圣经》诚信，相信其为神言，所述的是真理；要熟读经典，即使不能完全领会经文，也要记住它们。在其看来，对于《圣经》的诠释就是文本分析，通过分析以理解经典的话语，从而解读神意。虽然某些话语由于人们言说方式、翻译文字不同，理解时会有些差异，但只要剥离表象，恢复话语“心中”形象便不会出现差错，心中之象则是某种抽象物，它标志的是一个综合而成的意义域，或被称为“内在语词”，它是完全独立于感性现象的。

由上可知，西方古代诠释学力求通过诠释“获意”，理解文本的本质意义是关键。诠释者们视经典文本的内容为“客观化”之物，认为作者与作品的关系不可同一，理解了作者不一定会理解文本。因为文本并不是作者自身而只是其对象，作者的某些无意识语言行为又常常会导致文本意义与作者意图间出现差异，所以过多地关注作者，反而会迷失对经典文本本质的追寻。至于中国古代诠释学所区分的作者之“意”与作者之“志”，在西方古代诠释学中是不被重视的。原因在于，西方古代诠释学相信作者在其作品中不是要充分表现自我，相反是要一直尽力隐藏自我，以便于工作让真相呈现，经典诠释自然也就只与文本相关了。

再者，从具体的内容诠释看。从事中国古代诠释学者大多推崇积极入世，在经典诠释中秉持经世致用、解决时代问题的态度。故其诠释出的“真义”常与天道结构、人际关系结构等相对应，由此形成注重现实人生、倾向政治伦理教化的走向。西方古代诠释学者则多持“代上帝宣扬本意”的理念诠释《圣经》。他们着力于诠释上帝的神意与理性的逻各斯之关系，这使得诠释学的宗教神学色彩特别浓重。他们在信仰中阐述“真理”，对经典形成了学术化的表达方式。虽然他们的诠释对象是语言文字，但其视界却大大超出了语言的界限，深入更为广阔的领域，直指人类的起源与文化。他们不会为了宣扬自己的看法而牵强附会，不愿为政治目的而“离经叛道”。中国古代诠释学在发展中的一个预设是，诠释者应该具备与圣人之心相通的“体道”精神境界，要努力使自己的解释符合圣贤的原意。经典文本具有隐约性、模糊性，它所记载的历史事件颇有启示性，这样一来诠释者便力图在训诂、笺传中有所发明，让经典的意义不断生发。西方古代诠释学则强调“圣灵感动”，让自身融入“神”的思想内核。他们进行的是一项从现在指向过去传统的单向度的理解活动。并且，他们常常将《圣经》在本质上看作是启示文本的阐释前提，在解经中认为“神”的启示具有渐进性，其后的启示可以解释先前的启示等。这与中国古代诠释学虽也讲究“以经证经”的方法，但在实际操作中各经彼此之间的互释往往在总体上存有限度，形成了鲜明对比。①

① 参见康宇：《论中西古典解释学的言说差异》，《天津社会科学》2012 年第 3 期。

第六章　18—19 世纪中西诠释学的比较

18—19 世纪，中西诠释学发展之走向差异更加明显。在中国，汉学与宋学轮流登场，为重振中华经典之权威性作出最后的抗争。经学中的古文一派将诠释学中紧扣文本的考证性作用发展至极致，他们不但总结前人之成就，继承并发扬光大，而且以更加缜密的方式和合乎历史理性的精神，不断钻研探索，解决了经学史上许多悬而未决的问题。嘉道年间，常州今文学者悄然兴起，他们重建公羊学，延至晚清进一步掀起声势浩大的托古改制运动。但也在一定程度上为经学的瓦解埋下伏笔。本质上，中国诠释学仍在古典阶段徘徊，不过，为应对时代精神的召唤，其内部发生彻底变革，已是必然的趋势了。同一时期，西方诠释学迎来了近代化进程。它的始初来自施莱尔马赫的一般诠释学构架完成。此种诠释学样态的出现，源于德国浪漫主义精神的推动。其特征：一是摒弃古典诠释学追求某种“绝对”文本的“绝对”理解之口号，而将意义相对化；二是超越神学的界限，而将诠释学提升为精神科学的一般方法论。[①] 应该说，一般诠释学的提出标志着西方诠释学首次拥有了完整的体系和形态，从此诠释学不是专门解释“误解”问题的学问，而是一门教会人们普遍理解的学问。“普遍有效性的理解”成为诠释学最为重要的标识，同时也使得浪漫主义诠释学的理论正式超越理性主义诠释学，对后世产生了更加深远的影响。

---

① 参见潘德荣：《西方诠释学史》，北京大学出版社 2013 年版，第 227 页。

一、解构与重构：走向近代的中国诠释学

综观中国诠释学史，其发展进路大致有三种：政治义理学的进路、哲学义理学的进路、历史考证学的进路。此三种进路似一个循环，不断在中华经典诠释开发的“返本开新”过程中重复。然而在 18—19 世纪，中国诠释学中的这种循环速度大大加快了。此时间段恰逢中国的清代，它是中国经学发展史上的“最后”阶段，亦是诠释学在 20 世纪发生“华丽”转身前“最后”表演的舞台。这里，我们之所以给“最后”二字加上引号，是因为现在还无法就此断定中国经学再无复兴之日。而即使它真的是“最后”，也没呈现出惨淡、落寞的景象。相反，在经学家与诠释学家的努力下，清代经典诠释学说的发展有声有色，时代特征明显。

（一）乾嘉汉学的诠释学思路

清前期，“朴学”大兴。中华经典通行的诠释模式由明代“水月镜花”式、凭“胸臆”指引的主观性评点，转化为强调“返经汲古”立本经、“通诂明道”立本义式的考据学解读。之所以出现这样的情况，率先来自明代亡国者对心学的批判。本来元明两朝就是“经学积衰的时代”①，而阳明心学的流行更几乎消解了经学规范社会秩序的价值。受其影响，心学解经者把心的本体看作“天理”，致力于一己心性的观照和体验，从而“舍‘多学而识’以求‘一贯’之方，置‘四海困穷’不言而讲‘危微精一’”②，放弃了对经典的尊崇、对知识的追求以及对社会的关怀。并且，由于把去物欲之蔽的道德规范交给每个人身上天

① 皮锡瑞：《经学历史》，中华书局 2011 年版，第 275 页。

② 顾炎武：《亭林文集》卷三，中华书局 1983 年版，第 40 页。

然的“良知”，拆解了中华经典外在的制约，从而既为“绝假纯真”的“童心”去除了遮蔽，也为“率心而行”的低级趣味扫清了障碍。

面对诸多的假道学与真堕落现实，诸多明末学者开始大声疾呼，要让经学由“虚”转“实”。如黄宗羲说：“明人讲学袭语录糟粕，不以六经为根柢，束书而从事于游谈，更滋流弊。”① 王夫之也讲：“姚江之学出，横拈圣言之近似者，摘一字一句以为要妙，窜入其禅宗，尤为无忌惮之至。”②实际上，此时的“实”的辐射范围已涉及事功学、器物学、健身学、劳作学、音韵学、史学、考据学，甚至于“心学”等众多领域，但在经学改革中的影响力最为突出，其核心思想强调经世致用。到了清乾嘉时期，一股返经汲古的风尚形成了，随着清朝统治的日趋稳定，这一思潮中的政治元素逐渐淡化，学术意蕴不断彰显，其缓慢地向着诠释学技术方法层面转移。乾嘉学人开始强调，要重返未经后儒篡改的原始文本，汲取最符合经典文本原义的解释。

乾嘉学人治经，讲究“通诂明道”。在其看来，晋人的“附会凿空”，宋人的“师心自用”，明人的“荒经蔑古”，都因鄙视训诂之学而往往误解甚至曲解六经的本意。真正的释经，应该在坚实的训诂工作基础上达成对经典内存之道的“明确”。故文字考据之学乃为经典诠释学中最为基础的方法。乾嘉汉学者基本有着如下的认知：圣人之道存于圣言之中，六经是圣言的唯一载体。圣言在经典文本中以语言文字的形式展现，而语言文字不仅具有外形更具有意义与声音。“以词达道”是亘古不变的诠释学真理，明圣道必须通文字，通文字必须先从小学做起。明六经之旨，必先搞清楚经典中语言文字的读音变化及意义变迁等。于是，他们开始专注于文字学、声韵学、训诂学等的运用与发明。在其看来，字形虽较字音稳定得多，但仍存在着时间距离带来的影响，如字形的变化淹没了制字的本义，字典类书籍在辗转传抄刊刻过程中，难免会出现字形上的错误等；字的创造应是音先于形，“圣之制字，有义而后有音，有音而后

① 赵尔巽：《清史稿》，中华书局 1977 年版，第 13103 页。

② 赵尔巽：《清史稿》，中华书局 1977 年版，第 13107 页。

有形”①，所以字章训诂的重要性，不言而喻。

当然，治经十分重要的一点是让诠释能够得到有效的验证，或曰使理解和解释有学术规范可行。为求验证，乾嘉学者发明了“十分之见”，即对经典的理解与解释，无论巨细本末，每一处都可以得到有效的验证，都符合范型适合性、连贯性的标准。解经不可有主观假设的成分，依赖于“传闻”“众说”“空言”和“孤证”，缺乏令人信服的证据。此种“无征不信”的态度，实为乾嘉学者普遍遵循的学风，因而其对经典文本的诠释，也最具有或然性和可信性。他们在诠释经典过程中，大多凡例严谨，进退有据，始终让自己的诠释能够有可靠的文献史料作为辅证。对于经典义理，他们从不愿做过分的形而上演绎，其所遵循的原则是要从语言层面划定出意义诠释的有效界限，同时最大限度地恢复原始文本的“真相”。

在实践中，乾嘉汉学实际上解构了前代那种以心学、禅学言意观为背景建立起的讲究主观“任性”评点的诠释学方法，重新建构了中华诠释学新范式——实事求是。他们反对凿空与株守，力争让治经成为有本之学；注重佐证，无征不信。他们具体的诠释活动中以经解经、以经证经；在训诂中以字考经、以经考字；在求古韵中以《诗经》用韵为证称为“本证”，以先秦两汉他书用韵为证称为“旁证”；在校勘中，用本书材料互校为“本校”，用他书材料勘校为“他校”。实际上，乾嘉汉学的诠释理念乃是把解读经典视为一种知识论式的考证，他们要复原本经，还原本义，将实事求是的原则一直贯彻下去，也就是实现“诠释即实证”。需要明确的是，乾嘉汉学在对实事求是的运用中实有一种知行二分的倾向——为学尊汉、为行尊宋。他们一方面将诠释对象锁定在文本与文字本身，另一方面又注重从道问学上对自身提出严格要求，不断进行自我反省或群体省察。他们渴望打破理学框架，分立知行，分离道问学与尊德性，进而将重心转换致知、道问学这一面。他们努力争取道问学的相对独立性，力图借此来争夺经学之正统地位，但与此同时，他们仍肯定宋学在制行上的效用或优

① 王念孙：《广雅疏证序》，中华书局 1983 年影印本，第 2 页。

越性。然而，这种肯定更多的只是一种惯性或习见的道德主张，而并非是出于对宋学深层次的道德认同。慢慢地，他们养成重知轻行的意识，开始对道德与经世产生淡漠，所谓的尊德性已不能总引出现实生活中的亲身践履了。

对于具体的解经活动，他们认为必须以“实”为本，从“实”出发，由“实”而求“是”，否则诠释便成为一种主观臆断的产物。显然，他们继承了顾炎武“经学即理学”的思路，却在一定程度上抛弃了其中“致用”的精神诉求：经典之文本逐渐具有诠释对象“唯一性”的属性，阐经释义不离文本，明确在道统的层面上解释治经工作的重要性，借以维护经学的至上尊严。他们发明出“求”的诠释方法，讲究由训诂通义理的路径，不断强调六经载道的价值旨归。当然，诠释经典的最终目的还是寻求文本之原文与原义，乾嘉学者们奉行还原主义的终极旨向仍是还原出圣人的本义。由此，他们从“实事”出发，运用“求”以找到真正的“是”。作为原文之“是”的探求，依赖于考证、辨伪、校勘、辑佚等“精细”工作；作为原义之“是”的追索，则需运用“以词达道”思路，以明确圣人初始造字的“本义”。

惠栋是乾嘉汉学中的吴派宗师，著有《易汉学》，发明汉时师说，以为汉儒去古未远，师法相承，最得圣人经典本意，由此而有唯汉近真、唯汉是信的经典诠释理念和方法。惠栋释经最具特色之处是，重拾汉代师法、家法之风，认为“汉人通经有家法，故有五经师。训诂之学，皆师所口授，其后乃著竹帛。所以汉经师之说立于学官，与经并行。五经出于屋壁，多古字古言，非师经师不能辨，经之义存乎训，识字审音，乃知其义，是故古训不可改也，经师不可废也”。① 即圣贤经典原本意是通过弟子传经，开始阶段是代代口耳相传，而后才书于竹帛，有了经典训诂文本等。因为五经文字多“古字古言”，当时文字多用假借字，可能有多种歧义的理解，一字之差，谬以千里，如此只有古来代代相传的经师口说可以分辨。基于此种认识，他在著《周易述》一书时，便贯通了汉代易学各家师法之说，取得了独步一时的成就。清儒钱大昕为之赞

① 惠栋：《九经古义序》，《丛书集成初编》本，第1页。

曰："训诂必依汉儒，以其去古未远，家法相承。"①

惠栋治学以复兴汉学为职志，其学术研究的范围主要集中在汉代经学，并且他对宋儒经学心存鄙薄，因而其在经典诠释有着一种信而好古、唯汉是从的取向。他曾说，汉儒治经，为训诂章句之学，守家法、师法，虽浅而有本。宋儒治经，为训诂章句之学，逞臆说经，横发议论，虽深而无本。如若求经典本意，反而汉儒较为接近。为了证明自己说法的正确性，他在所著《易汉学》一书中，除了梳理汉易各家源流、勾勒其象数学特点之外，亦在祛除宋儒易学中的所谓"河图洛书""先天后天"等臆说流弊上下工夫，充分体现了他扬汉抑宋的经学立场。其主要结论是，古代传说中的《河图》《洛书》是不存在的，宋人提倡的"先天之学""圣人心法"等，实际是一种先验之学等。

戴震是乾嘉汉学中的皖派宗师。他的经典诠释学说，就研究方法而言，是对东汉古文经学的继承，就研究立场来说，则是对先秦原始儒学的回归。戴震治经，最为著名的论说是，认为古人之道在六经中，治经是为了求道，要求道就要治经，治经要从文字入手，通过理解词句来理解整部经书，理解了整部经书，蕴藏在其中的道也就得到认识。在其心中，六经中有道，而道即是儒者心中的真理，追求真理的方式只有一个，就是读经、解经。但问题在于，儒家载道的经典作于先秦时代，语言古奥，意晦难明，由此而有所谓"解经"的问题。而要解经，不能速成，必先从了解文字古义开始。所以考订文字自然是治经的第一要义。在具体操作中，戴震提出了"十分之见"的命题，认为"依于传闻以拟其是，择于众说以裁其优，出于空言以定其论，把于孤证以信其通"②等做法，都是靠不住的。

戴震认为，如果人人凭着主观意见大谈义理，所谈的义理就不可能是古代圣人和贤人的义理。经典诠释之所以需要训诂之学，是因为古今语言有变迁，古籍严重残缺，非训诂不能明。他所说的训诂，其内容不仅是指古文字学、古

---

① 钱大昕：《潜研堂集》，上海古籍出版社 2009 年版，第 710 页。

② 戴震：《与姚孝廉姬传书》，《戴震集》，上海古籍出版社 1980 年版，第 184 页。

音韵学，也包括古代典章制度之学。他批评宋儒“凿空”解字，认为其弊端有二：一是“缘词生训”，不是按文字古义和经文的语境理解它，而是断章取义或望文成义；二是“守讹传谬”，经典文字常有同音假借的情况，解经者不知假借通例，将假借字认作本字，强作解释，这就一定会出现郢书燕说的谬误。戴震还总结出治经的“三难”：淹博难、识断难、精审难。虽然淹博、识断、精审三者都是就考证工夫而言的，但考证本身不是目的，它只是通经明道的一种手段。由之进一步证明，乾嘉汉学治经不是一种简单的实证技术学说，而实为一种诠释学。

从惠栋、戴震等人的诠释实践中，我们可以进一步了然乾嘉汉学的诠释学思路。他们想借助小学工夫，以确保文本翻译行为的可靠性；借助“通诂明道”工夫，向世人展示出一度曾遭到宋学曲解的经书之义理或大道。应该说，乾嘉汉学工作的成果是丰硕的：其让中国古文献学发展至最高峰，修正了儒家经学发展方向，为中国古代诠释学通向近代学术搭建了桥梁。然而，它的不足也是明显的：过分强调诠释不离文本，最终将“求实”变为“务虚”；在“实事求是”中过度拘守经籍，又引发了株守门户之弊；治学方法与材料运用方面局限性明显，实际上压缩了诠释学发展空间等。

（二）清代今文经学的复兴

乾嘉汉学发展至鼎盛时，“实事求是”成为主流的诠释学范式，它以“经学即理学”为纲领，以阐发经义为旨归，以文本与文字的知识论理解为方向，主张由“训诂而义理”的方法，以求客观之“是”为诠释目标，“诠释即实证”成为学者普遍接受的命题。然而，诠释学毕竟是一门关于理解的学问，文本的确证并不肯定导致意义的确证，理解的复杂性并不能从文本的真实性中得到说明，“训诂明”无法真正等同于“义理明”。考据式的诠释虽然在中华典籍的校勘、辨伪、辑佚方面取得了重大成就，但在文本理解的空间拓展、创造创新方面，学术成就乏善可陈。并且，随着学者对经学内部资源的挖潜日益深入，可资开发的材料几近耗竭，实难以找到更大的突破可能。同时，一步步走向僵硬化和程序化的诠释方法，让经典诠释的范围被压缩至一个狭窄的“象限”内，文本的诠释视野极度萎缩，诠释活力、动力明显不足。于是，紧扣文本的考据性诠释作业开始受到社会的质疑，要求透过对经典进行语文学的整理和解析的表面观察，深入对文本进行哲学层次之意义追求检视的声音，愈发响亮。正是在这样的背景下，常州学派的庄存与、刘逢禄等拉开了今文经学复兴的序幕。

今文经学最早出现于汉代，主张中华经典言微而义大，所谓诠释注疏的使命在于从文本隐含的文辞意蕴之中阐发圣言大义之所在。其相信，经典中每一个文字，甚至那些“不书”之处，均存在着重要意涵，需要诠释者通过对之进行譬喻式的解读发挥，传递给世人。在考据学盛行的清前期，今文经学因成为其对立面而被批判与忽视。而当社会有识之士终于看清考据性诠释乃“为考据而考据”，严重脱离现实政治，致使学者的价值关怀和政治理念难以落实时，将学术视野重新转向今文经学的“方向”便成为“自然而然”的事了。

常州的庄存与以弘扬汉代董仲舒、何休等的公羊学说为己任，在清代重建“公羊学”。他著有《春秋正辞》《春秋举例》《春秋要旨》等书，一改汉学治学之主张，而倡导效法西汉今文经学的做法去求经典大义，认为解《春秋》要深入领会圣人之心，明了其中精神实质，不可拘于定例，应该“知权”而不可“执一”。《清儒学案》对之的评价：“生平践履笃实，于六经皆能阐发奥旨，不专事笺注，而独利先圣微言于语言文字之外。”①可见，庄氏在注述时已触及经典意义的超文本性，将经典诠释定位更多地设置于超越于文字之外的本质理解。庄存与释经强调“阅读”，他说：“指之必有其处，持之必有其故，力争乎毫之差，深明乎疑似之介，凡以养其良心，益其神智。”②即阅读经典时，既要关注于其文本的真实性与精确性，又要对之进行内在的精神理解，如此方能体悟“圣言”潜在的内涵意蕴。其实，这也是他进行经典诠释的基点——诠释不

① 徐世昌：《清儒学案》，中华书局 2011 年版，第 2793 页。

② 庄勇成：《毗陵庄氏族谱·少宗伯养恬兄传》，民国 24 年铅印本，第 17 页。

纯然是对具体文字的注脚和校订，更为重要是要找到超越于字面之外的根底意思。

在庄氏对《春秋》文本的一系列注释中，易于看到他始终着力于揭示经典所载有的恒常和普遍的意义和信息。如他界定了“奉天子”与“宗文王”，突出公羊学理论体系中尊奉王室、重国君是受天命而治的核心观点；将“存三统”“大一统”“张三世”规定为中国古代历史和文化的基本模式，建构循环论；将《春秋》意旨总结为在太平世的理想，宣扬文化一元化和政治中央化等。显然，庄氏的学说具有明显的“供奉王室”的特色，目的在于从政治上、制度上和思想学术上维护君主专制的特色。而这必然需要反复进行安分守己、臣服统治、恪守礼法的教化言说，故庄氏在释经中不遗余力地运用“一般”性的道理来说明“特殊”的事件。汉代《春秋》公羊学本有政治性、比附性、变易性三大特征，但庄氏却只重政治性与比附性的发挥，对变易性置之不理。原因是，变易性易成为变革的理论，与之维护封建统治秩序的理念相悖。若以诠释学角度分析，这与其所说“《春秋》之道则不穷”①之语十分贴切——《春秋》之所以能成为经典，在于它承载了中华文化仪式、制度和政治的恒常之道与原则，而在封建社会中伦理纲常即是“道”，维系而不是改变它乃为天下稳定的根本。

在庄存与看来，存有“道”是文本能够成为经典的根本前提所在，圣人文本之所以能历经百代之传而不废，其永恒性来自本体宇宙论根底的萌发。天地万物皆立足于“道”，道化身于文字藏于经典之中。“《易》有阴阳，《书》有九章，《诗》有五际，《春秋》有灾异。皆列终始，推得失，考天心，以言王道之安危。言天下之至赜而不可恶，言天下之至动而不可乱。盖三才之道备矣。”②“道”提供了符号、形象和象征，或曰宇宙的寓意，让历代圣贤创作出让人之性命可以托付的经典。如汉儒所言“圣人见道，然后知王治之象。故

① 庄存与：《春秋正辞》卷十，收入《续修四库全书》第 141 册，上海古籍出版社 1995 年版，第 100 页。

② 庄存与：《味经斋遗书》，清道光间庄绶甲宝研堂刻本，第 1227 页。

画州土，建君臣，立律历，陈成败，以示贤者，名之曰经”[①]，圣人识“天道”，通过文字书写将之转化为“人道”，“贤者见经，然后知人道之务。则《诗》《书》《易》《春秋》是也”。于是，经典最终成为历史与文化的印记，并具备了本体宇宙意义。[②]

刘逢禄是庄存与的外孙，著有《春秋公羊何氏释例》《公羊何氏解诂笺》《论语述何》等书。他强调理解文本字义是诠释经典的第一步，“余束发诵经，感于司马文公之言，凡读书必先审其音，正其字，辨其句读，然后可以求其义。”[③]并且认为，审读文本要遵循五个原则：正文字、征古义、祛门户、崇正义、述师说。因此，他在发挥《春秋》大义前，首先运用考据为公羊学对经典的解释提供了知识论依据。刘氏认为，东汉古文经学过分琐碎，西汉今文经学可以取而代之，成为儒学的理论基础。不过，今古文经的对立并非不可调解，于是他设计出一条寻求义理、考证彼此平衡发展的文献学路径。

刘逢禄在经典诠释中严格遵守以考证开启义理的路线，着力阐发今文经义所蕴涵的深意，尤其是庄存与学术思想中的历史观念。他指出，《春秋》是儒家治理天下的思想精粹，“三传”中只有《公羊》是孔子的真传，故相应注解要点在于重新发扬早已幽暗的“微言大义”，以求得圣人视域中“经宜权变”“损益制作”等思想的真谛。他力主“张三世”，传达时代变动的信息，并从学术上、思想上、日常实践中广寻根据，以证明公羊“三世说”乃为恒常真理，“变”是普适通用的原则；发挥“通三统”，大论治国“穷则必变”之道，并将对“变易”的考察视域放大——跨越春秋时期的限制，放置于中国整个历史空间，从而确证“变”之于历史与时代的意义；阐发“王鲁”“黜周”，论及“大一统”的思想，以证明公羊学说对形成统一国家所起到的推动作用等。

---

① 班固：《汉书》，中华书局 2016 年版，第 457 页。

② 参见伍安祖：《抉发经典：作为本体宇宙呈现的文本意义》，载郑吉雄编：《东来视域中的近世儒学文献与思想》，华东师范大学出版社 2008 年版，第 61 页。

③ 刘逢禄：《五经考异》，收入《续修四库全书》第 1501 册，上海古籍出版社 1995 年版，第 171 页。

显然，刘逢禄的诠释公羊学说思想已与庄存与有了一定不同。刘氏强调“变易”，与自清乾隆末年起中国社会走向衰落、危机局面已潜在孕育发生有关。他的经典注说中时常会强调：“王鲁者，即所谓以《春秋》当新王也”①，这已隐约地传递了时代正在经历变动的信息。但与祖父庄存与思想一致的是，刘逢禄也坚信经典中存有一个高悬于历史文化之上的本体宇宙实存——道，“圣人之道备于五经，而《春秋》者五经之管钥也。”②不过，他的“道”是有层次之分的：“天道”是运行不息的宇宙之创始之源，乃是根本不可变；“人道”乃是“天道”落实于人间，因受到的影响因素错综复杂而或有“迷失”，需要“治乱之道”加以修正。“夫治乱之道，非可一言而尽。《易》变动不居，由一阴一阳而穷天地之变，同归于乾元用九，以见天则。《春秋》推见至隐，举内包外以治纤芥之慝，亦归于元始正本，以理万理。故平天下在诚意，未闻枉已而能正人者也。《春秋》之化，极于几有血气之伦，神灵应而嘉祥见，深探其本，皆穷理尽性之所致。为治平者，反身以存诚，强恕以求仁而已矣。”③刘氏将属于德目的“诚”“恕”“仁”和属于天道范畴的“阴”“阳”联系起来，意在说明透过宇宙论的本体思维可以推导出合理的人文世界的见解，主体对于人性和道德的感悟有助于“治乱”的实现，“明王者当奉顺四时之正也，有事不月者，人道正则天道定矣。”④

从根本上说，刘逢禄对于“道”的理解有着内在的局限。在他心中，君主专制制度实为不可改变之道，而可改变的应是具体的治国措施之类属于较低层次的“人道”。而这与之独特的本体诠释思维有关——在经典文献上寻求的意

① 刘逢禄：《春秋公羊何氏释例》，收入《续修四库全书》第129册，上海古籍出版社1995年版，第518页。

② 刘逢禄：《春秋公羊何氏释例》，收入《续修四库全书》第129册，上海古籍出版社1995年版，第302页。

③ 刘逢禄：《春秋公羊何氏释例》，收入《续修四库全书》第129册，上海古籍出版社1995年版，第465页。

④ 刘逢禄：《春秋公羊何氏释例》，收入《续修四库全书》第129册，上海古籍出版社1995年版，第466页。

义是属于本体宇宙论的，但诠释的真正效果在于人文世界的关怀。所以在诠释《论语》“天何言哉”一句时，刘氏注出如下的话：“圣人之文，天文也。天道至教，春秋夏冬风雨霜露，无非教也。……不书者胜于书，使人沉思而自省悟，不待事而万事毕具，无传而明，不言而著，子贡知之。故早夫子之言性与天道不可得而闻也。”①

应该说，以庄存与、刘逢禄为代表的常州今文经学兴起绝不是偶然的。因为以儒学为主导的中国诠释学的内在架构始终维护着一个“自足”的世界，知识论、方法论等在其中的发展只会是支系，不可能长期成为主流。人的思想会受到本体宇宙准则的激发、启示、推动、教育，内生成为主体的规范和品性，指导践履，是中国诠释学的根本特质。清代汉学过分宣扬“由字以通其词，由词以通其道”的治经路径，只讲学术而不问政治，倡导知识论为经典诠释的全部，同时统治者的政治高压使得恪守祖训似一块铁板，这些都让经学发展犹如一潭死水，此时，来自经典诠释学说内部的抗争自然会萌发、壮大。庄、刘等发明的融合穷索训诂与玄思的哲理追求，不断从文字与文献中挖掘本体宇宙价值的实践，正是中华经典“本体诠释”思想的回归。他们致力于让人们对古代典籍的理解发生于在书本知识领域与社会政治运作下的真实日常生活中。其要让人们明白，学术并非为学术而学术，对于古代文化的研究要满足当下公众的利益。

当然，在清代考据学发展尚未进入“暮年”阶段的时候，庄、刘等人的论说不可能完全脱离汉学的印记。如庄存与的主要工作仍是“考证”、整理《春秋》文本，刘逢禄在著述时同样将“审其音训、别其句读、说其衍脱，析其同导”等训诂之法，作为经典诠释的主要工夫等。所以，曾引发现代新儒家学者钱穆的评价，认为其不过是“清代汉学考据之旁衍歧趋”②。但无论如何，突破文本语言制约，借阐发圣人“微言大义”表达出“新”思想的努力，已然在常州今文经学研究中开花、结果。

---

① 刘逢禄：《论语述何》，收入《皇清经解》第19册，上海书店出版社1988年影印版，第221页。

② 钱穆：《中国近三百年学术史》，江苏广陵古籍刻印社 1990 年影印版，第 582 页。

1840年的鸦片战争，让中国传统社会发生了深刻的变化，清王朝中央集权的君主专制制度已濒临崩溃。在内忧外患的形势下，救亡图存成为时代主题。皓首穷经的治学模式终于走向末路，接着宋明理学讲，以独立思考精神开出理学新生面，逐渐成为社会有识之士的共识。如此一来，“本体诠释”的发展空间快速放大，具体于文本内的本体主体性表达成为新的时尚。在社会中不断高涨的“正人心、开新风、兴教化”呼声中，龚自珍与魏源的新思想应势而出。他们以“心”的彰显为经典内在的“本体”旨向，借今文经学、公羊学乃至佛学，言说社会发展史观、批评封建专制、关注社会民生，让经典诠释与经世之风重新融合为一体。

龚自珍与刘逢禄间具有师承关系，其所著《五经大义始终论》一文实为刘氏思想的延续。在该文中，龚自珍运用今文学去解释五经思想体系的整体，称之“大义终始”。他把《春秋》引申出的三世说和《洪范》“八政”配合起来，贯穿五经，以解其大义，凸显出鲜明的常州学派学术特征。龚自珍解《春秋》同样重“变易”，他将《公羊传》的变易历史观与《周易》的“穷变通久”的哲学观糅合起来，论述“改革”是社会发展的内在要求和历史演进的必然规律，告诫统治者要及时自行政治“变革”，否则将来改朝换代，将被他姓王朝加以取代。在论及公羊“三世说”义旨时，龚氏运用象征和隐喻手法，以“早时”“午时”“昏时”来描绘专制统治的濒于崩溃、社会危机随时将要爆发的抽象道理。“早时”是专制皇权的上升阶段，其如初升的太阳有力地控制全国；“午时”的统治集团仍然有力量控制局面，制度、秩序尚未崩坏；“昏时”乃为日薄西山，统治者不思进取，对社会的控制性恰似夕阳的余晖，他们面临穷途末路的窘境，整个社会的伦理秩序都被颠覆。当执政者陷于孤立无助之境地，山中之民则齐心协力，一呼百应，“京师苦日短，山中之日长矣”[①]之际，时代大变动就要发生了。

变革旧的政治制度，挽救社会危机，寻找富强之路，是清嘉道以后中国文

---

① 龚自珍：《龚自珍全集》，上海古籍出版社1975年版，第125页。

化发展的方向和主流。龚自珍深刻地感悟到这一点，所以他沿着刘逢禄的思路将对《春秋》文本“变易”的诠释意蕴开发得更加深入。但与其师思想不同的是，龚氏在对经典意义的理解中将宇宙论原则转化为心体论原则，重视“心”的根源性意义开发与实践。因为在他看来，心是内在自我主体精神的一种潜在能力，是主体自信、自尊、自强的力量。主体只有不断发扬、壮大此力量，方能克服战胜一切艰难险阻，不折不扣地实践价值目标，奋发向上地打破“万马齐喑”的旧格局，开出“不拘一格降人才”的新世界。

龚自珍认为心是不可知之觉，知是主体认知能力与客体事物相接触、感应而获得的知识，觉是内在自我主体精神的活动作用，心灵的想象感悟，不受时空的限制，由之可以明了千百年之前与千百年之后的天地。圣人与凡人都具有“知”的能力，而“觉”的能力只有圣人具有，“不可知者，圣人之觉也”①。心能造作天地万事万物，即是天地万物的根源，或曰心为天地万事万物的形而上本体，“八万四千尘劳，皆起一心”②。由此推之，凡是经典，均是圣人用心写出，其记载着“觉”，而其要说明的道理亦是“心”之根本如何创建并改造世界的。于是，龚自珍解经时所说的“春秋作新王”，“《春秋》有‘常’有‘变’”等命题便不难理解——皆是“心力”作用所为。

在诠释经典时，龚自珍还谈到了“尊心”问题。他说，后人尊重经典，就是尊重圣人之心。具体来说，乃后人理解经典不应以简单的“一己之见”去思虑、反省，而应严肃认真地去客观审视，认真独立思考文本内含的圣人心意。犹如唱戏的号角歌舞，哀乐万千，但要自己用心去体认，从中获得启发，自己用心作出独立评价，有所智能创造。③由“尊心”出发，龚氏谈到了性情问题，重在论述“私”的无恶性。他举《诗·七月》“先私而后公”、《诗·大田》“先公而后私”、《诗·采薇》“公私并举”、《诗·羔羊》“公私互举”之例，肯定“私”是“心”本性的流露，非是恶的本源，从而言说“尊情”。简言之，龚自珍以“心”

① 龚自珍：《龚自珍全集》，上海古籍出版社 1975 年版，第 127 页。

② 龚自珍：《龚自珍全集》，上海古籍出版社 1975 年版，第 393 页。

③ 参见张立文：《中国哲学思潮发展史》，人民出版社 2014 年版，第 1510 页。

的向度来理解经典，旨在彰显内在自我主体精神，发挥心力无穷力量，以使个性自由，尊心、尊情，发奋图强，振兴国家。

可以看到，虽仍为今文经学者，但龚自珍的经典诠释与前代已有很大不同。那种以经书为旨归，依经立论，让“经学幽而复明”的传统思维，已被龚氏“不必泥乎经史”“通乎当务之世”的理念所替代。实际上，龚自珍已不再迷恋历代相传的经文，而只是借用其“出没隐显”的“微言”。如果说庄存与、刘逢禄等在嘉道年间还只是借经言政，从经典中寻找经世致用方案的话，那么龚自珍显然走得更远，他是根据当时形势，切身体察，借解经之形式，言自我改革之见的。这使得龚氏的经典诠释与经典文本自身的贴合性日渐松弛，借题发挥式的结论比比皆是。正因如此，后儒曾对之诘难：“如龚氏言，不知何以解夫子之作《春秋》，是犹或于刘歆、杜预之说也。”①

魏源也是刘逢禄的弟子，由于亲历了两次鸦片战争，深感民族受辱，国难深重，所以更为激进地主张改革政治、兴利除弊、救亡图存。他在解读经典时，重在宣扬经典大义对于人的生存意义和价值的启示，旨在发扬中华民族的内在自我主体精神，整肃人心。魏源的经学研究成果主要有二：一是《诗古微》，一是《书古微》。前者系是对西汉今文学派韩、鲁、齐三家传和解释《诗经》作系统的考察。魏源坚决廓清传统解《诗》模式中流行的“美刺”说，“执编《诗》立教之意，以为作《诗》者之意。于是以《凯风》为出于美孝子者之所代作，以《桑中》《氓》《丰》诸诗咸出于刺淫者之设词。则是至诚恻怛之什，既皆不病之呻；而《子夜歌》《杨白花》之曲，皆可为讽刺之什。”②后者系是对伪《古文尚书》的黜除。魏源从学术史变迁的新视角提出应对西汉《尚书》今文家说给予重视，揭示出东汉《尚书》古言语学说尚存可疑之点，并且针对西汉今文学说何以由兴盛到衰落进行反思。

表面上看，魏源似乎仍在重复乾嘉学者所做的考据工作。然而，其旨向在

---

① 皮锡瑞：《经学历史》，中华书局 2011 年版，第 252 页。

② 魏源：《魏源集》，中华书局 1976 年版，第 113 页。

于推动学术风气革新。这不是书斋式地做学问，而是由强烈的时代责任感所驱使，寻找和锻造变革时代所需要的思想武器。他曾称考据末流为“浮藻之说”，称空谈心性为“空虚之学”，指出领悟经典在于“明道”，而“明道”需“道”“用”结合，所谓“道”之义必须体现于治国经世、民生日用的实事之中。魏源还着力于发挥公羊学之变易思想以深入反思社会现实，通过对历史经验的思辨性领悟，创造出一套在清代中后期极具创新性的进化发展与变革理论，指出宇宙中万事万物始终在“变”，新旧代嬗是历史的必然规律，中国社会亦不能例外。

魏源将当时社会所面临严重危机的根源设定为人心的蒙蔽与不觉悟。为此，他提出通过净化人心以达成人心的光明。他说，心是天地万物的价值之源，只要彻悟心源，万物皆备于我心，只要大知大觉，完全恢复心的光明，就可以与天地合德，与日月合明，达到天人和合的境界。为了进一步论证“心”的宇宙论意义，魏源通过诠释佛经来说明问题，“夫不读《无量寿》，何以知法藏，因地愿净之宏深，与果地之圆满。不读《十六观经》，何以知极乐世界之庄严，与九品往生之品级。大心既发，观境亲历，然后要归于持名，非不可以持名而废发愿观想也。持名至一心不乱，决定往生，而后归宿于《普贤行愿品》。”①“观经是心作佛，是心即佛”②，明了佛理，自然可使吾心光明。光明的心可以作为本觉光明体，普照天地万物，并且还能自造自化，突出一个“自”的特殊价值，也就是独立的自我主题精神，通过自心的道行修养，振奋自我自主精神和民族精神，以救国图强。魏源还以心性理论思维为基础，会通儒、释、道，融合佛教各宗，即天台之观心，华严之真心，禅宗之识心，净土之自心，以心力感佛力。从他借经典诠释抒发自己思想的行动上看，实则存在预设——理解经典其实是为了认识宇宙终极存在，而对宇宙终极实在的认识与把握离不开人的存在本身。无疑，这也是一种“本体诠释”思维。

与龚自珍一样，严格地讲，魏源的经典诠释中“经典”与“诠释”联系的

---

① 魏源：《魏源集》，中华书局 1976 年版，第 247 页。

② 魏源：《魏源集》，中华书局 1976 年版，第 251 页。

密切性也已背离经传贴合之传统。实际上，魏源所做的更似一种从经典文本之中提炼特定永恒信念的工作，虽然缺少雄辩性文辞和多元化释经方法，但其对于经典内在之本体宇宙意义的追寻却是毋庸置疑的。当然，魏源借经文以言其他的倾向十分明显，实有“诠释过度”之嫌。但究其目的，寻找快速改变社会危机状况的“依托点”，团结力量抗御西方列强侵略的初衷溢于言表。魏源于中国经典诠释学说的贡献是，将今文经学的发明从《春秋》扩展到《诗》《书》，拓展了今文经学的领地；将儒学对于“本体”“心”的体悟，由“经”转向佛学典籍，打开了更为宽阔的空间。

按当代学界的看法，龚、魏的思想处于清代今文经学发展的第二阶段。其与前一阶段最大的不同是，已开始托经议政①，赋予经学发展新方向。梁启超为之评价：“数新思想之萌蘖，其因缘固不得远溯龚、魏。……凡社会思想，束缚于一途者既久，骤有人焉冲其藩篱而陷之，其所发明者，不必其遂有当于真理也，但使持之有故，言之成理，则自能震耸一般之耳目，而导以一线光明。此怀疑派所以与学界革命常相缘也。”②更进一步，龚、魏二人为清代今文经学的本体诠释亦带来了新思想——以实事为导向，借经典思想阐发，将圣言文字本体的意义从宇宙和天界的超越世界，转移到属于人文事物和行为的内在世界，将“道”操作化为“心”，开辟出心体论哲学之思的新境界。

19世纪末的中国，经历了甲午战争的惨败、洋务运动的破产，社会对于清政府彻底进行改革的期盼日益浓重。随着身心情感不断受到列强的刺激，有识之士们坚定了变法图强，救中华民族于水火的决心和信心。此时的今文经学家大多归属于资产阶级维新派阵营，他们利用以《春秋》公羊学为主体的今文学“微言”为维新变法寻找理论依据，中华经典的诠释学说日益与政治上的改良相联系，确立文本内在的宇宙根源意义，之后将对本体问题的探究转化为社会政治、人生问题的探索，成为一种普遍流行的模式。由于具备明确的政治指

① 参见丁原明：《清代今文经学浅论》，《山东社会科学》1995年第6期。

② 梁启超：《论中国学术思想变迁之大势》，上海古籍出版社2001年版，第127页。

向，今文学家诠释出的经典意义不免有“曲解”和“夸张”之嫌，但从某种程度上说，这也正符合“本体诠释”操作化的一个原则——作者的意义乃是透过读者阅读文字的过程而传达，不论其意义是如何地被读者理解。

清末大儒廖平，经学思想曾出现“六变”。青年时，他有着从宋学转入古文经学，又古文经学转入今文经学的经历，师从王闿运，钻研经典微言大义。1880年左右，廖平开始研究《穀梁传》，体会到《春秋》三传各有千秋，从而得出“平分今古”的说法，著成《今古学考》，成为其思想“第一变”的标志。“平分今古”之说赢得学界诸多赞誉，然而很快廖平思想转向了“第二变”的“尊今抑古”。究其原因，乃是“既风会之所趋，又形势之交迫”的产物。他深感社会新旧（古今）之间存在不可调和的矛盾，此矛盾折射在学术上表现为古文经学和今文经学的矛盾。当全社会都在寻求让深受磨难的中国走向光明之道路时，廖平也想提出自己的救世之方。他要尊孔子、尊孔经，而古今矛盾的存在客观上使得孔子、孔经的真实面目不甚清晰，所以为了恢复孔子的至圣本真，必须“尊今抑古”。但很快，他再次发现真正让中国陷入亡国亡种之民族危机的根源是西方帝国主义的入侵，解决古今矛盾是不会解决中西矛盾的。于是，他决定重回孔门圣经中寻找化解之道。为此，其思想出现“第三变”，提出“小统大统”说——依孔经，为中国立万世法之“小统”，为世界立万世法的“大统”。冷酷的现实证明，“小统大统”说并不能救中国。对此，廖平想到的挽救办法是将孔子及其学说“神化”，提出孔子所制的万世法适用范围可从六合之内的地球扩充到六合之外的天体，于是在“人学”之外，又推衍出“天学”，促成其思想“第四变”的发生。晚年的廖平致力于为孔子之学的普遍运用寻找更多的历史文献依据，使之理论臻于完善。进而出现思想中的“第五变”——天人大小，以及“第六变”——以《黄帝内经》五运六气解《诗》《易》等。

虽然廖平在对经典的诠释中并未提出明确的类似宇宙论的“形上学”本体论说，但从其思想“六变”特质的一般规律总结中还是可以看到其存有一通用的原则——维护孔学之权威，认为在中华经典中存在具有普遍意义的关于“天”与“人”存在根本法则的记载。他说：“天生孔子，不但为中国一隅之圣，殆将为天下全球之圣也；既为中国一时之圣，又将为全球成世之圣也。”① 中华经典实为“天人之学”，《诗》《易》为天学二经，《中庸》《大学》等为之传记；《春秋》《尚书》为人学二经，《王制》《周礼》等为其传也。除去廖平思想“六变”中的“光怪陆离”成分，其中还是包含许多可用的学术价值与社会价值的。尤其是，他的思想直接启发了康有为《新学伪经考》与《孔子改制考》的出现，让社会对于中华传统典籍的认知为之一新。

戊戌变法运动的领导者康有为矢志于会通古今中西，以能实践“治国救民为志”的理想。他由阳明心体之学而入佛学，试图把佛教思想与儒家今文经学、西方自然科学、社会科学知识融合起来，作为自己哲学理论思维的基础。其反映于经典诠释活动中，即以杂糅中西思维特质的方法解读文本，使得中国传统解经学样式发生了“别样”改变。康有为一方面否定古文经学，另一方面重树孔子形象，将之塑造为一个倡导托古改制的圣人。他在宣讲“公羊三世说”时，更是注入了诸多西方近现代政治思维要素，实际上促成了通过经学变革进而推动中国传统政治观念革新的结果。其以“制度说经”，对中华典籍文本的关注多集中于政治论说，主张“信今攻古”；以“西学说经”，将“公羊学”与西方政治理论相比附，为维新变法寻求理论支持。然而，过多西学资源的引进在客观上冲淡了其今文经学的学术性质，使经学由学问逐渐变为工具，这在一定程度上为 20 世纪经学的瓦解留下了“隐患”。

康有为诠释经典虽显得“另类”，但细细品味亦可发现其依然有着特定的“本体诠释”属性。事实上，他十分注意对经典中恒常概念之本体意义的挖掘，并以之与佛学之理会通，“宋儒言《大学》最有功，言《中庸》《系辞》已入佛理”②，“以佛释儒书，天命之谓性，清静法身也。……戒慎恐惧是本体，不睹不闻是工夫。”③其认为，宋明理学式的解经大多停滞于经典文字的外在躯壳世界，所谓表象，而经典真正的意义在于对世界本源的探究，所谓内在。他说，因孔子

---

① 廖平：《廖平全集》，上海古籍出版社 2015 年版，第 1145 页。

② 康有为：《万物草堂说》，中华书局 1988 年版，第 253 页。

③ 康有为：《万物草堂说》，中华书局 1988 年版，第 153 页。

以“仁”为首要价值，所以与之有关的经典思想主旨大都“一切以仁为本”①。仁便是人，人都具有仁心和仁的道德心，仁作为人的天性以博爱为根本，“仁者，公德。博爱无私，万物一体者。”② 在这里，实已尽显“仁”所具形而上价值的本体意义了。

康有为在诠释孟子“不忍人”之语时，讲：“不忍人之心，仁心也；不忍人之政，仁政也。虽有内外体用之殊，其为道则一，亦仁而已矣。”③这是对“仁”在哲学意义上的体用关系的说明：不忍人之心为仁心，其内为体，不忍人之政为仁政，其为外为用。由“仁心”出发，康有为又谈及了“心”的意义，“心者，人体之精争，凡知觉运动，存记构造，抽绎辨决，情感理义，皆是也。”④这既是对孟子尽心说的发挥，同时也彰显了心的价值。在诠释《论语》中的“忠恕”之道时，康有为说：“中心为忠，如心为恕……盖以不忍人之心，行不忍人之政，推至天地位，万物育，其本亦不过尽已心而为忠，推己心而为恕耳。若不忠，则为忍人之心；不恕，则不推不忍人之政，可以天地闭，万物灭。故忠恕虽约，而大道已矣，更无余法。”⑤如此的话语，明显出于立足宇宙价值本体意义上的理解，“忠恕”范畴隐约化身为伦理道理“心”，已是兼内外、合天人的形而上与形而下融合的根底之心了。

康有为自称：“吾一生论理每发一义，必举其本末、内外、大小、精粗、完满不漏而后为之。”⑥的确，中国古老的经典诠释学在他的手中大施异彩，其发明的融中西、贯古今的手法，将西方政治思想和政治制度注入经典理解的方式，使得中国古本文本大多成为其变法的理论基石和重要武器，在一定程度上也成为他自我寄寓社会理想的载体。不过也应看到，康有为所进行的“本体诠

① 康有为：《论语注》，中华书局 1984 年版，第 3 页。
② 康有为：《论语注》，中华书局 1984 年版，第 112 页。
③ 康有为：《孟子微》，中华书局 1987 年版，第 10 页。
④ 康有为：《孟子微》，中华书局 1987 年版，第 18 页。
⑤ 康有为：《论语注》，中华书局 1984 年版，第 52 页。
⑥ 康有为：《大同书》，中华书局 1987 年版，第 575 页。

释”论说明显已弱于庄、刘、龚、魏，这与他确立的“先破后立”的解经方式有着直接关系。事实上，他利用思想论说打倒了今文经学以外的大部分儒家经典，这是对传统经学的一种颠覆式的改造，其目的虽然是回归孔子，返本开新，但这种改造的过程削弱了经典的神圣性。并且，基于鲜明的政治指向，他也不会刻意宣扬经典中的本体论说。其所涉及的“仁”“心”等解释形上学思想，目的是彰显孔子的伟大。此种“不是为了经学的经学”的寻根行为，自然难出理解新意。

从庄存与到康有为，清代今文经学的发展全面超越古文经学，社会中许多新思想均是借助其对文本“微言大义”之解读而传播开来的。圣人大义隐藏于经文之中，为了解这些刻意或无意隐晦的文字和文本，必须抉其义例，挖掘其思想根底形上意蕴，以得经典本质，乃是范式化的治经流程。众所周知，今文经学喜不依附文本而阐发诠释者自我思想，其对字词本身不感兴趣，所谓“假经设谊”，把更多的业精力放在思想内容的阐发上。然而，虽同属今文学派，同以“春秋公羊学”为根底，但不同学者诠释的效果是不同的。庄存与、刘逢禄等重经典文本宇宙论原则的开发，源于他们认为万事万物都立足于“道”，道以文本的形式存于经典之中。承载着恒常之道的经典之所以能流传，在于世间人文与宇宙的恒常联系，经典之超历史、超语言的存在意义正源于“道”的存在。“道”不仅是义理之根，而且是“经世”的依托。龚自珍与魏源将对经典本体的开发由宇宙论转向心体论，背后的原因是他们要让公羊学理论由书斋走向社会，从论学走向议政。面临封建社会“衰世”的到来，其渴望通过改变传统“不变”心之理念，通过“变心”来变革社会现状。让公羊学说与心体学理论的结合，达成批判社会现实，改革世人因循守旧观念，以促挽救社会危机的效果。廖平治经虽表面不提本体之说，但实际上他竭力把孔子确立为万世之圣，而且是天体宇宙的立法者，要把孔学变为一种宗教神学，这有将形上本体以具体人物形象形式表达的倾向。他要为已濒临亡国亡种的中国，快速找到新的精神支撑，而在一定程度上放弃了本体之“玄虚”。康有为真正把晚清今文经学推上国家政治舞台，他要让经典诠释成为戊戌变法的理论武器，其对典籍中“心”与“仁”等本体范畴的开发，关键原因在于使之为维新变法服务，这也是对儒家经学所作的现代转化努力。

如果说，汉代今文经学重经典中“天”“上帝”等本体概念与“器化”的世俗生活相联系，源于为统治阶级寻求社会政治秩序稳定的依据，讲究“尊王”与“大一统”的话。那么，清代今文经学实则以“本体诠释”为工具，旨在解决当时社会人们的制度焦虑问题，也是学者通常所说的“外王”。而这也与将经典诠释作为建构形上本体、追求精神超越的宋明理学解经理念不同。因为宋明学者所做的事是着眼于解决当时社会人们的生命的困扰问题，也就是学者通常所说的“内圣”。当然不可回避的是，乾嘉学者们亦曾发明“以词达道”式的本体化经典主旨理解。但如此考据学式的形上追求，归根到底只是为了寻求经典文本本义，即不求功利的外王，也不讲超越的内圣。可以说，清代今文经学的“本体诠释”存在的意义是独特的——成为社会政治与思想观念创新的“利器”，也说明了“活着”的经典诠释学必须与当下生活紧贴在一起，同时要对现实生活产生影响。

（三）“涅槃”中的中国诠释学

18—19 世纪的中国诠释学发展经历着一次重要的“涅槃”过程。一方面，它表现为清代经学对宋明经学的理学诠释体系的解构；另一方面，它表现为力图“重构”一种新的经学思想体系。当经学的理学诠释体系被解构后出现了这样一个问题：取代理学的新的经学思想体系是什么，新兴的考证之学是否就是新经学思想体系的表现形态？回答当然是否定的。考证之学只是一种方法之学，它着眼于具体历史的事实的说明，而并不着眼于哲学思想体系的建构。虽然如凌廷堪提出过“以礼代理”的理论构想等，但都未能建构起足以与宋明理学相抗衡的思想体系。甚至整个清代，学者们未尝不在努力打造一种新的经学思想体系，但直到清末的康有为才算有了新的经学思想体系的雏形。康有为以今文经学为载体，吸收西方的民主思想、宪政理论与公理论的逻辑论证方法，建构了一处近代儒家经典诠释学，以因应他所倡导的维新变法的政治需要。然而，不可否认的是，此时中国学术思想发展程度已大大落后于西方学术。随着戊戌变法的失败，康有为所建构的新的经学思想体系很快被急剧变化的时代大潮所冲刷掉了。中国传统的学术思想不能适应，也不能指导中国近代化的过程。康有为的新经学思想的提出，使儒家传统经典诠释学说有了一线向近代创造性转型的生机，但当时社会历史发展竟如此之快，当西方文化纷至沓来之时，传统的经典文化不堪其冲击，很快败下阵来。

立足今日之视角评价当时中国诠释学的发展，可见：第一，发展阶段层次清晰，泾渭分明。清前中期，汉学之“以经释经”方式显赫一时，成为中国诠释学发展主流。面对前代学问之“虚”，清初学者创造出“实学”概念，他们将人性论中的善、恶根源问题，从宋明理学家建构于形上学和本体论的意涵拉回来，落实于社群架构上讲。如此一来，人性的诸问题，就无法像理学家那样依几个核心概念诸如理、气、情之类来描述，而只能用分殊的方法，透过伦理、礼仪、制度等，从多元侧面一一切入解释。相应地，其时学术主流亦强调从客观实存的现实世界中，归纳经验、总结法则。相对于宋明理学的“理一”式一般价值来说，清代学者追求的是生长于“分殊”之中的特殊价值。他们以务实的态度，强调对于个别价值思考的重要性，关注于日常生活中“形下”事件的理解。由此，诠释学的发展与知识考古的贴合性极度升温。于是，经典中的一字一词，再无直接用道德修养工夫的个人体验加以解释的追求。相反，讲求实证的“以经释经”方式，流行开来。

然而，当汉学考据发展至极致，在乾嘉大师对其“发明略尽”后，其研究范围的狭窄性问题便暴露出来。当汉学家在经典诠释中所考名物、典章制度因原物不存在或历代变迁等故，不仅聚讼不决，而且往往堕入空谈，使清学由所提倡的“实”转而走向了相反的“虚”时；当乾嘉以来，学界形成“汉学专制”局面，“学派自身，既有缺点，而复以专制，此破灭之兆矣”；清学教人尊古，又教人善疑，导致对自身与尊奉的贾、马、许、郑的怀疑时；鸦片战争带来的奇耻大辱，使清初经世致用观念复活时①，今文经学的出现便决非偶然之故了。当清代今文经学一统天下之际，中国诠释学的方法范再次发生改变，“六经注我”式的解经之风再次兴盛。尤其是当康有为的今文学“轻古经而重时政”，“喜以经术作政化”，借用考据的形式，抒发社会政治变革之理想时，如此的经典诠释已大大超出了传统解经的范围。其实质上是早已超越出经学之藩篱，对两千年中国经典之诠释系统造成一根本性的颠覆。

第二，得失并存，褒贬不一。汉学考据之于古文献的整理作出了巨大贡献，大量经典的孤本、善本被挖掘整理出来。该古籍整理无论是在质量上，还是在数量上均超过了前代。并且，考据学的发达还表现在其分支学科的走向成熟，各门学科在方法理论上建树良多，其中尤以小学、目录、版本、校勘、金石、避讳、天文、算学等成就为突出。作为以考据为核心的诠释学，它上承明末以来为学趋实避虚的传统，下启中国通向近代学术之桥梁，其实事求是、无征不信的优良学风与客观的归纳演绎方法，为新思想的启蒙提供了前提基础。它将中国诠释学中的字义解经方法提升极为成熟的阶段，并以此解决了诸多学术史中悬而未决的问题。但其自身的流弊问题也是明显的，如其治学拘于经典，不知通变，不敢议经、驳经；拘于汉儒、门户之桎梏，重视守家法、承专门；在诠释活动中，因小学方法与材料运用中的局限，拘形索义、望文生训、轻言假借、滥用声转等。尤其是，其讲求“以经释经”，相信诸经及注疏中多存七十子之大义微言，故相为引用，或诸经互证，或以经文与己说相证，至使诠释空间狭窄，客观上为中国诠释学的进一步发展，设置了人为障碍。

今文经学虽说在形式上是“复西汉之古”②，但实则不然，可以认为是新兴的社会阶层用来作为装“新酒”的“旧瓶”。在它初兴的常州学派发展时期，就治学方法来说，与惠栋吴派重师法、家法的治经路线相同。从内容上看，它早期从事的经典诠释工作只是严格遵照西汉今文经学之解经准则，发公羊之旨

---

① 参见梁启超：《清代学术概论》，天津古籍出版社 2003 年版，第 63—65 页。

② 梁启超：《清代学术概论》，天津古籍出版社 2003 年版，第 10 页。

以完整呈现经典原貌。就其精神实质而言，这其实是一种纯粹的、与现实政治不发生相关联系的学说，只是一个从书本到书本的过程，明显缺少西汉公羊学与现实政治紧密相连的真精神。而到了它后期发展阶段，随着廖平与康有为的出现，经典诠释工作中的“变革”意识增强，公羊学中关于孔子改制的理论表达不断丰富，它终于不再是“照着讲”，而变为“接着讲”。廖平、康有为二人已尝试突破公羊学家法、师法的局限，也不再强调经学与其他学说的区分，甚至还模糊了中学和西学之界限，创造出一个容纳古今中西的各种理论杂糅的“新学问”。其实质，是借今文经学的外衣，为传统经学打造出多元化思想观念、诸学科理论共融的“大生面”，这显然具备了近代学术范畴的意蕴。尤其是，此时廖平、康有为等真正开始了“以经议政”的努力，将经学与时代政治紧密结合起来，要让经学研究为时代需求服务。遗憾的是，其结果以失败而告终。后世对于此阶段今文经学发展的评价不一，趋于一致的观点是，廖平、康有为之前的今文经学在根底上还是以复古为主，而晚清新的经学形式兴起，则是社会阶层中新旧势力在保守与变革中相互博弈的一个成果。

第三，诠释学与经典的分离初见端倪。中国诠释学自诞生至晚清的2000年间，虽然形式发生过多次转变，但学说思想生长不离的经典的特质一直未曾改变。然而，自晚清今文经学起，这一现象“破天荒”地发生了变化。可以看到，在廖平的诠释理论中虽以尊孔尊经为宗旨，但对孔子和孔经作出了随心所欲的改造。传统经学讲论六经都主张严守典籍，反对杂引其他学说。而廖平虽然名义上依六经为说，但又公然杂引诸子百家、谶纬、道德、佛教等一切中国古代学术，以及西方的地理学、天文学等自然科学知识及其人文社会科学、宗教学的各种材料。廖平的经学思想是以维护儒经为出发点的，但是他却对历史上的经学派别一一否定，先是否定古文经学为刘歆所创，又讲今文经学囿于一隅，随后批评宋学、清代汉学。在他看来，历史无前例的经学派别都未了解孔子与孔经的真谛，只有他的尊孔尊经才发现了孔经的真义。然而，历史上的经学派别都被否定了，那么经学的基础及其存续的历史依据是否也不存在了。康有为更为甚之，他采取激进的“先破后立”形式，打倒今文经学以外的大部分儒家经典，他源引西学，结合现实以重建儒学，但其目的虽是回归孔子，返本开新，但这种改造的过程实则削弱了经典的神圣性，反而起到了瓦解整个传统经学的作用。他不依经典文字立言的方式，亦在另一个层面说明经学之于现实生活的无能为力性。但无论怎样，晚清经学的改变的确改变了中国诠释学的面貌，使之由一种理解经典的工具，转化为具有些许独立性理解的学问了。

二、西方“一般诠释学”的产生与发展

毋庸置疑，曾经发展至鼎盛的中国诠释学在 18—19 世纪逐渐步入衰微的态势。与之相比，西方诠释学却在同一时期发生了“质”的跃迁。在丹豪尔的《神学诠释学或〈圣经〉解释方法》出版以后的 200 余年中，最初在《圣经》诠释名义下发展的理论、方法和技艺被广泛应用于法律和文学领域。于是针对不同对象的诠释学出现了，它们虽然在遵守语文学规范方面有着某些共通性，但在涉及各自的领域问题时却显示出很大差异。这样，确立统一的原则就成了诠释学所面临的首要任务。

（一）一般诠释学思想的孕育

18 世纪的欧洲，理性主义、批判思维、启蒙思想、科学精神等新兴思潮如雨后春笋般普遍开花结果。宗教改革与文艺复兴运动，让长久禁锢于宗教神学的人们得到空前的思想解放机会。人文主义与历史意识登上舞台，西方古典诠释学出现了向近代转型的征兆。特别是欧洲语文学的兴起，为刚刚突破神学框架桎梏的诠释学提供了新的改革要素。以《圣经》诠释学为主的传统的诠释学与语文学诠释学碰撞相融，“价值中立”意识开始渗入诠释学发展之中。当《圣经》受到的“教义学”局限日渐放松时，新的诠释空间与诠释动力开始萌

发了。社会中，对于《圣经》的语文的解释、语法的解释、历史的解释日益增多。随着人们可以接受《圣经》的作者兼具世俗的作者属性后，传统的“以作者为中心”的诠释思路慢慢发生改变。《圣经》遂逐渐以“历史文本”的形象昭示世人，人们更容易以平等的视角看待其承载的内容，以至于诠释学自身具备的神学属性悄然为学术属性替代。

诸多“新思想”的出现影响了整整一代人。人文主义学者赫尔德高举起理解具有多元性的旗帜，他指出传统诠释学常以找寻文本终极意义或唯一真理为目的，但忽略了一个重要事实——不同文化背景、历史境域、民族心理等要素均会影响读者对经典内容主旨的领悟。换言之，主体的身份是多样化的，其对相关问题的理解不免也会产生多样化。作为诠释学的后果，其不应是以得到绝对的“答案”为目标。而是应发展出一种“理解力”，让人们能够以合理的方式理解、掌握文本意义。即使是《圣经》，也应允许存在理解的“多义性”。人们在诠释《圣经》时，不仅要通过语言的分析把握书面文字的意义，还必须把整个诠释范围扩大到这些文本所赖以产生的文化背景，弄清楚作者是谁？那一时代的关怀着什么？在其中所隐含的神意是什么？就此而言，恢复文本的意义乃意味着跟随作者一起返回到产生这些文本的历史背景之中。要明确，生活于不同历史阶段的人们都会不自觉地将时代精神融入自己对《圣经》文本的理解中，其认识不尽相同是自然的现象。从特定意义上说，这同样反映着神的启示。对于经典文本的意义而言，没有一个时代能达到所谓的“绝对”理解，现实的意识总是与一定的历史文化传统相关联的相对意识。

“现代《圣经》校勘学之父”艾希霍恩出版了时代巨著《旧约导论》，其创新之处在于对《旧约》文本进行了细致入微地实证性考据，以历史的态度推断出《旧约》文本结构形成的基础与相关文献的来源构成。从形式上看，这是类似于中国传统训诂式的诠释学工作。艾希霍恩采用语文学分析方法，将诠释学的研究重心由“作者问题”引向“文本问题”。面对《旧约》中圣名的混用、叙述的错乱，以及平行段落等“困惑”，他睿智地指出：“正如我们从历史中获知的那样，希伯来《圣经》经历了所有古代书写遗存文献的一般命运”，而神学家可以承担的批评校勘任务就是使其原初形式“部分地得以复原”。① 他在诠释活动实践中，将工作重点聚集于“文本”，包括审定、解析《撒玛利亚五经》中的平行文本问题，以及使徒时期、教父时代等多位古代作者所遗存《圣经》“原本”中的异文问题等。如此一来，《圣经》文本典籍身份不断被彰显，而其作为“圣典”的神学光芒随之“褪色”，传统诠释理念中强调明确作者之意为目的的导向以及文本之权威性维系于其所预设的单一起源与意义自洽的前提，被打破了。正如伽达默尔评价的那样：“原初意义的危机引发了神学诠释学的革命，对《圣经》晦涩内容的理解需求，与对神学诠释中默示原则的拒斥，二者共同导向对新的诠释原则的需求。” ②

语文学家沃尔夫将“实践”意识引入诠释学。他将诠释学定义为规则的科学，目的是完美地交流，是“理解作者书面的或甚至口头的思想，一如作者对它们所理解的那样” ③。诠释的本质是对话，因此诠释学在根本上应是实践而不是某种特定的理论行为。归根到底，它应是一种规则的集合。通过此“集合”的应用，诠释学不仅应准确地解释出文本的字面义，而且要透过文字理解作者的创作意愿，明确与作品本身相关联的精神。诠释学还有一任务，是向他人说明某一主题，因此诠释者必须“在气质上适合于”理解主题。他必须具有移情于他人思想的普遍才能，“快速地使自己与陌生思想相协调的灵魂之光”。④ 要知道，理解是为了诠释者自己的，而说明确实向着他人的。一旦诠释者决定将说明作为自己的任务，那他就必须知道，为了谁而必须构想出这一说明。此外，诠释者还要知道，诠释学具有三个层次，或曰三种类型：语法的诠释构成了诠释学的基础，它可以处理一切有助于诠释的语言理解的东西；历史的诠释

---

① Johann Gottfried Eichhorn, *Introduction to the study of the Old Testament* , trans.George Tilly Gollop . London: Spottiswoode & Co., New-Street Square Publisher, 1888, p. 237.

② 伽达默尔：《真理与方法》上卷，洪汉鼎译，上海译文出版社 1999 年版，第 145 页。

③ Vgl. Joachin Wach, *Das Verstehen-Grundzuge einer Geschichte der hermeneutischen Theorie im 19. Jahrhundert,* Verlag von J. C. B. Mohr. Tubingen 1926, Bd. I. S. 68.

④ Vgl. Joachin Wach, *Das Verstehen-Grundzuge einer Geschichte der hermeneutischen Theorie im 19. Jahrhundert,* Verlag von J. C. B. Mohr. Tubingen 1926, Bd. I. S. 67.

是确保文本真实意义获得的前提，诠释者不仅要关心自己时代的历史事实，还需关心文本作者生平及相关时代背景，以便了解作者所把握的东西，甚至是对国家的自然与地理特征的了解；哲学的诠释起着逻辑检查或控制其他两个层次的作用，它是理解的最高形式。经沃尔夫的改造后，诠释学的实践性与事实性被进一步彰显，并且学说本身的理论体系框架具备了一定的基本轮廓了。

同一时代学者阿斯特，著出《语法、诠释学及批评的基本原理》和《语法学大纲》两本重要的诠释学理论书籍。他将诠释学的任务规定为：通过揭示古代曾经存在过的所有外在与内在的元素来理解古代精神。① 所谓的“古代精神”，即古代文物的外在形式全然显示着一种内在形式，一种存在的内在统一体，显示出它的各个部分间的和谐。② 理解古代精神必须仔细阅读经典文本文字，所以语言是传达这种精神的主要媒介。解读语言需要语法，但诠释学的价值绝不止于“语法学”的运用，它还会扮演提取文本精神意义之理论的角色。阿斯特说，精神是一切生命的焦点及其永恒不变的构成原则，将之推及古代，即“只有当一个人把握了古代精神在古代单一的作品中的单一的显现，他才能正确地领会结合在一起的古代精神之整体；而在另一方面，单一作家的精神若摆脱了它置身于其中的更高关系，也不可能被把握”。③ 基于上面的理解，阿斯特设计出诠释的三要素——文字、意义、精神，它们统一于被理解的文本之中：文字的诠释是针对个别语词和内容的解释，意义的诠释是针对文字所蕴涵的意义在其相关段落的关系中的意味性的解释，精神的诠释就是文字所启示的精神与整体观念的更高的关系解释。

阿斯特还说，由于作品意义的内在发展、作品内在部分间的彼此联系及其与更大的时代精神的关联，诠释学的任务就变成了对作品的说明。由此，诠释

---

① Vgl. Joachin Wach, *Das Verstehen-Grundzuge einer Geschichte der hermeneutischen Theorie im 19. Jahrhundert,* Verlag von J. C. B. Mohr. Tubingen 1926, Bd. I. S. 33.

② 参见帕尔默：《诠释学》，商务印书馆 2014 年版，第 103 页。

③ 帕尔默：《诠释学》，商务印书馆 2014 年版，第 104 页。

学的理解可划分为三个类型：历史的理解——关于作品内容的理解；语法的理解——对语言的理解；精神的理解——从作者整体观和时代的整体观这一方面来理解作品。阿斯特进一步区分了说明的层次：词义的诠释学——对语词的说明以及对实际语境和历史环境的说明；意义的诠释学——是对特定历史时代和特定作者之独创性地考虑，即“当它由于其所出现的位置而采取一个特殊的指向时，它便确定了意义”①；精神的诠释学——探寻支配性观念、生命观以及用以判断著作中的表达或体现的基本概念。特别指明的是，“理解的循环”一说亦来自阿斯特，“理解包含两个要素：领悟个别和综合个别成一个总体知觉、感觉或观念整体，也就是说，分解其元素或特征和结合被分解部分成概念感知统一体。因此诠释也建立在特殊或个别的发展和综合特殊成一统一体的基础之上。所以，理解和解释就是认识和领悟。”② 由此推之，理解与认识成为了“对子”，两种方法相互促生，故理解的循环亦是认识的循环：“一切理解和认识的基本原则就是在个别中发现整体精神，和通过整体领悟个别；前者是分析的认识方法，后者是综合的认识方法。”③

通过上面的论述可知，18 世纪的欧洲学者在论述中已包含了现代诠释学各种要素的萌芽，其已有了将诠释学提升为普遍适用性的理解和解释理论的倾向。就贡献而言，其进一步推动《圣经》诠释的世俗化，让诠释学得以从教会独断论的控制中解放出来；诠释学中已明确区分出对作者的理解和对经典理解两个方向；一些理论化的诠释学规则应运而生等。但是这一时期学者的思想中也普遍存在一种狭隘的方法论反思思维，他们对于规则、理解与说明等的严格区分，却在一定程度上让诠释学在应用中被肢解，其理论体系构成亦具有初始性特征。不过，当伟大的施莱尔马赫登上历史的舞台时，西方诠释学内部真正大变革的序幕终于被拉开了。

---

① Vgl. Joachin Wach, *Das Verstehen-Grundzuge einer Geschichte der hermeneutischen Theorie im 19. Jahrhundert,* Verlag von J. C. B. Mohr. Tubingen 1926, Bd. I. S. 33.

② 洪汉鼎：《理解与解释——诠释学经典文选》，东方出版社 2001 年版，第 9 页。

③ 洪汉鼎：《理解与解释——诠释学经典文选》，东方出版社 2001 年版，第 7 页。

（二）作为“技艺”的诠释学

施莱尔马赫 1768 年出生于布雷斯劳（今属波兰），后来在德国哈勒大学学习，1815 年起担任柏林大学校长。他是一位“把语文学诠释技巧与真正的哲学思维能力相结合”的诠释学理论家和实践者，以“误解”的普遍性为前提，将传统意义上作为辅助技术的诠释学提升为一门独立的学科，使其适用于所有语言理解与解释领域，从而真正构建起“普遍诠释学”。施莱尔马赫“大胆”地将历史主义思维方式引入到诠释学之中，使历史性的重构理论成为普遍诠释学的一部分，实现了诠释学史上的一次“爆炸式”革命，从而被后人尊称为“现代诠释学之父”。

应该说，施莱尔马赫诠释学思想的形成不是偶然的，其受 18—19 世纪欧洲浪漫主义思潮及语文学大发展的影响颇深，相关的理论直接影响了一般诠释学思想的形成。并且，一个客观的事实是，自 18 世纪起宗教的圣典出现了“降维”之势。人们开始以普通文本的态度看待《圣经》等神学典籍。之所以这样，既源于宗教改革所推进的《圣经》世俗化运动，也源于人文精神确立后人的主体地位彰显，亦源于当时自然科学取得的巨大进步。总之，人们终于可以使用新的视角来理解“原初”神圣的文本了。此转折带来的直接后果是，社会中逐渐兴起理解经典的重心由作者之志转向文本自身的问题。随着纳入人们理解领域的元素增多，一个疑问产生了——能否有一种超越于具体区域之上的一般诠释学存在，使之作为一种普遍的理解和解释的理论而摆脱了一切教义学的和偶然性的因素？而施莱尔马赫正是沿着这一思路，建构出他的诠释学原则的。

在施莱尔马赫的视域中，诠释学的一般性体现在对属于不同视域文本的解读均可分享的一种共同性，或曰一般诠释学应成为研究理解和解释之技艺的科学。在他看来，如果读者掌握了正确的诠释路径，那么他就有可能比作者本人更接近他们的话语意义。作品本身被理解，代表着诠释者与作品间具备某种同一性。诠释者往往会通过理解作品或理解作者来理解自己的，这才是理解深层的意义。所谓的“不理解”其实就是“误解”，它之所以出现源于人们在进行理解活动中存有“个体性”这一先验观念，使得理解不再是理所当然的，相反成为了普遍性的现象。从经验层面来说，来自作者的误解诱因是他使用了晦涩难懂或非正常化表达的语言，此种情况是容易处理的，而来自读者的误解诱因是他的“先前之见”或认知的不深刻，这样一来，他只能在作品中看到自己的而不是作者的思想。

施莱尔马赫说，诠释学存在的意义，就在于要避免“误解”。误解不是个别的，而普遍的。换言之，当人们对作品文本接触时，正常的情况不是直接理解，而是误解。这显然与传统诠释的认知——理解是正常情况，误解是偶然的观点——大相径庭。施莱尔马赫有一句名言：“哪里有误解，哪里就有诠释学。”① 他把诠释学的实践分为两大类：一是不严格的诠释学实践，在此理解是自觉发生的；二是严格的诠释学实践，此时误解是自觉发生的，需要诠释者通过努力工作以寻找相应精确的理解。真正科学的诠释学应是严格的，至于具体的操作化方法？施莱尔马赫设计语法的和心理学的双重诠释理路，所谓“话语如果不被理解为一种语言的关系，那么它就不被理解为精神的事实，因为语言的天赋性即制精神”，“心理学解释是高级的解释，仅当我们认为语言只是个人传达思想的工具；这样，语法的解释就是只是清楚暂时的困难”。②

语法的诠释，是仍据客观和普遍的法则而确定论断的语词定位来进行的；心理学的诠释则专注于主观和个体的东西。语法的诠释属于语言的因素，施莱尔马赫将其视为一个在本质上是消极、普遍——确切地说是设定界限——的过程。在此过程中，也开显了思想运作于其中的结构。而心理学诠释是探寻作者的个体性与独创性的过程。这需要诠释者与作者有着某种共同的趣味，这不是

① 施莱尔马赫：《诠释学讲演》，洪汉鼎译，载洪汉鼎主编：《理解与解释——诠释学经典文选》，东方出版社 2001 年版，第 50 页。

② 施莱尔马赫：《诠释学讲演》，洪汉鼎译，载洪汉鼎主编：《理解与解释——诠释学经典文选》，东方出版社 2001 年版，第 51 页。

一种设定界限的活动，而是诠释真正的积极的方面。施莱尔马赫在阐述语法的诠释时设计出44个规则，主要涉及原本语言的规定与其他语词的规定，而在论说心理学诠释时，他主要讲要从作者生活整体内探讨作者思想的产生。按他的话讲，语法的诠释是外在的，心理学的诠释是内在的，但二者同等重要，彼此相互结合。需要明确的是，施莱尔马赫的相关论述均是预先设定了诠释学的目标乃是重建文本作者之心灵体验，也就是说，理解是一门重建他人的思想之艺术。简言之，在施莱尔马赫的诠释学中，理解就是对原有的生产品的再生产，对已认识的东西再认识，是一种“以概念的富有生气的环节作为创作组织点的原始决定为出发点的重新构造”①。

施莱尔马赫还到了“诠释学循环”问题。他说，诠释理解从根本上是一种关联性的活动，人们通过将某物与其已知的事物相比较来理解这一事物。他们所理解的东西使自身融入了系统的统一体，或由部分构成了圆环。作为一个整体的圆环规定着单一的部分，而部分又组合成了圆环。在诠释的操作化中，必定是从整体到部分，再从部分到整体的循环往复，此循环用其空间性的意象显示出一种共享理解的领域。在理解与诠释的实践中，从部分还是从整体进入循环都是可以的，但其目的在于获得对整体的理解，即对文本和作者的生命整体理解。正如施莱尔马赫在翻译柏拉图著作过程中表述的那样：“在将每一篇对话不仅作为一个独立的整体，同时也在与其他对话的相互关系中来理解的时候，柏拉图本人也最终会被理解成一位哲人和艺人。”②

施莱尔马赫对于诠释学发展提供的另一贡献是发明了“重构说”，即将历史主义思维方式引入诠释学之中，通过还原体验弥补作者与诠释者之间因时间距离而产生的理解“鸿沟”。主观的重构与作者的精神或生命相关，客观的重构与语言相关，是一种语言意义上的重构。他指出，重构是避免误解的有效方法，如果没有主观与客观的重构，误解是不可避免的。至于具体的重构操作，

① 伽达默尔：《真理与方法》上卷，洪汉鼎译，上海译文出版社1999年版，第191页。

② 施莱尔马赫：《论柏拉图对话》，黄瑞成译，华夏出版社2011年版，第72页。

施莱尔马赫说必须由“天才”来完成。所谓的“天才”，既是创造的天才，又是理解的天才，除非他反思地成为自己的读者。“天才”具有明确的意识，他可以真正地将理解作为一种再创造的活动，是对原创造活动的重构，这是诠释者不可或缺的本领。

应该说，施莱尔马赫之于西方诠释学史的意义是划时代的。在他的努力下，具有一般意义的诠释学从旧有的诠释传统中脱颖而出，并受到西方哲学界的普遍重视。它让诠释学摆脱了宗教学、语言学、神学等学科的束缚，把诠释学的运用范围扩展到宗教经典以外的各种语言性文本之中。他深化了理解的整体性原则，并在诠释学中孕育了一种开放性的精神。尤其要指出的是，他扩展了传统诠释学中的历史性原则，将理解的历史性化为一种普遍的法则。由此形成结论，理解者必须进入历史，在历史的视界中理解历史的产物，理解是一个动态的开放空间，在这个空间中，需要不断有新的因素投入其中，以促成参与者不断发明出新的意义。

（三）历史主义“理解观”的形成

19 世纪初，历史主义在欧洲大发展，讲求实证的历史研究最终演化为“历史科学”。而这一运动的始作俑者是德国历史学派与黑格尔历史哲学的决裂。在黑格尔的视域中，历史哲学是强调哲学对历史的本质作用的，它唤起历史的能动性，从而使历史完全成为哲学的表现。随着经验科学被人们普遍接受，历史只表现自身，历史的价值中属于历史自身的观念广泛传播开来。德国历史学派们率先提出历史研究不应是一种哲学研究，而应是一门经验科学。历史只能从自身内部来理解，即可以通过历史文本来理解，历史之外不存在任何理解历史的立场。学者们努力让人们相信，历史其实就是一个扩大的文本，它自身拥有整体的意义，所谓的普遍历史是一种可实现的理想。这显然涉及“理解观”的问题，于是历史主义与诠释学之间也达成了某种联系，“对于历史科学来说，其实并不存在任何历史的终结和任何超出历史之外的东西。因此，对于世界史全部历程的理解只能从历史传承物本身才能获得。但是这一点却正是语文学诠释学的要求，即文本的意义由文本本身才能被理解。所以历史学的基础就是诠释学。”①

德国历史学家兰克，发现了历史的“客观性”原则，为历史脱离历史哲学而获得独立地位作出了突出贡献。他发明了二重性的历史主义理解观，试图将历史主义与唯心主义联结起来，并将语文诠释学引入历史研究之中，从而成为了以“历史科学”为基础融诠释学于历史主义的先驱。兰克在柏林大学任教期间与施莱尔马赫有着密切交往，他十分赞同理解存在普遍性的问题。他认为，历史学的根本任务不在于收集史料，而在于理解。正如文本有开端和结尾一样，历史也有开端和结尾；正如文本诠释方法旨在澄清文本意义一样，历史理解也通过把历史时代置入普遍史中澄清个别历史时代的个别性。这显然是将其时一般诠释学中的整体与部分的循环方法扩展到历史理解之中。

兰克还说，历史的统一并不是历史的事实，而是对事件得以相互联系的方式进行反省的叙述的产物。这意味着某事件或行为的意义是直接与对它的特殊历史观点相联系的，而事件的意义也将随着历史观点的改变而改变。无疑，兰克对于历史客观性的认识是值得肯定的。然而，他的唯心主义信仰又让他时常陷入矛盾之中。虽然他不认为历史是如黑格尔所说的是神圣计划的产物，但他又相信历史事件之间必然存在着一种内在联系，而联系得以维系的来源是上帝创造的神秘的力。故他将“理解上帝”作为历史研究目的旨向，先验论色彩浓郁，“当我们揭示真相，剥去它的外壳，展示它的本质之时，这一过程恰巧也展示了那蕴藏在我们自身的存在、内在生活、来源、呼吸之中的上帝，至少是证明了上帝他的存在。”②

与之不同，德国另一历史学家德罗伊森主张在亚里士多德“工具论”意义

① 伽达默尔：《真理与方法》上卷，洪汉鼎译，上海译文出版社1999年版，第285页。

② 兰克：《世界历史的秘密：关于历史艺术和历史科学的著作选》，易兰译，复旦大学出版2012年版，第9页。

上看待“历史知识理论”，自觉地将浪漫主义诠释学确立为历史科学的方法论基础。他指出人类认识对象主要包括哲学、自然科学、历史科学，相对应着思辨方法、物理的方法、历史的方法。就本质而言，三种方法其实就是认识、说明和理解。其中，理解是最为关键的一环。德罗伊森说，历史科学主要研究那些人们不能按照普遍规律加以解释的特殊事件，这些事件虽然不能按普遍规律加以解释，但可以通过不同的历史方法理解它们的个别性。这种理解的目的在于通过过去的知识阐明现在：其目的不仅是理论的，而且是政治的和实践的。

德罗伊森接受了施莱尔马赫的诠释学思想，认为理解就是原来创造过程的重新创造，当这种创造是历史表达式时，理解就需要超出历史学家视域的限制而重新像它当时那样的经验进行描述。然而，当他提出了历史理解必然有境遇限制，历史学家不可能有完全的知识，历史事件的意义常超出它的行动者的意图时，仅依靠施莱尔马赫的普遍诠释学说就很难描述历史理解的本质了。对此，德罗伊森尝试于立足人性的共同点，解释理解能够实现，“理解之所以可能，因为历史材料里面所表现出的前人言行，与我们今日的言行性质上是根本相类似的”。① 对于历史科学来说，“理解”具体操作中可变身为历史“诠释”——通过史料之考据，使之达成与当下社会现实的联系，从而赋予相应的意义。不过，此诠释是有过程的：先是进行实用性的诠释，即用事件本身所含有的自然因果关系来批判地重建历史事实，并以时间次序来解释该事件；再进行条件的诠释，即任何历史事实都处在一定的时空条件中，并与其他事物处于或远或近的关联之中，条件的诠释就是对这些相互影响的关联把握；随后开展心理学的诠释，即历史理解的最终目的是要借着人物的个性心理而理解他们所属的道德共同体，特别是他们所表现出来的道德共同体的“理念”；最后是理念的诠释，此处的理念并非抽象的概念，而是体现在道德共同体之中，体现在亚历山大、但丁等这些“世界历史个人”

---

① 德罗伊森：《历史知识理论》，胡昌智译，北京大学出版社 2006 年版，第 10 页。

之中等。①

在德国历史学派学者的推动下，诠释学与历史科学在特定的时代中达成了密切联系。兰克和德罗伊森等人对历史“诠释”的重视，表明当时的历史学家们已充分明了历史研究者内在的“历史性”之于历史学成为真正人文科学学科的重要作用，只有让历史科学方法论拥有独立自主性，才能让历史科学与哲学乃至自然科学真正分离。然而，在兰克和德罗伊森等人的思想中也存在着严重的相对主义难题——客观性的理想与历史性的意义间似乎存在着“悖论”，“在使其从相对性走向相对性的历史自我思考的发展过程中，总是一步步地接近于绝对。”②按伽达默尔的说法，历史学派试图把文学诠释原则转用到历史研究时，忽略了历史理解的时间性向度。后来的新康德主义学者文德尔班、李凯尔特等，显然沿着兰克和德罗伊森等人的思路而深化了对历史科学与自然科学的方法论区分，却渐渐遗忘了其中的诠释学因子。只到狄尔泰的出现，诠释学方才正式确立为历史科学的方法论基础。

（四）作为“体验”的诠释学

利科曾评价施莱尔马赫的诠释学，认为“真正的去区域化运动始于这样的尝试，即从不同种类的文本的诠释活动中抽出一般的问题。对于核心和统一的学科问题的确认是施莱尔马赫的成就”③。的确，自施莱尔马赫之后西方诠释学获取了真正意义上的“普遍性”，诠释学与辩证法更为紧密地贴合起来，进而诠释学拥有了统一的规则。不过由于历史的原因，施莱尔马赫的诠释学在他生前并未受到社会重视，直到狄尔泰的彰显，其思想才被“重新发现”。狄尔泰

---

① 参见李永刚：《历史主义与解释学——以历史性概念为核心的考察》，人民出版社 2016 年版，第 87 页。

② 伽达默尔：《真理与方法》上卷，洪汉鼎译，上海译文出版社 1999 年版，第 339 页。

③ Paul Ricoeur, “The Task of Hermeneutics”, in *Hermeneeutics and the Human Sciences*, ed. And trans. John B. Thompson, Cambridge Uniersity Press,1981, p.45.

是施莱尔马赫的崇拜者，其博士论文便是研究施莱尔马赫的伦理学。然而狄尔泰对诠释学的认知又不止于施莱尔马赫，他将诠释学上升为一种精神科学，并创造性地将心理主义的“体验”引入学说的建构之中。

众所周知，自然科学以自然现象为研究对象，精神科学却是一门研究“人”的科学。“人”并非仅仅是自然万物中普通的一员，他有自身的情感、意志、目的、价值、意义等，正是这些精神性范畴表征了人之“生命”的特殊之处。因而，作为精神科学研究对象的“生命”也被称之为“精神生命”。从研究“精神生命”出发，狄尔泰着手构建自己的精神科学理论。他将诠释学作为根本性方法，力图通过“体验”的表达由外而内地把握生命。“体验”是一种经历，它具有直接性的品格。体验的整体性源于生命的整体性和统一性，主体的每种体验从表面看来都只是一种个别性，然而尽管它是生命整体中的最小部分，却代表着生命的总体关联，构成了不可分割的意义统一体。从根底上讲，体验是前反思的，但其中包含了许多理智性的成分，“体验在自身内包含基本的思维成果，我将这称为理智性。理智性伴随着意识之提升而出现，内部事实情况之改变就趋向了区别意识。”①在狄尔泰看来，个别的生命体验的意义是在生命整体关联的结构中获得的。反过来，对这个生命整体关联的把握也离不开对个别的生命体验意义的理解。沿着生命整体关联的思路，狄尔泰提供了一种不同于内省的认识途径，即客观精神。它是一种媒介，并且只有借助这个媒介，关于生命表现的理解才得以实现。

理解属于人类的交往中偏向理智性的活动，是可以经过某种认识的构造在其中建立内在精神性关联的活动。客观精神是理解在其中得以实现的具有共同性的媒介，而生命表现则是可以由理解在其中认识内在的生命统一性的东西。狄尔泰将理解区分为基本理解和高级形式的理解两个类型。其中，基本的理解是个体借助他自身在其中的客观精神媒介，对于单个生命表现的初步理解；理解的高级形式是一种重新体验，其作用在于缩小生命表现与理解者之间的距

① 狄尔泰：《历史理性批判手稿》，陈锋译，上海译文出版社 2012 年版，第 9 页。

离。其应用于诠释学中，即通过体验的表达来间接地理解和解释生命或体验的意义。狄尔泰认为，理解作为一种与生产性过程相反的操作，通过将本己的自我移入给定的生命关联总体之中，通过再创造或重构先前的体验而理解他者的生命关联总体。它又是一个再体验的过程，不仅是对作者生命关联总体的再体验，而且也是对作品本身的再体验。就宏观层面来说，理解和解释超出了个体体验的狭小范围而奠基于客观精神世界，以对某一伟大作品的理解和解释为起点，人们既能理解其作者的生命关联总体，又能理解作品或作者所生存于其中的客观精神世界，反之亦然。正是通过这种部分与整体的诠释学循环，理解和解释的客观性与普遍性才能建立起来，精神科学才能奠基于一个客观基础之上，从而在一定程度上完成了历史理性批判的任务。

需要指出的是，狄尔泰在揭示人类生命的文化性与历史性时使用的“生命体验”概念，与康德认识论中的“经验”概念地位大体相当，但在内容上已有很大的不同。康德的“经验”概念主要指自然科学的经验知识，它是以知性范畴来思考感性中给予的对象而得到的产品。这种经验关乎自然，其中无历史文化因素，这与每个人每时每刻现实生活中的经验大相径庭，不过是基于一种哲学出发点的抉择对实际经验的抽象。在狄尔泰眼中，这样的“经验”概念已经是第二性的，用于自然的认识尚可，但用来反思人文经验则显得极为贫乏。所以他极力强调使用“生命体验”概念替代“经验”范畴，并将深刻的哲学意蕴注入其中：生命体验首先是指由过去、现在、未来所构成的连续的生命整体中的现在一维，它是意识活动当下现实地发生。

对于生命整体关联，狄尔泰提供了一个不同于直接内省的认识路径——客观精神。其认为，客观精神是一种媒介，只有借助这种媒介，关于生命表现的理解才得以实现，“我所理解的客观精神是这样一些不同的形式：在这些形式中，存在与个人之间的共同性已将自身客观化在感觉世界中。在这种客观精神中，过去对我们来说是不断持续的现在。客观精神的范围从共同体所建立的生活方式，交往方式以及目的性关系到道德、法律、宗教、艺术、科学和哲学。因为创造性的作品也体现了一个时代和地区的观念、内心生活和理想的共同性。从我们呱呱坠地，我们就从这个客观精神世界获取营养。这个世界也是一个中介，通过它我们才得以理解他人及其生命表现。因为，精神客观化于其中的一切东西都包含着对于你和我来说是共同性的东西。”① 相关的“理解”在狄尔泰看来是作为实践、交往活动这些属人的活动而得到的规定，其作为独特的活动与客观精神和生命表现间具有内在的关联。理解作为一种通过再创造、再体验的方式追溯生命关联总体的过程，其完满实现基于一种个体性的天才，其中必须包含技术性的理解与解释过程，“我们将在一定规则指导之下，对持久固定的生命表现的理解称之为‘诠释’或‘解释’。”② 对于狄尔泰来说，理解与诠释的理想对象是固定在书面语言中的生命表达，尤其是伟大的诗人、著名的宗教人物或哲学巨擘们的著作，均是作者意识世界与精神生命的完整呈现。由此，理解和解释又超出了个体体验狭小范围而奠基于客观精神世界，以对某一伟大作品的理解与诠释为起点，即能理解其作者的生命关联总体，又能理解作品或作者所生存于其中的客观精神世界，反之亦然。

不难看出，狄尔泰让诠释学达到了哲学反思的高度，“(诠释学）不再仅仅为理解人类客观化提供有形的理论规则，它也是关于精神科学中的理解是何以可能的这一问题的形式理论。”③ 换言之，狄尔泰让诠释学成为了真正意义上的哲学诠释学，亦在精神科学的认识论上对理解进行了批判性反思。然而，任何理论形态由于历史性的影响，都不可能是完善的。狄尔泰的论说并没有让诠释学摆脱相对主义的阴影，他虽然使用生命体验的概念，为理解引入了客观精神的媒介，但其客观精神概念并不具有绝对的超越性。事实上，它仅仅具有理解者共同分享的所谓共同性，并且由于它最终奠基于历史性的生命体验，因而会随历史处境而变化。同时，狄而泰的理论因袭了施莱尔马赫把理解看作人理解

① 洪汉鼎：《理解与解释——诠释学经典文选》，东方出版社 2001 年版，第 97 页。

② Dilthey, The Formation of the Historical World in the Human Science, edited, with an introduction, by Rudolf A. Markkreel and Frithjof Rodi, Princeton University Press, 2002, p.237.

③ 马克瑞尔：《哲学诠释学与诠释学哲学》，载安东尼：《西方哲演讲演录》，李超杰译，商务印书馆 2000 年版，第 100 页。

他者、历史乃至自己的工具，从而忽视了理解对人的生命自身的意义。但毕竟，狄尔泰开启了西方诠释学发展一个新的路向，并间接地开启了20世纪德国存在论复兴的大幕。

（五）反思“一般诠释学”的发生

18—19世纪，西方诠释学的大发展主要源于德国。总结刺激其发生的要素，德国古典哲学有着重要影响。我们知道浪漫主义思潮的温床即是德国古典哲学，正是由于后者论证出判断知识真伪性，或曰能否成为真理的标准不仅仅是客观实在的对象，还应包括主观性的意识与抽象的理性认知，方才使得人们充分肯定了认知主体对于知识的意义。在认识过程中，主体性自觉的“发现”让人们开始反思精神科学与自然科学在方法论层次的不同，进而彰显出诠释学意识的独特价值。而这也是诠释学问题日益受人关注，诠释学学科自身被越来越多的人视为一门专有学问的重要原因。

德国古典哲学的大师们还为诠释学提供了丰富的概念范畴以丰富诠释学理论。如康德明确区分了现象界与本体界，认为实践理性高于理论理性，其发明的“共通感”之说深刻地启示了当时的诠释学发展，并且他对“情感”“移情”“天才”等概念命题的合理性张扬与意义肯定，在客观上让人文科学脱离自然科学以获取独立性提供了可能。又如黑格尔，他彻底地批判了形而上学与机械论的理论学说，为人文科学与自然科学的二分提供了确凿的证据。他让人们重新思考，除了以数据和实验等量化方式为特质的自然科学之外，那些以定性方式探讨自由、道德、法律等问题的学者，也可以称为科学家。只不过，他们以另一种方式让“量”溶解于“质”罢了。尤其是，黑格尔还提出了“教化”的理论，并建立了“教化”与人类其他文化间的密切联系。它让人们充分明了由个别上升为一般乃为一种普遍规律。于是，“教化”变身为人向普遍性提升的特定手段，又可视之为人类的一项使命，其在根底上保证了人与人之间相互理解的合法性与必然性。

细细品读“一般诠释学”的理论构造，其内容中可以轻易地找到康德、黑格尔等人思想的影子。如施莱尔马赫提出“生命”的概念，其侧重点就是“共通感”——知性内含个体性与有限性，与之相对，生命则“暗含着对整体、对无限的关系”①。又如关于理解，施莱尔马赫认为，所有的理解实现的基础均是架构于同一性与差异性客观共存的矛盾对立统一辩证关系之上的。人与人之间的思想如果没有差异，所谓的相互理解是不可能发生的。同时，同一性的存在也是必须的，因为没有“同一”，理解最终也无法实现。在这个意义上说，“同一”也是理解要达成的目标。然而倘若离开了历史性的教化，同一性与差异性都无法谈及。也可以这样讲，教化是理解的前提，理解又会帮助人去实现教化等。

浪漫主义思潮自身亦是推动“一般诠释学”发生的原因。正是在德国浪漫主义精神的推动下，西方诠释学开始重新思考古典诠释学的思维理路，并逐弃淡化所谓的要追求某种“绝对”文本之“绝对”理解的学科旨向。学问自身开始有意的将“意义”相对化，让之从宗教神学的束缚中抽身出来，一步步地将诠释学提升为精神科学的一般方法论。一个明显的事实是，18—19 世纪的诠释学家本身就是浪漫主义学者。故诠释学与浪漫主义思想交织，便不足为怪了。赫尔德改变了当时将上帝视为语言创造者的流行见解，坚持认为，创造语言的是人，而非上帝。其凸显了天才的个体性与艺术概念，对于诠释学思想的发展，特别是对于后来伽达默尔一脉本体论诠释学的发展具有不可忽视的积极意义。沃尔夫严格区分了语言符号的三重意义，即一般意义、特殊意义和个别意义。进而，在总体上将语言划分为三种意义的统一体：文字的意义、历史的意义与隐喻的意义。由此，加深了诠释学的实践性。阿斯特着眼于语文学而构建诠释学，他所关注既包括“获得正确理解”的途径问题，也涵盖“理解”的本质是什么的问题。他不仅探寻诠释者与诠释客体间的关系建构问题，而且讨论问题答案中个别与普遍的关系问题。这些为理解之“一般性”的确认，提供

① 伽达默尔：《真理与方法》上卷，洪汉鼎译，上海译文出版社 1999 年版，第 81 页。

了更多合法性的依据。

施莱尔马赫是浪漫主义诠释学的总结者，他使得“诠释学作为一种普遍理解和解释的理论而摆脱了一切教义学的和偶然性的因素”，实现了诠释学的根本变革。不过，他的诠释学在某种程度上仍局限于纯粹的理解方法论。其认为哲学体系是一切科学的基础，是把它们组织起来的原则，从而把诸多单一的知识和科学工作者组织为相互关联的统一体。故从根本上说，诠释学似乎不是哲学，但又无可争辩地从属于哲学，是从属于哲学的理解的辅助工具。这显然是一种认识上的局限，当狄尔泰的体验诠释学发明后，此问题方得到改善。并且，较之于施莱尔马赫，狄尔泰的诠释学开一代哲学诠释学之新风，理解被当作人的生命之本质与表现，完成了理解理论的本体论变革。

其时，影响“一般诠释学”发生的元素，还有“历史主义”。作为一种思想运动，历史主义在18世纪以后逐步在西方文化思想中取得主导地位，德国无疑是历史主义发展得最典型、最充分、最成熟的国家。赫尔德、洪堡、黑格尔、兰克、德罗伊森等均是其中的代表人物。历史主义与诠释学二者间的相互融合与彼此促进基本发生于两个重要的学术思想变革的历程中：随着历史意识为越来越多的欧洲人接受，历史主义与普遍性思维的联系日益紧密；传统的诠释学开始突破局部诠释学的样态上升为具有近现代思维特质的普遍诠释学，并扩展到整个精神科学领域。换言之，18—19世纪古典历史主义与传统方法论诠释学面临着共同反对“绝对理性”和自然法观念的任务，它们相互配合，携手前行，最终促成“历史主义的诠释学”的出现，这无论是对于历史主义还是诠释学均是学科史中的重大事件。从某种意义上说，施莱尔马赫正是从“历史主义的诠释学”出发，强调“误解”发生的普遍性，彰显诠释学之于一般意义获取的优越性，从而让在传统意义作为辅助技术的诠释学变身为一门独立学科的，使之在对文本的理解与解释过程中扮演的角色不再单纯是工具性的而是建构性的，从而让“普遍诠释学”得以诞生。后来，狄尔泰以“生命体验”为立足点，致力于历史理性批判，着力建构精神科学“认识论—方法论”之基础，其将诠释学改造成为适用于一切精神科学的普遍方法论。从此，诠释学正式融入到精神科学领域中，在历史主义思维意识的指引下更为宽广拓展了诠释学普遍性的适用范围。可以认为，此时历史主义的“体验诠释学”也就成为了古典历史主义与方法论诠释学融合的顶点。当然，其时诠释学的新发展也影响了历史主义思想的进一步发展。如诠释学循环理论被大量应用于历史研究之中，历史科学逐渐确立了目的论和生命哲学为基础的研究路向，从而寻找到了更多历史“意义”的依据等。

语文学与诠释学的融合，也是不可忽视的要素。语文学在欧洲有着悠久的传统，被视为一切现代人文学科的起源。但其真正的大发展却是自 18 世纪起，随着语法理解意识的发展，语言的共同性问题日益受到人们的关注，此种“共同性”其实就是语言的内在逻辑性。在沃尔夫、阿斯特等人的推动下，语言理解与精神理解间达成了某种特定的联系。人们认识到由于古代文化、古代精神等均是通过经典文本文字展现于后世人们面前的，所以理解语言是打通古代与当代人精神思想的桥梁，而诠释者的任务恰恰是通过分析语言文字了解作品精神，并发扬光大这些文化精神的。所以语言学、语文学与诠释学的共融无可非议。由此推论，如果理解是一项精神的活动，并最终是为了达到对“精神”的理解，那么理解本身就是源自精神的创造，并经由这种创造而阐发整体精神的必要方式。而如此的理解意识不仅在理解《圣经》等经典文本中需要，在对一般性语言文本之理解中同样适用。于是，将诠释学提升为具有普遍适用性的理解和解释理论的思想产生了。我们有充足的证据证明，施莱尔马赫的确受到此思维意识影响，最终建立了一般诠释学。

三、无法“对等”的比较

不难看到，18 世纪以后的中西诠释学发展似乎失去了比较的基础——“对等性”。中国诠释学在本质上仍然走着传统经学诠释学思路，经典诠释是诠释学的核心，强调“圣人”意识，尧舜、孔孟等被尊为“圣贤”，他们留存于经典的言语被认为是“圣言”而具有无上的权威性；强调道统意识，将寄于经典中的“道”视为历代相传的谱系；强调任务意识，或是重新发现经典，或是着力于从经典中找到修身齐家治国平天下的办法；强调经学意识，把经看作“常”，即绝对的真理，力图在对经典的“返本开新”中弘扬恒常之道。虽然，此期间出现了“六经皆史”等似乎可以撼动经典“不变性”的说法，但从整体而言，中国的诠释工作始终是限定于在历史的和语法的理解范围内的。诠释学的发展仍然离不开解经学的工作。

与之相比，18—19 世纪的西方诠释学却发生了巨大的转变。它逐渐从传统的《圣经》诠释学中走出，加入了语文学诠释学，语法学和心理学在诠释过程中的重要性不断加深。尽管它们的诠释对象此时并未完全舍弃《圣经》等经典，然而这些经典已渐渐失去了“圣典”的意义，越来越变为是认识的对象，而非信仰的对象。换言之，诠释学与解经学发生了分离。在阿斯特、施莱尔马赫及狄尔泰等人的诠释学建构中，精神科学与自然科学区分昭然若揭，精神科学的特殊性被不断放大。作为对象的精神世界，在本质上无疑是优于，并外在于认知主体而存在的，但与自然世界中客观存在的现实对象不同，其生存形态多为意象性或语言性的。如此一来，在精神科学中对作为理解对象的理解，从根底上说是通过意象的、语言的另一主体（作者）的理解。由此，对精神世界认识可变身为对意象或语言的理解，其对象是承载意象、语言的“文本”。

在实现上述目的过程中，西方诠释学实际上经历了两次重要的转向。先是由施莱尔马赫完成了将诠释学由特殊诠释学转为普遍诠释学的工作，它标志着诠释学学问中正式融入了西方现代性观念，包括神学在内的诸多传统观念受到根底性的冲击。后来狄尔泰又将诠释学从一般的诠释方法论转向为整体精神科学的方法论，他通过将诠释学置于精神科学之诠释的语境关联中拓展了诠释学的领域，就其根本目的来说，是要捍卫人文传统和人文研究的存在价值与合理性。然而，他却不自觉地实现了两个目标：一是它专注于对客体——它具有固定、持久、客观身份——的诠释问题上，由于这种客体自身相对地不会改变，从而精神科学就可能设想获得客观有效知识的可能性；二是这种客体明确地要求“历史的”而非科学的理解模式，它只能通过参照所有在其历史性和时间性中的生命本身才能理解。对生命表现之意义更为深刻的领悟只能通过历史的理解来达到。①

显而易见，中西诠释学似乎走上了两条完全不同的路线。中国诠释学的发展，先是乾嘉汉学恢复训诂考据的治经方法，将复兴古学作为诠释学的工具性目标。以惠栋为首的“吴派”，遵古训，守师法、家法，广搜儒经说，加以疏通，重视实证而相对忽视对义理的探求，以戴震为首的“皖派”则凡治一经，必旁征博引，互相参验，发明了“由字以通其词，由词以通其道”的方法，讲求从训诂、音韵、典章制度等方在阐明经典大义及哲理。后是今文经学复兴，在研治经学过程中以经典诠释为主要手段，议论世事，干预时政，宣传变易思想，产生了重要的社会影响。尤其是康有为把《公羊传》的“三世说”与《礼运》的“大同”思想结合起来，比附“三世说”，意在宣传西方民主、民权、平等等进步思想，主张历史是进化的，社会同样应不断进步，批判没落的封建君主专制主义，主张国家政体改革，集中反映了新兴资产阶级阶层充满时代精神要素的政治主张。其诠释学说的根本旨向，乃是借助阐发“六经”皆孔子为托古改制之作，而为现实社会的改革和变法改制提供理论依据。虽说 18—19 世纪中国诠释学发展过程中出现了不少新式方法与观点，但在本质上仍是一套“老”的“路数”。它仍遵循诠释活动的历史性，主张对经典文本的诠释是古到今、发展变化的；维护诠释学的权威性，所谓依解释经典之语而为圣人立言；贯穿诠释学的工具性，即文字解析与解释古训；赋予诠释学内容哲学特质，以思辨与辩证的方式解读经典，经典诠释的理论层次推及哲学诠释的高度，包含了诸多探索未知和时代创新的意义。

西方诠释学的发展则颠覆了传统诠释学样态，施莱尔马赫先是肯定了具有实证性质的语法学之于正确诠释文本的意义。但他在具体诠释《圣经》等文本

---

① 参见帕尔默：《诠释学》，商务印书馆 2014 年版，第 159 页。

时发现，即便是作者与读者精确地掌握了语法学知识，且都正确地使用了语言，对语言的理解仍然具有多义性与歧义性，因为语词的意义本身是多样化的，甚至其原有的“确定”意义也会随着历史的变迁而发生“性质”的改变。于是，他又引入了心理学，将之作为确定语义的辅助方法。并认为，心理学的作用就是重构作者创作文本时的心理过程，以便读者能够通过心理移情，在作者创作文本的当下即刻之心理状态中解读文本。狄尔泰进一步发展了诠释学，将之提升为哲学的诠释学。他从精神科学的独特方法视角界定“理解”，认为“理解过程与解释过程是各种精神科学研究始终在运用的方法，而且，这种方法把所有各种功能都统一在自身之中了。它包含了精神科学研究的所有各种真理”。① 在诠释活动中，读者是通过对客观精神的了解而达到对作者个体生命的总体理解，进而将自己置身于作者所处的情境关联之中，就能够正确理解作品、亦即作者的生命表现。与施莱尔马赫一致的是，狄尔泰也认可正确的诠释方法对于正确理解的重要性，认可文本的意义与作者的原意均是可知的。就此意义上讲，所谓的“一般诠释学”其实也是一种“认知诠释学”，一种在传统认知框架中发展出的诠释学。

如同非要在中西诠释学于18—19世纪发展中的众多异质性外寻找同质性的话，那么注重方法论建构可能是二者最为相似的。就理解的方法论来说，中国诠释学一向注重的是经典的具体诠释，但在此时相关学者已有了关于阅读和解释的方法论认知。乾嘉汉学诠释文本的重点在于文字考据，以期解释文本的原义；清代今文学家则依据经典，将诠释的重点定位于如何发掘在文本之后的作者意图，以及其对其时社会的指导意义。同一时间，西方学者对于语法学的重视，对于实证主义的接受显然与乾嘉汉学相似，就不单纯是对字义解经传统的复归，而是在语文学融入情况下新的发明。并且，由之逐渐发展出语言诠释学的路向，语言、意义与理解的关系问题在诠释学方法论的讨论中拥有了相关范式。甚至，赫尔德、沃尔夫、施莱尔马赫等还建构出了相关理论。对此问题

① 狄尔泰：《历史中的意义》，艾彦等译，中国城市出版社2002年版，第73页。

的进一步讨论，将在后文中的个案比较中详细解析。而对作者之意的探索也可算作中西诠释学此时发展的另一相似之处。以康有为为代表的中国学者注重对作者之意的挖掘，其对经典文字的注解总不离经典作者原初意图的标识。而在西方现代诠释学的早期形态中，重作者原意的揭示乃是一主流趋向，因为在这一间跨度内的诠释学中，原本就是解经学、源于解经活动的诠释思考，其本意是通过解经把握神的意图。譬如施莱尔马赫，他自认为首先是一个新教神学家，然后才是诠释学家。所以建立一套有效的理解规则以准确理解作者原意，也就不难接受了。不过需要指明的是，在狄尔泰之后以追求作者意图的理论路线开始走下坡路，以读者为中心的理解和以文本原义为中心的理解日渐兴盛，至于其中的原因，我们将在下一章中进行系统的解读。

第七章　中西诠释学在20世纪的新发展

步入20世纪，中西诠释学的发展均发生质的变迁。在中国，20世纪伊始，经学解体，“四书五经”的身份发生了根本性改变——由“圣典”成为人文社会的普通文本，《诗》的文学属性被着重提升，《书》《春秋》成为历史学读本，《易》更多的是以哲学文本身份出现，《礼》的作品属性被划归为政治学或社会学，“四书”成为中国浩瀚思想史材料堆积中的一员，《尔雅》变身为一纯粹的古汉语学典籍等。这样原有的经学系统被完全拆散和打乱，具有某种历史结构性的经学形态不复存在。与经这形式相匹配的学术格局、文本群落、叙事话语，以及治学的理念和方法等，均随之瓦解，渐成为明日黄花。①以经典诠释为核心任务的中国传统诠释学突然间失去了生长的根基。方向的迷失一度让人们对诠释学存在的合法性产生了质疑，好在新考据派、第一代和第二代现代新儒家的努力让中国诠释学获得了延续生命的可能。20世纪七八十年代，西方现代诠释学思想登陆中国，引发了国人对于理解观的新认知。越来越多的学者重新打量中国传统诠释学，并尝试将之和人文社会科学的研究结合起来，如历史学、法学、美学、文艺学、语言学、翻译学、心理学、艺术批评等。在汤一介等人的引领下，建构新时期“中国诠释学”的声音日益响亮。

在西方，海德格尔与伽达默尔师徒完成了将诠释学从精神科学方法论转向为新型的存在论与实践哲学的改造。其通过对理解和解释可能性条件的大讨

① 景海峰：《诠释学与儒家思想》，中国出版集团东方出版中心2015年版，第243页。

论，在诠释学视域内有机串联了文本、语言、历史传统、现实生活、生命体验与生活经验等因子。与此同时，诠释学逐渐发展为一种国际思潮，其自身也开始分化，朝着不同的向度发展了。除德国本土学者外，贝蒂、利科、德里达、赫施等学者对人之理解与解释过程中作者、文本和读者三者之间的关系展开了耐人寻味的探讨。诠释学顺理成章地从专注于技艺的方法论、关乎精神科学的认识论进入到有关存在反思的本体论层次，它“并不通过方法程序的运用去追求客观的知识，而是追求对人的有限性和历史性进行解释和现象学的描述”①。由此，西方诠释学发展进入到一个新的时代。

一、“重生”的中国诠释学

20 世纪初的帝制崩溃、新文化运动以及“批孔运动”，让本已风雨飘摇的诠释学更加命运多舛。它不得不面对冰冷的事实——注疏古经不再是学者，甚至是现代新儒家关注的事情，他们对于新儒学思想的推进也大都不再依赖于经典源泉所提供的动力。一个普遍的发展趋势是，人们专注于概念的归纳、思想的演绎以及精神剖析与传播，其采用的方式方法无限接近于哲学或思想史理路，有意舍弃传统的基于经典“返本开新”的路术。经典的诠释学核心地位不复存在，承载圣言之文本的神圣性和权威性不断式微，无论是“五经系统”还是“四书系统”均被消解为零散的碎片。于是，一种新型样态的诠释学出现——诠释与经典释义开始产生距离，聚集于特定思想展开的解读行为日益增多，其在一定程度上让从前的讲究注疏性的诠释变成了内含观念论的哲学表达。简言之，传统诠释学赖以生存的环境受到了彻底颠覆。一时间，如何让中国诠释学重获生机，成为学者们必须解决的难题。

① 何卫平：《解释学之维——问题与研究》，人民出版社 2009 年版，第 31 页。

（一）新考据派的形成

1911 年的辛亥革命推翻了清朝统治，中国历史翻开了新的一页。革命的成功一度让中国社会出现了一番新气象，自由、平等、民主的精神在民众中广泛传播开来。然而，辛亥革命并没能推翻帝国主义、封建主义在中国的统治，没有解决近代中国社会的主要矛盾。不久后出现的军阀混战，又让广大民众陷入水深火热之中。面对此种情况，国内有识之士挺身而出表达自己“救亡图存”的主张，自由主义西化派、保守主义守旧派、马克思主义学派等纷纷揭竿而起，各种思潮不断涌现，中国社会思想界重又进入到一个“百家争鸣”的时代。随着五四运动爆发而日益高潮的新文化运动，彻底摧毁了传统经学体系。分而治之的学问格局和古典学术日渐材料化的身份，使得经典诠释不再是新思想产生的中心，越来越多的中华经典被分解为各式各样的“碎片”，不久又被重新拼装和组合起来。让破碎为“原子状”的经典以新的材料身份得以继续存活，理想的做法是用科学精神来阐发其生存的合理性。从某种意义上说，民国“新考据派”的形成与之有着极为密切的关系。

“新考据派”是 20 世纪初至 30 年代在中国史学界兴起的一个影响深远的学派。胡适、王国维、陈寅恪、陈垣等延续清代乾嘉考据之学术遗风，在实证精神的指引也，用“实事求是”的方法重新审视中国历史文献，在形式上延续了“汉学”传统。因其在考据中吸收了西方的新方法、新观念，将传统的考据方法进行了创新，故称为“新考据派”。诚然，“新考据学”并不是严格意义上的诠释学学派。其关注的焦点是“史”而非传统经典文本，采用的方法也多秉承乾嘉考据学思路：“以小学为先导与枢纽，小学之中又绝重音韵学；四部书中经史子集兼治但又以经史为主；考据与义理兼治但又偏重考据；词章之学与释道之学被排斥在学术以外。”① 它亦不特别关注于“理解”，而是遵循实事求是的学术宗旨，以缜密的方法论应用，发挥多学科知识综合运用的考史手段，并

① 漆永祥：《乾嘉考据学研究》，中国社会科学出版社 1998 年版，第 2 页。

将传统人文精神与近代自然科学研究方法相结合，旨在推动史学革命，建构中国的“新史学”。但不可否认的是，“新考据派”在治学中的确涉及了许多关于史料文本的解释、说明问题，保留了许多传统经典诠释学的痕迹。况且，中国自古“经史一体”，故在一定意义上，亦可算为中国诠释学向现代转型的一种尝试。

新文化运动中的代表人物胡适，十分推崇乾嘉考据学。他主张以“科学试验室的态度”重新认知中国古代文献。什么是“科学试验室的态度”？胡适解释为，其是指不承认永恒不变的天理，只认其为一种特征的假设，假设真不真，全靠它能不能发生它所应该发生的效果。他提出了著名论断，“大胆的假设，小心的求证”。并认为，清代乾嘉考据学者正是运用了这一方法，方得到诸多的收获。据此，他推论出在进行具体的经典诠释活动时，中国传统方法与西方科学方法间有着共通之处，“事实上治学方法，东西双方原是一致的。双方之所以有其基本上相同之点，就是因为彼此都是从人类的常识出发的。”①因而，完全可以用融合中西的实验主义方法论解读中华经典。

以西方科学实证方法为基础，融入传统考据思想，胡适建构出他的诠释方法框架。其认为，正确解释历史文本的前提是要有“存疑主义”的态度。所谓的“怀疑”，就是对以往的知识、成见、结论等提出疑问，不能盲从。胡适说，怀疑是科学研究的起点，求得真知的第一步。学源于思，思起于疑。天下没有一成不变、绝对正确的真理。一切定义、一切学理都只能作为假设的见解。只有大胆怀疑，打破“自古成斯”的成见，抛弃旧观念，才渐渐养成创造性的思想方法和治学方法，使科学方法有创新、有进步。之后，要作出假设。它是在怀疑的基础上，对于研究对象作了未经实践证明的初步构思，是所有科学研究必经的步骤。思想的真正训练是要使人有真正经验来作假设的来源，使人有批评判断种种假设的能力；使人能创造出方法来证明假设的是非真假。但需牢记，假设无论多么严密，都带着猜想、推测的性质，只有经实践的检验，才能

① 胡适：《实验主义》，《胡适哲学思想资料选》，华东师范大学出版社1981年版，第110页。

成为科学原理。再后，要求证。它是对提出的种种解决疑难问题的假设进行证明。因为假设究竟是否真实可靠，还不能十分确定，必须有实地的证明，方才可以使人信仰。如果证据不充分，宁肯悬而不解，再去寻找证据。最终，还要有一个评判的态度，即重新估价一切价值，用来作为“存疑主义”的注脚。其对象主要既包括“旧有的学术”，也涵盖“习俗相传下来的制度风俗”与“对于社会上糊涂公认的行为与信仰”。①

史学家王国维，同样推崇乾嘉考据学。他提出了著名的“二重证据法”，即用“地下之新材料”“以补正纸上之材料”，即以客观实证材料证据与典籍文献记载的文字线索相互补充印证的历史考证方法。其为传统从文献到文献式的史学研究方式，开辟了一条与近代科学理念相融的道路，甚至带来了中国近代的“史学革命”。追根溯源，“二重证据法”实际上是王国维对清代学术进行改革的结论。他曾将有清一代学术总结为“三个变化”：“国初一变也，乾嘉一变也，道咸已降一变也。”②道咸已降，清朝社会危机及民族危机日益加剧。今文学家们高举“改制疑古”的旗帜，将把西学与孔子的言说结合起来，过度发挥儒家经典之微言大义，让中国诠释学走向了异端。从本质上讲，“二重证据法”正是王国维针对晚清以廖平、康有为等人借今文经学“肆意”释经，而造成现实社会秩序“紊乱”，特别是在学术界引发“大动荡”而创发出的改良之道。

在具体操作中，王国维选定《尚书》《诗》《易》《五帝德》及《帝系姓》《春秋》《左氏传》《国语》《世本》《竹书纪年》《战国策》、周秦诸子、《史记》等十余种文献，作为“纸上材料”；选取“甲骨文字”与“金文”作为“地下材料”，让“纸上材料”与“地下材料”进行互证。其特点是：立论重证据，证据由“纸上文献”推至“地下文物”；源引近代西方科学实证方法理念，附以中国传统考据方法之精粹；以清代汉学考据方法为纲目，却又自觉突破其视域局限。在王国维看来，地下出土的古器就是鲜活的证据，它可以对古代文献中记载的相

① 胡适：《古史讨论的读后感》，《胡适文集》卷三，北京大学出版社 1998 年版，第 86 页。

② 王国维：《观堂集林·沈乙庵先生七十寿序》，河北教育出版社 2001 年版，第 75 页。

关历史活动、事件等进行证实或证伪。此方法同样适用于治经，即“由疑而得信，务在不悖不惑，当于理而止”①。治经其实也就是在治史，实证科学精神同样不可缺少。需要指出的是，王国维在考证历史文献时总是致力于发现事事物物之间的因果关系，探明历史演进之轨迹。其不同于与清代乾嘉学者专注于一名一物的考释，进而最终开辟了一条“以经治史”的新方向。

从实用效果上看，王国维的“二重证据法”将中国传统考据方法与西方近代科学实证方法“化合”，把讲究真实证据的考古方法带入人文科学研究领域中，大大推进了包括经典诠释学在内的中国近代学术研究体系的整体进步。它扩大了史料文献研究的范围，将经典诠释朝着历史“求真”方向迈进了一大步。从方法论视角上看，“二重证据法”实为历史比较之方法，它以归类分析、逻辑推理、综合研究为主要方法，其极具科学性与先进性。当然，“二重证据法”也存在理论上的缺失，如其主要视野大多禁锢于形式逻辑、实证分析的框架，着力点多为以自然科学方法处理史料以及证据挖掘等问题上。由于过分追求历史的所谓“纯客观性”，其不自觉地排斥了对历史进行必要的解释性研究。可以看到，许多原来附身于乾嘉考据学派的窠臼，在王国维这里依旧存在。但瑕不掩瑜，“二重证据法”让中国诠释学、让中国学术研究走入“近现代化”已是不争的事实。

国学大师陈寅恪在进行历史研究时，不仅注意考定史实真相，而且强调作出系统解释，即不仅说明其然，还要说明其所以然。基于此一点，陈寅恪的思想在新考据派中是最接近于诠释学的。1930年，陈寅恪发表《冯友兰〈中国哲学史〉上册审查报告》较为系统地表达了其诠释思想的基本主张。简要地进行总结，即诠释的目的是探求真相，评论得失。评论得失必须建立在求得真相的基础之上，即必须先有“真了解”，而后“始能批评其学说之是非得失”，因此关键于如何探求真相。诠释主体与诠释对象都处在由历史因素与时代因素所构成的关系网络之中。作为诠释对象的古人及其言论，既有其“所受之背景”

① 王国维：《观堂集林·沈乙庵先生七十寿序》，河北教育出版社2001年版，第185页。

与“所处之环境”“用意与对象”，作为诠释主体的研究者亦有其“所遭际之时代，所居处之环境，所熏染之学说”等。对于古人持论立说“不得不如是”之故“应具了解之同情”，不能以今格古、“穿凿附会”。只有这样，才可能作出确切公允的系统解释与评论，而无“隔阂肤廓之论”。诠释态度的不同，实取决于诠释主体如何处理与诠释对象之间的关系，若不简单地以自己所处的历史关系与时代关系来推测解释诠释对象，而能确切了解其所处的各方面关系，便能具有“同情之态度”；反之，随其兴会，妄加推测，即易“流于附会”。具体的诠释方法有，一是“联贯综合”，搜集一切可用的材料以尽量明了古人所处的各方面关系，这需要对材料的利用具有“通识”；二是会通片断，作出符合“全部结构”的系统解释；三是“神游冥想”，与古人“处于同一境界”，“真了解”其持论立说之“苦心孤诣”。显然，这是以“同情”态度为基础的诠释方法。①

陈寅恪强调，历史诠释与研究的主要对象，即历史人物的言行，其根本性质在于处在由历史因素与时代因素所组成的关系网络之中，因此往往有其当然之故而非全属偶然。他指出，历史研究之所以有必要与有意义，就在于历史人事之变处于各种关系之中而其“当然”之故可信。因此，诠释方法的基本精神，就是要对历史现象的各种关系“综贯会通”，“详切”而不是浮泛地解释说明其“所以然之故”。在具体的诠释实践中，他主张运用“比较研究”和“诗史互证”的方法。在其看来，比较研究的实质就是从历史性与时代性或时间与空间二轴进行综合分析。所谓比较的目的，是要对研究对象的特性能够“详知确证”；比较的实质，是要综合研究对象的纵向关系与横向关系，加以全面而细致的分析，“于纵贯之方面，剖别其源流，于横通之方面，比较其差异”；比较研究的原则是“必须具有历史演变及系统同异之观念”，即只能对在时间上“同出一源”、在空间上“同属一系”的现象进行比较分析，否则便会“穿凿附会，怪诞百出”，“不独不能确定，且常错认其特性之所在”。②陈寅恪的“诗

① 参见李清良：《熊十力陈寅恪钱钟书阐释思想研究》，中华书局 2007 年版，第 55 页。

② 陈寅恪：《金明馆丛稿二稿》，三联书店 2001 年版，第 200 页。

史互证”又可细分为“以诗证明”与“以史证诗”。“以诗证史”是利用中国诗之特点来研究历史的方法，它可以纠正错误，说明真相，别备异说，互相证发、增补缺漏。其实质在于把所有分散的诗集综合联贯起来，以说明一时代之关系，纠正一事件之发生及经过。但“以诗证史”有一前提，即必须了解一时代之整体局面，必须综观前后之变迁。“以史证诗”则是说，理解中国古代诗文应知其“古典”，尤应知其“今典”。1941 年，陈寅恪在《读〈哀江南赋〉》一文中指出，解释古代诗文固需知“古典”，更需知“今典”。中国古代诗文有一重要特点，即常“用古典以述今事”，故历来诠释者都极为注意“古典”的诠释。但由于古人往往“非徒泛用古典，约略比拟。必更有实事实语，可资印证者在”，因此如果“止限天真无邪诠说古典，举其词语之所以出”，则“虽能举其遣词之所本，尚未尽其用意之相关”，必更知其“今典”，乃能“深悉其内容委曲”，确知其用心旨意。其中，引证“今典”有两个基本程序，先“须考知此事发生必在作此文之前”，否则虽似相合而实不可能；后“须推得作者有闻见之可能”，否则其时即已有此事，而作者无从取之以入其文。①

史学家陈垣也是新考据派的重要组成人物。其主要的学术成就集中于宗教史、中国历史文献学以及元史，且一以贯之的研究方法同样是考证。他的宗教史研究，开创了 20 世纪中国的“古教研究”，开宗教史比较之先河，并将实证主义的科学精神带入其中。他的中国历史文献学研究成绩斐然，年代学、史讳学、校勘学、目录学、版本学等科目经其开拓，均获得了更为广阔的发展空间。主要表现为：创立了历史文献学三门“辅助”学科；为学界规范了文献学研究的治学门路与方法；夯实了近代中国历史文献学学科发展基础。陈垣之于元史的研究主要是，拉近了世人与元史研究的距离，给予元代民族文化发展的科学公正评价，推动了繁荣元史的系列举措等。

对于考证的研究方法，陈垣有着自己的见解。他秉承了乾嘉学派“实事求

---

① 参见陈寅恪：《金明馆丛稿二稿》，三联书店 2001 年版，第 242 页。

是”的精神，并将这一思想指导自己史学研究的中心思想，他力求通过考证还原历史真相，全力以赴地追求历史真实，并运用逻辑推理尝试从个别历史事件、现象中总结、归纳相应的规律、原则。他认为，“欲实事求是，非考证不可”，“苟欲实事求是，非有精密之中西长历为工具不可”。① 在具体的实践中，陈垣总是力求以考证为手段，贯通史实以解释说明历史事件间的客观因果律，以史料证据为依据阐发不同历史现象间的有机联系，从而立足一手证据综合解释特定历史问题。值得一提的是，陈垣主张“通史以经世致用”，将考证与明道救世结合起来，追求经世致用，发挥史学的功用。这显然与中国传统诠释学学科旨意不谋而合。也就是说，虽从事考证，然其目的、意义却在考证之外，最终形成了其特色独具的爱国主义史学。

应该说，民国新考据学派对于近代中国社会思潮产生了巨大影响，不仅让科学实证之风深入人心，更让在五四时期饱受诟病并因此沉沦的中华传统文化重新焕发了青春，而中国传统的诠释学也因之在根本上突破了经学框架，向着具有一般意义的方法论科学方向迈出了实质上的一步。1922 年，化名“抗父”的樊少泉在《东方杂志》上撰文，将近二十年中国旧学的进步完全归功于新考据学，“中国义理之学，与书画诸技术，及群众普通旧学之程度，在今日成为衰颓。然昔人所谓考证之学，则于最近二十年中，为从古未有之进步。”②甚至当时的学术界中出现了这样的风气，“在考据学领域没有一定贡献的学者，如果想骤然跻身于北京学术圈上层几乎是不可能。”③

需说明的一点是，新考据学之所以如此兴盛，与 20 世纪 20 年代中国社会中兴起的整理国故运动是分不开的。章太炎是这场运动的发起者，早在 1915 年，他就曾表示，“所未忘者，独以国故衰微，民言哤杂，思理而董之也”，④ 明确指出了“整理国故”的重要意义。到了五四时期，胡适等学者则进一步提

① 陈垣：《中西回史日历·序》，中华书局 1962 年版，第 2 页。

② 抗父：《最近二十年间中国旧学之进步》，《东方杂志》，1922 年 6 月 15 日。

③ 王惠荣：《民国时期的考据学风与其兴盛之原因》，《江汉大学学报》2006 年第 5 期，第 88 页。

④ 汤志钧编：《章太炎政论选集》下册，中华书局 1977 年版，第 727 页。

出，要“用精密的方法，考出文化的真相”①，将整理国故作为一种重新估定中国历史文化价值的运动。其旨在借用科学实证主义方法，对中国古代经学、子学、史学、文学等传统文献进行重新梳理与评判。于是，清代乾嘉的考据方法被大量的应用，吴文祺曾对此进行总结，即整理国故包含“（一）考订学，（二）文字学，（三）校勘学，（四）训诂学……不但研究中国的文字要靠着它，就是研究中国的哲学、经济学、政治学……也要借重它”②。尤其是考据学，成为整个运动中最为核心的方法。究其原因，乃是当时人们普遍秉持一种观念——考据学代表着科学。恰如梁启超所说，“清儒之治学，纯用归纳法，纯用科学精神”。③ 丁文江也说：“许多中国人不知道科学方法和近三百年经学大师治学的方法是一样的。”④

一时间，以整理国故为目标的新考据方法风靡全国，从而盛极一时。但与清代乾嘉考据学相比，新考据派学说有着诸多内在不同：考据目的不再以证经为指向，六经成为与诸子相等的史料，考证材料由地上扩展到地下，指导思想不再追求崇古、嗜古，而是确立了进化论等。而正是这些不同，让新考据学之于中国诠释学发展的意义尤为重大。首先，它推动了传统中国经典诠释思维的改造。在中国传统诠释学中，逻辑和认识观念的不发达是其无法回避的缺失。而新考据学在对西方科学实证方法的引入中，同样带来了国外逻辑学的最新理论思想。达尔文的生物进化论、斯宾塞的社会进化论都以实证科学方法论的形式，融入到中国经典诠释中。现代科学的思想与方法，从此在中国诠释学中扎下了根基。其次，激活了中国传统诠释学说的生机。乾嘉考据学的再度风行即是最好的例证。通过研究与反思，人们认识到传统的儒学并非一无是处，其经

① 胡适：《致彭学沛》，《胡适书信集》（上），北京大学出版社1996年版，第394页。

② 吴文祺：《重新估定国学之价值》，载于许啸天辑：《国故学讨论集》，上海书店出版社1991年版，第42页。

③ 梁启超：《梁启超论清学史二种》，复旦大学出版社1985年版，第51页。

④ 丁文江：《玄学与科学》，载于蔡尚思：《中国现代思想史资料简编》卷二，浙江人民出版社1982年版，第376页。

典诠释的生命力并非随着封建王朝的覆灭而完全丧失。最后，它让中国诠释学与世界接轨，并使之与国际学术潮流的发展同步。步入近代的欧洲，理性主义与自然科学大发展，直接影响到人们对人文社会科学的认知。理性主义强调“智”的作用，自然科学讲究实证量化与客观性。人们相信，任何学术研究的过程、对象、结果都应该是客观的，不应掺杂人的意志。一时间，实证主义思潮风靡一时。而之后，欧洲学者开始逐渐关注古代东方文明的研究，以科学为目标、注重考证的法兰克学派和实证主义学派十分肯定中国传统考据学的意义和价值，并试图以自己的学说对其进行完善的补充。民国的新考据的出现正是对这股世界潮流的呼应，其治学理念恰与国际汉学研究思念相统一，中国诠释学的发展终于与世界学术思潮有了对话的基石，少有地与国外考据学的发展达到了同步。

当然，必须承认新考据学自身也存在着理论局限。如它过于执着于实证，以至未能或不愿吸收社会科学的其他方法，因而对许多不适于考证的问题无法加以深入的研究。余英时曾说，“胡适学术的起点和终点都是中国的考证学”，①虽是对胡适学术人生的评价，其实这也正是对民国新考据学特点的最为精辟的概括。

（二）唯物史观派视域中的经典诠释

19 世纪、20 世纪之交，马克思主义哲学开始零星地传入中国。在当时的历史条件下，中国人初步解读的马克思主义哲学即唯物史观。对唯物史观的宣传，先后是由先进知识分子、资产阶级革命者和马克思主义者进行的。由于唯物史观之学理具有科学性，其理论观点富于战斗性和革命性，以及由其指导“十月革命”取得成功的巨大威力为民国社会所信服，很快民国学者和革命家

① 余英时：《中国近代思想史上的胡适》，载于欧阳哲生选编：《解析胡适》，社会科学文献出版社 2000 年版，第 129 页。

们便接受了唯物史观并将之运用于实践。而其以科学性与革命性为特征的方法论原则，亦被许多学者应用于中国经典诠释之中。唯物史观派随之生成，且与新考据派一道，丰富了中国诠释学的思想体系。

史学大家郭沫若，自1930年出版了《中国古代社会研究》起，便一直致力于运用唯物史观对传统经典的相关问题进行研究。在《中国古代社会研究》一书中，郭沫若指出："《易经》是由原始公社制变成奴隶制时的产物，《易传》是由奴隶制变成封建制时的产物。《诗经》是我国文献中一部可靠的古书，而《尚书》却值得怀疑，除了《古文尚书》是伪作，在《今文尚书》中，《虞书》的《尧典》《皋陶谟》和《夏书》的《禹贡》三篇也是后世儒者的伪作，而《商书》《周书》都或许经过殷周太史及后世儒者的粉饰，可靠性只能依据时代的远近递减。"①1935年，郭沫若又撰写出《〈周易〉之制作时代》一文，提出"《易》之作者当是馯臂子弓""《易传》多出自荀门"② 等见解。通过结合文献和考古学资料对《易经》进行历史唯物主义的考察，郭沫若厘清了《易经》的作者和成书过程的某些重要事件的原委，给予许多"悬而未决"疑问以客观性的论证，在"历史性"原则指导下辨析清楚了许多重要历史问题。

郭沫若曾作《周官质疑》一文，对《周礼》做了深入研究。通过唯物史观的方法论，跳出了中国传统学问从经学到经学，以经解经的循环。他认为，"《周官》一书，其自身本多矛盾，与先秦著述中所言典制亦多不相符。然信之者每好曲为皮傅，而教人以多闻阙疑；不则即以前代异制或传闻异辞为解。因之疑者自疑，信者自信，纷然聚讼者千有余年，而是非终未能决。"对于《春秋》，郭沫若提出了吴起传《春秋》和刘歆伪造《左传》的说法。其指出："所谓《左氏春秋》或《左氏国语》者，可能是吴起就各国史乘加以纂集而成。""《春秋左氏传》是刘歆割裂古史掺杂己见而伪托。"③ 实质上，郭沫若是运用唯物史

① 郭沫若：《中国古代社会研究》，《郭沫若全集》（历史编）卷一，人民出版社1982年版，第90—96页。

② 郭沫若：《青铜时代》，《郭沫若全集》（历史编）卷一，人民出版社1982年版，第391—402页。

③ 郭沫若：《青铜时代》，《郭沫若全集》（历史编）卷一，人民出版社1982年版，第531页。

观对中华经典进行了一轮大规模地改造，然而他并非彻底否定中国传统经典的学术价值。例如，他说："就是《尧典》《皋陶谟》《禹贡》三篇，完全是儒家的创作，在研究儒家的哲理上是必要的资料，但要作为古代的信史，那是断断不可！"[①]"《周礼》虽然是有问题的书，但那问题是在刘歆利用了许多先秦的原始材料而加以改编，并掺杂了一些杜撰进去，故《周礼》仍然有丰富的先秦资料存在。"[②]

就研究价值而言，郭沫若大胆应用马克思主义理论范式审视中华经典，对之进行历史批判与材料真伪分析，使之在很大程度上"摆脱了经学的思想和义例的束缚"[③]。其尤重考察中华经典中的史料部分记载内容之于当时中国社会的特殊意义，并创造性地加入新出土文献、古文字资料以及少数民族史料等，进行参互印证工作。其结论尽管还不能得到学术界的公认，但的确为中国诠释学研究开辟了新的方向，增添了新的内容。

史学家范文澜，也是运用唯物史观研究中国传统经典的代表人物。1933年，他撰写了《群经概论》一书，其中尽管有一定的古文倾向，但已基本上摆脱了今古文学派的门户之见，用传统学术与近代学理相结合的眼光来审视经学问题，从而为后来运用唯物史观指导经学研究准备了必要的条件。[④]1940年，范文澜又著《中国经学史的演变》一书，提出"作为封建社会的产物，经是封建统治阶级在思想方面压迫人民的重要工具""经本是古代史料。《尚书》《春秋》、三《礼》（《周礼》《仪礼》《礼记》）记载'言''行''制'，显然是史。《易经》是卜筮书，《诗经》是歌诗集，都包含着丰富的历史材料。所以章学诚说'六经皆史'……经作为古史来研究，问题自能得到适当的解

---

① 郭沫若：《中国古代社会研究》，《郭沫若全集》（历史编）卷一，人民出版社 1982 年版，第 91 页。

② 郭沫若：《奴隶制时代》，《郭沫若全集》（历史编）卷三，人民出版社 1984 年版，第 30 页。

③ 刘家和：《史学与经学》，《古代中国与世界》，武汉大学出版社 1995 年版，第 74 页。

④ 张涛：《20 世纪上半期儒家经典研究述略——以六经作者、成书年代和性质为中心》，《山东大学学报》2002 年第 6 期。

答”① 等著名论断，这些对于把握中华经典的根本性质，是很有启发意义的。

《中国经学史的演变》一书被认为是在中国学术史上“第一次运用马列主义观点对二千年经学源流变化作初步总结”。② 在书中，范文澜充分肯定了传统经典具有很重要的史料价值，认为经典里面多少含有民主性的东西，尤其是讲做人道理的格言可采用的更多。不过，他也断言，“经学是封建社会的产物，说尧舜禹汤文武周孔孟是封建社会的圣人，如果在新民主主义革命时代还有人幻想继承‘道统’企图用‘读经’方法麻痹青年，放弃革命，这类人毫无疑问一定是封建残余分子或者是投靠帝国主义的奴化分子……所以新民主主义的文化革命，必需改变经学为史学，必须反对顽固性的道统观念。”③

除郭、范二人外，民国学者以唯物史观诠释传统经典的代表著作还有：侯外庐的《社会史导论》《中国古典社会论》（后改名为《中国古代社会史论》）、《中国古代思想学说史》，张季同的《先秦哲学中的辩证法》《秦以后哲学中的辩证法》，李石岑的《辩证法是可改的么？——关于晏子一件很古的中国故事》，郭湛波的《辩证法研究》中关于《周易》的研究等。

然而虽然唯物史观派学者为中国诠释学开辟出新的解释视野，但是客观情况却是对以儒家为代表的传统文化基本上采取了舍弃的态度。究其原因，唯物史观派在运用唯物史观时出现了一些问题：第一，学者以马克思历史唯物主义指导中国传统经典文献研究时，存在不重视文本自身特点的缺憾，出现了大量公式化、简单化和贴标签式的教条主义研究倾向。例如，阶级分析法在应用中，存有非历史主义的倾向，庸俗化地将经典内涵与阶级斗争相联系。第二，唯物史观的本体论原则与讲究以“理”“心”等为形而上的传统中国诠释学推崇主、客观唯心主义有着本质的差异。因而在许多问题的解释分析中，基于不

① 范文澜：《中国经学史的演变》，《范文澜历史论文选集》，中国社会科学出版社1979年版，第265—267页。

② 陈其泰：《中国近代史学的历程》，河南人民出版社1994年版，第59页。

③ 范文澜：《中国经学史的演变》，《范文澜历史论文选集》，中国社会科学出版社1979年版，第278页。

同的价值取向，其结论往往大相径庭。如对中国历史发展规律的把握，对传统文化内部转型的看法等，皆存在较大的不同。因而，部分学者不接受唯物史观的分析结论，也就不足为怪了。

（三）早期现代新儒家的探索

所谓现代新儒家是指20世纪中国传统文化受到猛烈批判、西方文化潮水般涌入的特定情境下一种重新肯定儒家的价值系统，力图恢复儒家传统的本体和主导地位并以此来吸纳、融合、会通西学，以谋求中国文化和中国社会的现实出路的学术流派或学派。其中，自20世纪初至中华人民共和国成立前40年间，以梁漱溟、冯友兰、熊十力等为代表的，第一批肯定中国传统文化具有现代意义，主张建构“新儒学”以倡导弘扬儒学精粹，强调以宽广包容的心态主动融合西学，进而为国民打造出新文化的学者群出现了，他们被统称为“早期现代新儒家”。

早期现代新儒家面临着儒家大厦已然在中国社会倾覆的严酷景象，他们力图让儒学在中华大地复兴，乃至进一步发展，在经历了诸多尝试后，不约而同地回到儒学焕发生命活力的“老路”——“返本开新”。他们用诠释的方法重新解读儒学，以期彰显出更多符合时代需求的价值意义，对古代儒学精神进行扬弃，以期促其快速完成现代化的改造。然而冷酷的社会现实却向早期新儒家表明，20世纪的儒学，尤其是其曾占意识形态主流的经典作品已失去了曾拥有的神圣性与权威性，治儒经如同其他一般的学问一样，难以引发世人的重视。如何应对如此一窘境？早期现代儒家陷入深深的思考。终于，他们开发出经典诠释学说新的方法理路——从揭示儒学原典“真义”入手，直面文本，在语词文字深入探究训释的基础上，重新唤醒“以意逆志”“知人论世”“相接以心”等传统理解范式的意义价值，并且发挥直觉式的理解与同情式的理解方式，从整体文化精神和时代思想意蕴层面来开发经典。他们创造出一种思想“提纯”与意义彰显的形式，着重说明中华文化尤其是儒家文化内具真理性与永恒性的价值，证明了儒学不仅具有现代性特质，而且还会成为新时期社会发展的精神力量之源。与当时的欧洲学术发展特质同步，他们将更多的努力放置于对儒学、经典、中华文明进行哲学化的论析，从而推动中国诠释学在理论深刻性上向着纵深大踏步前行。

“新孔学”的开创者梁漱溟突破性地立足世界视角，重新审视儒学。他认为，在当今风云变幻的时代，中国文化应大显身手。而其中最为重要的，即是以孔子为代表的儒学精神的复兴，“孔子就是因为把握得人类生命更深处做根据，而开出无穷无尽可发挥的前途。他是极高明而道中庸，你不要以为他平平常常就完了——他比任何神奇者更神奇，他比任何新妙者更新妙。”①

孔子的精神到底是什么？梁漱溟以诠释学的态度对之进行了阐发。他说，主要表现在孔子对“生”的精神和态度上，“孔家没有别的，就是要顺着自然道理，顶活泼顶流畅地去生发。他以为宇宙总是向前生发的，万物欲生，即任其生，不加造作必能与宇宙契合，使全宇宙充满了生气。”②梁漱溟接着讲，孔子“生”这一思想体系的核心是“仁”和“刚”。所谓的“仁”，就是博格森所说的直觉，而“刚”就是向前的动作，是真正充实而有力的动。“仁”与“刚”从本质上讲是一种超功利的，以人的情感、直觉、意欲等感情存在为特点的人生态度，是人与自然，人与宇宙的高度一致和内在超越。它能够给人提供安身立命之地，而且，将从根本上决定和开出中国文化健康发展的方向。

显然，梁漱溟对儒学的阐发已不拘泥于对经典文本文字的解读，他是在一种大的视域框架内理解儒学的。在具体操作中，他充分发挥了“直觉”的作用，认为生命本性的直接表现就是本能与直觉。从直觉出发，他将儒家人生哲学的归宿界定为“绝对的乐”，它是一种达到“无我”“忘我”的“天人合一”的理想境界，“要求计较之念销归乌有，根本使问题不生也。什么人生有意义无意义，空虚不空虚，短促不短促，他一概不晓得。”③简言之，就是“乐天知命”

---

① 梁漱溟：《梁漱溟全集》第5卷，山东人民出版社1992年版，第84页。

② 梁漱溟：《东西文化及其哲学》，商务印书馆1999年版，第155页。

③ 梁漱溟：《东西文化及其哲学》，商务印书馆1999年版，第105页。

的“孔颜乐处”。它还是一种“调和中庸”的人生态度，“调和折中是宇宙的法则，你不遵守，其时已竟无时不遵守了，极端的事，一偏的事，那里是极端？那里是一偏？他对于真的极端还是折中，他对于真的一偏还是调和。”① 由于“一切不认定”，因此也就“与世无争”，“廓然与物同体，其情无所不到”，人们“互让”“互谦”，无空虚厌世之感。

当然，梁漱溟并未放弃传统诠释学解读文本以明真义的“路数”。新中国成立后，他编著了《礼记大学篇伍严两家解说》一书，保存并传播他的旧交伍庸伯、严立三两人关于中华经典《大学》的解释，并记录了他本人对《大学》的理解。书中，他明确指出，《大学》上说的明德即人的本心，也可称为性体或本体。它不是人身体之外的一个物体，故不可以通过感觉器官去感知它，只能从它的作用情况去认识它。《大学》的主旨在于“近道”，“我们未尝不可设想：工夫不离本体，即本体以为工夫，无须乎近道而自然合道。明德、明明德在这里便都是道，没有分别。这最为高卓，或亦是理合如此，世上可能有其人，有其事的。但这岂能期之于普通一般人？这还要讲求什么学问工夫？说到学问工夫，便是为了一般人明德有失其明的；在一般人要明其明德，是须要学问工夫的。明德和明明德，在这里就不无分别：明德是道；明明德亦即是道，却必兼括近道在内。”“如何便得近道呢？精神莫逐于外，而返回到身上来，不离当下，便自近道。故曰‘反之’，亦曰‘身之’也。”② 在这里，梁漱溟显然已把对经典的解读当成了一种修养之学，而其运用的主要理解方式仍然是直觉体悟的方法。

创造了中国哲学史中重要学术史成就“照着讲”与“接着讲”等方法范式的冯友兰，同样重视直觉体悟对于理解中华经典的重要性。在解释王阳明的“良知”时，冯友兰明确提到了直觉，“照王守仁的说法，良知对于善恶的辨别，是一种直觉的认识，并不是一种道德的判断，就是说，是一种直接的反应，并

① 梁漱溟：《东西文化及其哲学》，商务印书馆1999年版，第129页。

② 梁漱溟：《礼记大学篇伍严两家解说》，巴蜀书社1988年版，第133—134页。

不是经过思考而得到的命题。简单地说，它是一种直觉，不是一种知识。”[①]在他看来，中国经典诠释需要讲直觉，但只有分析后的直觉才有意义。因为“直觉是分析以后的事，主张直觉的，只反对以分析为究竟，并不反对分析。若以为主张直觉，便是不要分析，便为大错”[②]。与熊十力利用直觉“过度解释”不同，冯友兰将直觉作为一种经验，涵括于其建构的新理学的“觉解”之中，他的解释更贴近经典文本的“原义”。例如，冯友兰在对《大学问》的解释中，在对“大人之学”“以天地万物为一体”“明明德”“亲民”“止于至善”等概念范畴解释后，用“负的方法”归纳出王阳明该思想的谱系。认为，王阳明的意思是说，“即此本心之发现，亦即所谓良知也。即此而扩充之，实行之，即是‘致良知’也”。“明德”的本体即是“良知”，所以“明明德”“亲民”就是“致知”或“致良知”。“致良知”必须“实有其事”，致知在格物，意之所在便是物，物即事也，如意在于仁民爱物，仁民爱物便是一物。格物之“格”即“正”，“正其不正以归于正”。良知是天命之性，是吾心之本体，它自知善与不善。如果人不自欺其良知，即是实行格物、致知、诚意、正心，也就是实行明明德也，格之既久，一切“私欲障碍”皆除，而明德乃复其天地万物一体之本然。[③]从这一连串的逻辑推理中，直觉体悟毫无疑问地贯穿其中。

值得一提的是，除少数个案外，冯友兰极少在经典诠释中使用“直觉”一词，更多的情况是用“觉解”对之替代。因为，在冯友兰那里，“觉解”中虽蕴涵着“直觉”之意，但更有一种理智的含义在其中。

在早期现代新儒家群体内，熊十力之于中国诠释学重建的贡献是最大的。之所以有如此的判断，因为他明确界定了中国诠释学之诠释目的，诠释方法、修养工夫及理解意义。在熊十力的视野中，“崇智而不轻知识”是诠释学实践的根本目的。他认为，世间书本于一切知识各有所明，读之有裨益，启人知解，但并不能由此就得到真学问、真智慧。要想得到真学问与真智慧，“必赖

① 冯友兰：《中国哲学史新编》第五册，人民出版社1988年版，第216页。

② 冯友兰：《三松堂学术文集》，北京大学出版社1984年版，第10页。

③ 参见柴文华：《论冯友兰的阳明学》，《思想战线》2009年第5期。

读经，以资引发，而后有成”，“夫学不本于经，即无根柢”。[①] 读经的过程即是理解与诠释经典的过程，其宗旨在于透过文本而求取其中的智能。在熊十力看来，“经学是智慧的学问”，其本在“穷理、尽性、至命”，而理、性、命皆是就本体立言，“只是一事”。本体为万化之大源，名理；以其在人而言，曰性；以其赋予于人而言，叫命。由于经学在本质上便是性理之学、性命之学，故其不关考据之事。所以，中国诠释学旨向最终乃是“崇智”而非止于“求知”，是以阐发宇宙人生的真理实相为最终目的。

熊十力主张，经典诠释必须采用亲证自得的方法，无分主客且有赖于实践修为。因为妙道智慧实非言辞所能尽显，故经典含义不能不求之于言外，“文字本以仪物，今欲用此以明深妙之理，其难一矣；凡人心量所函，用文言表示，终有制限，不得尽发中藏。《易》曰：‘书不尽言，言不尽意’。其难二矣。”[②] 其曾反思中国经典诠释学史，认为宋儒真能“由实践以契真源”，故“穷经而能得意于文言之外”。[③] 相反，清儒却由于像戴震那样认为识字通辞即可得道，所以只在文字上用功，终不能得圣人言外之意。熊十力进一步指出，欲得经典意旨，除了不能滞于言中之外，也不能预怀成见而摘取片言只语，尤其是当西学涌进以后，更不能以贩得来之新名词或新观念任意掇拾编排，而无视经典固有之体系与大纲。读书求智应该自得自明，不徒借外来观念逞其臆想炫其博闻，从根本上来说，即是学者本身应该具有自由思想与独立精神。

客观地讲，熊十力提出的以“崇智”为目的的经典诠释，必以“自得”为其根本大法，这一主张实则包含两个预设前提：一是理解经典的过程并非像白纸上写的黑字那样是完全被动接受过程，而是一个互相感应、互相契合的过程，理解者若无相应的“前理解”，势必完全不能理解或不能完全理解经典意旨；二是只有在理解主体与理解对象之间存在某种一致性，二者的感通契合才有其依据，否则理解主体虽有其“前理解”，却与理解对象方圆枘凿，毫不相

① 熊十力：《读经示要》，《熊十力全集》卷三，湖北教育出版社 2001 年版，第 691 页。

② 熊十力：《唯识论》，《熊十力全集》卷一，湖北教育出版社 2001 年版，第 502 页。

③ 熊十力：《读经示要》，《熊十力全集》卷三，湖北教育出版社 2001 年版，第 811 页。

干，根本不可能感通契合。此一问题如何解决呢？熊十力的答案是，将两个预设前提概括为一个命题——“同而后可以相喻”，“唯同也，故相喻。如好好色，恶恶臭，我知人之有是好恶也，我与人之情本同故也”。① 理解之所以能成为相同之点，在于它是人人各具之“心”。正因人同此心，心同此理，才使得理解从根本上成为可能。

熊十力在所著《佛家名相通释》中曾提出：“根柢无易其故，裁断必出于己。”② 这其实就是其经典诠释方法的基本主张。“根柢无易其故”是指研究经典要“极为仔细，先通文义，次析条理，综其系统，又次寻其言外意，然后可得他的真精神，认他的真面目”，而不能随文生解，悬空臆测，或者浮泛涉猎，任意割裂；“裁断必出于己”是讲“认识了古人旨义了，却要昂头天外，返诸自己的问题，本自己的经验，参以古今各大学派之论，以相比较、推勘，勿死在古人圈套里”，③ 由此而裁断其是非与高下，并补其所未发。简言之，前者是指要踏实深入，后者是指要凌空自得。若不如此，则不能求得真智慧，不能成就正心救世之学。

从根底上讲，熊十力的诠释学更似一种自足自给的本体论诠释学。它以本习之辨为理论基础，以人人同具的“本心”为理解依据，以“崇智而不轻知识”为诠释目的。其诠释学问题的中心，其实都成了本体自身的问题。也可以这样理解，熊十力的诠释思想乃是一种强调主体性自觉与弘扬的本体论诠释学。它要求人们以固有而充实的生命力来读书求智，具有宏观世界的通识量，自信而不自卑，孤往而不趋时，会通而不拘碍，深入而不浅尝，弹正而不轻疑。他追求的是正心救世之学，实即主体性高度自觉并得到大力弘扬的学术。从中国诠释学史来看，熊十力诠释思想最大贡献在于，从本体论上论证了真正的理解过程其实就是诠释者主体性高度自觉并充分实现的过程，成功地建构了一种具有

① 熊十力：《读经示要》，《熊十力全集》卷三，湖北教育出版社 2001 年版，第 704 页。

② 熊十力：《佛有名相通释 · 撰述大意》，《熊十力全集》卷二，湖北教育出版社 2001 年版，第 346 页。

③ 熊十力：《复刘静窗》，《熊十力全集》卷八，湖北教育出版社 2001 年版，第 705 页。

东方色彩而有别于西方的积极健动的本体诠释学。①

（四）港台新儒家的诠释学思想

20世纪中叶，港台新儒家兴起。就整体而言，港台新儒家的文化主张主要有二：一是儒学之复兴，二是文化融会论。在他们看来，儒学在近代中国的落寞是暂时的，它一定会重现在历史上曾有过的辉煌，并在未来的世界文化体系中占有一个重要地位。而在儒学复兴过程中，其自我更新、自我发展尤为重要。但更新与发展需要以新的视角、新的方法对儒家经典、中华精神等"返本开新"。在这一过程中，必然要在文化平等的前提下融会中西学术，那些关于西方文化中心论的认识必须摒弃。与早期现代新儒家在援西入儒家尝试中兼有接纳与拒斥的矛盾心态不同，港台新儒家对于异族文化表现出了更大的开放性，这也正是他们对前辈的超越所在。

徐复观、唐君毅、牟宗三等是港台新儒家的代表人物，在他们的学术世界中，有几个明显的相似之处。其一，他们主张维护儒家传统，反对全盘西化，但又不绝对排斥西学，实现一种完全意义上的向传统儒家的复归，而是主张有选择地吸收西方的哲学与文化，以实现传统儒学的更新。当然，这一切必须以传统文化为根本。其二，他们对于中华民族文化所面临的时代变局，持有一种深刻的危机意识。他们渴望通过普遍意识来重寻生命意义。作为一种哲学体系，他们大多对20世纪中国的科学主义严加批判，并努力通过康德或黑格尔重新创造20世纪儒学的文艺复兴，或通过中国思想史的再诠释，奠定复兴中国文化的基础。其三，他们大多崇扬中国传统文化中从孔子到宋明儒学直至熊十力等所表现出的所谓"文化意识宇宙"思维，对于欠缺生命力而精神禁锢的清代考据学秉持抗拒之意。

作为新一代的现代儒家，徐复观的经历与思想都别树一帜，他出身军旅，

① 李清良：《熊十力陈寅恪钱钟书阐释思想研究》，中华书局2007年版，第51页。

后参与政治，中年之后扎根于学术研究，将自己对时代变局的反省融入自身的学术著作中。在他的学术思想中，重新诠释古典儒学是一重要的组成。因为他希望透过对中国传统主流文化的诠释而完成将中国专制传统所塑形的“国君主体性”彻底加以解构，转化成“人民主体性”的新政治格局。在实践操作中，他强调，理解古典儒学首先必须懂得“忧患意识”。此意识以“敬”的观念为基础，由周公提出，发扬于孔子，一直深藏于儒学精神之中。徐复观说，由孔子建构的儒学之所以能够传承两千余年，恰是因为其发扬此种由“忧患意识”带来的“人之自觉”中的平等精神。

再者，诠释者还要懂得“孝”“仁”“礼”的意蕴。徐复观指出，儒家的孝是仁的起点，是中国道德思想的一个放射性中心。仁不是来自神的意旨，而是作为人之所以成其为人的特性，所以它发自人的本身。人的本质具有仁德，孝的实践即是对仁德初步的自觉与实践，也就是对仁德根苗的培养。“孝”作为儒家道德思想的基础是筑基于血缘之上的德行。因此，徐复观一再强调，儒家的道德是起于或着眼于血缘关系的延续。儒家之所以注重“孝”，实有其政治及社会之考虑点。“孝”之外，还要重“仁”与“礼”。仁与礼密不可分，内外交辉，前者是“内在世界”，后者是“客观人文世界”，可谓是一物之两面。从实质上讲，仁是一种成己成物的精神状态，同时也是一种具体生活行为的实现，而体现仁的工夫与方法就是礼。儒家的仁与礼实为一种“为己之学”，它们不是一点“灵明”，也不是神秘主义式的“感通”，而是在活生生地参与社会政治经济活动过程中，在人与人互动之中充分体现“自我”价值的。

在明了了古典儒学之中心思想后，徐复观提出诠释中国传统文化的重要方法——“追体验”①。此方法在实际操作中存有两个层次。第一，是将中国传统文化思想放回到两千年前的历史脉络中加以理解。徐复观给出的理由是，人的存在乃是一种“历史的存在”，而不是“非历史的存在”。正因如此，所以研究思想史时必须有孟子所说的“知人论世”的存在，即把人放在特定的时代脉络

① “追体验”的具体解释在前面《导论》部分中已述，在此略过。

中加以分析。徐复观强调，古人所提出的与人自身有关的思想，都是适应于他当时社会的某种要求，也受到当时社会各种条件的制约与影响。思想史家必须先从某一思想家所处的社会环境中去了解他的思想，估计他的思想成为知识系统以后，对以后的历史所发生的影响。第二，是将中国文化放在他自己身处的20世纪的时空脉络中加以检验，并提出评价。具体的操作，即是把文化与政治联系在一起，“中国传统文化在今后有无意义，其决定点之一，在于它能否开出民主政治。在传统文化中能开出民主政治，不仅是为了保存传统文化，同时也是为了促进民主的力量。我三十年在文化上所倾注的努力，主要是指向这一点。”① 当徐复观将中国传统文化思想放置于20世纪历史中加以“脉络化”后，其弱点便呈现出来，如因为其中缺乏有限政府、主权在民、个人权利等观念与制度，以致无法从民本转为民主，而中国传统政治思想要接上民主政治，必须把政治的主体，从统治者转为人民，并把德治客观化，凝结为具体可行的制度等。②

从整体上看，徐复观对于中国文化的诠释，实际上是将其引向“作为政治学的诠释学”。他所作出的文化诠释，对以儒学为首的中国传统文化最大的贡献是重新开发出两千年来郁而不彰的古典文化中内含的人民主体性，使其与现代中国所需的民主政治相接轨，从而在20世纪为文化的创新制造出新的生机。也可以如此理解，徐复观有效地重新开发出中国传统文化中潜在的“健动精神”，使得中华文化尤其是书籍经典的实用性彰显出来，成为可以与现实互动，甚至是为人民苦难伸张正义的“福音书”了。立足今日视角观之，徐复观想要告诉人们的是，具有中国文化特色的诠释活动具有强烈的“实存性”特质，中国文化与诠释者之间存有某种互为诠释、互为创造的关系。中华文化的繁衍有待于后代的诠释者为它开拓新的思想源泉，赋予它新的生命。而诠释者的生命自身也有待于古典文化的渗透与洗礼，使之充满活力，赋予他们生命的存在以

① 徐复观：《中国传统文化中的性善说与民主政治》，载于《徐复观杂文》，时报文化出版事业有限公司1980年版，第140页。

② 参见熊自健：《徐复观论民主政治》，《鹅湖杂志》1994年第6期。

新的意义。

作为熊十力的弟子，唐君毅继承了老师经典诠释的哲学化叙述方式，并将之深化为具有现代意义的哲学主体思维的创造性活动。他以对儒学的现代诠释为基础，运用对中西方形而上理论的比照与对接，建构出属于自己的诠释学思想。与徐复观相似的是，唐君毅也有着高度的伦理忧患意识，在“感乎世运时势”的悲怆心境的驱使下，确立起自己文化救世意识与道德责任感。唐君毅的经典诠释思想主要集中于《中国哲学原论》一书中，他取《中庸》“天命之谓性，率性之谓道，修道之谓教”之旨，区分为《导论篇》一册、《原性篇》一册、《原道篇》三册、《原教篇》二册。其中，《原道篇》论述形上学之发展，探讨人之究极实现与人文世界之道，《原性篇》论述人性论之发展，《原教篇》论述宋明理学之发展等。

在唐君毅看来，中国传统文化在近代之所以命运多舛，主要原因是西方帝国主义的文化侵略和把中国变为文化殖民地的野心，以及由此而来的对中国传统文化的疯狂践踏。此外，五四运动对传统伦理的猛烈批判和对西方伦理恋恋不舍的盲目崇拜，也是重要的原因。时下，只有对中国传统文化进行“返本开新”式的新诠释，才能重振中国传统文化之权威。“返本开新”实质上是对中国传统文化的再创造，为了开新必须返本，只有返本方可以开新。“返本”是说中国传统文化的再创造必须要有自己的根基，应当充分肯定中国传统文化中蕴藏的基本精神和基本价值，承续儒家道统，维系和高扬中国传统文化的一本性。而“开新”必须注意到中国传统文化在现代所暴露出来的种种偏弊，充分吸收西方文化的长处，建立纳方于圆的人格精神和文化精神，使自由、平等、博爱、信义、公正之伦理观念覆载于中国传统文化精神之高明敦厚的德慧、度量中，并成为中华民族精神的内容和表现，以充实陶冶人们的人格、精神、生命。

若要“返本开新”，自然离不开对中华典籍的诠释。从唐君毅的相关论述中，我们可以看到，其十分强调在哲学史的整体脉络中分析哲学概念，其自言：“吾之说明中国哲学义理之道，即在察其问题之原，名辞义训之原，思想义理次第孳生之原，而吾于昔贤之言，亦常略迹原心，于诸家言之异义者，乐推原其本旨所存，以求其可并行不悖，而相融无碍之处。盖既见其不悖无碍之外，则整个之中国哲学面目，自得其见。”①就这一点来说，他与徐复观的认识颇有相似之处。不过在实践中，唐君毅还提出了另一种“脉络化”方法，即“哲学史以论哲学”的研究方法，“所谓即哲学史以论哲学者，即就哲学义理之表现于哲人之言之历史秩序，以见永恒的哲学义理之不同型态，而以论述此哲学义理之流行之谓。”②并且，此第二义的“脉络化”方法较之第一义的“脉络化”，在其这里有着更多的应用。

唐君毅指出，中国哲学的研究，固然可以以人物为中心，探讨其思想、为人、与共家世、师友、山川地理、世见时习之关系，但他认为这种思想家放在历史脉络中考察的“脉络化”皆属第二义。并且，对中国思想的研究，必须进入古代思想家的“心”中，“吾人今真欲正面了解古人之思想，亦必须以吾人自己之思想，上与古人之思想相凑泊，求吾之心真契于古人之心，如不见所谓历史上之古今之隔。……吾意又以为了解中国先哲之思想，首须着重其心之思想。以中国思想之所重，本在人，人所以为人在其心故。”③显然，唐君毅强调古往今来的思想家之“心”是不受历史条件所阻隔的，是超时空的，诚所谓“其人千古不磨心”。

当然，最为具体实践这种“即哲学史以言哲学”的方法，是唐君毅在其《中国哲学原论·导论篇》中的论述。在这部著作中，他分析出中国哲学中存有六种不同含义的“理”：物理、名理或玄理、空理、性理、文理和事理。其中的第三章与第四章更论述了孟子、墨子、庄子、荀子思想中的“心”，标示四种形态的理性的心知：知类知故的知识心、虚灵明觉心、德性心和与知历史文化之统类之心。在唐君毅的书中，中国哲学思想中的“心”与“理”成为不占时间与空间的抽象概念。他的“脉络化”是将哲学概念放在哲学体系的脉络中考

① 唐君毅：《中国哲学原论》，香港新亚书院研究所 1996 年版，第 3 页。

② 参见唐君毅：《中国哲学原论》，香港新亚书院研究所 1996 年版，第 3 页。

③ 唐君毅：《中国哲学原论》，香港新亚书院研究所 1996 年版，第 72 页。

察，他认为这是中国哲学研究应循的新方向。①

显然易见，唐君毅与徐复观在诠释学思想上存在明显不同。在徐复观看来，以儒学为代表中国传统文化偏重实践而不是形而上的，是经世的而不是超越性的思想系统。而唐君毅则将儒学乃至中国传统文化视为一套以形而上学为中心的哲学系统而进行诠释。徐复观所诠释的是“实践的儒学”，而唐君毅所诠释的是儒学的形上学传统。然而这样的不同也是有价值的，因为二者的差异印证了中国诠释学正向着多元方向发展。

与唐君毅同出熊十力师门的牟宗三，在诠释活动中更为重视哲学本体的建构。他是现代新儒学的主要构造者和集大成者，在对中华经典开展的相关诠释活动中以思想敏锐、见解独特著称。他的西方哲学思想主要来自康德，而中国哲学思想则主要源自熊十力。牟宗三博采中西哲学来梳理中国哲学与文化，试图重建儒家道德形上学，继续儒家道统，开辟“新外王”说。其代表经典诠释著作主要有《心体与性体》《才性与玄理》《佛性与般若》等。在其中，他不仅详尽疏解了两宋理学家、魏晋玄学者以及释家佛经中的相关义理思想，而且针对相关代表人物思想展开逐字、逐句、逐段的解释，虽然其用意不在训诂阐释经典文本自身，而重在启引他的庞大哲学体系。但是，其客观后果是为中华经典置于现代视域提供了新的认知视角。

从整体上看，牟宗三把中国文化的系统诠释为“仁智合一而以仁为笼罩的系统”，并认为晚周诸子百家时代的思想是中国文化的发源地，儒家思想是中国文化的源泉与主流。所以正确诠释了儒家思想，也就是打开了正确理解中华文明的大门。他说，儒学的发展分为三期：先秦到汉代是儒学传统的“第一期”，包括三个发展阶段：孔孟荀为第一阶段；《中庸》《易·系辞》《乐记》《大学》为第二阶段；董仲舒为第三阶段。宋明理学是儒学统的“第二期”，此为“彰显绝对主体性时期”，此一期的演进脉络为“三系”：第一系由周敦颐开山，

① 参见黄俊杰：《东亚儒学视域中的徐复观及其思想》，华东师范大学出版社2012年版，第153页。

下贯张载、程颐、胡宏直到刘宗周；第二系由程颐到朱熹；第三系即陆王心学。第一、三系以《语》《孟》《易》《庸》为标准，可会通成为一大系，为纵贯系统，为儒家正统；第二系以《易》《庸》与《大学》合，而以《大学》为主是横摄系统，属“别子为宗”。“第三期”则由梁漱溟、熊十力开山，唐君毅、牟宗三继起，是为现代新儒家。①

在牟宗三看来，理解儒学三期的关键在于对每一时期重要的经典有准确地认知。然而，在经典诠释过程中要注意以中国传统诠释学方式解读经典以讲哲学与运用西方哲学逻辑剖析经典义理以讲哲学的方式有很大的不同。具体来说，就是要走一条“内在诠释”的路线。简言之，即在诠释活动发生前预设经典文本内存丰富的理论思想，这些思想不仅符合理论逻辑，而且有可供读者发现的规律线索。诠释者的任务，即是找出逻辑、发现线索。这需要他不可执着于“宏大叙事”式的整体式解读，而应将更多的精力投入到文本、语言、义理、思想等要素的联结关系上，以“内在诠释”的思路，从细节入手，以概念解读逐步深入，文献义理逐步递进的方式，并结合自身体验，体悟经典的意蕴，“讲文献的途径，第一步要通句意、通段落，然后形成一个恰当的概念，由恰当的概念再进一步，看看这一概念属于那一个方面的问题。”②

牟宗三还发明了“感触”范畴，认为“现代人对从前的学问没有存在的呼应，再加上一些乌七八糟的新观念，就更不易了解。了解与否的关键就在于是否有存在的呼应、有真实感”。③经典与读者之间的关系应是一个信念相通、情感相融的过程。文本的诠释效果应是读者在沉浸于经典义理的过程中，自觉触发自我感悟，觅得真理，并以之作为自己行动的方向。其中，不可忽视的是知识与思辨的作用，要先解析文字以掌握知识，后由语意形成范畴，诠释者思想进入思辨领域，最后通过发明义理以达理解的新层次而实现“应用”。在牟宗三这里，所谓的“应用”其实就是儒学的“返本开新”，而他对“感触”

① 参见牟宗三：《心体与性体》第一册，上海古籍出版社 1999 年版，第 42—43 页。

② 牟宗三：《牟宗三先生全集》(27)，联经出版事业股份有限公司 2003 年版，第 342 页。

③ 牟宗三：《中国哲学十九讲》，台湾学生书局 1983 年版，第 406 页。

的发明与其一直倡导人们不要局限于用知性的认知方式去认识外在的具体事物，还应该向内心求索，超越形而下的事物，去体悟形而上境界的说法是一致的。

牟宗三虽然强调“内在诠释”，但他并没有陷入类似儒学第二期时特别强调的“内圣之学”之中。相反，他更为重视“外王”问题。其认为：“中国文化的现代意义，亦即其本身的现代化，首先就是要求新外王。”①“新外王”中民主、政治是“第一义”，科学亦是重要的材料内容。那么，如何通过经典诠释凸显“新外王”？牟宗三的回答是，跳出儒学，将其他学说思想引入到对儒家典籍的解读与释义中。他曾以西释中，将怀特海、罗素、黑格尔的哲学理念带入到对儒家经典文本的解释与理解中，并以此用哲学诠释的方式完成了儒家思想的现代重构。并且通过中西文化对比，显示出儒家心性之学的重要性。他说，西方文化是“以气尽理”的，即顺应生命的向外展开，但由于生命并不是无穷无尽的，所以西方文化在生命穷竭时会出现断灭现象。而中国文化是“以理生气”的，通过心性之的作用使生命得到调护与安顿。牟宗三也曾借用佛家的“执”与“无执”来解释儒学经典中所说的道德实践，以启示“智的直觉”，让人们相信“德行优先于知识”，进而彰显儒学所言人作为道德实体之存在的本质永恒性，最终奠基了其“圆善论”之说。

牟宗三还创造出“以道释儒”的思路。他广泛地收集儒家典籍与道家文本中相通的资料，通过解说，重释儒学的意义。他有意借用道德精神、思想、概念、语言来解释儒家思想，以新的视角阐发经典内涵。他还将儒家与道家的概念进行系统化对比，说：“儒家是实有形态的形而上学，道家是境界形态的形而上学；儒家有创生层面的存有论，道家只有作用层面的实有论；儒家可称为道德的形而上学，道家可称为解脱的形而上学；儒家是纵贯者纵讲，道家则纵贯者横讲；儒家既有作用层面的理论，也有实有层面的发挥，道家则没有这两种层次的分别，只有作用层面的立场；儒家既讲如何，又讲是什么，道家则只

① 牟宗三：《牟宗三集》，北京群言出版社1993年版，第611页。

讲如何，不讲是什么；儒家讲性智，道家讲玄智，等等。”[①] 通过与道家概念的对比，儒家经典思想的特色、优长与价值明显得到提升，“新外王”意义明显。

牟宗三从儒、道相通的历史事实出发，以道释儒赋予了儒家经典以新的价值意义，这不仅是其“返本开新”的重要方法，更是其朝着新儒学体系建构的巨大努力。而这也是港台新儒家在诠释经典时存在的一个共性问题，他们期待从新的经典诠释中找到儒学乃至中国文化现代化之路。理论体系建构的目标一定会影响到具体的经典诠释，所以港台新儒家所持的中国诠释学理路有别于传统路数的内在特质也就不难理解了。

（五）世纪末之“创建”或“重建”中国诠释学的构想

20 世纪 80 年代，西方现代诠释学思想正式登陆中国。不过，由于当时中国尚处于改革开放初期，人们更愿意关注人的生存价值或人性的解放问题，诠释学理论的传播只可谓处于半温半火状态。学者对于西方理论观点的学习实处于翻译、介绍、述评阶段。20 世纪 90 年代，随着伽达默尔、海德格尔等大师级诠释学思想的引入，以及在全球一体化进程加速背景下，中学思想大体接近西学的趋势影响，学者开始普遍接受西方现代诠释学。临近 21 世纪，施莱尔马赫、狄尔泰、哈贝马斯、利科、德里达、赫施、罗蒂等名家的诠释学思想全面涌入中国，学者对于诠释学的理解进一步深入。他们意识到，诠释学是一门重要而系统的大学问，中国古代其实也存在大量自己的诠释学思想，只不过因种种主客观因素，该思想一度沉寂甚至被蒙蔽了。并且，若想让中国古代诠释学思想在当代重新成为一门学问，必须与新时期的诸多要素结合起来，同时还要借鉴吸收西方现代诠释学思想，使其自身在发生扬弃的同时，产发出符合时代特质的创新与创造。于是，一种讨论“中国诠释学”在新时代“呈现”方式的声音响起了。

---

① 牟宗三：《中国哲学十九讲》，台湾学生书局 1983 年版，第 421 页。

此声音主要发自三个方面：一是中国哲学界内部，如汤一介、黄俊杰等人的极力呼吁与提倡；二是国内学习西学者的加盟，如洪汉鼎、李幼蒸、潘德荣等的积极参与；三是海外华人学者的大力推动，如成中英、傅伟勋等。他们的观点基本分为两派：一派认为中国古代学术史中没有作为理论形态的诠释学，只存在着大量关于经典文本意义的理解实践，其实质乃是具有中国特色的古典诠释学思想。作为现代意义上的知识系统和学科门类的“中国诠释学”是人们以某种取自西方诠释学理论与方法解读中国历史非诠释学的文本创造出来。由此可知，中国诠释学的产生必须完成一个“创建”的过程；另一派则认为，中国传统文化中很早就存有以经文注释为体例的哲学诠释和体系创构的方式，经典诠释活动一直是中国诠释学的内容主体，“述而不作”“以意逆志”“知人论世”等则是中国诠释学独具的诠释范式。通过挖掘、梳理、开发及理论提升，生成于中国古代的诠释学完全可以成为一门具有现代意义的“诠释学”。那种认为中国古代有诠释而无诠释学、有理解而无理解理论的“偏见”，完全可以通过“中国诠释学”的建立而被“证伪”。当代中国诠释学发展的任务，不是“创建”而是“重建”。

具体来说，汤一介是新时期中国大陆“创建”中国诠释学的第一人。自1998年起，他连续发表5篇文章，展开了对中国诠释学建构的积极讨论。他总结出中国传统经典诠释中的三种基本方式：历史事件的解释、整体性的解释、社会政治运作的解释等；提出新时期中国诠释学发展的三个具体研究方向：中国经典诠释史研究，深入西方诠释学的理论，以中国诠释学提供一种参照系，总结近20年西方诠释学研究中学过程中的得与失，找到它的限度和边界。[①] 客观地讲，汤一介自身并没有建构出太多诠释学理论与方法，但他的创建“中国诠释学”之设想却引发中国学术界对经典诠释问题的关注。注重诠释者自身主体意识的积极参与，使经典文本的意义得以“流动”，成为一种导向。显然，汤一介的主张明显受到伽达默尔“读者中心论”意识的影响，其诠释学

① 参见汤一介：《解释学与中国》，《光明日报》2002年9月26日。

思维并不是要简单地回归传统，而是要以一种现代视域来重新审视传统文化，使之能够在现代视域内安身。

洪汉鼎是国内引入西方现代诠释学理论著作的领军人物，其所翻译的《诠释学：它的历史及当代的发展》可认为是大陆第一部西方诠释学史方面的著作，让人们得以运用一种纵向的视角完整地理解西方诠释学发展整体之面貌。而他所著的《理解的真理：解读伽达默尔〈真理与方法〉》则成为国内学界理解西方现代诠释学理论与方法的导读性读本，进一步拓展了中国读者对于伽达默尔《真理与方法》一书的研究空间。对于中国诠释学的认知，洪汉鼎显然持“西化”观点。他指出，诠释学是一门关于理解和解释的学科，按伽达默尔的观点，它应是一门哲学，而不是方法。由此推论，西方诠释学概念与中国经典诠释中的诠释范畴存在一些差异，故中国自古就存在诠释学传统的提法，值得商榷。洪汉鼎反对那种“回归中国儒学的义理结构与解释传统，重建以‘六艺之学’为本源的具有中国学术自性特质的中国学术体系，进而以中国解释中国，以中国解释西方，以中国解释世界，把中国学术从百年来一直被西方解释的‘词汇处境’与‘材料状态’中解放出来，使中国学术的义理结构与解释系统真正成为中国学术研究的‘语法’，使中国学术真正站起来成为具有话语解释权的主人”① 的做法，认为中国诠释学建构不可去“西方化”；相反，需要与西方哲学甚至整个人文学科互动起来。简言之，即效仿西方让中国的诠释学尽快由方法论层次上升至本体论层次，明确“读者中心论”，彰显经典之于现时代的实际价值意义，真理乃具有相对性，确切地说是现时代的真理；经典诠释的过程，实则是时代因子与现实思想不断注入古老文本的过程，唯其如此，才能萌生出新的意义。

台湾学者黄俊杰是持“重建”中国诠释学观点的代表人物，其认为，中国自古即有诠释学的存在。不仅如此，在汉学文化辐射圈的影响下，以中国为中

---

① 洪汉鼎：《文本、经典与诠释——两条经典诠释之路：中西方比较》，载景海峰编：《经典、经学与儒家思想的现代诠释》，人民出版社 2015 年版，第 159 页。

心，形成了以日、韩为辅的“东亚诠释学”文化，“所谓‘东亚诠释学’，是指东亚学术史上源远流长的经典注疏传统中所呈现的，具有东亚文化特质的诠释学。”① 黄俊杰指出，通过悠久的经典注疏传统所见的东亚诠释学，在儒、释、道各家有其互异之面貌，其中以儒家诠释学最具有经世致用的特征。他还以历代儒者对《孟子》的诠释为例，总结出儒家诠释学的三个诠释传统：作为解经者心路历程之表述的诠释学；作为政治学的儒家诠释学；作为护教学的儒家诠释学。② 并且，在东亚儒家经典诠释传统中存有两种张力：一是“解释的张力”，即儒家经典中所传递的普遍价值如“王道”“仁”“义”“道”“德”“忠”“孝”等理念，常与解经者所身处的时空情境，有其巨大的落差，而使解经者在进行解经事业时，感受到一种拉锯的张力；二是出现于解经者的“文化身份认同”与“政治身份认同”之间，如夏夷之分等。面对“张力”，黄俊杰的总结是：上述两种类型的“解释的张力”不可避免，并且其对东亚儒者个人的生命与学术事业，构成最严肃的挑战，使他们时时刻刻都必须面对“诠释者的主体性如何安顿”的巨大问题。③

黄俊杰着重论述了中国传统诠释学中解经以求“道”的两种方法：一是诉诸解经者个人生命的体验或心的唤醒，而遥契经典中的“道”（此方法建立在所谓的“兴式思维方式”之上）；二是经由文字训诂及名物制度之学以解明经典中之义理，18 世纪的戴震是这种解经方法的代表人物。黄俊杰认为，第一种解经方法与第二种方法最大的差异在于解经者的主体之彰显，强调只有经过解经者的主体性照映，经典中的义理或“道”才能豁然彰显。反之，经典中的“道”也不是一个与读经者无关的客观的存在，“道”深深地浸透读者的精神世界。经典与读经者之间是一种浸透身心的、整体的、“不可须臾离也”的互渗关系。④

① 黄俊杰：《东亚儒学史的新视野》，台湾大学出版中心 2004 年版，第 6 页。

② 参见黄俊杰：《东亚儒学史的新视野》，台湾大学出版中心 2004 年版，第 7 页。

③ 参见黄俊杰：《东亚儒学：经典与诠释的辩证》，华东师范大学出版社 2012 年版，第 104—112 页。

④ 参见黄俊杰：《东亚儒学史的新视野》，台湾大学出版中心 2004 年版，第 71 页。

香港学者刘笑敢也是“重建”中国诠释学的支持者。他认为，中国哲学发展有着悠久的诠释学传统，王弼和郭象确立了以经文注释为体例的哲学诠释和体系创构的方式，他们是中国诠释学传统成熟的标志；朱熹《四书章句集注》《周易本义》和王夫之《读四书大全说》《周易外传》等书的著成，代表了中国诠释学传统发展至高峰；牟宗三则是中国诠释学传统在现代的突出代表，他以经典诠释的方式建构出现代新儒学的哲学体系范式。与西方诠释学传统相比，中国诠释学自身特质明显，其对经典原义的追求、对圣典作者原意的探索以及对读者之义的找寻有着“独特”的理路。并且，其“六经注我”与“我注六经”等方法范式与西方的寓意解经和字义解经等思维也有诸多不同。我们不否认西方诠释学的理论、方法、原则等可以为中国诠释学发展提供创新的思路及成功的案例借鉴，但也应看到其许多认知范畴，如“前理解”“诠释学循环”等在解释中国诠释学传统时并不完全适用。因此，中国诠释学的当代建设，只能是“重建”而不是“创建”。

在重建过程中，中国诠释学要延续传统的客观性导向，坚持文本的、历史的、客观的理解之定位，还要以现实性为导向完成一系列理论性建构的工作，要顺着借经典诠释而进行思想创构方向的突破，这意味着它会进入更大空间、从事更自由和更自觉的思想创建工作，而不必受诠释对象之思想内容、理论倾向和学术立场的限制。刘笑敢还创造性地开发出“一个过程，两个定向”的中国诠释学重构思路。他以王弼《老子注》和郭象《庄子注》为例，指出“顺向诠释”与“逆向诠释”可以发生在同一个理解、诠释、应用的过程中，所谓诠释方向的确定是以诠释作品的实际结果为依据，而不是以诠释者的主观愿望或自我表白为依据。事实上，诠释者的自觉愿望和自我宣示往往和他们的诠释作品的实际倾向并不一致。①

还有一批学者并未公开表明“创建”或“重建”的态度，而是着力于探讨在新时期建设中国诠释学科时应注意的问题。如李清良著《中国阐释学》一书，

① 参见刘笑敢：《诠释与定向——中国哲学研究方法之探究》，商务印书馆 2009 年版，第 140 页。

周裕锴著《中国古代阐释学研究》、周光庆著《中国古典解释学导论》，潘德荣、景海峰、蔡方鹿等发表了一系列学术论文等。他们一致的观点是，在当代中国诠释学的创新发展中，必须完整透彻地系统分析掌握西方诠释学史及理论与方法；客观准确理解中国传统诠释学之经典诠释要义；坚持价值中立，不可生搬硬套西方诠释学理论框架，明确中国诠释学思想的民族性与本根性；注重诠释实践中的主体性问题，解决因主体在诠释实践中所涉及的各种问题，是中国诠释学建设的关键问题之一。①

至于新时期中国诠释学发展出的“新”理论方法，总的来说主要表现为以下四种：第一，本体诠释学。它是由美籍华人学者成中英提出的，也是最接近于西方现代诠释学理论的中国诠释学理论。其基本的观点是，本体学是直接面对“本”“体”之整体结构的学说，是完全从经验的反思、经验的观察、经验的自我认知及经验的不断整合，形成一有丰富经验之内涵，其至少应包括本、体、知、用、行五种活动。诠释学，即在反思当中找寻意义，在整体中找寻部分的意义，在部分中整合整体的意义。它运用概念、理念、并讲究逻辑之一贯，以归纳、演绎、组合、建造。它是一种理解、表达，故当然重视语言之结构、寻求语言之意义。诠释学即知识学，是知识的一种展开。当它与本体学整合时，本体诠释学即诞生了。本体诠释学包含自然主义外在化之科学知识论，表达了一种生之为生、生生之为生生的体验。其生成的功用在于：帮助人们对意义作进一步的要求，显示科学工作者为本体表现的特殊模式，指出方法之范围及有限性，显示真理及本体的境域，提示意义及重要性问题，建立人文科学的方法学，消融对立、解释差异等。②

成中英说，本体诠释学中的“本体”不是哲学理念中具有形而上意蕴的“本体”，而是指要把主体重视的概念与所对应的实际生活之界域疏导清楚，确定其“实在”的系统，“实体的体系，即体，它来源于实体的本源或根本，

---

① 参见李承贵：《中国诠释学基本理论之探讨——20年来中国诠释学研究述评》，《现代哲学》2013年第5期。

② 参见成中英：《本体诠释学》（一），中国人民大学出版社2017年版，第9—10页。

即本"[①]，故对本体的诠释，就是基于分析的、系统的方法，强调分析、系统、概念，并将本体之概念逻辑地、清晰地表达出来。本体诠释学拥有四个原则，可再分类为"客体"与"主体"两部分来说明。"客体"部分包括"主体的独立原则"，即研究主体是否清楚、是否独立；"全体意义的圆融原则"，即部分与全体之意义圆环原则。"主体"部分包括"理解的实现原则"，即理解是否能在意识中真正重建，真正达成有机的组合；"意义的和谐化原则"，即个人了解的观点与他人的观点是只能尽量接近。四个原则的确立，主要基于方法与本体的考虑。前两项原则是关于"理"的原则，故称为"理的自全性"和"理的圆融性"；后两项原则是关于"知"的原则，故称为"知的实现性"和"知的无私性"。[②]

立足本体诠释学，成中英对新时期中国诠释学中的经典诠释活动区分出三个层次，一是文本文字考证及训诂的必要：回归历史上语言的形成原理——形、声、义、指四方面及其有关中国六书的应用与意向问题，假借原则及转注原则，必须认识意义与经验相互扩充的基本原则；文字及语言的连锁性与重叠性使概念蕴涵成为可能，必须考虑到指的理解问题。二是整合已有训诂以发现或激发新义理：历史文献的积累需要不断的整理与梳理，以还其真，以见其可能的原貌。三是超越义理形成对文本的本体理解进行本体诠释。他进一步指出，中国的历史悠久，历史包袱沉重，中国哲学的现代化不是要清理这个包袱，给它一个理性的形式及秩序，并给它一个火种使其燃烧为动力，推动现代化的信心与信念，也发光照亮现代化的道路和理想。这就需要大量理性的创造工作，同时也需要大量经验与体验的综合工作。[③]而本体诠释学将在这些活动中扮演重要角色。

第二，创造诠释学。它是由美国天普大学宗教系教授傅伟勋提出的。傅伟勋将"创造诠释学"界定为"一般的方法论"，并从五个层次对之运用进行

① 成中英：《何为本体诠释学》，载《本体与诠释》，三联书店 2000 年版，第 22 页。

② 参见成中英：《本体诠释学》（一），中国人民大学出版社 2017 年版，第 14 页。

③ 参见成中英：《本体诠释学》（一），中国人民大学出版社 2017 年版，第 46 页。

一一分析。其一，“实谓”层次。这是最可见的，是客观性的层次，包括原典校勘、版本考证，某些专门字词的地理及历史追索、典故疏解等，这是阅读必经之路，但非重点所在，更不应是终点。其二，“意谓”层次。透过字词的表面的解释，深入语意澄清、脉络分析、前后文有表面、矛盾的逻辑消解，并包括原作者时代背景的考察工夫，尽量“客观忠诚地”了解并诠释原典的意思或意向。其三，“蕴谓”层次。由于“意谓”在事实上的不可能，含义愈丰富的经典之作，它们对各朝代的文化思潮，都能以不同的姿态予以回应。因此，某些经典在各朝代的诠释，其实也可说是典籍本身的深层意涵，读者面对经典时，应同时知道，它在各诠释中曾出现过的面貌。其四，“当谓”层次。通过“意谓”与“蕴谓”的探讨，原典中或已分化成多项面貌，有各个不同的诠释，在“当谓”阶段，诠释者应加上自己的识力，向“蕴谓”各项解释作一价值判断，以辨识原典的深层特质，必要时，可以用当今的语言，将历史里未有能力解释清楚的事物说出来。其五，“必谓”层次。在“当谓”阶段，还算是一名批判的继承者，而到了“必谓”时，他已是一位创造的发展者了。如果诠释对象是一位思想家，他不但能消解原有思想的内在难题，而且能百尺竿头更进一步，接续其精神，完成其中未能完成的思想课题，以相应此当下的时代。傅伟勋总结道，“实谓”层次属前诠释学的原典考证；“意谓”属于依文解义的析文诠释学；“蕴谓”乃如历史诠释学；“当谓”是批判诠释学；至于“必谓”，才算是真正的创造诠释学，但此层次的创造性思维，无法从其他四层任意游离出来。①

傅伟勋强调中国传统诠释学中存在许多“误读”，如魏晋时期的郭象，便以“误读”的方式重新阐发了庄子《齐物论》中的哲学思想，拓展了道家哲学。当然，“误读”带有诠释者的主观倾向，或曰“有意而为之”的意蕴。按傅伟勋的说法，因有了“误读”，所以有了“创造”。在他的认知中，诠释学就是一种不同的理解，仅仅回归作者是不够的，而应是在理解中张扬创造性。实际上，傅伟勋是意在吸纳西方诠释学的基础上建立中国本位的诠释学原则。他发

① 参见洪汉鼎、傅永军：《中国诠释学》（第九辑），山东人民出版社2012年版，第26—27页。

现并认可了语言文本含义与作者意图间非“我自圆融”的可能性，进而以此赋予郭象式“误读”方法的合法性，把“误读”看成是理论创造性传承的根本条件。按他的思想逻辑，主体在诠释活动中，若想理解原作者，必须超越原作者，让文本和作者在当代生活中闪光，这是一种倡导“误读”的方法论追求，也是“创造诠释学”的真谛所在。

第三，仁学诠释学。它是由海归学者李幼蒸提出的。李幼蒸综合了西方现代哲学、西方现代历史理论、结构主义、国际现代符号学、国学符号学、现象学、伦理学以及西方跨学科的诠释学方法论等，对中国传统“仁学”进行了一轮彻底地审视与解读。他在仁学诠释学设计中，将仁学作为基本的伦理学，从诠释学视角界定了仁学的实践和功能，指明了仁学实践学的结构和仁学精神及其历史延存的儒学环境。特别是，他运用现代理念重新章句诠释了《论语》文本并阐发了其现时代意义，进而以确凿证据证明了孔孟学系统“一以贯之”的内在完整性（理论）和其对于外在人性现实（历史）的适切针对性，使其在现代文化学术世界中表现出一种独一无二的理性上和实践上的创发性潜力。李幼蒸自言：“仁学诠释学建构的目的是有效‘激活’此两千多年前的原始伦理性话语之现代精神生命力，也就是在历史与现实之间架设起一座有效的思想沟通桥梁。经此‘诠释学的多方面转换’后，此一创造于封建主义早期的人本主义伦理学思想，不仅不会失去其历史意义，也不会削弱其现实意义，因为其价值并不与现代化的科技工商文明‘比肩’，而是可与之平行地展现未来人类文明所需要的另一精神思想领域，这就是人类生存中具有永恒意义的‘伦理价值观’（仁学）和‘主体实践论’（心学）。”①

第四，经典诠释学。该命题的提出，在中国学界有着广泛的支持者。它是一种依文本诠释而展开的学科理论发展。但它并不是对中国传统诠释学思想逻辑的简单重复，而是以诠释的价值性为导向，整合中西不同视域中诠释思想的尝试。大陆学者潘德荣指出，今天我们回归到经典诠释的传统，之于中国诠释

① 李幼蒸：《〈论语〉解释学与新仁学》，中国人民大学出版社 2018 年版，第 9 页。

学的发展而言有着必要性与必然性。要知道，根据历史反思与现实条件确定的回归路线与其在形式上之于历史某一阶段中曾经历过某一相似的发展路线，就实质来说绝非同一路线。今日之回归，是基于对理论的出发点重新打量以及对学科发展整个历程的批判反思而作出的。整个过程完全是在一个全新的、更为广阔的视域中发生、发展、完成的，所以必然会有“扬弃”，甚至包含着某些原有理论不曾有过的新元素。今天，我们建构经典诠释学，要着眼于经典不同于一般性文本的作用，其要建构人类精神世界过程中具有的典范性作用功能。因为经典本身即是某一国家或民族传统精神组成的一部分，凝结着人民的智慧、期待与认同。经典诠释的效果，实际上内含着特定被某一社会所接受认可的伦理价值取向。同时，经典本身不仅是严格意义上的文本，而且可以说是文本中的范本。中西方的历史均已证明，经典影响着人们的价值观念形成，发挥着伦理的、心理的导向作用，塑造着人们的思维样式与表达方式。对于解读一般意义上的文本所需要的技术性层面的东西，均可以包含在指向经典的诠释理论中。故毋庸置疑，当代诠释学研究的真正用力点应当是经典诠释。①

客观地讲，当前西方的本体论诠释学与方法论诠释学已成对立之势，中国诠释学在“创建”或“重建”中大可不必踌躇于在“本体论”与“方法论”之间作出选择。中国诠释学发展有着自己的“根”，并且其诠释思想研究本身即存在着这样一种可能性，使得对立的双方在更高的层面上可以整合为一个整体。可以认为，经典诠释学在中国有着悠久的传统，并积累了丰富的认知资源，继续发扬它将是推动目前“陷于停滞”的诠释方法论前进的重要思想资源与动力。而本体论诠释学亦在此有广阔地生长空间，在与中国经典的结合过程中，理解在本质上是意义的创造活动，是理解主体的自我塑造与实现之特质，亦可得到新的认知。

当然，接近世纪之交的中国诠释学发展并非都是中西诠释学理论方法互融互促的样式，一种“原汁原味”中国式诠释理解学说也在悄然成长。典型的代

① 参见潘德荣：《西方诠释学史》，北京大学出版社 2013 年版，第 535 页。

表是，钱钟书之“圆融辩证”的诠释学建构。这里的“圆融”是指，对待世界与事物能够会通全局而不拘执任何一方面，上下古今、前后左右，即“察其异而辨之”又“观其同而通之”，既知其“分殊”复求其“理一”。[①] 钱钟书认为，诠释的对象应是文本的意义，但文本自足却不自主，虽与作者精神不尽相同却源于并体现它，因此诠释对象可说是文本与作者的辩证统一体。按这一思路，伽达默尔等西方诠释学家所强调的诠释中的“读者中心论”，文本意义与作者没有任何关系，而是由文本与诠释者共同生成之说，显然是与之不同的。也正因如此，钱钟书所坚持的承认文本的自足性但又坚持作者的相对决定作用，可谓是一种独特的“中国思路”。

钱钟书反对“作者意图决定论”的说法，但并不完全抛弃作者的“文本中心论”。他在《管锥编》一书中主张，文学诠释既应从文本出发“尊文本而不外骛”，不“尽舍诗中所言而别求诗外之物”，又应理解文本所体现的作者精神，“读者明眼，庶几不负作者苦心”。[②] 与西方现代诠释学认为读者的参与是文本产生意义的前提，没有了读者，文本就不过是一堆暗哑的文字观点相对，钱钟书指出文本实为作者与读者的共同成果，读者的接受并不可以完全决定文本的意义。所谓的文本诠释，既不可执着于文本的自足与读者的参与，更应考虑到文本的题材与体裁。在这里，每一种要素都很重要，但同时又都只具有相对意义而无法抹杀、取代其他要素，所有的要素其实都融会贯通为一个“分而可合”“通而不同”的辩证整体中。钱钟书还发明了一套极具中国特色的诠释方法，如“合观”“连类”“捉置一处”“比勘”“参印”“相互发明”等。并且强调，在诠释实践中诠释学与修辞学、心理学等的关联与融会。特别是他还提出诠释主体不可避免地会存在种种成见与偏见，要想真正尊重作者与作品，就必须尽理对治与避免种种成见与偏见，自觉具备一种正确的诠释态度等。这些都是难能可贵的。

---

① 参见李清良：《熊十力陈寅恪钱钟书阐释思想研究》，中华书局 2007 年版，第 122 页。

② 钱钟书：《管锥编》，中华书局 1986 年版，第 180 页。

（六）中国诠释学近现代化历程之反思

毫无疑问，20 世纪的中国诠释学经历了长达百余年的近现代化历程。在这一过程中，充满了变革、创新、痛苦与挣扎。其中的变革与创新来自中国诠释学顺应时代发展，不断融入新的元素而使自己保持充沛的生命活力，痛苦与挣扎则来自中国诠释学受到的内在挤兑与外在打压。不过可以得到确认的一点是，经历了百年的磨炼，一度沉寂甚至趋于灭亡的中国诠释学“重生”了。从根底上讲，它重生的主因不是西方诠释学发展的刺激，更多地来自中国文化的“自觉”。我们认为，诠释学研究的实质，是通过自觉地反思、探讨与总结诠释活动及相关问题，建立人们应当遵循的原则与规范，也就是中国传统文化中极力张扬的“道”。西方诠释学即是阐发西方文明之道的学问，中国诠释学则是阐发中华文明之道学说。世界上不存在放之四海皆是真理的“道”，不同文明与不同文化传统影响下形成的诠释学有着各自不同的任务，因而形态也不会等同。

19 世纪与 20 世纪之交，晚清的今文经学曾经为挽救中国传统诠释学作出了最后的努力，学者们等致力于公羊学的复兴，期待以之改变传统学术观念进而改变固有政治观念，从而推动中国古代社会向近现代社会的转型。众所周知，当清王朝的统治在中国站稳根基后，许多祖制、祖训、政治规章制度便以“不变”的姿态被固定下来，轻易不可变动。清代今文经学在政治上以“公羊学”为武器，角力于对祖宗之法“不变”的抗争。他们高扬孔子形象，重提“张三世”“通三统”的微言大义，甚至不惜曲解圣人之说，目的无非是要在“万马齐喑究可哀”的时代，要人们相信“变革”的重要性，社会中没有“变”就失去了进步的可能。他们要传递一种观念，但因为诸多主客观的原因，最终也停留于一种观念之上。

然而，诠释学不是一种政治学。今文经学涉及内容虽博大精深，但在社会变动的巨大“洪流”面前，它的功用常常显得“杯水车薪”。特别是经典诠释一定会受语言文字制约，不可能无限制地表达某种新思想。所以，公羊学者自诩能不断挖掘出圣人新的“微言大义”，实际上只为突破典籍文字固有限制，方便表达他们对政治时局的新思想、新见解，觅得新机会罢了。作为清代最后一批今文学者代表的康有为，处在一个封建社会即将崩溃的时代，处在传统与现代的一个巨大断裂带上：中国传统文化无法应对西学的强力挑战，中华民族与中华文明面临前所未有的危机。于是，他采取了最为激进的“先破后立”的方式，其所作出的经典诠释已大大超越了“返本开新”的范围，而是颠覆了中华经典的神圣权威。他借文本诠释提出了社会改革的政治主张，然而却因在诠释过程中过度膨胀了自己的主体性，以致流于以己意释古经，牵强附会，甚至有时还篡改经文以合己说。从此角度上看，工具化的经典诠释对中国诠释学来说更多的是一种伤害。

20 世纪在一浪又一浪的新文化运动冲击下，经学失去了最后一片阵地。瓦解后的经学被置于新学术的对立面，随着废科学、兴新学，经学在整体上基本成为时代的无用之物而被清理出场。与之相应，中国传统的诠释学也遭到了“冷遇”。经典文本的神圣外衣彻底脱下，传统典籍只能以碎片化的形式飘落于哲学、历史学、语言学、文学等纯粹的学术学科之中，借以特定史料的角色身份孤立的延续自己的存在。显然，传统的依文字而立说的中国诠释学必须作出改变，以应对新的局面。新考据派、唯物史观学者等不得不以新的样态重构中国诠释学，但收效甚微。而真正让中国诠释学焕发生机的，乃是现代新儒家的尝试。

经学解体之后，中华经典已没有了往日华丽的外表与权威性的光照，以儒家思想为首的中国传统文化价值的民族本根性、样态独特性与文化积累的多层性慢慢不为人所关注，治理经书、诠释经典已“降格”为一般性的学问，再没有神圣的光环。作为“先觉”者，现代新儒家敏锐地感知到，长此以往，中华文化尤其是儒家的精神性因素将逐渐清散，儒学与现代生活的内在联系也会转向弱相关。儒学想要振兴，重新唤醒人们对经学的信仰不符实际，但以诠释学重新解读作为中华文明“遗传密码”的“四书五经”，揭示隐含其间可视为“中国精神”的无数圣贤心志，以凝结炎黄子孙之共同情感，却可成为社会“重拾”

儒学的理由。不过，纯粹使用传统方法，以有限的学科眼光和片面的现代方式来发展传统诠释学说是不够的。于是，现代新儒家们除了语言文字层面的研究外，还重新开启了孔孟“知人论世”“以意逆志”“相接以心”的诠释范式，结合时代新文化要素，在同情理解的基础上，从文化精神和思想内涵方面重建中国诠释学说。

20 世纪末，向西方学习现代诠释学理论与方法的热潮兴起。但绝大多数的“创建”和“重建”中国诠释学的学者都明白，之所以要研究中国诠释学，实是因为现代中华文明必须为其诠释活动建立起自成一体的现代诠释之道，而不是东施效颦般本无其实，也不是邯郸学步般徒慕西方诠释学之名，更不是为了补充西方诠释学或者与它一比高下。中华文明要建立自觉自明的诠释之道和完整无缺的生存之道，就必须有中国诠释学研究。[①] 然而，让一门存在两千多年的学问发生彻底的转型并非一日之功。今日学者们的见地，虽硕果累累，但距离让中国诠释学真正让世人公认还需时间。不过，我们要明确的一点是，古代中国存有古典诠释学，现代中国应有现代诠释学。现在所言讲的中国诠释学建构，必须在注意到诠释学之古今之别与中西之别的基础上完成，而不应固执于西方现代诠释学这一种形态。否则，必然会出现许多误解。

综观百余年中国诠释学近现代历程，在中国特色时代背影与社会实存的外在约束下，其发展特点也是独特的：第一，体系建构由传统的“字本位”，逐渐走上哲学化路向。强调单个汉字在解释和理解文本中的基础性意义，是中国诠释学的一个重要传统，乾嘉汉学将之发展至极致。在其创造的“实事求是”诠释学范式中，理解经典中每个字的意义都必须以理解该字所在的文本语境为前提，从而由字通词，由词达道。不过，随着清代今文经学的兴起，诠释者在实际操作中逐渐养成以“超越”的视角看待具体的文字，他们开始注重文本诠释与思想阐释间的关系，认为诠释的目的在于说明文本的意义，而并非每个字

---

① 参见李清良：《从诠释学到诠释之道》，载杨乃乔编：《比较经学：中国经学诠释传统与西方诠释学传统的对话》，上海人民出版社 2017 年版，第 30 页。

的意义。于是，一股将诠释从具体文字制约中抽离出的风尚慢慢形成。不过，此时的文本诠释活动仍被看作一种具有权威性的判定活动，也就是一种确立文本权威意义的揭示与维护行为。只不过，因经典诠释与政治活动的结合，最终“新”式的诠释模式变为从文本出发，围绕文本所显示出的意义，加入诠释者的前理解，顺从政治意旨，从而得到文本内涵的宏观大义。

20 世纪伴随儒学的近现代化转型，传统诠释学所赖以生存的经学系统崩溃，破碎化和片段的中国古典文本被置于新时代的话语场中。学者们“第一次”发现，在文本经历了“非经学化”梳理后，它已并非是学术思想生存的唯一场所。受现代新儒家的推动，中国诠释学开始走向“哲学”之路——以思想提炼方式将经典文本原有的社会背景和历史条件尽量撇去，离开传统经学的特定语境、叙事脉络和外在形式，而专注于思想性要素的彰显，突出理解的思想性，以显示其符合时代要求的永恒价值。换言之，经典诠释开始走向思想诠释，理解终于不再是文本的附庸，在一定限度内获得了独立性地位。人们发现，比之历史学，哲学所展开的思想诠释更能拓展文化传统所预置的空间，也更能在历史和现实之间寻找到连接的融合点。当然，这也可以理解为学者们以“哲学”的旗帜，让传统经学文本保留一点“生命力”，而不至于完全地材料化，以便在人们的内心深处终归能够唤醒一种精神延续的联想。

第二，借鉴西学内容，改造传统。不可否认的是，中国诠释学的近现代化过程融入了许多西学要素。从康有为吸收西方政治思想，以独立、平等、自主、仁爱等元素重构儒学思想起，20 世纪新考据派大量引用西方科学实证主义思想，将归纳、演绎、逻辑等方法植入文本研究，唯物史观学者将中华传统典籍以马克思主义唯物辩证法视角重新审视，到现代新儒家利用博格森、怀特海、康德等西哲大家思想发明、发展中国新式的诠释学，可谓西学的影子一直存在于对传统文化的创新与改造中。然而从根底上讲，在创新与改造之后，真正尚存诠释学属性的学说只有现代新儒家一支。不过，在形式上为西学所牵引和左右的现代新儒家哲学化诠释路向，并没有改变其内心中仍以中学为体的固念。可以肯定的是，对于民族文化传统的眷恋，使得现代新儒家并非完全照抄西学，他们的诠释活动更多是将西学以“为我所用”的方式借拿，其不是完全用西方的哲学来诠释中国传统，也不是以西化的诠释来让中国思想“西方化”，而是在经学传统的诠释学表达方式被彻底消解之后，试图找到一种新的媒介和新的载体，把中国文化的精义用近现代人可以理解和接受的方式重新呈现出来。但这也注定了发展于近现代的中国诠释学不可能走向西方现代诠释学之伽达默尔等所创设的路向。

学术界公认的是，西方诠释学成为一门关于理解和解释的一般学说始于施莱尔马赫，大成于伽达默尔。20 世纪的今天，西方诠释学已由方法论学问成功地转向了本体论学说。刚刚经历了思想“涅槃”的中国学者们显然无法快速地在观念上超越对诠释学的固有认知，无法超越传统的主体性诠释模式，因为在这种模式下，不论原创者和经典之间，还是诠释者和诠释之间，都是“主—客”关系。所以中国诠释学在近现代发展中理念和方法论层面整体“落后”于西方现代诠释学发展也就不难理解了。

第三，诠释学发展出现“学科属性”游移倾向。因为经学的瓦解，诠释与文本的“分离”，中国诠释学在近现代发展过程中不断失去明确的学科属性。原来其附着于经典文本之上，以一种“普遍的”经典诠释学形象示人，并且它被完善与制度化，成为主流的学术学问，以致中国传统的文学、绘画和音乐作品的理解与创作都深受其影响。但不幸的是，身处近现代的中国诠释学却面临着尴尬的境遇，其日益被人们视为一门特殊性的方法论而非专门的学科学问，或被简单地归类为训诂学或义理学。由于自身发展的限制，它也无法普遍适用于一切文本或诠释对象。更为重要的是，在新的社会形态中核心价值、基本观念和生存方式等都发生了很大变化，中国传统的诠释学显然没有做好充分的准备，其古典形式的内核尚未转换成现代形式的内核，其理论突破和多样化发展的速度尚无法达到学科发展的自身需要。最终导致的结果是，“学科”存在是否拥有合法性受到质疑，“学科”是否只是依附于文学、史学、哲学等的附属物受到普遍争论，一场关乎中国诠释学生存的危机在此时降临了。

但可以肯定的是，中国诠释学建设的前景是光明的。随着反思现代性运动的日益普遍与深化，当今世界正在逐渐走出“西方化”时代，“文化本土化”成为时代的主流。越来越多的中国学者认识到中国必须有属于自己的诠释学，不能直接套用西方诠释学理论，要注重中国诠释思想的特殊性，要对中国传统的经典诠释思想与方法要有完整且准确的理解。重生的中国诠释学必须以“独立学科”的形态，屹立于学林之中。它也应是一种中国现代的诠释学，绝非是对传统诠释学的简单继承。值得欣慰的是，我们已经看到中国学者的努力，在他们积极论证中国诠释学研究合法性依据所在的背后，是他们对新时期中国学问自我定位和发展方向设计的科学构想。显然，他们想让中国诠释学成为理解与传播中华文明的重要维度与核心层面，使之承载更多的中国智慧，自成一体，而又具有相当可观的开放性与涵摄性。不过路漫漫其修远兮，中国诠释学真正的强大还需一定的时日。

二、“鼎盛”的西方诠释学

20 世纪的欧洲，埃德蒙德·胡塞尔创立现象学，“他的学说在很大程度上改变了这个世纪的思想史地图”①。一时间，形成了蔚为壮观的“现象学运动”。胡塞尔先是提出“意向性”理论，认为意向行为与对象之间存在有相关性；后又提出“生活世界”范畴，认为它是由人直接地非反思的生活所构成，系前科学的活生生的经验世界，这个世界超越主客二分，是科学理论产生的前提。而“意向性”与“生活世界”理论在后来其弟子海德格尔及再传弟子伽达默尔的诠释学理论中，得到继承与发扬，可谓西方现代“新”诠释学的理论基石。

胡塞尔将自己建构的学问称为“现象学”，主要任务是认识本身的批判，即解决认识如何可能的问题，从而为一切科学寻求一个确定的基础。他主张现

① 德布尔：《胡塞尔思想的发展》，李河译，三联书店 1995 年版，第 1 页。

象学还原的分析方法，又称“先验还原”，目的是把认识活动中的主体还原到纯粹的思维内上去，也即纯粹的主体性上去，“按照这种还原法，我们将能排除属于每一种自然研究方式本质的认识障碍，并转变它们固有的片面注意方向，直到我们最终获得被‘先验’纯化的理解的自由视野，从而达到在我们所说的特殊意义上的现象学领域。”①实际上，胡塞尔的学术目标是将生活的世界还原到纯粹自我意识的世界，按此说法生活世界最终不过是纯粹自我意识活动的产物。显然，这是一种极端化的主观化思想，甚至使之坠入一种费希特主义。对此，他的弟子海德格尔提出批评，力图将现象学主观性的发展引向客观化，并在结合狄尔泰的“体验”诠释学的基础上与胡塞尔的现象学批判性融合，最终勾勒出“此在”诠释学的轮廓。

（一）作为“此在”的诠释学

活跃于20纪的马丁·海德格尔是20世纪西方存在主义哲学的创始人之一，他在哲学史上被称为是具有转变意义的哲学家，亦是西方诠释学发展史上第一个真正意义上的“读者中心论”者。关于诠释学，其一个重要论断是“此在的现象学就是诠释学”。因为人们的一切理解现象及一切意义的发生，都是根源于人的生活本身。所以诠释学的真正问题不是“存在如何理解”，而是“理解如何存在”。为此，海德格尔创造了“此在”的概念，认为它是“除了其他存在的可能性外还能够发问存在的存在者”②，“此”含有“如此”之意，“在”即是“如此存在”。

海德格尔认为，人最基本的特性就是了对存在的理解，这是他区别于别的存在者的地方。理解就是此在把自己的可能性投向世界，即“筹划”自己。理解就在这个筹划之中。如何筹划自己、安排自己的将来，本身就包含着对生活

① 胡塞尔：《纯粹现象学通论》，李幼蒸译，商务印书馆1992年版，第44页。

② 海德格尔：《存在与时间》，陈嘉映译，三联书店1999年版，第32页。

的理解是如何，而且是根据这种理解来进行筹划和安排。因此理解不是这种此在的一种存在。任何此在作为当下的一种存在，就已经筹划了自己。因此，只要此在存在着，此在总是有一种理解。故理解存在本身是此在的一个明确的特性。此在成了存在的证明之所，存在只有通过此在才能得到揭示，探究存在的意义只能从此在开始。因此，理解不只是个认识论的问题，还是个本体论的问题。①这样诠释学就从根本上转向了本体论，即转向探讨此在的生存形式问题，“(诠释学）被重新界定：它不再是一种神学或哲学的注释方法论，甚至不是精神科学的方法论，而是一种对存在的具体的、特定情境的、历史的、语言的和动态的在此之在的昭示性理解，一种关于在显现中显现出来的事物的初始观念的现象学。”②

应该说，海德格尔的一生学术思想走向均与对存在本身的追问有关。所以，要准确把握其思想动机，必须从存在问题入手来理解海德格尔。海德格尔早年师从胡塞尔，并将胡塞尔的第一部重要著作《逻辑研究》作为学习现象学的入门之作。海德格尔起初在胡塞尔的指导下对存在区域、纯粹语法和形式本体论问题进行了深入研究，尤其看重“真”的经验的独特的被给予性，把这称作“意义”，并借此反对心理主义。后来因受到狄尔泰、约克伯爵以及克尔恺郭尔思想的影响，海德格尔认识到，人的本己的生活，一方面是自足的和自诠释的，而在另一方面，人的生活又是历史性的存在。按海德格尔的说法，此在即是现实中生活的每个人本身。在这个意义上，此在也是每个人的生存。生存问题只有通过生存活动本身才能弄清楚。所以，只要生存规定着此在，那么对这个存在者的个体论分析就必须要对生存论状态作一番事先的观察。此在的“存在世界之中”，也是“在世界之中存在”，这表明此在或现实生存着的人与这人类生活的世界在根本意义上是不可分的。

海德格尔还说，当“此在”与其他存在者打交道时，此在的活动已是基于

① 参见章启君：《意义的本体论——哲学解释学的缘起与要义》，商务印书馆 2018 年版，第 48 页。

② 帕尔默：《海德格尔的本体论和伽达默尔的哲学诠释学》，彭启福译，《安徽师范大学学报》2002 年第 3 期。

对存在的理解。当“此在”用“是”作判断的时候，它必定总已经对这个“是”有所理解，否则它就没有根据用“是”来做判断。而“此在”之所以已经理解了存在，是由于它总已经存在，并将继续存在一段时间，“此在能够这样或那样地与之发生交涉的那个存在，此在无论如何要以某方式与之发生关系的那个存在，我们称之为生存。这个存在者的本质规定不能靠援引一个关于某主题事物‘什么’来进行。”① 换言之，“此在”的生存无法通过传统形而上学认识存在者之存在的路径来把握了。显然，海德格尔将现象学的描述和诠释学的阐明联系起来，他此时理解的真理不再是传统意义上的真理概念，而是实际生活之存在整体的自行敞开，是无蔽，是让诸存在者如其所是的存在。可见，由于存在总是存在者的存在，而此在这种特殊存在者的存在又总是基于对存在的理解；在另一方面，“此在”的每一种具体存在方式，总是已经透露出它对存在的理解，因此可以说，“此在”的存在本身就是诠释性的，而通过对其存在的方式的分析、描述阐明存在意义的诠释学策略，依赖的就是其存在的自身诠释性。

可以认为，海德格尔实现了西方诠释学从传统的方法论到哲学本体论的转型，揭示出当代哲学诠释学的根本问题，不是对于存在的意义如何进行理解，而是把理解当作是此在的一种存在方式。他强调，理解展开了“此在”，作为理解的存在向着它自己的可能性筹划它的存在，并在筹划中被理解。可以看出，海德格尔不是从理解文本出发，而是以此在的本体问题为开端，展示出人在世界中的当下生活和生存方式作为理解和解释一切文本的根本视域。这一方面达到了本体论诠释学的境界，另一方面又开启了一种诠释学化了的现象学本体论。他向人们展示出一种与一般对于文本阅读和意义理解完全不同的方式。对于语言，他的观点是人类的言说行为是人类所特有的东西。但是，这种言说本身是一种借助于语言的行为。在语言中显现的不是人的某种东西，而是世界、存在本身。存在引导着人并呼唤着人，以至于最终不是人而是存在显示着

① 海德格尔：《存在与时间》，陈嘉映译，三联书店 1999 年版，第 8 页。

自身。这些对理解理论当然有着不可估量的重要意义。它使语言的真正本质成为使事物显示自身的诠释学功能。它意味着，诠释的学科变成了一种努力，亦即从纯粹的分析与说明毅然决然地“退到”实现思与文本中显现的东西之对话。诠释成为语言事件自身得以发生的一种助力，因为文本自身的诠释学功能，已作为存在显示本身的场所被凸显出来。

海德格尔曾论及诗与真理的问题，认为语言在根本意义上是诗。诗是语言的本质，因为在语言与存在的关系中，只有在纯粹地被言说中，只有那种“澄明的投射”才能使存在者“去蔽”进入“敞开”，昭示出事物的透明本性。海德格尔还讨论过艺术品中的诠释学概念问题。他认为，伟大的艺术作品都在言说，而在它这样做时其实就建立了一个世界。成为一件艺术作品，意味着开启一个世界。诠释一件艺术，意味着进入作品得以持存的开放空间。艺术之真理，并非一件浅显地认同已被给定的东西，它以一种人们可以看见的方式敞开大门。换言之，艺术的崇高性必须根据它的诠释学功能来界定。

综上可见，海德格尔对西方现代诠释学发展的贡献是划时代的，虽然他对诠释学的解析“艰深晦涩”，但其却让诠释学成为了彻底的诠释。正是他的努力，理解从此成为此在的存在方式本身，而不是一种方法；现象学的方法论被大量移植并应用于诠释学；开辟了诠释学由意义入手，进入语言本体的分析。德雷福斯曾对海德格尔的诠释学进行要点归纳，认为其主要涵盖六个方面：一是人类存在是一种自我解释行为，此乃诠释关系；二是此种行为与人类对存在意义的理解有关，正是在这种理解所开启的空间中，人们得以与客体、情境和其他人类存相遭遇，社会的所有成员分享着对这种解释的前本体论理解；三是日常实践和日常意识在这一空间内部发生，这一空间决定了人们对什么信以为真；四是每个人在某种深层次上都意识到，在日常世界中信以为真的东西仅是一种解释，并不存在于某种我们的实践与之相符的终极现实；五是人类狂热地陷身于他们的日常实践，而对他们并不拥有终极的妥当性故意视而不见；六是诠释的循环剥去了我们的伪装，昭明了对存在的本体论理解，作为无家可归的存在展示了我们的真实处境。[①] 海德格尔的这些思想和方法，直接奠基了 20 世纪西方诠释学发展的基本方向，拓展出一个全新的视野。尤其是，他启示了伽达默尔，并直接影响了后者的哲学思想建构，客观上助推了伽达默尔将西方诠释学发展至“鼎盛”的时刻到来。

（二）伽达默尔的诠释学

汉斯－格奥尔格·伽达默尔无疑是个“高产”的哲学家，在百岁的生命历程中著出了《柏拉图的辩证伦理学——〈菲利布斯篇〉的现象学解释》《柏拉图与诗人》《真理与方法》《短篇著作集》《黑格尔的辩证法》《我是谁，你是谁》《柏拉图〈蒂迈欧篇〉里的理念和实在》《科学时代的理性》《柏拉图和亚里士多德关于善的观念》《黑格尔的遗产》《海德格尔之路——后期著作研究》《赞美理论》等。作为海德格尔的学生，伽达默尔充分继承老师的理解本体论的论说，“我认为，海德格尔的人类此在的时间性之分析，很有说服力地指出了这一点：理解不是主体的诸行为方式中的一种方式，而是此在自身的存在方式。”[②] 并将之与施莱尔马赫及狄尔泰的诠释学思想相融合，加入自己的创见，从而彻底地将传统诠释学从方法论和认识论性质的研究转变成本体论性质研究的学问。他企图通过研究和分析理解的种种条件与特点，来论述作为此在的人在传统、历史和世界中的经验，以及人的语言本性，最后达到对于人类理解和解释现象的真正理解和解释，“这个海德堡的哲学家建议根据海德格尔的本体论，更确切地说，根据海德格尔哲学诗式的后期著作中那种本体论的重新定向来进行那种关于人文科学的讨论。”[③] 然而，他又不特别关注存在问题本身，而是着力于利

① See Dreyfus, “Beyond Hermeneutics: Interpretation in Late Heidegger and Recent Foucault”, in *Hermeneutics and Social Theory*, The Press of University of Massachusetts, 1984, p.73.

② Vgl. Gadamer, “*Vorwort zur 2.Auflag*e”, in Gadamer, *Gesammelte Werke*, Tubingen,1986, Bd.2. S.440.

③ 利科：《解释学与人文科学》，陶远华译，河北人民出版社 1987 年版，第 59 页。

用这一生存论、存在论基础之上的精神科学的理解和解释问题，并将之视为对作为人类存在方式的理解现象得以可能的条件的现象学描述。他创造性地提出“诠释学真理”命题，将之视为一种可以通过超越科学方法论控制的诠释学经验去经验的真理，认为其具有着伦理与实践的意义，体现在实践智慧之中，更是一种将真善美统一于自身的真理。

在伽达默尔看来，传统诠释学的目的是通过特殊的或所谓科学的方法达到对于文本的终极意义的理解和解释，如同自然科学那样，对文本作出不偏不倚的纯客观的诠释，把对于文本意义的所谓客观真理性追求当作自己最高的目标。而自己建构哲学诠释学建构的目的就是要打破这一神话，让人们知道根本就不存在对一个文本所谓规范性诠释，进而也不存在文本本身的客观的、终极的意义。所有对于文本客观的、终极意义的追求都是虚妄的，“任何时代都必须以自己的方式理解历史流传下的文本，因为这个文本属于整个传统的一部分，而每一时代对这个传统则有一种实际的兴趣，并试图在这传统中寻求自理解自身。当某个文本开始与诠释者对话时，该文本的真实意义并不依赖于作者及其最初的读者所表现的偶然可能性。这两种意义之间肯定是不同的。……完全可以说，只要我们在理解，那么总是会产生不同的理解。”①因此，诠释学的目标绝不是提供一种关于解释的一般理论和一种关于诠释方法的独特学说，或曰所寻求的并不是对终极意义和确定性的解决和认定。恰恰相反，必须探求人们对于文本进行理解和解释的条件和可能性，“人所需要的不单单是坚定不移地追问终极问题，而是还需要知道：此时此地什么是行得通的，什么是有可能的，什么是正确的。我认为，哲学家尤其必须意识到他自身要求与他发觉自己置身其中的实在之间的那种张力。”②

显然，哲学诠释学在伽达默尔这里即是对“理解如何可能”的本体论问题

① Hans-Georg Gadamer, *Truth and Methed*, translated by Joe Weinsheimer and Donald G Marshall, The Continuum Publish Company,2000,p. 263.

② Vgl. Gadamer, “Vorwort zur 2.Auflage”, in Gadamer, *Gesammelte Werke*, Tubingen,1986, Bd.2. S.266.

的探究，“我的研究目的不是提供一种关于诠释的一般理论和一种诠释方法的不同学说，而是要探寻对所有理解方式所共有的东西，并指出：理解从来不是一种达到某个所给定‘对象’的主体行为，而是一种达到效果历史的主体行为，换句话说，理解属于被理解物的存在。”① 这个“存在”是什么？伽达默尔明确为“语言”。因为所有的理解只能在语言中进行，人与人、人与世界之间也只有语言才构成其内在关系。人永远是以语言的方式拥有世界，世界也必须通过语言向人们呈现出来。一句话，人的存在在根底上说是一种语言的存在。由此，伽达默尔展开了其著名的“语言诠释学”论说。

关于“语言”，伽达默尔最基本的观点是对语言本质之“符号”理论的拒斥。他认为，语言除了形式和工具性功能外，还具有真实的生命，将语言视为符号，实质上剥夺了它们原本的力量，并使其成为纯粹的工具或指称物。就本质而言，语言并不属于人，而是属于情境的，“语言性的语词并不是由操纵的符号；它也不是这种存在物，即由人们创造出来、或者交付于他人的东西，或者人们接受了它并赋予它以意义的理念性，通过制定符号以使某些存在物显现出来。上述两种可能性都是错误的；毋宁说意义的理念性就在语词本身之中。语词始终就是有意义的。”②经验的本质不是一种非语言性的事实，人们随后要通过反思行为寻找语言以表达它；经验、思维和理解完全是语言性的，而在阐述一个论断时，人仅仅在使用已属于此情境的词。发明语言以描述经验并非随意的行为，而是要符合于经验的需要。因此，语言的形成不是一个反思的产物，而是经验的产物。它不是精神或心灵的表达，而是情境和存在的表达。所以语言像理解一样，是一种包罗万象的现象。它绝不能当作“事实”来把握，或被完全客观化，而应像真理一样，认为其能涵括一切能够成为对象的东西。

伽达默尔反对把语言仅仅当作表达现成思想的外衣或信息交流的工具，因

---

① Hans-Georg Gadamer, *Truth and Methed*, translated by Joe Weinsheimer and Donald G Marshall, The Continuum Publish Company,2000, p.55.

② Hans-Georg Gadamer, *Truth and Methed*, translated by Joe Weinsheimer and Donald G Marshall, The Continuum Publish Company,2000, p.394.

为在他看来，这样被理解的语言没有独立的存在，随着表达或交流目的的实现，语言作为工具的价值就不复存在。他强调语言对个别使用者的主宰力量，认为这种力量源于语言与世界的相属。他强调，人与世界的语言存在形式，揭示了语言与历史的内在关系。历史对人们意味着：在传统这个时间的共时中展现出的人和世界在时间演进中的历时性。当人们面对历史时，最富有历史感的是传统。传统就是一种语言，是一种文本，它给人们提供了一个无穷无尽的意义的源泉。它不是一个被动的研究对象，而是一个对话者。人与历史的遭遇方式，是理解者和传统遗产的文本的对话关系。而这个文本与读者的中介，也是语言。对历史的理解是一种经验，但它也是语言的经验，或经验语言。同样，经验是人类历程的产品，记录下这些经验的就是语言。我们现在所经验和感受的传统，都是在人们对语言的依赖中具体给定的东西。①

伽达默尔进一步指出，语言的存在方式是“对话”，语言总是在对话中进行的。而这种对话的本质，其实就是游戏的本质，“只要两个人开始进行谈话，他们所说的就是同一种语言。然而他们自己却不知道，在讲这种语言时他们正在深入地进行这种语言游戏。但是每个人还是说自己的语言。说话与说话相对但并非保持不变，这一事实导致共同的意见。在互相谈话中，我们不断地深入到对方的思想世界：我们应对他，他也应对我们。这样我们就以一种初步的方式相互适应，真到平等交换的游戏——真正的对话——开始。”② 实际上，“对话”不是主观的，也不是客观的，它是主客观交融的产物。正是在具有游戏性质的平等交换的谈话活动中，语言才具有它的揭示功能。理解的过程本质上是一种“对话”过程，与游戏的辩证结构相类似，在真正的对话或谈话中，起主导性作用的并不是对话者，而是对话双方所共同关注的“主题”。在对话中，双方是平等的伙伴，每一方都要倾听对方的意见，向对方开放，从而让双方的意见或前见充分地发挥作用，最终达成相互的理解。

---

① 参见伽达默尔：《美的真实性》，张志扬译，三联书店 1991 年版，第 131 页。

② 伽达默尔：《真理与方法》，洪汉鼎译，上海译文出版社 1999 年版，第 56 页。

对于伽达默尔而言，语言本身具有一种内在的思辨结构。它不是固定地和教条式地被确定的，而是因为它始终处在作为显示事件的过程中，所以它永远在活动转换，实现着它将事物带入理解的使命。真正的言说，是那种在日常生活中发生在彼此相互理解的人之间的言说，允许未说出的东西伴随着已说出的东西，以便二者共同给成一个统一体；正是此统一体，使人自身通过言说，而不是通过说出的东西而被理解。任何被说出的事物，实际上都被一种更大的无从把握的意义取向所规定。这种无从把握性，使语言的思辨结构凸显出来。甚至最纯粹地重述某事物的含义，也需要不可能被完全客观化的背景。

从语言的被理解问题出发，伽达默尔又谈到了文本的理解问题，进而提出“视域融合”的命题，也就是理解的“历史性”问题。伽达默尔认为，任何理解都是在历史之内进行的，任何作者和读者都以自己的一定生存方式处于历史中。由于历史性是人类存在的基本事实，无论是理解还是文本，都内在地嵌于历史之中。因此，人们的历史特殊性和局限性是无法消除的，故人们在理解中永远达不到完全的一致性。因为有视域融合的存在，进而又产生了一个赋予我们自己概念以意义的问题：在诠释文本时，我们能运用这些概念，因为我们认为文本是对一系列我们认为是实际的问题的回答。视域融合预设在每一诠释中，也预设在我们日常交往的诠释中，但在日常交往中我们并未注意它，因为视域融合通常不被注意，在诠释某个出自遥远过去的文本时，艰巨的任务就要求我们注意。因此视域融合又是诠释文本和与别人谈话的可能性条件。①

伽达默尔接着说，当视域融合出现，即在理解者和理解对象相互作用中产生的融合的统一物出现时，“效果历史”便形成了。什么是“效果历史”？他解释道：“真正的历史对象根本就不是对象，而是自己和他者的统一体，或一种关系，在这关系中同时存在着历史的实在以及历史理解的实在性。因此我就把所需要的这样一种东西称为‘效果历史’。理解按其本性乃是一种效果历史事

① 参见章启群：《意义的本体论——哲学解释学的缘起与要义》，商务印书馆2018年版，第131页。

件。”[①]历史的主体不是自在主体，不是一种纯粹的意识，因为他带有历史的前见；但历史的对象也不是自在客体，因为它是由真前见所认识的东西。历史就是一个与另一个的统一，在为历史存在于它的历史之中，而且只存在于真的历史之中。按伽达默尔的意思，任何事物一旦存在，必存在于一种特定的效果历史之中，因此对任何事物的理解，都必须具有效果意识，理解在本质上亦是一种效果历史的关系，“当我们力图从具有我们的诠释处境特点的历史距离出发去理解某个历史现象时，我们总是已经服从于效果历史的种种影响。这些影响预先规定了：哪些问题对于我们来说是值得研究的，哪些东西将成为我们研究的对象。我们多少忘记了实际存在的东西的一半。事实上，如果我们把直接的现象当成全部真理的话，那么我们就失去了这种历史现象的全部真理。”[②]此外，效果的历史概念揭示出诠释学的另一重要功能，即应用功能——在理解和解释的过程中，将历史流传物或文本本身的意义内容和真理要求在理解者的当下特殊境域或视域中展现出来，这既是一种视域融合的过程，也是历史流传物或文本本身的“自我表现”过程。

综观伽达默尔的诠释学，它并没有提供一套诠释理解的、可以操作的方法规则，而是系统地阐释说明了“所有”理解方式所共有的特质与属性。伽达默尔所关心核心是哲学问题，是对一切方法论基础的反思。正如他表示的那样，诠释学的实质是一种本体论和现象学，而不是一整套规范的、大全式的关乎于理解与解释技巧的方法论学问。理解不是以传统的方式被设想为人类主体性的一种行为，而是被设想为此在存在于世界的基本方式。理解的关键不是操作和控制，而是参与和开放，不是知识而是经验，不是方法论而是辩证法。对于伽达默尔来说，诠释学的目的不是为“客观有效的”理解提供规则，而是尽可能全面地思考理解本身。他所关注的不是更正确地理解，而是更深刻、更真实地去理解。所以他不断强调：“如果人们把诠释文本的任务置于现代科学理论的

① 伽达默尔：《真理与方法》，洪汉鼎译，上海译文出版社 1999 年版，第 305 页。

② 伽达默尔：《真理与方法》，洪汉鼎译，上海译文出版社 1999 年版，第 267 页。

偏见、依据科学性的标准之下，真正是目光短浅的。诠释者的任务，事实上从来都不仅仅是从逻辑、技术上查清任何一种言谈的意义，这样做就会完全忽略所说的话语的真理问题。”①

（三）作为精神科学普遍方法论的诠释学

在伽达默尔写出《真理与方法》，让西方现代诠释学正式走上哲学诠释学之路时，意大利学者贝蒂提出了相反的意见。他认为，由施莱尔马赫开创的方法论进路是诠释学发展的正途，而由海德格尔、伽达默尔等开创的哲学诠释学“包含一种对方法合理性的回绝”，最终只能陷入似是而非的相对主义。他还说，哲学诠释学失去了理论的彻底性，真正的诠释学应是指向精神科学领域的一种理解方法。“作为诠释的普遍问题的诠释学在我们称之为浪漫主义时代的欧洲精神发展这一辉煌时代里曾是如此繁花盛开，并且形成了一种所有人文学科的共同关注……可是，这样一种具有时代荣耀的诠释学在今日德国不再是精神科学内的一份富有生气的遗产，它似乎过时了。”②对此，贝蒂表现出强烈不满，他要继承狄尔泰等开辟的作为精神科学普遍方法论的浪漫主义诠释学传统，而不是追求伽达默尔式对文本意义内容的理解，或是海德格尔式对存在本身的更深理解，是“希望在诸精神学学科中区分不同的诠释类型，并构建起诠释人类行为和对象的一套基础性原则”。③因为他在存在论的诠释学中发现了主观主义和相对主义的倾向，而将这种诠释学看作是对浪漫主义方法论诠释学传统的背叛，由此展开了对存在论诠释学的批判。

---

① Vgl. Gadamer, “*Rhetorik und Hereneutik*”, in *Gadamer, Gesammelte Werke*, Tubingen,1986, Bd.2. S.285.

② Emilio Betti, *Hermeneutics as the Genneral Methodology of the Geisteswissenschaften, in Josef Bleicher, Contemporary Hermeneutics: Hermeneutics as Method, Philosophy and Critique*, Routledge&Kegan Paul Ltd., 1980, p.52.

③ Richard E. Palmer, Hermeneutics: Interpretation Theory in Schleiermacher, Dilthey, Heidegger, and Gadamer, Northwestern University Press,1969, p.56.

贝蒂的诠释学代表作主要有《一般诠释学理论之基础》《从法学史解释看连续性问题》《作为精神科学一般方法论的一般解释理论》和《作为精神科学一般方法论的诠释学》等。在这些著作中，贝蒂明确自己要继承德国 19 世纪伟大的诠释学传统，着力于将诠释学重新变成一种有效的人文科学一般方法论。他指出，理解和解释的客观性应需建立在文本作者的原意之上，任何的诠释都是一个“三合一”的过程，即诠释者主动的能思、客观化的他人精神以及富有意义的形式。其中，“富有意义的形式”是精神的客观化产物，它可以在实际知觉中被赋予，也可以通过记忆而获得。富有意义的形式内含特定的表象作用，该作用将自身承载的“意义”呈现于诠释者，从而使人们理解到那个我们并不认识的他人的精神。① 在贝蒂看来，在富有意义的形式中，意义与其现实性的存在（载体）是契合的，当人们对富有意义的形式进行诠释时，诠释者同时也会领悟该形式中内在的意义。所以，在诠释的“三合一”过程中，富有意义的形式是诠释者主动能思与客观化他人精神联系的桥梁，或曰“一种统一的结构关联”，也是一种实践活动，其生动地呈现出诠释的目标指向“重新认识这些客观化物里的激动人心的创造性思想，重新思考这些客观化物里所蕴涵的想法或重新捕捉这些客观化物所启示的直觉。由此推出，理解在这里就是对意义的重新认识和重新构造，而且是对那个通过其客观化形式而被认识的精神和重新认识和重新构造”。②

贝蒂是一个坚定的方法论诠释学的支持者。他认为，真正的诠释学是有着方法论原则的。其中，属于诠释对象的有两条：诠释学的对象自主性规则或诠释学标准的内在性规则，诠释学评价的整体性和融贯性规则；属于诠释主体的也有两条：理解的现实性规则，理解的意义正确性规则或诠释学的意义符合规则。“诠释学的对象自主性规则或诠释学标准的内在性规则”是明显的，因为作为诠释对象的富有意义的形式本质上是精神的客观化物，即某种思想内容的

① 参见洪汉鼎：《当代西方哲学两大思潮》，商务印书馆 2011 年版，第 559 页。

② 参见贝蒂：《作为精神科学一般方法论的诠释学》，洪汉鼎译，《理解与解释——诠释学经典文选》，东方出版社 2001 年版，第 129 页。

表现，因此对它们的理解就是对那种被客观化于这些形式里的另一精神的理解，这里作为诠释对象的富有意义的形式所客观化的思想或意图具有独立自主性和内在标准性。

贝蒂还设计出诠释的四个理论要素与三种类型的诠释。四个要素，即语文学要素，是理解中永恒稳定的符号，维护了语法与逻辑的一致性；考证要素，旨在帮助诠释者区分原初的、本真成分和后来追加的成分，重在原义的获取；心理学要素，当诠释者与作者“同情”时，需要“心理移情”、重新体验的设身处地地感受作者写作情境时，发挥作用的东西；技术形态学描述要素，旨在联系客观精神世界的特殊逻辑形成规则来理解客观精神世界的意义内容，是一种在这些创造物上可感觉能重新构造的意义。三种类型的诠释是指，重新认识的诠释、重新创造的诠释和规范的解释或应用。其中，“重新认识的诠释”是一种常见的诠释，其“范式”是语文学和历史学。语文学的诠释要遵循一切文本的基本特征，掌握“补充诠释”与“寓意诠释”以应对可能出现的意义缺乏或意义过剩。历史学的诠释学则不是复活全部历史时期，而是扩大、补充和修正诠释者关于这些时期受限的片断的有问题的看法，主要表现为充分考虑一个事件产生的前因后果等。“重新创造的诠释”是指通过现实性把精神客观化物内在化或转换为它自己的语言，类似于产生富有意义形式的过程。“规范的解释或应用”主要出现于法学和神学领域，特征是力求从意义语境推导出现时行为的指导规则等。

贝蒂指出，通过上述的规则、要素和类型区分，可以有效地防止诠释学陷入相对主义的陷阱。哲学诠释学理论的问题，就在于混淆了事实本身与诠释者所看到的现象——的确，不同时代的历史学家均有自己特定的立场，并会影响其对历史的判断，但从历史学家立场的历史性推出对历史诠释客观性的否定却是个“伪命题”，因为历史的客观真理是存在的；混淆了阐释与意义赋予或意义推论——主观主义立场依附于意义的“动态性”变换，如此的变换把历史诠释的诠释学过程与一种接受具体境遇所规定的意义赋予加以等同，并且具有一种把可能性的条件与那个过程的对象加以混淆的结果，以致使诠释学的对象自主性基本规则完全从历史学家的工作中被排除出去；混淆了历史现象的本来意义与这些现象对现时和我们对未来负有责任的意义——如果我们把历史现象的确定意义与它对诠释者的现在和未来的价值意义相混淆，那么我们就会使诠释学成为独白，而不是对话了。基于此，贝蒂深刻地批判了哲学诠释学之主观主义立场，“我们必须拒绝这一无保证的结论，即我们不可能主张认识主体和他的对象之间有明确的区分，或者历史现象的自在性无非人是客观化思想的幻觉。”①

显然，贝蒂所追求的诠释学境界与海德格尔及伽达默尔等有着很大不同，按他自己的话说：“唯有当人类精神面对客观意义而建立起一种更高的、不同的意义以推动生命时，人类的精神才能完成这一过程。唯有通过这种向着意义的迂回力量，我们的精神才有可能返回自我知识：因而历史知识不仅仅是人走向自身的道路，而且同时也是走向某种更高的东西之道，按照伟大的歌德的话来说，是走向远远超出单一个人的东西之道。”②而这正是贝蒂诠释学的内在精神写照。

（四）利科的“文本”诠释学

法国哲学家利科建构的诠释学涉及结构主义、现象学、心理学、存在主义等多个领域，他的诠释学思想的发展也分为三个阶段：象征诠释学、现象学诠释学和语言学诠释学。这显然为找到一个合适的，能较为恰当地概括其诠释学貌的“词汇”带来了某些“障碍”。不过从本质上讲，利科的诠释学也应算作方法论诠释学。因为在他所阐明的各种诠释学理念中，有着一个稳固的基

① 贝蒂：《作为精神科学一般方法论的诠释学》，洪汉鼎译，《理解与解释——诠释学经典文选》，东方出版社 2001 年版，第 136 页。

② Emilio Betti, “Hermeneutics as the Genneral Methodology of the Geisteswissenschaften” , *in Josef Bleicher, Contemporary Hermeneutics: Hermeneutics as Method, Philosophy and Critique*, Routledge&Kegan Paul Ltd., 1980, p.11.

点——文本，由此我们也将他的诠释学称为“文本”诠释学。总结利科的学说特点：一是在方法论层面上，以文本、象征和神话的诠释，革新了传统的经文注释的模式；二是在认识论层面上，整合了人文社会科学，使之成为一个具有准一体化的领域，并诠释出符号解读之方法的基础；三是在存在论和人类学层面，其沿着海德格尔的理路思考诠释学问题，将理解和诠释看作人类生存的方式。①简言之，利科的诠释学试图在更大范围内整合各种诠释学所涉及的学科。

利科对诠释学的研究始于其对神话和宗教中的象征现象解读。他认为，基于神话是通过象征来表达的，象征必须经由解释才能显示出意义，因而诠释的方法学就成为十分重要的问题。此一时期，利科主要研究了所谓“恶的象征论”，其阐述风格是晦涩的，显示出其从宗教哲学向现代语言分析过渡时的困惑与犹疑。其自言，他在前期的诠释学研究中力图在反省思想中找寻一门有关“双重意义的逻辑学”的原理，这门逻辑自有其严格性，但不遵从形式的符号逻辑法则。在这一探索中他发觉必须同时克服有关语言、诠释和反省三重危机，而且不得不深入钻研各种诠释的冲突问题。所以对他来说，诠释的研究不仅没有完成，而且不过是刚刚开始而已。②

20世纪60年代以来，利科的诠释学研究表现出日益增强的综合性倾向。特别是当结构主义于60年代登陆法国哲学界后，利科更是最早看到其重要性而又对其过分的形式主义给予批评的人。并且，他发现“结构的理解是象征的朴质表达与诠释学的理解之间的必要的中间步骤”③。但此时他更为看重现象学之于诠释学的重要性，并认为现象学理论能说明诠释学的理解的条件，并闭掉经验的、语言世界的现象学“悬搁”能立生间距作用，使得意义通过被诠释而显露，并且经验结构优于语言性。不过，当利科接受了海德格尔存在论诠释学思想后，他对于诠释学的认知发生了巨大变化。他逐渐认识到，存在意义的问

---

① Cf. Johann Michel, *Paul Ricoeur: Une Philosophie de L'agir Humaine*, Paris: Les Editions du Cerf, 2006, p.123.

② 李幼蒸：《结构与意义》，中国人民大学出版社2015年版，第570页。

③ 利科：《解释的冲突》，商务印书馆2008年版，第63页。

题昭示出存在与存在者的差异，并进而牵引人们深入到前主客二分的、人们的存在方式中去追问认识的条件，“这里的关键是存在意义的问题。但是，在提出这一问题的同时，我们被所追问的东西引领。从一开始，认识论就被先行的追问所颠倒，这种追问涉及一个存在者与存在遭遇的方式，而这种遭遇甚至发生于这个存在者把存在当作与主体面对的对象之前。”①

利科明确指出，当海德格尔说存在问题被遗忘，并把存在意义的追问作为课题时，主体问题便被置于视域之中。主体的活动，包括话语活动、写作活动，都被看作与存在意义有关的存在方式了。要充分理解主体的生存论结构及至存在的意义，就必须考察具体生存处境中的人的具体生存在选择。因为，这里不仅要对存在意义的追问，对实际生存进行生存论上的形式描述，而且必须由实际选择的实质内容予以充实，所以必须涉及对语言符号的诠释。如果说，利科在象征诠释研究时，语言研究还只是一种辅助性手段的话，那么自 20 世纪 70 年代以后，语言学和语言哲学即成为其进行有效诠释学论说的基石。诠释学对于他而言，干脆成了“有关文本诠释的规则之学”。他承认作品意义的客观性，但不同意把它与作者意图等同化之说，而认为文本话语的意义必须脱离原初对话情境。同时文本与语言系统不同，它与言语事件有关。话语的特征是，它把对世界的关系、对自己的关系和对他者的关系结合起来，组成了语言的三个维度。

利科说，诠释学的现代历史应由两种倾向支配，一种是逐步扩大诠释学的目标，以使各种局部诠释学汇合成一门普遍诠释学；另一种是诠释学从认识论到存在论，即从单纯的认识方式到根本的存在方式的转变。前一种可简称为“从局部诠释学到普遍诠释学”，后种可简称为“从认识论到存在论”。比较而言，后一种的诠释学发展要比前一种的诠释学发展更为重要，因为诠释学从局部性到普遍性的发展，只有当它使其严格的认识论倾向从属于它的存在论倾向

① Paul Ricoeur, *The Task of Hermeneutics, in Hermeneutics and the Human Sciences*, ed, and trans. John B. Thompson, Cambridge: Cambridge University Press, 1981, p.54.

时，才能最后完成。但他又明确表示，诠释学既然是一门关于理解和解释的理论，它就不可避免地要与注释学、历史研究和精神分析相联系，如果抛弃这些明显带有方法论性质的学科，诠释学也就不成其为诠释的科学了。

利科显然接受了文本置于传统之中的思想，认为文本一旦形成，它就成为其传统的财富，但形成的文本随即脱离原作者意图的限制，文本就会变成了诠释的开放过程，独立于原来的语境。文本的读者不能把自己的观点信仰投射到文本之中，与之相反，读者为了接受文本向其呈现的新意义，可以向文本敞开自身。这意味着文本不断朝向新的解释，而不是一味保留着封闭的永恒不变的意思。利科还接受一词多义的本质，并在此基础上派生出意义多元可能性的主题。他把多义性的理解看作隐喻或转义的前提条件。但他把词的多义论建立在启发式语词的游戏和个人探索的动态选择上，而不是把解读建立在构建意义回忆性的解构上。对于诠释学解读来说，作为范例的隐喻所提供的不仅是语义环境下新意义的产生，还提出了理解世间自我的新方法。

为了保持诠释学的创造性维度，利科建立了综合性隐喻理论，这不仅仅是符号的或指代上的语义学术语，而是本体论上的关怀。利科说，隐喻话语是对预先设定的、具有范导性的“实在”概念的重新描述；隐喻话语既是奠基于人类生存欲望的活动，又承载着意义并为意义的创新提供规则；借助对隐喻话语的诠释，不断进行着意义创造，并因而不断成长着的主体的自我理解可望得到保持。按利科的话说，研究隐喻，从根本上说是为了文本理解的。这是因为隐喻不仅存在于语词意义的派生和扩展中，还存在于句子在上下言语的谓语的奇特应用中。隐喻研究，最终是要解决主体意义创造的语言机制问题，其重要性更在于其对读者世界观的影响。所以，利科拓宽了具有张力的诗学真理领域，这个领域是由语词的字面意义和比喻意义之间的分离所产生，该领域包括存在与行为当下与可能样式。利科还认为，通过想象力的运作，我们都在改变文本，同时也被文本所改变。也就是说，通过创造力、存在论的想象力，我们和存在建立了联系。于是，他选择了把存在理解为本质上的动态过程，而不仅仅视其为传统的形而上学的意义。在《隐喻的规则》一书中，利科对亚里士多德在《形而上学》中关于存在的表达提出了挑战，认为所有的活动都是丰富的，诗歌行为不能只看作为自己的目的而做的修饰或美学活动，而且应作为生活中不可分割的一部分，是自我存在的力量或源泉，即诗歌行为是动态领会存在的关键部分。

立足方法的角度审视利科的诠释学可见，其思想核心是与狄尔泰诠释思想的分离。利科说，狄尔泰的解释方法是适用于自然科学的方法，而自己创造的理解方法才是适合于人文科学的研究方法。"解释"与"理解"都可以成为文本诠释的一部分，均可借助某些对象、如句型、语法、符号和结构，来区分句子或文本的意义。同时，二者都涉及理解的反思性过程，并由此评价某些观点及其存在之重要性。利科对自己的"理解"方法作出如下的界定："所谓理解，就是自己对文本行为进行重构的能力，而解释则是建立在理解之上的二级命令操作，包括找出伴随读者阅读过程中、暗藏的文本结构中的密码。"①并由此规定了诠释学的首要任务："依我个人的观点，从文本本身去寻找，一方面寻找主宰文本结构的内在动力，另一方面，寻找文本本身的力量，通过此力量，文本映射自身于自身之外，并由此产生的文本所指'东西'的世界。这种内在的动力和外部投射构成了我所说的文本的任务。诠释学的任务正在于重建这两重工作。"②

总的来说，利科的主要诠释学思想是在存在论的问题域中形成的，其基本策略是，将主体理解为关切存在或实在问题的语言性主体。他对语言分析的强调甚至改进了现象学，使描述现象学进一步"认识论化"，由此引出了他所谓的"有关行为的语言现象学"。有意义的行为具有固定的形式，可以看作是与文本有类似的结构。社会行为的意义同样由于原初意图与社会效果的连续分离而变动不居，这样语言学为人们提供了理解历史行为的模式。如此一来，利科

① 利科：《文本是什么？解释和理解》，《解释学与人文科学》，陶远华译，河北人民出版社1987年版，第18页。

② 利科：《文本是什么？解释和理解》，《解释学与人文科学》，陶远华译，河北人民出版社1987年版，第18页。

便完成了在本体论诠释学层面的主体反思哲学任务的重构。

（五）哈贝马斯的批判诠释学

德国法兰克福学派的重要代表人物哈贝马斯秉持这样一个理念——当代英美分析哲学和欧洲大陆哲学的“语言学转向”标志着哲学主题的转变和哲学研究方式的变革，如果脱离这种语言学转向而孤立地研究人类的行为，那么就势必把人的行为与行为主体的主观意识联系在一起，从而把行为与其他行为主体、与社会隔离开来，这既不能解决认识论和真理问题，也不能解决认识之外的社会问题，而语言与哲学联结的中介，正是诠释学。从实践角度上看，他的诠释学将德国古典哲学阐扬的反思精神引入自身，更具批判性，同时并不完全抛弃自然科学的因果分析模式，而是力图将其与诠释方法相结合，进而发展出一套可适应于人文科学的方法论模式。

在所著《诠释学的普遍性要求》一书中，哈贝马斯定义了诠释学的研究对象：“诠释学探讨一种我们获得的能够掌握某种自然语言的能力，即理解语言上可交往的意义，以及在交往被曲解的各种情况下使得这种意义可被他人理解的艺术。”①即理解必须借助语言而进行，不过语言在本质上是交往的媒介，人们需从交往的角度来阐释对语言的理解。在日常交往中，人们最常见的形式莫过于语言的交往，而语言的交往要求交往者理解语言的意义，也就是语言形式所表达的语义内容，所以哈贝马斯又说“对意义的理解就是理解言语的语义内容”②。

哈贝马斯十分重视反思的作用，其实也就是批判的精神。他主张人们在进入理解程度之前，应当首先用批判精神武装自己，如此才能够成功执行意识形态批判的任务。然而，诠释学的理解又是有限度的。哈贝马斯区分了两种

---

① 洪汉鼎：《理解与解释——诠释学经典文选》，东方出版社 2001 年版，第 269 页。

② Habermas, “*Der universalitatsanspruch der Hermeneutik*” ,in K. Apel(Hrsg.): *Hermeneutik und Ideologiekritik*, Suhrkamp Verlag Frankfurt am Main, 1971, S.125.

不可理解性，一是由于巨大的时间差距、文化差距或社会差距造成的；二是由被“扭曲”的交往造成的，不可理解性来自言语本身的组织有缺陷造成的。前一类不可理解性的解决办法是通过自身努力去克服，“我们知道我们不得不去译解某个字母系统，以便弄清在其语境内有着特别用法的某种词汇或使用规则。”① 后一类不可理解性则类似于弗洛伊德所说的“特别不可理解的表述”（背离规则系统），这种扭曲现象会导致传统的诠释模式无效，哲学诠释学要求的正常的问答结构在这里没有任何可行性，至于解决的办法只能是使其与批判反思意识联系。哈贝马斯将对后一类不可理解表达进行探索的诠释学称作深层诠释学，认为“只有在能够同时回答‘为什么’问题时，亦即在根据一贯的曲解本身的初始条件来‘解释’症状表现的情况下，被系统地曲解的表达之意义内容是‘什么’，才能被理解”。②

1981 年，哈贝马斯著出《交往行为理论》一书，根据波普尔关于三个世界的学说思想，建构了一套系统的交往行为理论体系，并在客观上促成德国法兰克福学派的批判理论从意识哲学转向语言哲学。在书中，哈贝马斯对人类行为进行了四种类型的归纳：第一种是有意识的目的指向行为，该行为有着特定目的，与客观世界关联度强；第二种规范调节行为，这是一个社会共同体的成员以共同价值为取向的行为，它与一个社会群体或“社会世界”相关联；第三种是戏剧行为，这是一种行为者在公众面前进行表演的行为，它与一个主观世界相关联；第四种是交往行为，它是人与人之间运用指称符号、文字语言以及对话进以达成主体间彼此理解的行为，该行为关联着客观世界、主观世界与社会世界，具有真实性、正当性和真诚性等内在有效性要求。按照哈贝马斯的说法，交往行为的特殊性在于，它把语言作为直接理解的中介，在这里，言说者与接收者会从各自所解释的生活世界的视域，同时论及客观世界、主观世界与社会世界中的事物，以研究共同的状况规定。如此一来，哲学诠释学在哈贝马

① 洪汉鼎：《理解与解释——诠释学经典文选》，东方出版社 2001 年版，第 280 页。

② 洪汉鼎：《理解与解释——诠释学经典文选》，东方出版社 2001 年版，第 282 页。

斯那里找到了存在的合理性：它能正确地论述意义问题与应用问题之间的内在联系，要理解一种语言表现，意味着在什么条件下接受这种语言表现的应用要求。

交往行为理论的提出不仅为哈贝马斯的诠释学奠定了雄厚的理论基础，而且在某些方面还深化了其诠释学思想的理论洞见。但哈贝马斯并不满足于此，他还渴望从自然科学中寻找可资批判诠释学发展的资源。对待自然科学的态度，哈贝马斯一方面站在狄尔泰的立场上，明确反对实证主义以自然科学模式统摄精神科学的观念；另一方面，他也反对科学研究方法论上的二元论，反对将精神科学与自然科学的方法论视为并存而互不相干的两种方法论。他明确指出，哲学诠释学不仅影响着社会科学，对于实证的自然科学也具有重要意义，同时，由于实证科学在技术上支配着自然，对于天然的生活环境对人的实际状况的制约性有着深刻的领悟，这种发展着的人与自然的关系，必然会反过来影响社会的制度上的联系，从而改变语言。[①] 哈贝马斯还主张诠释学应与自然科学中的因果方法相融合，因为一种致力于社会研究与批判的社会理论，必然要同时接纳批判诠释与因果说明两种方法模式。批判诠释学在解释社会行为的经验性因果规律时，因果分析法和诠释方法应是交替使用的。

需要指出的是，哈贝马斯虽然赞成哲学诠释学，但他对伽达默尔的观点不尽认同。他反对伽达默尔的“反方法论”立场，认为“真理”与“方法”的矛盾冲突引导了伽达默尔错误地、抽象地把诠释学经验与科学方法论视为对立的“两极”；对“传统”“前见”“权威”的重新界定让伽达默尔遮蔽了诠释学本应有的批判与反思精神；伽达默尔的诠释学停留在语言的层面，实质是一种“语言学唯心主义”，它忽略了语言不仅作为交往的手段调节着人们关于世界的经验，而且还是社会权利和从属支配制度的中介。哈贝马斯强调“反思”的概念，认为反思具有一种解放力量，清除意识形态加诸我们的意识之种种桎梏。而对于反思想的解放性力量的经验，乃是主体在形成过程中才逐渐明晰起来的。站

---

① 参见潘德荣：《西方诠释学史》，北京大学出版社2013年版，第434页。

在意识形态批判的立场上，哈贝马斯指出伽达默尔的哲学诠释学缺乏反思与批判因子，故认为伽达默尔的诠释学不能成为批判的社会科学。

（六）两次论战

毫无疑问，20 世纪西方诠释学发展中最为重要的事件是伽达默尔哲学诠释学的诞生。然而，当伽达默尔的学说被大力彰显进而成为欧陆继现象学之后最大的显学，哲学诠释学逐渐成为诠释学发展之权威性引导后，来自各方面的质疑与挑战之声便从未间断。重要的论战时有发生，而这也主导了 20 世纪下半叶欧美诠释学发展的走向。

最著名的论战来自阿佩尔、哈贝马斯与利科对伽达默尔的批判。德国基尔大学教授阿佩尔将海德格尔的哲学改造为一套针对于语言问题而发的“先验诠释学”，并且利用现代语用学思考变革了康德先验哲学的起点，使之与诠释学相融。当哲学诠释学名著《真理与方法》出版后，阿佩尔率先指出伽达默尔的诠释学中可产生“规制性质”的成分不够，不足以说明普遍有效性的理论陈述。其贡献只能限定在发挥“矫正性质”的效果上。换言之，即针对近代以来蔚为主流的由方法理念所导致的唯科学论，重心及方向上稍加修正而已，对于一种真正知识的全面性探讨却力不能及。阿佩尔还说，伽达默尔并未完成“哲学的诠释学”，因为他充其量也只是进行了丰富的历史传介的所谓“哲学的诠释学”；而后者又是因为他确实做了许多传统思维再诠释的工作。伽达默尔诠释学的优长在于他对历史论的客观主义式的方法理念之批判，但是当他过于看重真理而轻视方法，以至于把“方法上的抽离”完全排斥到真理问题之外，其后果是相当严重的。

哈贝马斯明显接受了阿佩尔的说法，并且由于他的哲学思考多强调社会性，关注的是能发挥批判与解放旨趣的社会科学，而非属于传统人文精神的科学重视的那一套旧有理念。因此，伽达默尔的许多思想均成为他批判的对象。他指出，知识的来源依赖理性的反省的力量，社会科学的知识不能一味承袭过去，而是要迈向未来，起着针砭矫正以指陈更佳未来可能境地之功效，而信赖传统与权威的伽达默尔诠释学在此始终用力不足。他还说，伽达默尔没能辨认清楚在理解当中施展出的反省的力量，他只停顿在从海德格尔那里承继来的、错误的存有论自我理解方式。如果我们只跟随纯粹的诠释学路径，将无法应对类似传统社会中层出不穷的“虚假沟通”，无法自我明了或者拒绝被纠正，甚至于会出现所谓“系统化扭曲的沟通”等现象。哈贝马斯主张承认且接受一极端理想化的先验的语言沟通体，以及据此可重建出来的各种普遍性规则，认为那才是意识形态批判理论自身付诸实践的方针。这显然与伽达默尔的想法有着质的不同。

1967 年，伽达默尔发表了《修辞学、诠释学与意识形态批判》一文，对自己的《真理与方法》进行若干“后设批判的”的解说，强调了修辞学传统在诠释学思考中所占的分量，结果引发了哈贝马斯对“诠释学的普遍性宣称”的更为深入的批评。与伽达默尔强调超乎个人主观能力与意志之上，期待有效历史的发生机缘不同，哈贝马斯倡导的是每一个人积极投入理论兼实践并行的社会批判及改造工作中，以显现社会科学中特殊且关键性的理论与实践间的辩证关系。他还说，诠释学不能把理解简单看成是同意或一致理解，否则就缺少可确定的共同标准，演变为无选择性地承认现状，或接受历史至今发生的所有事实。①

针对阿佩尔、哈贝马斯等人的批评，伽达默尔在出版《真理与方法》第二版时，专门撰文进行了反驳。他说，当我们批判传统时，“并非传统被批判，而是这个或那个经由传统中介流传下来者”②，依其论说所指即某一特定的事件、成规、习俗、制度、思考态度等。至于传统本身，或说整个传统，则非常肯定的是无法被整个置诸批判之下加以审视。因为即使批判的活动自身，也

① Cf. Habermas, *Theorie des kommunikativen Handelns*, Bd.2, Frankfrut am Main: Surkamp,1981,S.196.

② Richard J. Bernstein. *Beyond Obiectivism and Relativism Science. Hermeneutics and Praxis.* University of Pennsylvania Press 1983, S. 263.

只是在传承过程中期望左右传统继续方向的力量之一，它可以纠正、修改传统中的若干特定积习，却无法跳出全部的传统之外，另建和整体传统对抗的批判立足点。哈贝马斯等对传统的理解太窄，那正是他们的问题所在。伽达默尔还说，传统、权威、连续等概念，不应该用与事实相反的选择来加重负荷。它们阐述的是理性与合理性本质上皆为受限制性之事实。理性如果不能认清并接受这一点，则难免迷失于对生活世界抽象无益的、言过其实的辩论中而不自觉，反而造成欺骗蒙蔽的结果。理性与批判二者须臾不可分离，这才是诠释学与意识形态批判之争的真正意义。

20 世纪 70 年代，利科回顾了阿佩尔、哈贝马斯与伽达默尔的论战，认为伽达默尔关注的是传统，阿佩尔与哈贝马斯关注的则是共识。在他看来，伽达默尔偏重于传统文化资源的哲学诠释学，关切的议题会演变成只是一种传统的搜集回忆，而完全无视于当代可以从尼采、马克思、弗洛伊德那里发展出来的一套“怀疑诠释学”，结果大大降低了哲学诠释学可能发挥的影响范围与效能。若长此以往，伽达默尔的诠释学最多只能是一种“尊重的诠释学”，充满着对传统宏构的仰止之情，但批判理论却强烈表现着对传统的“攻错”之心，也绝非毫不可取。当伽达默尔看到利科的批评后，很快作出回应，并反问：每一种诠释学形式不都是一种对一个觉察到的怀疑之克服的形式吗？诠释活动之所以必要，基本上就是已经意欲要克服某种因素所引发的怀疑或疏离，要排除时空情境变更所造成的陌生隔阂而重新理解掌握。怀疑不能包纳一切，如果只是不易确定，更不应该因此而止步不前，如何克服怀疑才是诠释学反思的任务。

虽然此次论战并没有形成最终的结论，但是却被伽达默尔称为是一场有益而富有成果的辩证，他使人相信理性与批判二者不可分离。有趣的是，与此次论战同时进行的还有一次论战，发生于贝蒂、赫施与伽达默尔之间。意大利学者贝蒂始终坚持诠释学是一种方法论，他严格区分了诠释与意义给予之间的不同，认为诠释学要遵循的原则，首要的是肯定客体本质的自律，然后要把部分的意义与总体的意义相贯穿，同时尊重意义的话题的现实性。因而伽达默尔那种否认理解客观性特点的诠释学是错误的。无论在诠释中主观性的作用是什么，客体仍是客体，在关于客体的诠释学中，有一种在客观上可以证实的意义。在伽达默尔的哲学诠释学中没有提供任何可应用的诠释方法，也就无从保证诠释的客观性。并且，伽达默尔所创立的“理解—诠释—应用”的三位一体诠释理论同样存在疑问。因为，诠释学中的“诠释”大体可分为认知的诠释、重新创造的诠释、规范的诠释三种类型，而“应用”仅适用于规范的诠释，在认知的诠释和重新创造的诠释中并不存在应用问题的。

面对质疑，伽达默尔以《诠释学与历史主义》一文作出回应。他说，贝蒂的观点实质上是对施莱尔马赫等人对于诠释学认知的延续，它实际上只是用严格的心理学的理论来保证理解的客观性看法，胡塞尔、海德格尔等人的批判早已让贝蒂的观点“失效”，“显然，我并没有做到使他相信：哲学诠释学无论如何不是一种方法论，不论是正确的还是错误的方法论。”① 在《真理与方法》第二版序言中，伽达默尔针对贝蒂再次强调：“无论如何，我的研究目的不是提供一种关于诠释的一般理论和一种诠释方法的不同学说，而是要探寻对所有理解方式所共有的东西，并指出：理解从来不是一种达到某个所给定‘对象’的主体行为，而是一种达到效果历史的主体行为，换句话说，理解属于被理解物的存在。”② 可见，伽达默尔强调的是理解不纯粹是一种简单的主观的行为，而是一种效果历史的活动，因此便不可能具有一种纯粹客观的理解。同时，他也意在表明哲学诠释学不是一种方法论，而是一种关于理解的哲学。

美国学者赫施的诠释学力图回归施莱尔马赫的作者中心论，其主旨在于寻求客观的、符合原意的诠释。他认为，理解的关键所在是发现作者的意图，在重构的历史情境中明了作者通过语言文字所流露的“原意”。这个原意就是衡量具体诠释行为是否有效的客观标准。赫施高举“捍卫作者”的旗帜，以为“含义”与“意义”概念“正名”为旨向，努力寻求能够导出一切有效诠释的根据，“含义存在于作者用一系列符号所要表达的事物中，因此，这含义也就能被符号所

① 严平：《伽达默尔集》，上海远东出版社 1997 年版，第 396 页。

② 伽达默尔：《真理与方法》，洪汉鼎译，上海译文出版社 1999 年版，第 616 页。

复现；而意义则是指含义与某个人、某个系统、某个情境或与某个完全任意的事物之间的关系。像所有其他人一样，在时间行程中作者的态度、感情、观点和价值标准都会发生变化，因此，他经常是在一个新的视野中去看待其作品的。毫无疑问，对作者来说发生变化的并不是作品的含义，而是作者对作品含义的关系。因此，意义总是包含着一种关系，这种关系的一个固定的、不会发生变化的极点就是本文的含义。迄今为止，诠释学理论中所出现的巨大混乱，其根源之一是没有作出这个简单的然而是重要的区分。”①显然，这些与伽达默尔的诠释学主张是不一致的。

立足作者原意，赫施对伽达默尔的哲学诠释学进行了批判。他指出，伽达默尔从未认真讨论过文本含义的本质是什么，并且有意忽略意义与意蕴的区别，这使得诠释学失去了正确诠释作者之意的可能，也让诠释学失去了评判自身诠释有效性的客观标准，由此只能变为“诠释学的虚无主义”；伽达默尔基于视域融合而认为本文的含义是由作者和诠释者共同决定的观点是无法让人认同的，因为“只要某个诠释者不管怎样尚未把握文本原初的观点，尚未与自身的观点相结合时，他何以能去融合两种观点”②；伽达默尔坚持理解的可能性，但又认同历史主义的观点，认为存在是时间性的，时间的差异就是存在的差异，如此一来，其理论便产生矛盾，“生活于根本不同境遇中拥有不同人生观的人同样也无法彼此理解。如果所有人都生活在显然地各不相同的境遇中，而且所有人都拥有不同的人生观，也就是说，如果这个命题是正确的话，那么，历史主义的教条也就被归结为这样一种简单的心理主义：由于人一般是各有所异的，因而，人也就无法理解他的同类所表达的含义。”③换言之，诠释学陷入相对主义将不可避免。

20 世纪 70 年代，伽达默尔对赫施的责难作出了解答，指出自己的诠释学理论聚焦于“作为人类存在方式的理解何以可能”的“生存论—存在论”式论题，

① 赫施：《解释的有效性》，王才勇译，三联书店 1991 年版，第 17 页。

② 赫施：《解释的有效性》，王才勇译，三联书店 1991 年版，第 294 页。

③ 赫施：《解释的有效性》，王才勇译，三联书店 1991 年版，第 297 页。

研究对象乃是一般普遍意义上意义内容和真理要求。应用于文本上，就是要回到“文本自身”，发现真理，而不会将找寻作者原意设定为方向。作为一般的对象，文本在完成之时便有了独立于作者的意义，无论别人承认与否。而作为诠释者的主体，不可避免地会带着“前见”“历史性”等元素进入对文本理解过程中，所以，诠释活动无法摆脱历史性、境域性的限制。但这并不会推导出不同的诠释方法间之间存在有正误、优劣之分的结论。在伽达默尔看来，只要诠释活动是诠释者视域与文本视域真正融合的产物，那么该诠释就是“有效的”。当然，“不同的理解”并不等同于任意的理解或相对主义式的理解，因为文本本身的“意义连续性”可以保障文本的自我同一性。立足“历史性”看待哲学诠释学，赫施所说的关于理解的历史性与可能性的矛盾其实也不存在。所谓的“视域融合”不是诠释者舍弃自己现实视域而“被动”地投身于文本发生的历史视域，主体的时代性决定了他始终无法成为彻底的历史旁观者，不可能不顾及自己所置身的历史。同时，文本虽具有自身的历史视域，但它也不可能是独立自在的，必须会受限于自身被诠释的当代视域，两种视域的关系只能是相互影响、相互融合。故可以认为理解的历史性不是阻碍理解的“障碍”，相反却是理解得以实现的充要条件。

很显然，这一次争论同样没有结果。贝蒂、赫施与伽达默尔彼此均无法说服对方，因为贝蒂与赫施坚持的是主客二分的认识论模式，伽达默尔坚持的是生存论与存在论的诠释学模式。但其产生的积极的影响却是明显的——诠释学以更为广阔的视角被世人所认知，为诠释学学科发展进入全面的“鼎盛”，起到了极大地推动作用。

（七）20世纪西方诠释学发展评析

20世纪西方诠释学发展史中出现的最重要事件是海德格尔、伽达默尔等接续狄尔泰、胡塞尔等发展出的“哲学诠释学”，其使得诠释学自身发生了本体论转向。如此一来，诠释学作为一门与理解和解释相关的学问，它的理论建构与思维逻辑发展便和西方本体论学说演进保持了同步性。海德格尔在《存在与时间》中指出，任何存在都是在一定的时空条件的存在。由此，“理解是此在的存在方式”的诠释学命题流行开来，这是具有“革命性”的。因为它将诠释学由认识论领域转移到本体论领域。以此出发，人们对于诠释学的思考逐渐从传统单向度地进行不同类型方法论构建，转向在“此在”的历时性中理解文本，进行开启了“理解何以可能”的哲学反思模式。伽达默尔著出《真理与方法》，提出“成见是理解的前提”，颠覆了传统诠释学企图消除一切主观成见的努力。并指出，在理解和解释过程中，诠释者的视野可以和诠释对象的视野融为一体，实现“视域融合”；诠释者与文本作者之间可以实现“对话”；理解按其本性乃是一种“效果历史”等。这样一些表述不仅进一步丰富了哲学诠释学思想，而且阐明了人类历史性存在的意义的整体性、连续性和自足性，进而为人类实践提出规范性指引，客观上为现代生活不断出现的异化现象趋势提供了策略指导。

哲学诠释学的性质是独特的，但它绝非是对传统诠释学方法论思维的“反动”，亦不会全盘否定《圣经》诠释学、一般诠释学等学说的价值意义与哲学内涵。其实质是围绕对“诠释学何以可能”等基础性问题的深刻反思之成果。但它的确有着不同于诠释学的特质：不将理解与解释作为解读人文经典的技艺处理，而将之视为人类实践中的奠基性活动；不将理解与解释的目的单一设定为对意义的阐明，而是明确真理与意义的统一和多样性，更为关注诠释发生的根据及可能性的条件问题。在哲学诠释学的推动下，诠释学与现象学及各种语言哲学密切交织在一起，开启了一片对理解问题研究更为广阔的天地。它以生存论与本体论为基础，一方面打破了传统认知对于本文原义进行还原的幻想，从根本上动摇了意义最终确定性的依据，向人们宣告了对于历史终极真理追求的不可能；另一方面从根本上展示了人们对于历史、世界和社会人生进行理解的另一视域和维度，揭示出了世界历史阶段和人们当下的生存意义。可以认为，它是一门崭新的诠释学，更是一种实践智慧，甚至可以与亚里士多德的实践哲学联系起来。也可以这样理解，它是 20 世纪的人们对于人文科学自觉反思的结果，从本体论上突出了人文科学相对于自然科学的基础性地位。

从某种意义上说，哲学诠释学的出现让人们重新认识了“理解”。通过海德格尔和伽达默尔等的解释，诠释学所关注的已不再是对理解实践的指导，而是对获取解释性理解所用方式的哲学反思，诠释学问题在范围上也变成普遍性的，甚至获得了新的向度。理解的一般结构在历史理解中得以具体化，因为习俗和传统的具体关联以及与人对应的某人之未来可能性都在理解本身中显示出效用。哲学诠释学提醒人们，对于需要去理解的东西，没有无前提预设的途径。当某物被解释为某物时，诠释在本质上建基于包含着诸成分的前结构：前有、前见、前把握。这三种样式构成了一切理解的存在论领域，因此，每一理解都发生于原初的前理解视域内。更多地通过强调要在文化的、历史的以及文学的语境中来发现文本意义，而诠释的循环特征使得文本诠释成为可能。作为文本理解过程中的一个关键特征，诠释学循环强调通过部分理解整体并通过整体理解部分。文本整体和部分之间可以在相互参照中得以被理解。哲学诠释学还让人们相信，理解的时间性使人们觉识到自己认知的界限。理解从来不是一个主观行为，它是一种内在意义的展现。当我们诠释一个文本时，人们无法固定其意义。特定的意义向整体展示出一种新的含义。反过来，这种新的揭示也会改变我们的自我理解。①

哲学诠释学彰显了语言的意义。它将存在和存在者之间的关系表达为存在的自我展现与此在对存在的理解之间的关系。由此，揭示和理解构成了存在论差异的诠释学维度。而语言自身居于遮蔽与解蔽之间，即“能被理解的存在是语言”②。故在语言中，存在解蔽自身并使自身得以理解的可能。在哲学诠释学的理解辩证法中，同一者总是被不同地理解，这源于标志人类思想特征的意义之无限繁多。语言包含着某一东西，后者同时又是另一东西。言谈居住于意义整体之中。每一语言表达都植根于意义整体中，此意义整体包含着所有个人语

① 参见洪汉鼎：《中国诠释学》（第12辑），山东人民出版社2015年版，第64页。

② Han George Gadamer, *Truth and Method*, 2nd revised ed., translation revised by Joel Weinsheimer and Donald G. Marshall, New York: Crossroad, 1989, p.474.

言表达并超出它们。所以，诠释学的任务就是找到一种正确的、合适的语言，以表达事物本身，即使这种表达永远不可能完整。对语言永无止境的追寻在本性上是有限的。诠释学经验调适着无限存在与无限存在，就此而言，它是在世界之中存在的此在之语言性运作。它是神与人在其中相遇并统一起来的中介。在语言中，神圣者向人类思维显现自身，人类思维则找到了通往神圣者的道路。理解构成了此在的基本结构，一种生存论结构，一种存在方式，在其中他者总是共同被给予，二者共同栖息于语言之家。于是，达成理解总是达成对某物的理解。相互理解始终是在于某物的相互理解。从语言中，人们得知事情不是独立于相互理解过程之外的、随意的讨论对象，而是相互理解本身的途径和目标。作为生活之实行的理解，向存在、自我和他人敞开自身。

哲学诠释学的出现还在一定程度上改变了人们对真理的认知，让它既能呈现为一种富有永恒属性的“同一性”，亦可展出一种存在多样化存在形式的“实现性”，从而让创新与创造与获取真理的联系更为密切。我们知道，西方诠释学传统常依《圣经》等核心文本开展对真理问题的相关探讨，其前提预设是“发现真理”是理解的终极指向。但在哲学诠释学中，主体与客体间的联结关系、条件、前提等乃是探寻真理问题的起点，理论研究的焦点往往是“真理本质的本体论分析”“真理实现的条件”等。在这里，找到真理已不再是个方法论问题，而是生存论、本体论问题，方法无论多科学、精密，最终只是个工具而已，因为此时诠释学的“探究目的绝不是提供一种关于解释的一般理论和一种关于解释方法的独特学说”，而是要透过经验现象到达科学理论背后去发现、发明诠释学对象原初意义的过程，“……探究一切理解方式的共同点，并要表明理解从来不是一种对于某个被给定的‘对象’的主观行为，而是属于效果历史，这就是说，理解是属于被理解东西的存在。”①

需要指出的是，哲学诠释学在 20 世纪中虽然影响巨大，但它却不是一枝独秀的，诸多其他类型的诠释学亦有生存的空间。也正是基于这一点，我们才

① 伽达默尔：《真理与方法》，洪汉鼎译，上海译文出版社 1999 年版，第 556 页。

判定 20 世纪西方诠释学发展至“鼎盛”状态。传统的方法论的诠释学在贝蒂、赫施等人的引领下获得了新的内涵丰富。虽然按着伽达默尔的归类，方法论诠释学即是诠释的技艺学，但是它却是最符合诠释始初意义的——研究如何最简便的解释与回答问题的学问。众所周知，19 世纪中叶后作为“技艺”的诠释学日渐式微，在学者们的不断质疑中，甚至出现对于诠释学的这种形式是否已经过时或死亡的讨论。20 世纪贝蒂的论述让人们再次相信方法论诠释学的生命力，明白在理解中“作者之意”存在的价值，并且哲学诠释学有着可能使诠释的客观性问题陷入困境的危险。学者赫施更提出“保卫作者”的口号，试图在胡塞尔的认识论和索绪尔的语言学为狄尔泰的某种诠释原理寻找依据。他强调，要用心理重建设身处地去重新经历作者的创作过程，将诠释定位于完全以回到作者为目的。因为，主体具有共同的人性、共同的心理结构，也就是共同的意志类型，今人对古人的理解可以通过“心理重建”来完成。理解作品时，如不回归作者原意，势必步入相对主义的误区。

可以肯定的是，贝蒂与赫施等并不是简单地“复古”施莱尔马赫式的诠释学，他们的意图是表明，理解是主体的一种特有的实践能力，该能力的强弱依赖于人的先天禀赋、后天训练以及知识的积累。其中，知识的重要构成之一即是语法、句法、修辞、想象、校勘、考证等学问。在他们看来，诠释学既是作为理解和解释学问之操作性的技术工具学说，亦是具有哲学意蕴且包含反思批判意识的方法论科学。贝蒂与赫施等同样认可，理解活动不应只局限于文本，其应具有“普遍性”特质，除经典外，诠释学可施加的对象应是世俗社会中所有的文字记录载体，因为它们自身均有着意义价值；诠释学的发展需要经历哲学化的过程，因为究其本质实应为一种反思之学，它需要将特殊的技艺“一般化”，要让具体的方法和规则上升至意识认知层面，并且能够拥有理性批判的潜质。由于他们相信文本意义就是作者所意指的意义，于是一切论证都可以从揭示作者原意转向对语言本身的分析。故在这一点上，他们与哲学诠释学亦存在一定的共识。

当然，还要指出在哲学诠释学与方法论诠释学之外，20 世纪的西方诠释学还诞生了“诠释哲学”，也可称为“生命世界的现象学”。此说法最初来自伽达默尔，他视海德格尔的“此在”理论为“诠释哲学”的呈现。与方法论诠释学旨在保证诠释的有效性而不断地挖掘作者之意相对，诠释哲学的主要主张是，“消除作者”，认为文本的意义随时间的变迁会发生变化，诠释者的任务其实是要在诠释中捕捉到有别于“作者之意”的新的意义。传统的、讲求“技艺”的诠释学常把理解行为预设于主客二元结构的认知模式之上，相信理解的基本目标是与主观认知活动相对立的客观“物”，这个作为对象的“物”在诠释学意义上，可以被扩大至包括人类精神的一切表达或客观化形式，但不管怎样，它依然是一个确定不变的对象。诠释哲学则力图从三个方向把握历史性生命与历史性此在，第一个方向专注于人类的历史性，专注于提出世界解释的存在者，以追问这种变化着的历史的根据和起源；第二个方向专注于作为反思性生命与自我理解的此在之表达的文化形态，去探究历史性生命的塑造及其不同的表达与诠释；第三个方向专注于理解对象的历史性与语言性，强调以时间的、历史性的基准为根本去理解历史的客观性和此在的存在本性，它将所谓人类精神始终殚精竭虑去思考的永恒问题驱逐出哲学领域，要求在纵贯的历史脉络中判断思想对象的价值与意义。也可以这样理解，诠释哲学提供了一个“诠释的世界”，在此尽管不再有科学的真理，但仍是“客观的”，因为其提供了一个奥秘无穷的世界，一切都化为生命的自我诠释。这样世界不是作为事实的摹写之确证，而是“诠释”自身。①

显而易见，20 世纪西方诠释学的发展无论从“质”还是从“量”的视角来看，其均超越了中国的诠释学发展。因而，不“均衡”的比较似乎也失去了意义。然而，这并不意味着中国诠释学没有了生存的价值。借用潘德荣的话说，这恰恰为我们建立一种新型的诠释学提供了一个新的视角：以诠释的价值性为导向，整合不同视域中的诠释思想，以生成新的“经典诠释学”。② 今日之经典

① 参见傅永军：《现代诠释学类型阐论》，《中国社会科学》2020 年第 3 期。

② 参见潘德荣：《西方诠释学史》，北京大学出版社 2013 年版，第 535 页。

诠释学仍会充分彰显中国诠释学依经典而发展的最根本特质，不过它已是普遍的而非特殊的诠释学了。换言之，它仍保持以经典为诠释对象的古老传统，但主旨目的却已定位于理解一切文本之意义的普遍性问题上了。它是一种面向世界、意在解决人类一切理解问题的诠释学现代新形态，绝非将诠释视野局限于仅适用于中国的地方性知识。我们认为，新的经典诠释学要立足现代事实、视域投向未来，既普遍适用于一切文本的诠释，也普遍适用于其他文化与文明。当然在这一建构过程中向西方现代诠释学的学习借鉴是必不可少的，“援西入中”“化西为中”的现象不可避免，因为西方现代诠释学整体上处于强势一端的客观事实无法否认。但我们还要坚守中国学问的特质，立足于对中国传统诠释学说创新性发展与创造性改造的大前提下，建构新的学问。同时，还要明确现代诠释学有多种形态而并非只有西方形态，世界各种文明中实际上均存在着自己的诠释之道。建构中国现代的经典诠释学不是照搬西方，而应另辟蹊径，既尊重传统，又应准确辨析出西方诠释学的内在局限，加以规避。

就自身特点而言，中国的经典诠释学很可能会对西方哲学诠释学进行扬弃。它会更为重视诠释学经验的典型性和综合性。其中的经验不是单一维度的，而是同时包含了哲学、艺术、历史、政治、伦理在内等多个维度。并且，它还应更为强调实践智慧的实际运用。伽达默尔等建构的哲学诠释学只能说是未完成的实践哲学，因为它不仅未能进一步阐明诠释活动是如何运用和体现实践智慧的，还片面地认为这是不可描述也是没有必要描述的。而在我们要建构的经典诠释学中，无论是作为实践智慧的诠释学经验，还是作为实践哲学的诠释学理论，总是自然而然地同时包括了多个层面和多个维度，因而不仅有存在论的自觉，也有方法论的自觉，还有无数可资借鉴的具体范例。并且，它对学问的探究总是以从不同层面凸显经典内蕴的永恒价值为其重要任务，从而会有效地解决在诠释活动中如何彰显“善”的问题。也许，这会成为中国现代诠释学最为鲜明的学说标识。

那么，我们该如何定位今日中国之经典诠释学呢？首先，它的发展不能离开现代学术发展的大背景，需要以西方诠释学作为参照，但其过程只能是一种

“观摩”和借鉴而不是“复制”。其次，它的发展必须立足中国文化之传统，着眼于中华文明的特殊性，在深入挖掘本国数千年文化积累之资源的基础上，开辟出新的诠释学视野。最后，它的发展还应是一个理论与实践汇聚的结果，是对历史资源的反思，也是对未来思想体系的建构。[①]

① 参见景海峰：《经典诠释学的出场背景及基本指向》，《天津社会科学》2020 年第 6 期。

第八章 个案比较

中西诠释学史的比较是一个浩瀚的工程，因为时间跨度大，且真正存在比较价值的内容需要仔细辨析方可获得，故宏观式的大型比较往往会产生某些遗漏。我们知道，每一种诠释体系的发明，都不是诠释学家一时出于个人兴趣而建构的产物，它在本质上是指向一种精神、社会领域中的实践的。然而，每一个时代诠释者的个性不同又会带来不同时期诠释学理论思辨的独具特质。因此，在特定的时点上，比较中西“对等”学者的诠释学思想，以微观解析方式探寻二者观点异同，也许会得到意想不到的效果。在这一章中，笔者选取五对经典个案彼此比较，以期为中西诠释学史比较找到更多有意义的线索。

一、“六经注我”与“寓意解经”

作为一门关于理解的学问，诠释学不仅关注“诠释之然”，而且更重视“诠释之所以然”。公元2—3世纪，中国今文经学大兴，诠释学者出于政治的需要，着重阐发上古“五经”文本中的“微言”“大义”，为封建“大一统”作论证，形成了“六经注我”的方法。同一时期，西方基督教释经学中亚历山大学派思想盛行，诠释学者以神学观念解释《圣经》，其以“寓意解经”为中心，渴望通过对经文记载事件的理解，探寻到隐藏其背后的基督教徒生活原则和它的教义真理。"六经注我"与"寓意解经"分别产生于中西方不同的土壤与生长环境中，充分体现出中西方诠释学在由萌芽走向成熟阶段的各自风格与特质。深入研究可见，二者间存在着某些共通之处，而诠释差异的出现亦有着特定的原因和道理。比较二者，既可以彰显同一时期内中西诠释学内在的实践性与应用性品格，以创造出两种文化真正平等对话的机会；又能够中西互鉴，以"他者"的视角对不同诠释传统给予合理的评价与定位。

何休是"六经注我"方法的集大成者，著有《春秋公羊解诂》，将今文经学将政治与神学相结合以"经世致用"的思想特色发挥到极致。奥利金是"寓意解经"方法的奠基人之一，他通过对《约翰福音》的解释，建构出一整套《圣经》诠释方法与理念，定型了其时的基督徒释经范式。何、奥二人在对经典的解读中，均将发掘文本的蕴意作为诠释的重要手段。笔者相信，通过对二人解经的诠释理路与方法范式的系统比较，可以完成充分微观理解那个时代中西方诠释学思想异同的任务。

(一) 经文的意义及诠释者的任务

主张"六经注我"的何休持有汉代经学家的普遍信念，将"六经"视为"太阳"①。在他看来，《公羊传》的文本即是"六经"诠释学的核心。因为《春秋》是王言与圣言的合一之作，是一种"王官学"，它的地位在两汉时已超越了《易》而跃升为"六经"中的"首经"。《公羊传》是对《春秋》"微言大义"的最好解读，它提供了对经文最为有效的意义阐释，并且可以将"六经"中的义旨通过"得一端而博达之"②的方式联系起来。众所周知，在"六经"中只有《易》和《春秋》是由经文与传文两个平等的部分构成的。从表面上看，"经"似乎为"根本"，"传"只是对"根本"的说明的解释。但实际上，如无"传"部，二经作

① 张辽叔语："六经为太阳，不学为长夜"，出自《嵇康集》卷七，人民出版社 1962 年版，第 45 页。

② 董仲舒：《春秋繁露·十指》，四部丛刊正编本。

为儒家经典的意蕴是无从成立的。由于“经”的身份来源其历史性，其文本由于其“材料的真实性”和叙述的粗简性，主要起着作为“历史权威”的象征性作用，所以其思想内涵与外延的体现必须来源其“传”部的解释。简单地讲，“经”诉诸权威信仰，而“传”诉诸经验理性。尤其对于《春秋》而言，因其形成于特殊的“春秋笔法”，文句简略而叙事空间极大，如果没有“传”的介入其“明王道”的主旨与字词内深刻的隐喻则无法全面地表达出来。我们知道，解释《春秋》存有三传，各传侧重不同——“其事莫备于《左氏》，例莫明于《公羊》，义莫精于《穀梁》。”①通《左传》实为“以事解经”，通《公羊》与《穀梁》则为“以义解经”。而较之《穀梁》，《公羊》更能得《春秋》笔削之质，即其对“笔法”与经文最为贴切，更易揭示出《春秋》中内含的圣人之微言大义。所以，何休最终选择以释《公羊》而达通“六经”之旨。

在何休心目中，《春秋》是儒家的圣典，其诠释学的空间乃基于它非学术性的象征作用，读经有如心理性的读解仪式，要以“尊奉”的态度理解文本，读经时要会为文字中流露出的微言大义所感动。《公羊传》的意义在于将“经”部的象征比喻义与隐晦示意义表达出来，其作用的发挥更多着力于对读者心理的一种“感召”——在对经文“例”的解读中，激发与增强读者内在的道德感悟，从而营造出某种特定的意识形态氛围。在这样理念支配下，何休著出《春秋公羊解诂》，期以“义例”作“绳墨”整顿，阐发《春秋》义理，明确“三科九旨、七等、六辅、二类之义，以矫枉拨乱为受命品道之端，正德之纪也”。②何休指出，当时的公羊学自身存在着严重问题——学问日益烦琐，章句浮辞繁冗，而义理的阐发却不受重视，公羊学的灵魂被置于一边。而古文经学家又不断攻击公羊学，今文经学家反击不利，公羊学正统地位不断动摇。更为重要的是，因为公羊学义理不明，致使社会中等级秩序混乱的现象不断发生，迫切需要有人站出来明义理，以达拨乱反正、经世救弊的任务。换言之，何休将诠释经典

① 蒋伯潜：《十三经概论》，上海古籍出版社 1983 年版，第 427 页。

② 何休：《春秋公羊传注疏·序》，《十三经注疏》，上海古籍出版社 2016 年版，第 2192 页。

的目的直接定义为，为专制政权服务，强化以“礼”为表征的等级秩序，特别是下对上的绝对服从，让人们相服于与先秦封建制度一脉相承的专制集权，其政治哲学特质明显。

主张“寓意解经”的奥利金被誉为使徒之后早期基督教的最伟大的导师，他从细微处入手，对《圣经》每一章节的文本均给予了阐释，进而以之作为消解源自雅典城邦知识界、其他宗教以及基督教内部“异端”等对“经文”神圣性的质疑及诸多信徒内心中的困惑。他熟练地应用“寓意解经”方法凸显《圣经》经文的“灵性”意义，将哲学思辨性和知识性融入经典诠释之中，将基督教释经学发展推至一个新的高度。在他看来，《圣经》文本的意义存在层次之分，即“体、魂、灵”，并可操作化为对经典文本“字面意义”与“灵性意义”的挖掘。奥利金视《圣经》为神谕的表达，他说整部《圣经》是在神的启示下完成的，其文本之下隐含着数不尽的“隐微”大义——从见证上看，耶稣基督的降生与所行将《旧约》先知们所做的预言一一应验了；立足于历史事实，虽曾受到迫害，基督教义传播广泛，信徒日益增多，《圣经》内含的真理深入人心；至于《圣经》本身，其文本内隐藏着神秘的“道”，这种道启迪着人灵魂的本性，可以解释生活中的奥秘，但基督徒们虽知道奥秘的答案藏于《圣经》之中，但对其到底是什么却一无所知。

可以认为，《圣经》的经文具有神启性，其字面意义背后确定存在着深奥的引申义。因此，对它的系统诠释十分有意义。奥利金说，要以“信仰”的态度对待《圣经》解读工作，并且要注意“(《圣经》) 有些事情非常清楚地表明它们的存在乃是神使之然，然而还有另外一些事，它们将自己保藏起来，显得神秘而不可理解，乃至完全遮蔽了神对它们的安排”。[①] 也就是说，《圣经》的经文分为两个部分，一部分是“神使之然”的文本，人们只需虔诚地接受就行了，而另一部分是“保藏起来”的文本，这是需要诠释者解读的。而“寓意解经”是解读最好的方法，因为只有通过它才能将经文属体的意义、属魂的意义与属

---

① 奥利金：《论首要原理》，道风书社 2002 年版，第 270 页。

灵的意义完整地呈现出来。属体的意义等同于字面意义，属魂的意义是对经文字面意义的延伸，是根据上下文获得的文本理解，属灵的意义是一种体悟，有时甚至会与经文的字面意义相反。诠释者的任务就是借助于“寓意”找到“体、魂、灵”三间的贯通之处，实现理解的“跃进”。

从本质上讲，何、奥二人均“崇敬”经典，都想通过诠释而达成让经典的“大义”充分完整地传递于读者心灵的目的。但细细想来，二人对于诠释的定位确也存在不同。如前所述，何休对于《春秋经》持有的是“尊奉”态度。他认为，经典本身是完美的，其所记载的文字意义深远，有着内在的逻辑性，即使存有字面上的矛盾，也只是表面上的，只要诠释者着力挖掘总会找到合理性以自圆其说。基于此，他将“六经注我”视为诠释文本的最佳方法。因为经典是圣人对天道的领悟与传承，实为“人”之作。只要将文本的“原意”准确无误地表达出来，诠释便不会迷失方向，而在此过程中并不排斥在理论上发经典之微言大义。《春秋》经文区区几千字，文字记述简略，这并不妨碍其作为经典的启示性与激励性作用。相反，正是因为其简略性而更易成为具有神秘性修辞效应的文字符号系统，通过诠释者的发挥可将经典文字经世致用，为解释性的注文找到确实的经典文献承载，以发明出一种实用性的诠释学效果。亦可这样理解，诠释者在恪守经典原意的同时，可以适当将自己主观性见解加入到历史文本中去。经文是文字类礼敬崇拜的对象，而对其解读却可成为一种准仪式性的过程，在不致引发经典原意意义冲突的前提下，经文本身可以成为某种历史性的延存，通过“六经注我”式的意义附着，增进其历史有效性。

奥利金将《圣经》视为“信仰”，他认定其为“神”之作，经典文本是上帝启示人类的圣言。在人与神之间存在着“精神距离”，神的言语因其深奥性而存在着无限的诠释空间，人的理性毕竟有着极限，其对《圣经》的理解不可能尽善尽美。而诠释的意义即是在于让“神意”载体的文本中隐藏的东西显现出来，使不清楚的东西变得清楚。所以奥利金一再强调，经文中最巅峰的意思——它的深层属灵真理早已隐含在《圣经》里面，而不是由诠释者发明的。“神意”不是人通过人特殊的技术或依附于人的意愿创造出来的，而是要经由对经典记载语句的正确解释才可理解得到。[①]“寓意解经”的作用在于能够绕开文字的障碍来揭示隐藏在文本表面义背后的比喻、象征、隐喻等的深层次含义。奥利金说，“寓意解经”要以基督教信仰为依据，不可“逾矩”，《圣经》也是宗教神学的思想根基，“寓意解经”的目的只是让基督徒更好地回到《圣经》中去。如此，一个解经前提出现了——要诚心坦然地接受上帝的存在，认为神的权威，明确诠释《圣经》旨意只是为了让内心中的信仰拥有更为坚实的基础。《圣经》不仅应当让人信仰，而且要教人知，由知进而到信，才是真理表达的最高层次，从而使信仰得以强固。[②]“寓意解经”只是在超越字面的，历史的局限性的情况下，对《圣经》文本进行更好理解的方式，是彰显《圣经》隐秘意义的基本路径。

总的来说，何休与奥利金均持有“尊经”心理，只是前者具体化为“尊经”“尊圣”“尊道”“尊义”“尊心”，后者表现为对经的崇拜，对基督教神圣性的确定，对《圣经》内含真理的坚定信念。在何休看来，经典为圣人所作、内含“常道”，可解决宇宙人生的根本问题，所以要“尊”。而圣人圣心妙用无穷，要无条件的相信，故“尊经”必须转向“尊圣”。圣人作经典，目的在于“文以载道”，为信徒的内心理想与外在实践规范条理与准则，因此“尊圣”必须会导致“尊道”与“尊义”。但理解文字还需猜度圣人之心，所以也要“尊心”。“尊经”自然要有还原思维，而何休显然强调的是“精神还原”，通过探求经典义理生成、价值诉求再现“元典”精神，并接合时代精神适时发挥，以直接服务于现实政治和社会秩序。只有“六经注我”式的诠释介入，才能完成阐发《春秋》“微言大义”，且促成其为每一个生命个体的安身立命之本或曰是整个社会的政治伦理文化秩序之根的任务。

与之相比，奥利金的“尊经”心理形成有着更多的宗教意义。公元3世纪的基督教面临重重困境，《新约》文本中对基督的字面描述存在多处矛盾；《新

---

① 参见康宇：《论中西古典解释学的言说范式差异》，《天津社会科学》2012年第3期。

② 参见艾路明、周遥强：《奥利金寓意解经法探析》，《理论月刊》2015年第6期。

约》与《旧约》间的意思冲突，很容易让人们将其各自所述的基督之归属为两个不同品质的神；希腊哲学的重心由雅典转至亚历山大，哲学与《圣经》间需要新的融合。作为基督教信徒的奥利金本身有着强烈的宣教动机，将诠释《圣经》的目的界定为让人从中获得正确的信仰。他需要化解《圣经》传播过程中出现的诸多负面因素，要打通希腊哲学与《圣经》贯通的桥梁，融会《旧约》《新约》的思想主旨，规范化解《新约》内部的矛盾性表述等。奥利金指出，“寓意解经”是一种绝妙的办法，因为它可以让人们在圣灵的带领下去“研究那深深隐藏着的真理，去辨明我们相信是神启《圣经》里那隐藏的真理”。①

（二）诠释的原则与方法

荀子曰：“《春秋》言是其微也。”② 之所以“微”，源于经文记载中那些为普通人认为本来明白清楚的东西背后承载着大量的“义法”与“王心”。“《春秋》非记事之史，不书多于书，以所不书知所书，以所书知所不书”③，因为“不书”，所以《春秋》给后人留下了巨大的诠释空间。何休解经以“六经注我”为中心方法，而其诠释的起点亦聚集于《春秋》之“微”。他将《春秋》经文内容分类三类：常典、国之大事与灾变事项，重在运用诠释以“明王道、兴常典”。他在形式上规范了公羊学诠释《春秋》的基本框架，“往者略依胡毋生《条例》，多得其正，故遂隐括，使就绳墨。”④ 即以“例”作为基本范式，行文中同类相归，称“文例”；文本理解中思想与概念的实质聚类，称“义例”；诠释活动中遵从的行为规范，称“法”。何休自称，他的“例”一部分承袭先师，

---

① 奥利金：《论首要原理》，道风书社 2002 年版，第 276 页。

② 荀子：《荀子·儒效》，见王先谦：《荀子集解》，《诸子集成》卷 2，中华书局 2015 年版，第 73 页。

③ 庄存与：《春秋要指》，见王先谦：《皇清经解》卷三百八十七，上海书店出版社 1988 年版，第 822 页。

④ 何休：《春秋公羊传注疏·序》，《十三经注疏》，上海古籍出版社 2016 年版，第 2190 页。

一部分是对已有义例加以畅通，一部分为自设的。从《春秋公羊解诂》一书中可以看出，其二、三部分的比重要大大多于第一部分。

若以现代诠释学视角审视何休的诠释原则与方法，可知他的操作实可从三个层面解读。首先，诠释经典的作者之意。此乃作者深藏于经典语言文字背后，只可意义理解的写作目的、创作心理、情感意蕴、思想智慧等。何休认为，《春秋》虽“微”，但其充分利用了语言的隐喻性与象征性，“微言”之外深藏大量“言外之意”，这自然会造成作者原意与文本表面之义会呈现某种差异，但与文本的象征意义又具有一定的统一性，作者之意与文本之义处于一种既合又不合的动态过程中。为此诠释者在揭示作者原意时，必须契合上下文引经据典深挖文字的象征意义。举一例，《传》释《春秋》隐公元年“三世异辞”，何氏解读道：“所见者，谓昭、定、哀，己与父时事也。所闻者，谓文、宣、成、襄，王父时事也。所传闻者，谓隐、桓、庄、闵、僖，高祖、曾祖时事也。异辞者，见恩有厚薄，义有浅深，时恩衰义缺，将以理人伦，序人类，因制治乱之法。故于所见之世，恩己与父之臣尤深，大夫卒，有罪、无罪皆日录之，‘丙申，季孙隐如卒’是也。于所闻之世，王父之臣恩少卒，大夫卒，无罪者日录，有罪者不日，略之，‘叔孙得臣卒’是也。于所传闻之世，高祖、曾祖之臣恩浅，大夫卒，有罪、无罪皆不日，略之也，公子益师、无骇卒是也。”① 何氏从两个角度解释圣人记述“三世异辞”的原因，一是讳尊隆恩，二是《春秋》当新王，治世有远近详略之不同。因为三世远近不同，则恩有厚薄，故褒讥、微讽之文皆由此而生。虽为诠释原意，但何氏又有所加深，他进一步论述了历史由衰乱世到升平世，直至太平世的道理，“于所传闻之世，见治起于衰乱之中，用心尚粗觕。……于所闻之世，见治升平，内诸夏而外夷狄。……至所见之世，著治大平，夷狄进至于爵，天下远近小大若一，用心尤深而详，故崇仁义，讥二名”。② 这是明显的“六经注我”，何氏想要给出历史

① 何休：《春秋公羊传注疏·隐公元年》，《十三经注疏》，上海古籍出版社2016年版，第2195页。

② 何休：《春秋公羊传注疏·隐公元年》，《十三经注疏》，上海古籍出版社2016年版，第2195页。

进化的观点，即随着时间的推移，社会越来越发展，人类越来越进步；随着时间的推移，“王化”会向周围扩散，越来越多的地域会得到发展。这是典型的汉儒政治理想。

其次，诠释经典的文本之义。即文本自身作为独立存在所具有的意义和意蕴，其可能与作者原意一致，也可能产生一定的偏差。何休认为，《春秋》文本之义是通过“文”“辞”得以负载，“文”“辞”可以见“义”，能够载“道”。细读《公羊传》可知，其中辞之种类繁多，如有外之辞（隐公九年）、讨贼之辞（隐公四年）、众大之辞（桓公九年）、期辞（桓公十年）、篡辞（庄公六年）、善辞（庄公八年）、卑辞（僖公二十六年）等。《公羊传》十分重视“辞”，似乎有“以辞为本”的文本中心倾向。何休正是看重这一点，特别强调“辞”对于透悟《春秋》文本的微言大义及精神实质的作用。他讲究在诠释中突出“变辞”的深意、“异辞”的原旨、“讳辞”的真义、“重辞”的本原等，以此作为探求圣人“褒贬”修辞的价值取向、判断标准、人文关怀、终极理想和阐发公羊大义之基石。在他看来，对于《春秋》而言，“辞”的妙用在于可以“用辞表义”——既是文本想要表达的终极效果，也是“辞”功能的特有展现。《春秋》笔法的主体即是辞同义同、辞同义异、义同辞异等，故理解了“辞”也就找到了明了公羊大义的钥匙。且看《春秋》：“隐元年，公及邾仪父盟于蔑”，《传》云：“何以名？字也。曷为称字？褒之也。曷为褒之？为其与公盟也。”何氏曰：“《春秋》王鲁，讬隐公以为始受命王，因仪父先与隐公盟，可假以见褒赏之法故云尔。”①“盟”本为中性辞，并无深意，但在这里因其已与等级礼仪相联，褒贬自不待言。再看“隐五年，春，公观鱼于棠”，《传》云：“讥，远也，公曷为远而观鱼？登来之也。百金之鱼，公张之。登来之者何？美大之之辞也。”何氏曰：“实讥张鱼而言观讥远者，耻公去南面之位，下与百姓争利，匹夫无异，故讳使若以远观为讥也。”② 此句中的“观”，显然已成为“讥辞”。立足现代视

① 何休：《春秋公羊传注疏・隐公元年》，《十三经注疏》，上海古籍出版社2016年版，第2195页。
② 何休：《春秋公羊传注疏・隐公五年》，《十三经注疏》，上海古籍出版社2016年版，第2207页。

角，何休通过对“辞”的分析所得的文本之义的科学性值得怀疑，因为它更近似于读《春秋》者在领悟“诠释文本”或“使用文本”时萌生的“读者之意”。但他却巧妙地运用“六经注我”之法，将《春秋》文本变换为“为我所用”的文本，并赋予其神圣的经学权威。

最后，诠释经典的读者之意。此为读者在阅读《春秋》时感悟之意，它的发生会受到主体自身价值预设、思想立场、诠释方法等因素的影响。这一种解读文本的读者的意图，因为每一个个体均存在“前理解”，当他理解经典的时候总会以为自己是按照文本阅读应该有的理解方式进行阅读。但其理解的结果常常与作者之意或文本之义间产生距离，所谓的“诠释过度”或“诠释不足”便源发于此。何休的诠释立场是十分明显的，他要维护统治秩序，将经典文本预设为“六经注我”式“使用文本”。然而他也意识到，诠释过程中应注意引导读者之意的发展，使其符合《春秋》“制义传道”的作者意图及“变辞”“讳辞”的文本意图。这从一个侧面反映出，何休的诠释学具有一种强烈的实践倾向，主张解释的应用。依据传统《公羊学》的认知，何休将读《春秋》者分为三类：直接与历史事件相关的人；社会上的其他读者；公羊学经师。面对不同的群体，他一方面强调“《春秋》之义，信以传信，疑以传疑”，另一方面又说“《春秋》之信史也”。在其“解诂”的具体用词中，注意使用“或曰”，尤其重视“时月日例”“名例”“褒讥贬绝例”的解释。他要让读者明了，《春秋》所述事件其实具有个别性，读者要学会悟出其中内含的义理。如此才是诠释《春秋》的真谛。

为了让《春秋》之微言大义尽可能多地呈现于世，何休综合运用训诂明义、史例明义、文辞明义等多种方式。在“六经注我”的使用中，他主张“探微阐幽”地挖掘文字隐含意义，“讥贬绝诛”地批判“不义”之举，大力宣扬“制义传道”的立法精神，并建立起“知权能变”权变意识等。

从形式上看，奥利金的诠释原则和方法与何休有许多相似之处。他援引柏拉图“上帝无形”“超越时空”及“普遍”等命题范畴，倡导对《圣经》中记载的历史事件，需以“寓意”解读的方式去掌握理解。在具体诠释中，奥利金以体、魂、灵三重意义解读《圣经》。所谓属体的意义，其实就是经文的字面意义，这需要文字的考证与语法分析，得到结论。在《〈约翰福音〉释义》一书中，奥利金以实证的态度考据了《圣经》中记载的众多人名、地名以及相关词汇语法的根源，以之作为通晓文本大义的条件。所谓属魂的意义，即经文的象征义。奥利金指出这需要通过上下文的连贯理解，方可获得。他说，断章取义只能违背作者的"思路"，任何经文解释若是有违上下文的意义，那么就不大可能是忠实的解释，因为它跟人类借着语言沟通的常理相违，没有顾及这点。此外，大多数的字词都有多个意思。上下文提供了最可靠的指引，让我们决定字词在这种环境下最可能的解释。《圣经》是逐卷写成的，也是逐卷保存下来的，表面上虽是当作个别单元来阅读，但作者在成书的时候《圣经》各章之间并不是抽离、独立存在，故释经者得根据经节与全书题旨之间的关系，来理解个别文本的意义。属魂的意义，需借助主体的理性知识方可得到。奥利金引用《圣经》中"牛在场上踹谷的时候，不可笼住它的嘴"一句，对此加以说明。他说："就如摩西的律法记载说，难道神所挂念的是牛吗？不全是为我们说的吗？分明是为我们说的。因为耕种的当存着指望去耕种；打场的也存得粮的指望去打场。"①显然，这是根据经文的上下文的联系去阐释一种意义的指向或者延伸。换言之，在属魂的意义上，《圣经》经文的词汇依然保持着它们本身的原始词义。

应该说，奥利金的解经活动是为他的信仰服务的。寓意解经由于其思想的发散性存有很大的张力，但奥利金秉持"使徒传统"坚守"唯独圣经原则"使得其经典诠释始终不会漫无目的，在特定的原则范围内进行。他一方面强调《旧约》与《新约》是一个完整的神启真理，另一方面又指出《圣经》内拥有使徒传来的奥秘，需要用特殊的方式才能认知。只有通过寓意解经才能领悟神圣的奥秘，一切教义只能通过对《圣经》属灵意义的挖掘而解读出来。奥利金执着地维护着《圣经》经文的神圣性，认为它是绝对准确无误的。那些经文中

① Origin, *Commentary on the Gospel of John*, Trans. Allan Menzies. The Ante-Nicene Fathers, X. Books I-X only, X.16, p.389.

存在的矛盾，通过寓意解经都可以说清楚。

此外，在奥利金的寓意解经中还可以看到大量“两希”文化碰撞融合的痕迹，它们在客观上维护了基督教之宗教性及神圣合法性权威。他通过一种“替换原则”成功地为希腊哲学面临的困境给出了希伯来式的回应。典型的方式，他在寓意解经引入大量古希腊哲学观念，却给出不同于希腊主义的理解，以希伯来文化思想加以说明。如在对“生命”的定义上，古希腊哲学持自然主义观点，认为生命是特定物质的组成，其具有一次性，终点是死亡。奥利金在《〈约翰福音〉释义》中，却表达出另一种不同的理解。他说，人的生命有两种，可以是有死的生命，也可以是永恒的生命，即理性的生命，是可以复活的生命，来源于基督。永恒的生命其实也是一种寓意，它可以理解为基督本身，因为基督是人的生命来源，也是万有生命的根基，是一种活的生命。最为关键的是，它充满了理性。又如对待“真理问题”，奥利金认为所有的真理都是神的真理，世界是一元的，人们只有在信仰中来接受真理，它是一种由上而下的天启真理观，而非希腊式的由下而上的追求。不过，他又强调人在追求真理道路上的努力，这与柏拉图提出的“洞穴比喻”有着相似之处——真理并不是死了，而是在洞穴之外，只有那些能够走出洞穴的人，才能够看见真理的太阳。

比较何休与奥利金的诠释途径，“六经注我”实际上假定了文本是作者内在心志的外在表现，即文字的“真义”必须依靠作者的思想来显示与确定。诠释者要凸显文字经义，此“义”既可以是一般所说的“意义”，如直陈义、抽象义；也可以是符合社会实践要求的原则和规范，体现着时代价值取向和应然要求，具体为行为规范、道德标准和政治原则。“寓意解经”重点在于“获意”，理解文本的本质是关键。经文被视为是“意”的客观化载体，文本并不是作者自身而只是其对象，诠释者在诠释中不可充分表现自我，相反要以还原的态度价值中立的呈现“真相”。为了揭示真理，可以运用寓意解读，但必须围绕真理展开。真理是事物存在的终极原因，不依赖于诠释而存在。诠释者只是神意的传达者，不可将太多的主观性融入诠释活动中。

从立场上看，何休的“六经注我”倡导积极入世观念，经世致用、解决时代问题是其目标。所以他特别关注发挥经文大义，建立天道与人道之间的关系，政治伦理化倾向明显。而奥利金的“寓意解经”恪守“代上帝宣扬本意”的志向，着力于阐释上帝的神意与理性的逻各斯之联系，宗教神学色彩浓重。从形式上看，“六经注我”在“意”的表达中充满“直觉”，随意性强；“寓意解经”则贯彻“圣灵感动”，以文本为依据，努力揭示象征义，诠释联想发挥只在有限的范围内进行。若追究其背后深层次原因，何休在借经典诠释论述其政治理想的合理性，旨在人们遵守社会秩序，奥利金则是以《圣经》诠释，重树上帝之权威性，旨在让人们信服宗教，以扩张基督教的影响力。

（三）隐喻的使用

隐喻是指用一种事物暗喻另一种事物。公羊学大师何休一方面详注“春秋公羊学”经典，条例细化公羊基本义例，以内固公羊学体系；另一方面联系公羊义理与社会实际，在外显“微言大义”时着力经世致用，践行《春秋》“礼义之大宗”。因为其所用“六经注我”方法极大地拓展了文本诠释空间，其对于隐喻的使用自然不在少数。

第一，通三统。“通三统”的意思是统“三王之统”，即任何朝代的王权都有自己的一“统”，“改制”是新王受命的标识，而在改制中新的政权在建立本朝的典章制度和文化传统时，除依据自身一“统”外，还须参照前两代之“统”，让旧典并存于新典之中，也就是达到“合三为一”的效果。对此何休借《公羊传》加以论述，他不断强调新周、故宋，并以孔子托王于鲁，假鲁公鲁事以明王道，目的在于明义，并肯定新王一统的重要性。何休还提出了“三正”说，“二月、三月、皆有王者。二月，殷之正月也。三月，夏之正月也。王者存王之后，使统其正朔，服其服色，行其礼乐，所以尊先圣，通三统。师法之义，恭让之礼，于是可得而观之。”① 字面上，这里说的新王受命改制，可以参照

① 何休：《春秋公羊传注疏·隐公三年》，《十三经注疏》，上海古籍出版社2016年版，第2202页。

夏、商、周三代之正月择善用之。实际上，何休凸显的却是“尊先圣”，使“师法之义，恭让之礼”昭示天下。

“通三统”之说发明者并非是何休，依传统理解乃为一种具有历史循环色彩的朝代更替论。何休对之的运用并非“生搬硬套”，而是通过文本诠释使之最大限度地彰显“王鲁”，意将理解的重点定位于拨乱反正、建立新统。我们知道，何休所处的年代，那时东汉政权日益腐朽，面临崩溃。便易于推知，何休其实是在借经文的诠释寄托自己对重建社会秩序的期望，或者说想要以理想中的王代替现实中王的渴望。这隐喻了他的历史哲学与政治主张。

第二，张三世。张三世源于何休对《公羊传》义例“所见异辞，所闻异辞，所传闻异辞”的解释。何休系统地描述出一个“衰乱世→升平世→太平世”的历史进化脉络。他将春秋时期的242年，分为三个阶段递进层次，认为孔子作《春秋》，一切书法都是按这三个阶段安排，后世读《春秋》言治道，也必须以这三个层次为线索。在其看来，历史总是由低级向高级阶段发展，这样的变易与进化是不可逆的。换言之，随着时间的推移，统治秩序必定会日益和谐稳定。

何休将“异外内”等《春秋》义例融入“三世说”体系之中。他指出，社会的发展是以“正鲁”为起点，一步步天下统一，在实现民族之间平等相处的基础上，实现“人事浃，王道备”的社会理想。然而，何休在这里表达的最终只是一种隐喻或谓信仰，而不是真正的历史事实。即使只验证鲁国十二公的历史，也不是按衰乱、升平、太平三世规律发展的。为了化解“张三世”与史实间的矛盾，何休又以“六经注我”的方式提出“《春秋》定、哀之间文致太平”的说法，指出“太平世”实为“文致太平”。同样，“升平世”也非真正的升平，而是“文然而实不然”的状态。显然，何休在诠释《春秋》时并不是在准确忠实地论述历史本身，而是假托鲁史隐喻地表达自己的历史演进观念。

第三，大一统。何休认为“大一统”思想是《公羊传》的思想精华。他充分发挥公羊学本有之义，并结合东汉时期的社会现实融入了自己独到见解，使之哲理有了新的升华。通过解析《公羊传》，他建构出“宇宙图式”理论，对“大一统”的合理性与神圣性进行了说明。《公羊传》对于《春秋》“隐公元年”的解读是“元年者何？君之始年也。春者何？岁之始也。王者孰谓？谓文王也。曷为先言王而后言正月？王正月也。何言乎王正月？大一统也”。何休发现此中存有“辞不达意”，于是重新解释：“变一为元。元者，气也，无形以起，有形以分，造起天地，天地之始也。……文王，周始受命之王，王之所命，故上系天端。……统者，始也，总系之辞。……即位者，一国之始政，莫大于正始。”① 可见，何休解读“大一统”的重心落在“元”“王”“始”之上，而“王”又居于核心。在其看来，“大一统”乃为“天志”所定，“上系天端”。它也是事物发展变化的客观结果，“天”为“元”所统，“元”乃是“气”，“继天奉元，养成万物”。而王者正天地之始，是王道政治的纯正宇宙本体和价值根源。所以在“天”“元”“气”“王”等世界图式中，“王”应处于中心位置。简言之，以“王”为中心的王道大一统建立在“元”与“天”的超越形上宇宙本体和“始”与“正”的价值根源基础上。由此一来，通过“图式”的隐喻，大一统的王道理想便成为现实霸道政治的评价标准，亦是存二王之后，通三王之文的智慧结晶了。

何休的隐喻多为对文本进行创造性解释而设定，其特别适用于“六经注我”式诠释。因为它可以让经典作者站在诠释者所处的时代来说话，以满足当下现实社会历史生活的实践要求。与之相比，奥利金在“寓意解经”中使用的隐喻则更为“客观”。具体的表现是，首先，他通过对《圣经》内一些事物名称的解读指明其隐喻的意义。例如，他考证了约旦河的意义是“他们的下降”，然后将之与约翰在约旦河施洗的事件联系起来，“人必须要到这条河里面去洁净自己，它是一条下降的河，但又不是指它自己的下降，而是指他们的下降，即人的下降。……约翰是在约旦河边施洗，在那靠近犹太地的边境，在伯大巴喇，作为那不是为了义人而是为罪人而来的他的先锋。他教导说：所有人并不需要

① 何休：《春秋公羊传注疏·隐公元年》，《十三经注疏》，上海古籍出版社2016年版，第2195页。

医生，但他们都病了；因为那罪得赦免的洗礼已经给出。”① 又如，在加利利的迦拿事件之后，耶稣一行人就下到迦百农去了。为什么要“下到”？奥利金的考证是“迦百农”的意思是“慰藉之地”，在筵席和酒之后，耶稣一行人去那慰藉之地是合理的，带着长在“完满之地”的果实，以慰藉那些正要成为他的门徒以及那些借着圣灵已经接纳他的人。②

其次，他通过批判拘泥字句的行为来彰显隐喻的意义。奥利金主张不拘泥于文字本身，要着眼于文字的隐藏意义，“被字面意思完全俘虏了，便于工作抛弃了其中真正的教义，或者因为没有参透字面意思，所以不能了解其中任何属神的知识。”③ 他曾经举了“驴”的例子，认为耶稣进入耶路撒冷城时骑着的驴和驴驹绝非普通的牲口，其有着隐喻的内涵，“驴和驴驹实际上是《旧约》和《新约》。耶稣是神的话，他现在进入了那唤作耶路撒冷的灵魂，坐在由使徒解开的驴上。那就是说，《旧约》的简单预言，由这两个门徒解开了。”④ 又如在解释“神的话临到备利的儿子何西阿”一句经文时，奥利金说不可以对《圣经》经文采取绝对的历史主义态度理解，因为“从历史意义上说，他们就是备利的儿子、先知何西阿；从神秘意义上说，却又是临到那得救的人，因为‘何西阿’这个词从词源意义上看，它的意思是‘得救’；至于备利的儿子，‘备利’在词源意义上来说是‘井’的意思，因为每个得救的人都是那从地底喷涌而出的泉水的儿子，即神智慧的儿子”。⑤

最后，他通过“过渡式”的解读以显示文本的隐喻。奥利金十分喜爱“以

① Origin, *Commentary on the Gospel of John*, Trans. Allan Menzies. The Ante-Nicene Fathers, X. Books I-X only, VI.25, p.371.

② Origin, *Commentary on the Gospel of John*, Trans. Allan Menzies. The Ante-Nicene Fathers, X. Books I-X only, VI.25, p.382.

③ 奥利金：《论首要原理》，道风书社 2002 年版，第 299 页。

④ Origin, *Commentary on the Gospel of John*, Trans. Allan Menzies. The Ante-Nicene Fathers, X. Books I-X only, X.18, p.396.

⑤ Origin, *Commentary on the Gospel of John*, Trans. Allan Menzies. The Ante-Nicene Fathers, X. Books I-X only, I.7, p.300.

经解经”，他在破解《圣经》主题或人物寓意时常常引《圣经》中其他经文作为中介，通过中介说明经文所要表达的更深层次的意义。如其解读经文“有一个人是从神那里差的，名叫约翰”时，他说：“正如《以赛亚书》中所记的‘我可以差遣谁呢，谁肯为我们去呢’；先知说，我在这里，请差遣我。……与以赛亚的使命相似，他使命的开始也没有论及，约翰也以同样的方式被差来施洗，为主预备合用的百姓，为那光作见证。”① 借用此“中介”，奥利金将文本主题的抽象隐喻义挖掘出来，“所以约翰要么就是从天国差来的，要么就是从伊甸园差来的，或者是从地上的某个地方差来的。他来是要为那光作见证。”②

显而易见，奥利金对隐喻应用的目的与何休是不同的。他秉承“代上帝宣扬本意”志向来解释《圣经》，着重于阐释上帝的神意与理性的逻各斯之间的关系。他的诠释指向是营造宗教神学。奥利金信仰经典，他想要以超越语言界限的方式，通过隐喻的表达揭示《圣经》的玄妙以及真理存在的合理性。他不会为了宣扬自我观点而牵强附会，不愿为政治目的而离经叛道。何休诠释经典的指向显然与当世政治相对应，表现出汉儒今文学者重道德理性、伦理秩序建构的要素特点。他在考察文本的隐喻时总是直指个体身心安顿、理想寄托等问题，在确证字词抽象义与现实义转换时总是人为地加入自己的见解，以期与现实社会政治秩序维护相关。从特质上看，何休的“六经注我”诠释方法应为政治诠释学，奥利金的“寓意”解经方式当属神学诠释学。

（四）理解的类型：由个案推论总体

综上，“六经注我”与“寓意解经”代表了同一时期中西诠释学发展的不同样态。虽形式相似，但实质不同。“六经注我”注意开发经典文字的隐约性、

---

① Origin, *Commentary on the Gospel of John*, Trans. Allan Menzies. The Ante-Nicene Fathers, X. Books I-X only, II.24, p.339.

② Origin, *Commentary on the Gospel of John*, Trans. Allan Menzies. The Ante-Nicene Fathers, X. Books I-X only, II.24, p.339.

模糊性与启示性，表现出诠释者与圣人之心在“体道”层面上的沟通，返本开新、生发经典新的意义是其操作的重点。“寓意解经”着重强调“圣灵感动”，要让诠释者融入“神”的思想内核。虽然它也有着联想式的解经方式，但在主观发挥层面却有着严格的自我约束。不可偏离“真理”，是其恪守的准则。之所以有如此的差异，这与两种学说产生的历史背景有直接的关系。“六经注我”的产生主要为经学服务，它不仅是单纯的文本诠释方法，而且肩负着推动中华文化发展的重要任务。可以说，诠释者解读经典，既要承接传统，又要开启新的文化主题。如果完全为了“原意”而诠释，那么文化生长的机制便会出现问题。同时，汉代大一统的中央集权刚刚建立，迫切需要有理论支撑其存在的依据，由于王权统治的需要，经典诠释更易成为社会思想教化的手段。“寓意解经”主要面向基督教徒，诠释者需要做的是让教徒对教义产生“信仰”，相信真理存在于《圣经》中，从而更加维护“教权”。它只是西方文化传统的一个分支，不必考虑对整体文化的推动作用。所以诠释者对它的运用要讲究学术性、逻辑性、合理性，不能进行肆意的曲解、夸大。加之西方“皇权”与“教权”矛盾的传统，它的“寓意”发挥也会受到多重限制。于是我们可以进一步验证结论：“六经注我”服务于政治，“寓意解经”服务于神学。

二、尊崇与信仰

神学诠释学是一门从经典文本之解释出发引出信徒信仰和实践相关结论的学问。在中国，对于儒家经典的神学诠释学说始发于董仲舒所作今文经学名著《春秋繁露》，其借解释《春秋》的“微言大义”，淋漓尽致地阐述了“天人感应”、阴阳五行、三统循环观念，进而建构起一整套体系完备的“天人一统”神学目的论图式，对中国古代诠释学的发展产生了至为重要的影响。与之对应，在相似的时间段内，西方《圣经》释义学发展由犹太教释经，经使徒阶段扩充，直至发展到教父时期。当教会领袖奥古斯丁成为早期的正统信仰基督徒后，西方神学诠释经典思想在其影响下，面貌为之一变。奥古斯丁明确有力地表达了具有独创性和范围广泛的神学释经方法，并在讲章、圣经注释、著名的《忏悔录》，特别是《论基督教教义》一书中，流露出复杂而微妙的解经取向。最终，神学释经方法得到社会普遍认可，成为社会思潮主流。奥古斯丁也因其对神学诠释《圣经》贡献巨大，被后人称为“万世圣贤”①。

董仲舒与奥古斯丁是中西神学诠释思想发展比较的理想“对子”，源于二者之于中西方神学诠释学发展的作用趋同，相关理论有着同质性较高的社会影响，有着形式属性类似的解经旨意设计，存在一定共性的哲学化诠释学倾向，但又在释经原则、目的、具体解释方式方法上表现出明显不同的特质等。可以认为，比较他们的经典诠释思想能够为人们正确理解古典时期中西诠释学发展路向的异同，提供一份可靠的文献。

（一）阴阳灾异：董仲舒的视域

自汉武帝“罢黜百家，独尊儒术”起，儒家的经典诠释学说便开始发挥其政治功效以影响社会政治教化思潮。但与先秦“法先王”的思路不同，汉代经学对神学化的“天”怀有深深的敬畏和信赖。因此，汉儒在注经释典时，时常远离经典原文而凭己意辅以阴阳五行理论而作主观性阐发，故今文经学应运而生。

董仲舒即是今文经学的坚定执行者。董氏重“名号”，认为名号是圣人发天意而制成的现实世界各类指称，“名”特指个别事物的名称，“号”则是指谓特殊事物的名称。由于名号是天意的表现，所以其即是真理，“名号”非由“实”决定，而是由“天”决定。因天意难测，故上天所规定的名号，唯有通过圣人的宣示才能受到人们的尊重，即所谓“名则圣人所发天意”。由此推之，人的

① 参见雪莱：《基督教会史》，北京大学出版社 2004 年版，第 136 页。

认识逻辑是认识事物→认识天意→认识圣人所制的名号，要经由一个从感性认识上升到理性认识的过程。而儒家的《诗》《书》《礼》《易》《乐》《春秋》等“六经”，恰恰集中了圣人对名号的感知，因此普通人必须通过经典的学习、研究而获知天意，此路径在某种程度上说甚至是常人得天意的唯一路径。

依董氏的思路，“名号”记录着“天意”，“事物”模仿着“名号”，即“事各顺于名，名各顺于天”。需强调的是，此处的“天意”并不仅仅是一种“理性范式”，而且具有一种令人敬畏的色彩。众所周知，先秦儒家讲“正名”，其依据是其为先王制定的礼法，后代之“实”必与先代之“名”对应。但在礼崩乐坏的时代，先王礼法到底有多大的权威性是存在疑问的。而董仲舒之存基于“名号”上的“正名”思想则依据的是世俗的先王礼法归底于超世俗的上天意志，“名号”因其体现了上天意志而具有神圣的权威，因而对“名号”的尊崇不仅是对理性的认同，更带有着对宗教的无限信仰性。而这也正是董氏诠释经典文本的理论基点。

在对儒家诸经思想的解释中，董仲舒特别推崇《春秋》。他认为，《春秋》实为神圣法典，内含“纲纪天下”之蕴意，其中的“大一统”政治观、“张三世”的变易观、“通三统”的改制观；“德刑相兼”、天人感应和谴告说、经权之说等，与纲纪天下法典义一道构成了一个丰富的、极具政治色彩的思想体系，凸显着儒家文本的神圣意义与经世内涵。换言之，《春秋》文本记载着天意，是世间君王承天而治，位居至尊，臣子忠于王室，实行善政，普天下尊崇王权神圣性与真理性的思想合法性保障，其文字具有神学宗教义。

在董仲舒的视域中，经典诠释行为是一个复杂的系统，包括解圣人原意、释作者之意以及阐发读者所悟意三个部分。董氏将此三部分以“指”的范畴表示出来，即指、辞、指，前面的“指”是圣人本初的意思，后面的“指”则是读者读经治学，通过言辞体会到的圣人之意。在获意的过程中，还包括“由指到辞”和“由辞到指”两个阶段。此处的“辞”，特指语言文字、名词概念、定义命题等，而“指”，则为意旨、思想内容，或是精神实质之类的东西。在董氏所著《春秋繁露》中，其有意将儒家经典文字“神化”，视之为天意的表达，由此肯定了君权神授，从而为证明汉代专制制度的合理性提供了理论依据。而在另一方面，他又通过诠释文本中圣人指意与圣人言辞之间的不一致，引申出其神学诠释学的另一重要概念“天人感应”。原本圣人辞指应为一致，之所以不一致源于世人所为有悖天意。如《春秋》有的定则是新继位的国君不到一年称“子”，所谓“正辞”，但《左传・僖公九年》，“冬，晋里克杀其君之子奚齐。”此外不称“子”而称“君之子”，实为“诡辞”，何故？董氏曰：“晋，《春秋》之同姓也，骊姬一谋而三君死之，天下之所共痛也。本其所为，为之者蔽于所欲得位而不见其难也。《春秋》疾其所蔽，故去其正辞，徒言君之子而已。”① 骊姬一计杀三君，有违天意，故圣人不以正辞言之。而后果也是明显的，天必会“出灾害以谴告之”。

董舒仲在诠释经典时，经常使用“天人感应”之语。并且，“天人感应”并非只是单向发生，而常以天的系统与人的系统之间的控制反馈形式表现。在他的心目中，人类社会的一切实质都是在模仿宇宙的生成过程，故人的系统应接受天的系统的控制。人类社会不可违背上天的意志，否则上天就会作出对人类不利于的惩罚。在此基础上，董仲舒发明出今文经学中“推阴阳言灾异”的释经传统，进一步加深了经典诠释的神学韵味。质言之，此种讲灾异的解经方式，是以“六经”作为阴阳五行的权威文本去解释现实政治。其总的思路是，先捕捉天的异常现象作为上天警告的伦理意识，接下来对此灾异进行种种复杂的阴阳五行术数推导，最后抽象的理论思想变为具体的政治措施，推荐给帝王。简言之，其解经逻辑就是考察事物的文理，依据六经思想，揣度圣人的心意，参照上天的意志，打通现象世界、语言世界、观念世界等间的界限，将其统统纳入阴阳五行的宇宙系统，从而发挥政治效用，使相应政治批判更令统治者敬畏，使之具有不容置疑的权威性。由此，进一步加深了经典诠释行为的神秘性与神圣性，使之向着神学的路向发展越走越远。

---

①　董仲舒：《春秋繁露・精华》，中华书局 1975 年版，第 49 页。

（二）神的光照：奥古斯丁的理解

基督教原本只是古代西方诸多宗教流派中的一个“弱小”分支，长时间受到歧视与迫害。然而随着罗马帝国的鼎盛，它逐渐壮大起来，且迅速地得到“国教”的属性。一个重要的原因是，它的教义宣传来世，让人们的视野超越尘世而转向天国，让主体能够欣然地从对现世幸福的追求转向在超感世界中获得灵魂拯救与解脱。这与当时罗马帝国苦难、罪恶和堕落达到极致，人们普遍产生深沉的、强烈的、解放灵魂的需要，有一种超越凡尘仰盼来世的渴望有着直接的关系，“基督教的胜利，十分简明易解，根本不需要搬出什么超自然的力量。当时，宗教、哲学和道德都已解体，需要重新调整。基督教便以令人信服和最吸引人的方式作出了这种调整。”①

基督教让人们相信神的存在，而其经典《圣经》则成为神与人之间沟通的语言桥梁。不过蕴藏于《圣经》中的基督义原始教义由于具有隐晦性，不易为平民所参悟，需要建构一种完整的诠释体系对之加以说明。此任务的完成者即是奥古斯丁，他被喻为是古代基督教作家的最后一人，同时也是中世纪神学的开路先锋。②他是新教诠释学的奠基者，并在对《旧约》的解释中，确立了早期的“诠释学意识”。而正是基于此意识，《旧约》与《新约》得以保证了思想的一致性，构成了其二者成为一部整体意义上的《圣经》的可能性。奥古斯丁在根底上讲是一名基督教哲学家，他在讲授《圣经》教义时，认真梳理了信仰与理性的关系，强调信仰并不排斥理性，因为唯有虔信才能通向真理，即上帝。但是，如果人们不事先知道上帝、认识上帝，那便无法真正信仰上帝。于是，他制定了自己的解经理路：从信仰方面讲，要引导读者爱神（上帝），要着力培养读者成为一个合乎体统的、道德的、委身于基督徒的生命；从理性方面讲，正确理解圣经，需要关注于经文的字面或历史意思，因为其是经文原意

① 汉默顿：《西方名著提要·历史学部分》，商务印书馆 1959 年版，第 117 页。

② 参见奥尔森：《基督教神学思想史》，北京大学出版社 2003 年版，第 269 页。

要表达的信息，当经文字面意思不明确时，要参考其他较清晰的经文对有关主题的教导，参考“信仰规范”与教文传统对这段经文的解释，当前两种方式出现矛盾见解时，则需从上下文来判断哪种见解才是最吻合经文的。

奥古斯丁将《圣经》中的文字视为神的语言，认为在漆黑的夜幕中，人们一无所见，只有在阳光照射下，人们才能辨认出眼前的事物，“光”是使万物得以呈现的根源。而上帝就是“光”，他既是光的创造者，又是作为所有光的光源之光。上帝通过“光”照耀了每一个人的心灵，使之见到了真理。解读《圣经》的意义正在于此，它使得每一个信徒都能得到光，得到逻各斯和真理，从而照亮前行的路。但其有个前提，即读《圣经》者要相信神的权威之至高无上性、人的灵魂的软弱无助性和对于神的恩典的绝对依赖性。神是唯一主动者和能力来源，人类只是神施行恩典或愤怒的工具与方法等。实际上，在奥古斯丁心中存在着两种价值共同体：天上之城与地上之城。地上之城是专注于世俗价值的抽象的社会观念，它是不完美的，是人性败坏的产物；天上之城是向往神圣价值的共同体，其求索的热情超过了其对个人的、家庭的、城市的、国家的特定利益的兴趣，是每个人都最终想要得到的东西。普通人要得到天上之城，必须听从神的安排，而其路径就是读《圣经》，理解其中神的旨意，明了上帝的智慧，让自己的心灵得以光明。

奥古斯丁对于《圣经》的神学诠释是与知识论、语言和符号理论、历史哲学等交织在一起的。其理论要义均以《圣经》为诠释中心展开。他不断强调，主体读《圣经》必须具有信仰的态度，解经本身就是一种理性的活动，亦是为信仰提供证明的活动。他说《圣经》中的语言实质是用来指代事物的符号，读者可以通过辨析符号的意义而揣测神的意旨。不过符号的意义是深奥、抽象的，当它所指的对象是可视之物时，可形成感性的现象让人的心灵易于把握，但当它指向的对象是非可视之物时，便易形成在语言和思想之间的断裂，人们在理解神意的过程中可能会出现的偏差，便来源于此。而这也正是神学诠释的困难所在，即神原本是不可说的。那么如何让那些文本中不可言说之事，为人所理解，进而清晰地看清那个尽善尽美的上帝？奥古斯丁的答案是，充分运用解经者的智慧。随之，他提出了主体通向智慧的七个递进步骤：敬畏→虔诚→知识→力量的决断→悲悯之心→心灵净化→智慧。并以之为基础，制定出神学诠释《圣经》的基本规则。

他指出，对于经典的“敬畏”与“虔诚”是解经者应持的态度，要始终对《圣经》有着信仰感，相信其中所写的东西比主体自己所想的东西更完善、更美好，就是真理。在研读《圣经》的时候，要用全心全意热爱上帝之心去感悟语言文字中所蕴涵的关于神的知识。明了知识后，还要践行，即抛弃尘世的享乐，净化自我的心灵，发扬神之博爱精神，努力找到神的光照，心灵变得异常纯洁，最终得到属于天国的智慧。奥古斯丁还说，诠释《圣经》文本还要运用特定的技术，也就是解经规则。他在《基督教教义》一书中作出如下的表述：第一，熟读经典，即使不明了文字的意思，也要把它背下来；第二，“以经解经”，要用明确的经文意思解读晦暗不明的经文意思；第三，要熟练把握语言符号的意义，以符号为中介发现神意；第四，承认解释具有多样性，但要学会在多样性中寻找共性，因为神意具有至上性，《圣经》的旨意具有唯一性。换言之，真理是唯一的。①

（三）工具与皈依：两种不同的理路

不难看出，董仲舒与奥古斯丁虽然均将经典视为神之语言，但其所秉持的解经态度却是不同的。董氏以神学诠释“六经”，意在凸显经典解释的政治性主旨。他所言的神、天、阴阳、五行，有着政治的核心主线，相应的比喻、类比皆与政治问题相连。他所说的“天人感应”，目的也在于伸张经典诠释的政治批判性。因为他看到最高统治者具有至高无上的权力，不怕人只怕天，因此要“屈君而伸天”——借用“天”的权威来限制皇帝的私欲。他通过《春秋》

---

① Cf. Augustine, *On Christian Doctrine*, Book Ⅱ, Chap.9. trans. R. P.H. Green, Oxford: Oxford University Press, 1997.

记载的史实，提出灾异是对人君的谴告，“天之生民，非为王也，而天立五以为民也。故其德足以安乐民者，天予之；其恶足以贼害民者，天夺之。”① 从中可以看到，“天人感应”说起到了双重作用：其一说明皇帝代表天意，人民要服从皇帝，即“君权神授”；其二要皇帝尊天保民，不要胡作非为，即“神道设教”。如此一来，“神”在董氏诠释学中的意义便十分明了了——一种政治的工具。董仲舒要以天神的权威性，保障“大一统”政治的稳定性，通过“假经设谊，依托象类”的诠释方式，将经典文本由客观“物”的诠释对象变身为政治主张言说的载体，解经释典的重点不是探寻确证圣言之原义，而在于适时“整合”经典言说与天志、天意，使之达成“统一义”以配合现实政治的需要。

与之相对，奥古斯丁诠释《圣经》则意在突出宗教信仰的重要性。他的诠释预设是，一切的理解都需要一个思想架构或处境范围，在其中加以解释。具体来说，即是全面准确理解《圣经》之旨即是认知上帝——那个具有启示能力的神。换言之，一个不信神的人是不能理解《圣经》的，因为他始终不能以经典为神的启示，不能获得神之语言的真正意义。在他看来，释经者必须成为信徒，承认上帝的存在，并且降服于在神话语的真理下，只有这样他才能为《圣经》理解为“神亲自对我说的话”。如果一个解读者只是从一个世俗的、自然主义的观点解经，那么他是不可能甘愿在《圣经》之下俯首，放下个人的意愿，按照神的思想方式理解文字的。理解《圣经》需要宗教的语言，更需要宗教的信仰。当然解经也需要适当的方法，一个人如果缺乏对《圣经》语言的认识，或不能纯熟运用历史、语言、符号等到学说工具，那么他也不能正确地理解经典中的知识与信息。只有一个熟悉《圣经》语言的信徒，加上完善的神学、语言、历史等的技术，一部完整的《圣经》诠释才能出现在人们的眼前。

显然，与董仲舒工具化地应用神学相比，奥古斯丁的“神学”更具宗教的意义。他要竭力地让人们相信神的存在，顺从并信仰上帝，进而信仰《圣经》，自愿皈依基督教。他通过神学的思辨让人相信，《圣经》是一部超自然的著作，

① 董仲舒：《春秋繁露·尧舜不擅移，汤武不专杀》，中华书局 1975 年版，第 82 页。

借着默示的过程，通过由神所预备和挑选的发言人，把神的成文启示给他的子民。《圣经》作为神的启示，神通过它说话，因而具有最终的权威。故此，它一定是所有人类信仰与行为之准绳。它正确地说出我们是谁，告诉我们应该如何生活，因此，拒绝《圣经》的信息就是拒绝神的旨意。由此可见，奥古斯丁的释经学是为宗教服务的。至于他为何如此大力地宣扬要以信仰的态度去诠释《圣经》，与之生活的时代背景有着密切关系。

教父时期，西方基督教的发展来到了一个重要转折时期。教会权力的出现和教会的独立，为基督教的转型带来了契机。集教父哲学大成者的奥古斯丁"以创造性的精力集中了当代关于救世的需要以及教会实现这种需要的整个思想"①，他要让更多的人相信教会、皈依基督教，不断伸张教会的权力。他要通过人们对《圣经》的理解，使之明了整个人类都需要求赎，但人无力自救，需依靠神恩。神恩是天启，是在历史中展开和确证的。教会是上帝所指派的拯救人类的工具，一个人若不成为教会的一员则绝对不能得救，教会是上帝和信徒之间的媒介。而现实中必须要做的是，让社会中更多的相信《圣经》的神学意义，自愿、自觉地信仰基督教，进而让教会得到超越世俗权力之上的权力。

董仲舒生活的年代，汉朝统治刚刚得以巩固。他要推行天下一统于天子的政治思想，用"张三世"的变易观肯定汉王朝确立的合法性，并要用"通三统"之说为其时的政治改制提供坚实的哲学和历史依据。如此的论说如何能让普通百姓快速地信服与执行？让尘世的政治主张与上天的意志、神的旨意联系在一起便是最好的选择。董氏充分利用儒家经典的社会权威性与影响力，将经典之义与神意相连，以"人副天数""天人感应"等将统治秩序、人伦纲常等"神化"。他的重点并不是让人信仰神，发展社会宗教，而是让人们相信现存政治运行、发展的合理性与合法性。他要让人们去"尊崇"经典，由崇拜而信服诠释经典者的言说。他无意让经典诠释成为一种信仰式整体性精神活动，从而发展出宗教体验式的情感。董氏的目的指向明确，是政治的而非宗教的。或者说，宗教

① 奥尔森：《基督教神学思想史》，北京大学出版社 2003 年版，第 280 页。

是为政治服务的，神学只是政治的工具。况且，如果经典一旦被宗教化，那么今文经学对于文本“微言大义”的发挥也会在一定程度上受到制约。这也是董仲舒不愿看到的现象。

不可否认的是，董氏的神学诠释学说还有着“迷信”的因子。他的天道观显然受到先秦墨家“天志”、鬼神之说和阴阳家迷信说法的影响。他说：“孔子作《春秋》，上揆之天道，下质诸人情，参之于古，考之于今。故《春秋》之所讥，灾害之所加也。《春秋》之所恶，怪异之所施也。书邦家之过，兼灾异之变。”① 如此的说法为日后“谶纬”的出现提供了便利。“谶纬”特指谶书和纬书两类文本，谶书是预言吉凶得失，尤其是预言改朝换代之事的文字、图记；纬书则是以儒家经义附会吉凶祸福，预言治乱兴废的文字。可以说，董氏的《春秋繁露》夯实了西汉“谶纬”诞生的基础，其已非神学目的论政治批判性的主旨，加大了儒家经典的神秘性，掺杂了更多的迷信思想，甚至今文经学的发展也受此影响，很多时候不得不屈从或者主动地依附谶纬，修改其解释性著作系统，以与社会思潮之主流相适。也许这正是将神学工具化的一个负面后果——神圣的宗教变成了愚昧的迷信。

从一定意义上说，奥古斯丁将神学应用于经典诠释的目的性要比董仲舒纯粹得多。他着力强调神在尘世的主宰性和无上权威性，其目的是让人自愿臣服于上帝，皈依于基督教。他围绕着“上帝创世”的神学问题展开对《圣经》的诠释，将《创世记》中上帝创世过程诠释为人类走向上帝的七个时代；对神学的理念整理《圣经》所涉及的历史资料，力图揭示天国降临的必然性；将《圣经》视为是一种真理性的预言，将之作为上帝的旨意……。奥古斯丁在诠释活动中所做的一切，都是让人们领悟永恒的真理即上帝，让人们在内心中相信上帝的存在。他要让人们在信仰中理解并践行《圣经》的意旨，让神圣的恩典遍布于世，普度众生。

---

① 班固：《汉书·董仲舒传》，中华书局 1983 年版，第 2524 页。

（四）总结与评价

如前所示，虽然均可称为神学诠释，但是董仲舒与奥古斯丁所代表的中西方诠释学理路却是明显不同的。董仲舒的神学诠释，实质是借用神学的外衣，言政治之事。受之影响，神学与经典的关系出现了三种情况：一是以“稽之五经，揆之圣意”为主，虽多臆度，但仍属解经范围；二是确信“以参天心”之事，即脱离经典的范畴来解释阴阳五行的术数观点；三是不相信经学本义就是天意，而只是一味地把灾异思想作为政治斗争的工具。其带来的诠释学发展走向是“《诗》无达诂，《易》无达占，《春秋》无达辞”①。奥古斯丁的神学诠释则不然，其事实上是在言说不可视见、不可言说之事。其理论预设是，如果人们为了信仰又不得不言说不可言说的东西，那么只可勉为其难地、尽可能清晰表达心中那个尽善尽美的上帝。受之影响，《圣经》作为经典的不可随意解读性增强了。人们只有秉持虔诚的心态，以神的光亮照耀心的智慧，在合理的逻辑推理与人生体验顿悟中，才能感知“三位一体”的上帝，领悟其睿智的神意。

站在诠释学史发展的视角观之，董仲舒与奥古斯丁各自风格迥异的神学诠释方法却又为中西诠释学发展带来了相似的影响。其一，对于经典文本的哲学化诠释生成。以文本诠释为中心，董仲舒建构出自己的宇宙论、人性论、义利论、常变论等。他提出“元”为世界的本原，“元者为万物之本，而人之元在焉”；② 塑造出以天为主，以地、人和阴阳五行为要件的宇宙图式，“天有十端，十端而止已”；③ 发明出圣人之性、中民之性和斗筲之性的性三品说，“圣人之性不可以名性，斗筲之性又不可以名性，名性者，中民之性”；④ 探讨了义利两有、义重于利的义利关系，“义之养生人，大于利而厚于财也”；⑤ 阐发了一般

① 董仲舒：《春秋繁露·精华》，中华书局 1975 年版，第 50 页。

② 董仲舒：《春秋繁露·重政》，中华书局 1975 年版，第 68 页。

③ 董仲舒：《春秋繁露·官制象天》，中华书局 1975 年版，第 170 页。

④ 董仲舒：《春秋繁露·实性》，中华书局 1975 年版，第 110 页。

⑤ 董仲舒：《春秋繁露·身之养重于义》，中华书局 1975 年版，第 105 页。

与特殊之间类似于原则性与灵活性的联系，“《春秋》之道，固有常有变。变用于变，常用于常，各止其科，非相妨也”。[①] 董氏充分利用了今文经学的特点，依托神学目的论将解经作为一种阐释自己哲学思想的活动。他视思想的大一统为政治大一统的基础，用天人互感的神学思维包装起一套独具特色的政治哲学。

奥古斯丁在经典诠释中的哲学思辨主要表现于其对于符号与语言、智慧与心灵等解经要素间关系的讨论中。其理论基点是，信仰本身就是思想，是一种对信仰持赞成态度的思想。由此推之，信仰不单纯是信的问题，而且还是一个理解问题。解读经典的活动不仅是一项理性活动，更是一项为信仰提供理性证明的活动。为了准确理解《圣经》中的话语，奥古斯丁将文本确定为通向话语的中介，要求人们通过文本理解达到话语，通过话语理解人的心灵也就是神意。在这一过程中，运用哲学思辨式的理解是不可逾越的阶段。因为基于话语的诠释显然不同于诠释视觉符号，被说出的话语必须能唤醒储存在人们心灵与记忆中的东西，否则人们心中就不可能呈现出与上帝相关的形象，当然也就无法理解神之话语真正的含义。这也是一个需要心灵与智慧参与的过程，智慧之所以称之为智慧，“乃是因为它是神的智慧。只有这样它才是真智慧；如果它只是人的，就是空幻的”。[②] 神的智慧就是神存在的本身，而人则是在心灵中拥有智慧，并且，只有人获得了神的智慧才是真有智慧。这也意味着，人可以有智慧，也可以没有智慧，或者在有了智慧之后，还会失去智慧。而人像神一样永存智慧的方式只有一种——信仰宗教，用心灵正确地理解《圣经》中神的话语。“唯有人的心灵认识它自己。心灵所知道的莫过于向它呈现的了，而没有什么是比心灵自己更向心灵呈现的。”[③] 呈现何物？答：上帝。奥古斯丁如此抽象的思维，直接影响了后来的托马斯·阿奎那的解经思想，“哲学的神学的形式”之解经范式便是由后者建构出的。

---

① 董仲舒：《春秋繁露·竹林》，中华书局 1975 年版，第 99 页。

② 奥古斯丁：《论三位一体》，上海人民出版社 2005 年版，第 386 页。

③ 奥古斯丁：《论三位一体》，上海人民出版社 2005 年版，第 375 页。

其二，让经典具有了最高理论权威与法律标准作用。董仲舒借神学大力推阐儒家经典的“微言大义”，并让统治者深信不疑。当时，上至皇帝诏书，下至朝臣奏议在行文以及讨论时政问题时，常以《春秋公羊传》之说为典范。董氏还著出《春秋决狱》，武帝将之视为决狱的法典依据。其重要的原因是，以《春秋》为代表的经典，经由董仲舒的诠释已具有的“神”或“天志”的内涵。一时间，儒家经典的社会地位被抬升至极处，罢黜百家，独尊儒术的局面形成了。与之相较，奥古斯丁的诠释论说虽未能得到皇权的强力支持，但其时的教权是对之极力推崇的。新兴的教会在信徒眼中是古典文化的传承者与卫护者，代表着秩序，也代表了当时最文明的力量。教会相信自己应担负起教育人民的重任，并且要使哲学信念与社会的、政治的事务结成密切的关系。奥古斯丁以神学诠释《圣经》，让《圣经》的宗教法典意义更加突出。并且，他对于天国与尘世的天上之城与地上之城的区分，更让人相信皇权存在种种弊端，世俗国家和政治制度乃为原罪的结果，世俗国家必须服从教会，世俗的法律必须服从《圣经》中体现的神的旨意，当法律规定与上帝的言说出现相悖时，那么规定便对于基督徒毫无效力，应该被抛弃。质言之，《圣经》已成为宇宙中最具权威的典籍，它预示着天国终将取代地上之国的客观规律。

其三，间接地影响了其时的伦理学建构。董仲舒发挥“制《春秋》之义，以俟后圣”之说，明确提出：“《春秋》正是非，故长于治人。”① 这是他以神学诠释经典的一个重要目的——建构封建统治伦理秩序。其以对天人关系的论述，总结出德刑相兼的理论。通过德刑并用，以维护君尊臣卑、夫尊妇卑的地位和等级序列。并且，这也与天之谴告相适应。董氏将自己对《春秋》的解释取名“繁露”，本身便意味着其要进行某种思想的发挥，“繁露也者，古冕之旒，似露而垂。……推想其书，皆句用一物，以发己意，有垂旒凝露之象焉。”② 他力主教化，将人性作为教化的依据，以“太学”为教化的本原，这对于后来《白

① 董仲舒：《春秋繁露·玉杯》，中华书局 1975 年版，第 26 页。

② 程大昌：《书秘书省繁露后》，明嘉靖三十年程煦校刊本。

虎通义》中“三纲五常”伦理思想的正式确立，起到了极大的推动作用。

奥古斯丁同样想表达自己的伦理观，不过相对于董仲舒而言，而思想主旨要简单一些。他要让那些读《圣经》的人对神产生信仰，将相信上帝推及至伦理道德层面。由于不信神的学者可能在内心中拒绝接受《圣经》是神所启示的真理，也就可能觉得批判《圣经》的结论才是正确的，可以拒绝神的描述，视之为传说或神话，而且可能把“神的语言”说成是科学时期之前对于不能理解之事物的解释方式。所以，他必须要让不信神的学者通过研读《圣经》而被其真理所折服，让其成为一个信徒，承认基督是主，并且降服在神的话语真理下，将《圣经》理解为“神亲自对我说的话”。如何能办到？他要通过诠释文本，让读者对神产生“顺服”，就是自觉放下个人的意愿，按照《圣经》作者原想的方式聆听经文。这里除了理性外，更需要道德力量的驱动，所以奥古斯丁将信仰归结为一种美德。而这种思想在中世纪诸多神学家推动《圣经》注释学发展时，作为重要方法得到大量运用，让诠释学与伦理思想生成达到了密切联系。

立足今日视角观之，董仲舒的经典诠释以神学为工具，以天人关系为背景，着力发挥儒家经典中的“微言大义”，这样的方式虽然让神学诠释盛极一时，但它本身又暗藏着走向衰落的因素。因为他的神学并不纯粹，而是刻意将儒学与阴阳五行相结合，这是其致命弱点。他所宣扬的内容杂糅了大量鬼神迷信思想，致使后期阴阳灾异思想大肆泛滥，而让经典本身的价值失去了光彩。所谓物极必反，正是这个道理。奥古斯丁的神学诠释本质是“为了神学而神学”，其效果自然不同。他顺应了基督教传播的需要，为基督教释经学的发展规定了最初的范式。他有关《圣经》文本实质的描述，解经方法论前提的设计等，为后来《圣经诠释学》发展奠定了基础，并为后人一直沿袭下去，直到中世纪此种理性与信仰并存，但信仰高于理性的诠释理念仍被众多信徒所传承。所谓信仰是凭借启示而从上帝那里获得的，而基于理性的科学及是神学之奴仆的观念，由此影响悠远而深刻。

三、先知与本心

中西方诠释思想生长于不同的土壤环境中，分别代表着诠释学理论体系中两种不同的解释传统，对二者的比较研究工作意义重大。然而目前面临的困境是，在同一历史时期的横断面中难以找到“对等”的个案进行比较探究。究其原因，源于二者学科生命周期之不同步性——在中国诠释学思想发生最为丰富的魏晋、宋明时期，西方诠释学却因深陷与宗教神学、语法学、修辞学的纠缠中，难以形成重大理论突破而在很长时间内被归属于逻辑学领域中；当近现代西方诠释学思想在伽达默尔等人推动下勃兴之时，中国诠释学思想却因经学的瓦解及哲学理论思辨等要素的“不发达”而步入式微。但令人欣慰的是，我们找到了陆象山与迈蒙尼德这一对理想个案。之所以称之为“理想”：其一，二者的诠释学思想发展于同一历史时点，且具有相似性。他们均主张探究文本背后之义，但又因各自秉承的解经传统、方法论范式不同，而产生了某些差异。但无论是相同或相异，其均是关于如何理解与诠释文本的思考，并可凸显其时中西方诠释学思想特质。其二，二者都是当时学界的诠释学“大家”，学说思想对其时乃至后世产生很大影响。陆象山是中国南宋时期少有的、可与经学大师朱熹在文本解读学说上“分庭抗礼”的人物，并奠基了后来的“心学诠释学”。迈蒙尼德则在西方基督教释经学“一统”境域中“独树一帜”，成为中世纪犹太教首屈一指的神学家、哲学家，其思想影响了几代犹太教释经学者。基于此，陆象山与迈蒙尼德文本诠释思想的比较价值也就不言而喻了。

公元 12 世纪，中国经典诠释学发展进入理学解经阶段。陆象山高举“发明本心”旗帜，以“六经注我”为方法，秉承孔孟心性之说“以心解经”，建构出一条借信仰性与践行性予以证成的释经路径。① 其不仅有力地补充了程朱

① 参见康宇：《宋代儒家经典解释方法的建构》，《哲学动态》2009 年第 7 期。

理学知识化文本解读思路，更让读者相信经典诠释是主体本心道德意识的呈现，且需以工夫论之践行加以证入之。于是，透过文字表象看本质的解经思想流行开来，经典文本的开放性不断加强。同一时期，犹太教释经学成为西方诠释学体系中的重要力量。迈蒙尼德以寓意解经为方法，融合哲学思维与传统信仰理念，运用先知论、以圣典为依据，创新式地解读了亚伯拉罕信仰体系内的三大信仰形式。受其影响，人们逐渐认识到圣典中许多经文的确切解释实为字面之后的意思，需要以哲学思辨，探究其背后的真理。相应地，其时社会信仰困境难题——在理性与信仰的矛盾里质疑信仰，在一定程度上得到化解。进而，诠释学“效用”得到彰显。

可以认为，陆象山以“本心说”为内核引发的“六经注我”和迈蒙尼德以“先知论”为起点展开的“寓意解经”，恰似一个“对子”。对其比较研究，显然可为学界较好地揭示出那个时代中西诠释学发展的异同，为进一步清晰地还原诠释学的历史“面貌”起到推动作用。

（一）陆象山：与“本心”相关联的“以心释经”

陆象山生活于公元 12 世纪的中国南宋时期，他因不满朱熹一元论的客观唯心主义学说的复杂与烦琐，设计出一套以“心即理”“尊德性”为中心的主观唯心主义理论。其反映在经典诠释活动中，即主张不立文字，求心于内，以“六经”为我心的注脚，认为知晓圣心比通读经典更为重要。他发挥孟子“万物皆备于我”的观点，指出：“此心此理，我固有之，所谓万物皆备于我，昔之圣贤先得我心之所同然者耳。”① 提出心道合一的心性一元论，强调对经典的心灵感悟，力主自得，直指人心，专求于心。

在陆象山看来，完善的品德是实现完美人生的基础，儒家典籍的精髓亦是教人成善。所以主体实践经典的思想，成为圣人，让经典成为自己人生的注

① 陆九渊：《陆九渊集》，中华书局 1980 年版，第 13 页。

脚，即是“学问”的真谛。换言之，“学问”本质上即是心灵美化、完善品德，它是人类自我心灵上的工夫。陆象山一再强调，心的地位在“六经”之上，但研读经典却又是必须的。因为经典是吾心的记载，通过读经可以发明“本心”。他指出，作为文本的诠释者，一定要充分发挥主体的能动性，立乎其心、端正立场，以“尽心”“尊德性”为本，探寻文字背后的思想意蕴，由此知性、知天，“读《孟子》须当理会他所以立言之意，血脉不明，沉溺章句何益?”①

在具体操作中，陆象山以哲学体系建构为基础拓展文本诠释空间。他发明出从“心”经“物”到“心”的逻辑结构，认为“吾心”即是“理”，“吾心”自己与自己的“对置”，犹如镜中观花，“明镜”（吾心）变异为花（万物），“花”通过“明镜”而显现出来。然后，“吾心”自己跟自己的结合、统一，便是“宇宙内事，乃己分内事；己分内事，乃宇宙内事”②。该思想反映于经典诠释中，即建立起“吾心即是宇宙”的本体观，以“自得”的方式从典籍文字中自家体贴出圣人的思想。读者要充分发挥自己的主观能动性，视“六经”为吾心的记载，让经典成为本心的注脚，由治经而明心。在解释“四书”中的“仁义”概念时，他提出“仁义即本心”的命题，即心在本质上是道德本体，是道德理性与宇宙本体的合一。心这种道德本体，其思维功能、伦理属性与宇宙本体三者是一致的。同时，仁为人心也是人禽之别的重要判定标准，“仁，人心也。心之在人，是人之所以为仁，而与禽兽草木异焉者也。”③在解释“理”的范畴时，他为心理关系设计出“心即理”的命题，“人皆有是心，心皆具是理，心即理也。”④心理归一无二，它是主体与本体的统一，主体即宇宙本体，宇宙本体即是主体。它又以仁为内容，因而此心此理又是道德本体。

陆象山相信“人心至灵”，认为治经其实就是主体与道德理性合一，发挥

---

① 陆九渊：《陆九渊集》，中华书局 1980 年版，第 445 页。
② 陆九渊：《陆九渊集》，中华书局 1980 年版，第 388 页。
③ 陆九渊：《陆九渊集》，中华书局 1980 年版，第 373 页。
④ 陆九渊：《陆九渊集》，中华书局 1980 年版，第 149 页。

主体思维的能动性，透过文字寻求本心以体认内在的道德理性，“人心至灵，此理至明，人皆有是心，心皆具是理。”①故他很少解释经典中的具体文字，而是通读经典取其主旨之意。他十分强调“思”在释经过程中的重要性，认为心的职能在于思，心是辨别是非的标准，又是理性认识，只要发挥其思想的功效，就能体认本心固有的道德理性。由此出来，陆象山将经典诠释的目标分为两个层次：一是了解经典的含义，圣人之意什么；二是“悟道”或“明理”，发明出怎样的本心。针对解读文本意，其常通过与他人争论的方式展现。如在解释《易》之“太极说”时，他以“中”来解释“极”，批评朱熹以“形”释“极”，在太极之前加无极的观点。其指出太极乃实有之理，圣人加以发明而已；《易传》所谓“易有太极”，圣人讲的是“有”，并未讲“无极”。又如在解释《尚书》“人心惟危，道心惟微，惟精惟一，允执厥中”的“十六字传心诀”时，他批评程朱以天理人欲来区分道心人心的做法，认为心只是一心而非二心，天人合一而非分裂为二等。

针对“发明本心”，陆象山则常以融释经活动与哲学创造为一体的方式表达。他总是先明确典籍的哲学主旨，随后再从经典意蕴入手，为诠释方法及读者经典文本间的关系定位。他认为，经典的核心价值在于“崇德好善”，对于读者来说重要的是成为经典义理的实践者，即实现第一义、第二义，就是儒家修身、齐家、治国平天下的思想路线。最终他会借文本阐发自己的“心学”理论，如解释孟子的“万物皆备于我”一句，他说：“孟子曰：‘所不虑而知者，其良知也；所不学而能者，其良能也。’此天之所与我者，我固有之，非由外铄我也。故曰：‘万物皆备于我矣，反身而诚，乐莫大焉。’此吾心之本心也。所谓安宅、正路者，此也；所谓广居、正位、大道者，此也。”②

当经典中的文字不足以为“心学”思想提供论证时，陆象山明确表示出“虽出古书，不敢尽信也”的观点。他说：“孟子曰：‘尽信书，不如无书。’‘吾于

① 陆九渊：《陆九渊集》，中华书局1980年版，第272页。

② 陆九渊：《陆九渊集》，中华书局1980年版，第5页。

《武成》取二三策而已矣’。或乖理致，虽出古书，不敢尽信也。智者千虑，或有一失，愚者千虑，或有一得，人言岂可忽哉?”①对于古书，不可迷信。即使其出自圣贤之手，也不能保证思想没有缺失。所以，诠释者要有怀疑精神，否则不利于成就自我。治经者应以“理”作为取舍经、书的依据。凡合于理，虽非圣人之经，亦可尽取。此外，解读经文不可因循前人之见，因为学问的目的是明了天理，天理与人心一体，所以只有自己领悟才是真的得到经典圣意。

值得一提的是，陆象山十分关注“理解之弊”的问题。他说:“念虑之正不正，在顷刻之间。念虑之不正者，顷刻而知之，即可以正。念虑之正者，顷刻而失之，即是不正。此事皆在其心。”②“念虑”在这里指的是经典作者的主观精神。陆象山认为，“念虑”在客观化显理过程中存在被误解、曲解的可能。所以诠释者要明白“理不可以泥言而求，而非言亦无以喻理;道不可以执说而取，而非说亦无以明道”③的道理。即对于对“道”“理”等深刻蕴涵的把握不可脱离经典文字但又不能拘泥于文本，要探究语言背后的意蕴。对经典理解的关键在于读者的感悟，而主体常存有固执于个人的主观偏见或“前理解”，“大抵人之所见所学，固必自以为是，与异己者辩，故当各伸其说，相与讲求其至，期归乎一是之地，固不可苟合强同。然其未能尽他人之说，而果于自是，则其势必归于欲己说之胜，无复能求其至当矣。”④所以读者还需学会给予作者充分尊重，保证作者意图能够客观地被挖掘出来，以消除读者与作者间的“诠释学距离”等。

(二) 迈蒙尼德：基于“先知论”的理性化“寓意解经”

早在古希腊时期，“寓意解经”便出现在西方《圣经》诠释学中。学者们

① 陆九渊:《陆九渊集》，中华书局1980年版，第22页。

② 陆九渊:《陆九渊集》，中华书局1980年版，第271页。

③ 陆九渊:《陆九渊集》，中华书局1980年版，第81页。

④ 陆九渊:《陆九渊集》，中华书局1980年版，第40页。

利用希腊哲学，尤其是柏拉图主义，对《圣经》的文本寓意进行神学诠释，进而呈现上帝的真实话语。至 2 世纪，亚历山大学派学者克莱门特、奥利金等发明出完整的寓意解经体系，对经典文字进行隐喻解释，盛极一时。后来，基督教神学家卡西安、格列高利等又拓展出“多层次”《圣经》寓意阐释法。然而，神秘主义亦悄然地进入西方古典诠释学思想的体系之中。公元 12 世纪，迈蒙尼德著出《迷途指津》一书，以期通过对《圣经》的内在寓意诠释调和犹太传统与希腊精神，既要使信仰的东西符合理性，又要使理性为信仰服务。他主张“先知论”，将理解经典的目的设定为让主体明了先知、通晓预言，进而探知上帝的思想。并且，其还倡导以哲学思维理性化的寓意释经，以此来捕捉《圣经》文本深层的、奥秘的含义，从而消除人们的困惑，真正感悟“先知”。

在迈蒙尼德看来，“先知”即是预言家，可分为三类：群众的先知，源于上帝的决定；哲学家的先知，是上帝的决定与个体自我完善程度共同决定；犹太教的先知，类似于哲学家的先知。其中，第三种先知是宗教信仰和理性哲学的综合，在《圣经》中以神的预言形式表现出来。迈蒙尼德指出，《圣经》中包含着大量神的先知，对他们的理解需要进行寓意式解释，尤其是《圣经》里字面意义与业已证明了的原理相左的文字，失去了比喻解读，只能让神的权威削弱。

迈蒙尼德强调，《圣经》中那些具有先知属性的话语“就像是装在网状银器里的金苹果，其表面之义美如银器，而其内在涵义则比银器更美；比喻的字面意义也包含一些内容，同时它向人们暗示其中的奥秘含义”。① 若想真正掌握它们，诠释者需要完成两个任务。第一，学会对文本中的多义性词语进行寓意解释。多义词之所以需要解释，是因为“一些无知的人仅把某种或几种意义赋予它们”②，从而错误理解托拉。对这样的词进行解读需要依次列出其每一种

① Moses Maimonides, *The Guide For The Perplexed*, tans. M. Friedlander, New York: Dover Publications, Inc.,1881,p.12.

② Moses Maimonides, *The Guide For The Perplexed*, tans. M. Friedlander, New York: Dover Publications, Inc.,1881,p.5.

含义，并附上经文为例，最终确定其在此的含义。对于派生词，要先指出其原始含义，然后指出其比喻含义，最终以比喻含义去解释相关的经文。第二，学会对主题比喻进行寓意解释。迈蒙尼德以对《圣经》中与“预言”相关经文的解释加以说明，他认为预言是从幻象开始的，先知感到极度恐惧，想象力被充分激发而变得活跃异常，然后预言就来了。一般来说，预言只能是通过天使在幻象或梦中才能发生，这是一条不言而喻的准则，读者必须按照这一准则来解释相关经文。《圣经》中那些属于先知预言性质的文字大多不直接表示预言的目的，而是借它们的名字，或词语的多义性来提示预言的真正含义。换言之，记录预言的文字具有多重含义，如果只看字面而不考虑其寓意，便不会知道其正确的意义。迈蒙尼德还将《圣经》中的预言分为22个等级，其由低到高的排列是：1. 在神流的作用下去做某事；2. 在神流的影响下讲话；3. 最低一级的先知在梦中得到一个寓言且寓言的含义在同一个预言梦境里得到解释；4. 在预言梦境里听见一些话却未见说话者的情况；5. 在预言梦境里有人对先知讲话；6. 有天使在预言梦境中对先知讲话；7. 先知在预言梦境中感到仿佛是上帝在同他讲话；8. 先知在预言幻象里被显示了一些含有寓意的东西；9. 在预言幻象中先知听到一些话；10. 在预言幻象中先知看到一个凡人在与他讲话；11. 先知在预言幻象中看见一个天使在与他讲话，等等。① 在他看来，区分不同等级的预言是洞悉托拉秘密的前提，因其关乎理解的层次。

实际上，迈蒙尼德预设了其经典诠释的读者——约瑟夫以及像他一样的人。约瑟夫是迈蒙尼德的学生，他有着深入学习的资质及一定的知识储备，但因学业没有完成而不具备高深的理解技能。也就是说，迈蒙尼德将寓意解经的读者进行了范围限定，那些没有知识的广大平民信徒是没有机会去研习托拉的，只可以听从拉比们的教导。之所以这样做，源于迈蒙尼德认为那些约瑟夫们之外的人，要么缺少必要的世俗知识，要么仅按圣典的字面含义进行理解而产生错误的信仰方式。这些人往往不会因为理性与信仰的张力而导致生存的困

① 参见夏歆东：《迈蒙尼德释经思想研究》，上海三联书店2016年版，第96页。

惑，不具有最终成为哲学信徒而离弃犹太教的可能。

在迈蒙尼德最主要的寓意解经著作《迷途指津》一书中，他以《圣经》中的多义性词语和含义模糊的比喻为对象，以先知论为起点逻辑地澄清了文本中的理解歧义。如他专门针对《圣经》中表示上帝有形体的词语进行寓意性解释，阐明上帝无形体的观点是《圣经》经文中应有之义。又如他分析了诸多暗示上帝多样性的词语，指出任何试图赋予上帝肯定属性的做法都是错误的。在解经中，迈蒙尼德运用了大量的哲学思辨，力图为读者提供一种真正的“托拉学”，以启示读者消除对《圣经》文字的误解，树立正确的信仰观念——以理性主义的哲学对传统宗教信仰进行论证和阐释，以达到巩固其合法性的目的。

（三）“先知”与“本心”：中西异同比较

迈蒙尼德的“先知”与陆象山的“本心”虽然概念意义不同，却促成了中西诠释学均朝着探寻经典文字背后意义理解的方向发展。从效用相似性角度上讲，这是二者最大的相同之处。通过“先知论”，迈蒙尼德让人们明白《圣经》中多义词语以及诸多含混不清比喻的重要性，之所以先知们要用模糊的语言来传授真理，是由于这些问题与神的学问密切相关，是“神学的秘密”。只有运用寓意解经才能让读者知晓犹太教信仰里的真相，其中许多隐秘的经文含义实际上关乎深奥的哲学知识。迈蒙尼德强调，在经典中托拉一直在用人的语言说话，但它并非仅有被大众理解到的那面意思。隐藏的真理需要普通人运用哲学的智慧去理解，圣典中是存有秘密的，其隐身于文字背后，并非不能被知晓。先知们明了其中之意后，又用比喻将其埋藏于经文之中。读者必须参照哲学知识才能最终理解到托拉秘示的真理。

迈蒙尼德认为，那些哲学知识本来是犹太先知们的智慧，后来被外邦人学会，由于种种原因犹太人失传了此智慧，现在需要从外邦人那里引回知识。犹太教的圣典经文有着表面与隐层双重含义，表义是文本的字面意思，即被拉比们解释出来并广泛传播的意思，隐义是那些不对绝大多数人明言的、只有少数人可以运用哲学知识知晓的含义。为了彰显后一层意思，应采取“寓意解经”的方式诠释经典。他相信，如果先知是用形象性语言来传授哲学真理的话，经典的真正诠释必须旨在揭示出被隐藏了的哲学真理。例如，其对《圣经》中亚当夏娃被造的解释：亚当与夏娃是一而二，二而一的，即神的创造是一次性完成的，且创造是完美无缺的。亚当象征着理智、夏娃象征着身体，二人合为一体象征着主体理智与身体的紧密结合。又如其对《创世记》中天使的解释：天使是神的被造物、非物体、是神与其他被造物的中介、神的所有行为都是透过天使来行使的。天使又是多义词，它除了可以指称独立理智之外，还可以指称在被造物种类里恒久存在的力或存于被造物个体里可生灭的力，还可以指称构成物质的元素，还可以指称想象力。换言之，天使具有多个等级，最高等级是独立理智等。天使的显现总是在先知的异象里，且具体显现的样子与先知的能力高低有关。①

通过诠释文字寓意，迈蒙尼德树立了神独享尊崇的教徒信仰。正如他在《迷途指津》中表达的意思一样，释经的最终目的不是澄清经典的含义，而是以澄清经典含义为手段去解决约瑟夫们的理性与信仰之间的张力。其要破除传统的《圣经》偶像崇拜，无论是其中的外邦邪神崇拜，还是自造偶像崇拜，在迈蒙尼德看来均是应该放弃的。因为这样的做法会背离真相，“先知书强调这一点乃因为它关系到一个与神有关的虚假信息，即偶像崇拜。”②偶像崇拜会导致人持有错误的宗教真理——多神崇拜，最终让人变得无信仰，“行偶像崇拜的人之所以那样做并非真的认为除了偶像之外再无别神。……他们认为，这种受敬仰的特权属于除 YHVH（神）以外的东西，这就使得 YHVH 存在的信仰从大众心目中销声匿迹了。”③ 迈蒙尼德不断强调要将 YHVH 当作创造世界

① 参见夏歆东：《迈蒙尼德释经思想研究》，上海三联书店 2016 年版，第 93 页。

② Moses Maimonides, *The Guide For The Perplexed*, tans. M. Friedlander, New York: Dover Publications, Inc.,1881,p.79.

③ Moses Maimonides, *The Guide For The Perplexed*, tans. M. Friedlander, New York: Dover Publications, Inc.,1881,p.81.

并保有造物的神来崇拜，而非将 YHVH 当作带领以色列人走出埃及的神崇拜，进而维护 YHVH 的唯一性。如此去做的原因在于，在亚伯拉罕信仰体系中，犹太教是最为严格地惟尊独一神的，而在伊斯兰世界中却有了穆罕默德、基督教中有了耶稣，这极易引发人们产生多神崇拜，或虽崇拜 YHVH 却弄不懂崇拜行为的意义。

公元 12 世纪，西方犹太教的发展遭遇了难题——许多拥有学识的精英开始用哲学思维理解信仰。他们往往利用哲学知识解构“神存在”“神独一”，进而在“宇宙永恒论”与“神创世论”之间有所摇摆。迈蒙尼德对此深感不安，因为一旦创世论被否认，那么犹太教的信仰也就没有了根基。于是，他极力运用寓意解经，不断拓展经典的诠释空间，用发掘文字深层意思的方法，引领那些“迷途者”解决困惑，进而化解可能出现的信仰危机。所以他的寓意解经虽然以文本诠释形态出现，却有着明显的行为指向。其深切地观照那些困惑中的信徒，努力让理解经典与人的信仰生存间互文互释。

与之相比，陆象山从“本心说”出发，同样明确了理解经典文字背后意义的重要性。他主张读者不应受经典文字的束缚，应以“六经”为我心的注脚，把经书作为吾心的记籍，通过读经来发明其心。依他的思路，读经的主体与本体合一了，诠释者的个性应得到解放，主观能动性也应被极大地放大。陆象山强调自得，治经直指人心，不受外在客观因素及传统思想的制约，所谓“自得、自成、自道，不倚师友载籍”①。受其影响，他的诠释学思想已远远超出那种以经典为文本、以文字为载体的常规注释，而是跨越语言文字范围，将整个宇宙视为文本，以人生为载体，以生命的体悟、实践作为诠释的形式。换言之，只有理解了经典文字背后的生命实践精神，完善自我的品德，才能真正掌握经典。

陆象山亦强调哲学知识与哲学思维的重要性。不过与迈蒙尼德不同的是，他要通过诠释来建构哲学体系而非简单的思想传播。为了让人们相信“六经注

① 陆九渊：《陆九渊集》，中华书局 1980 年版，第 452 页。

我”的合法性，其发明出心性一元论。陆象山以哲学的思辨混言心性，把仁义道德视为心、性的共同内涵，把善视为心、性共同的属性。其主旨是，由于心性是一般“物事”，所以治经只要发明本心即可，不必人为地区分心性，陷于“只是解字”，而不知立乎其心的弊端。他还重新阐发了格物致知的意义，认为“格物”就是“格心”。“《中庸》言博学、审问、慎思、明辨，是格物之方。”[①]格物其实就是博学、审问的感性认识与慎思、明辨的理性认识的统一。“格物”不是一物一事的去“穷格”，而是体认“心”中已有之理。因为“万物皆备于我”，故无须在吾心之外去“格物”，而只要体认“本心”，万物之理便不解自明了。所谓“致知”是“心”自己与自己的合一，“所谓格物致知者，格此物致此知也，故能明明德于天下。”[②]“格此”的“此”指“心”，只有先“明心”，本有所立，才能踏得实处。“致知”的方法在于“学”，而“学”的方式是读书，目的在于“改过迁善”或“明物理”，最终彻悟“本心”。经陆象山的改造，“格物致知”成为一种以发明“本心”，“博学审问”为“格物之方”，“易简务约”为认知特点，构成了由“物”（经典文本）回到“吾心”的体认论。显然，理解这样的经典诠释思想，需要主体掌握一定的哲学知识与思辨能力，如此方能以治经来发明其心。

通过“六经注我”，陆象山在客观上亦建构出主体的伦理信仰。他把主体提升为宇宙本体，认为心即理。因其心、理为一，故强调内求于心，无须外索，贵在自得，以心为最高原则，“先立乎其大”，收拾精神，自作主宰，充分发挥主体的能动性。并且，他用一心来囊括整个宇宙及各个哲学范畴，将求学治经定位于品格的完善与生命道德的践履。在他那里道德意识具有了信仰的意蕴，发明本心以明德是每个主体必然要完成的任务。实现了它，则每个人都会成为活生生的圣人。成圣是一种人生的追求，是生命的正途，其需要人们一方面学习经典，探索本心；另一方面将感悟的知识应用于修身养性，在践履中实

① 陆九渊：《陆九渊集》，中华书局1980年版，第411页。
② 陆九渊：《陆九渊集》，中华书局1980年版，第238页。

现人生价值，成就个人独立人格。

从形式上看，迈蒙尼德与陆象山在解经活动中的确存有某些相似的特征。但二者之间的相异之处也是显而易见的。“先知”只是迈蒙尼德释经的起点，其作用多为引发读者对文字背后意义的关注；“本心”却是陆象山释经的核心，经典诠释的目的、指向、方法论、工夫论全都围绕着“本心”展开。由“先知”带来的哲学知识是读者必备的理解经典的基本技能，而与“本心”相关的哲学思维是读经者学习的对象，是在读经的过程中逐渐理解并把握的。借“先知论”论证的信仰是宗教性质的，目的在于维护神的神圣性与独一性，其要人们相信，知识与信仰间没有彼此的断裂，不要以知识替代信仰，而是要以知识成全信仰；以“本心说”营造出的是信仰是伦理性质的，目的在于激发人们对道德修养的重视，维护社会伦理秩序，与宗教无关，让道德践履与生命修炼、完善自我达成统一。此外，迈蒙尼德寓意解经立足文本，通过字、词、句、比喻等的诠释，揭示经典的微言大义。他设计出一套预定读者、规范诠释对象、步骤化解经过程的范式推理，结构相对复杂。陆象山“六经注我”则不重著书，其宏观的视角评论经典，不喜对名词概念的解读，强调本心的世界，超越字词阐发生命的本质与人心的奥秘，以指出正确、光明的人生大道，“崇尚简易”是其重要的解经特征。

基于诠释学史的视域，“先知”与“本心”等概念的出现具有重要的学术“过渡”意义。迈蒙尼德上承奥古斯丁时代神学家的解经传统，以“先知论”预设了《圣经》文本的神圣性，认为相应的诠释应以揭示经典字面的意义（事实）、譬喻的意义（信仰）、道德的意义（应当）和奥秘的意义（努力争取的东西）等多种形态而存在。这在某种程度上限定了其时的诠释学与哲学之结合最终只能是对《圣经》文字的哲学化解释，即从哲学的角度对教会教义进行系统阐释，而非真正的哲学突破。其使得《圣经》诠释虽具有一定的理性成分，让人们相信理性与信仰并存，但终究还是信仰高于理性的信念。换言之，信仰源于上帝，理性来自科学，其二者地位是不平等的。此外，“先知论”又下启了人们对《圣经》诠释中“文化意蕴”的关注。迈蒙尼德在竭力地论证《圣经》隐喻性解释与历史之间的可信关联的同时，客观上助推了各种人类文化在经典诠释活动中的介入，其涉及上至形而上学层面的哲学思考，下至“器化”了的世俗历史与科学知识等。《圣经》诠释学逐渐成为一门容纳了人类诸学问的体系，宗教文化与世俗文化间的对立不复存在，《圣经》研究具备了一种真正的百科全书的价值。①

作为理学释经“另类”的陆象山，其“本心说”承载着自先秦孟子开辟出的“以意逆志”的诠释学范式。如果比附伽达默尔的“视域融合”理论，那么“意”就相当于诠释者自身的视域，“志”则相当于作品所呈现出来的视域。主体的“心”在经典诠释中起着主导作用，它强调了“己意”是文本理解活动中的关键。陆象山通过对“本心”的论证，将之进一步发展为诠释的过程就是让诠释者借助自己的体验，透过别人的表达，去理解他人的体验或生命。它凸显了主体意识之于诠释的历史效果，这显然是对理学释经方法的突破。“本心说”亦是后世王阳明以“良知”解经的先导。阳明以“心”为价值的根源，排除认知释心的途径，使此“心”所彰发之理，成为价值判断的终极之理。并在一定程度上让经典诠释与文本相分离，强调主体的工夫意义。这与陆象山所注重的“六经注我”式诠释思想是分不开的。而阳明直接切入经典所确认的思想信仰，且借个人的践行与体验证成该种信仰的做法在行为逻辑上与陆象山的思路无异。

迈蒙尼德与陆象山在中西方诠释学发展史中均是重要的人物，且生活年代具有同一性。从二者解经思路之同可以看出，哲学与诠释学的联系在公元12世纪已成为一种趋势，探索文字背后的意义是中西方学者的共识。显然，中世纪《圣经》注释学在神学那里得到了进一步的发展，经文的哲学化解释推行开来，设定历史的文字意义和神秘的文字背后之精神意义，日益受到重视。而中国传统经学在经历了程朱理学知识论路径的改造后，追求“心”之信仰，超越文字语言的“精神理解”式诠释方法亦得以流行起来。从二者解经思路之异可见，西方诠释学在中世纪主要还是为宗教服务的，展示经典的神学意蕴还是诠

① See M. Ferraris, *History of Hermeneutics*, New Jersey, 1996, p.17.

释活动的主流，其主旨设定于通过诠释经典以揭示人皈依上帝的精神历程，其论证的焦点在于将对经典的隐喻性解释与历史及哲学知识之间找到可靠的关联；而中国诠释学的经世性明显，它要为世俗的社会服务，从“尊德性”“正人心”入手，论证封建伦理道德的合法性，让人们通过读经典安身立命，自觉维护日常生活的伦理秩序。

如此的中西诠释学的分野后果是明显的：自此之后，中国诠释学思想发展贴近百姓人伦的日常生活意识渐强，诠释学存在的意义日益成为促成主体通过学习经典、理解经典，最终达成“内圣外王”的手段。[①]涵养、实践、省察、践履的工夫论与诠释学的关系愈发紧密。诠释学的发展与儒家典籍循环式的“返本开新”中“螺旋式”生长开来。与之相比，西方诠释学思想在此之后向着多元化发展。为了更好地挖掘文字背后的抽象义、引申义，学者们不断深化语义学、逻辑学、心理学、现象学理论与方法等在此的应用。体验诠释学、此在诠释学、语言诠释学、先验诠释学、批判诠释学等新的样式被不断开发出来。由于学者过于重视文字背后的意义而变得忽略文字本身，进而西方现代诠释学与文本发生了“脱离”，甚至宗教神学的要旨亦被“放弃”，诠释学最终成为一门真正关于理解的学问。

四、对于“体验”的不同理解

“体验”一词源于西方哲学，就其发生学意义上讲，“经历”是它的词源。它表达的是认知主体在当下的场域内的一种“亲身经历”，在获得经验的同时，“被体验物”被沉淀于体验中，构成了特定的内涵，或曰“永久的意义”。德国学者狄尔泰十分关注“体验”，并以之作为自己的诠释学思想基础，力争通过

① 参见康宇：《关于“Hermeneutics”之中西方命名的探讨》，《深圳大学学报》2018 年第 6 期。

反思性、内在存在的角度去规定体验概念，以通过这种“独特的所与方式出发在认识论上为历史世界的认识进行辩护”①。在中国诠释学史中，王阳明同样主张“体验”，他在自己的心学体系建构中强调“致良知”是一种生命体验活动，即要通过身体践行和切身的生命体验活动，以彰显与锻造和心之本体的内涵。狄尔泰与王阳明生活的年代虽然有着近两百余年的间隔，但他们分别是各自本土诠释学中运用“体验”作为诠释方法的大成者，并且在学科方法论体系建构中担当了类似的角色。鉴于二者均以语言背后的含义为诠释旨向，强调精神的意义，故他们的思考也就有相同或相近之处。又由于他们所传承的诠释学传统以及自身对理解的认知不同，因而在对诠释形上学、方法论等的运用中也存在差异。无论怎样，二者为学界提供了一个比较的理想个案，从中可以充分显现出中西方诠释学关于“体验”概念解读的异同，进而凸显各自的理论特质。

（一）体验的对象：生命与心

狄尔泰相信精神科学与自然科学间有着本质区分的，并认为，精神科学致力于理解，自然科学工作者致力于说明，所有探讨“社会历史实在”的科学（精神科学）构成了一个“本身独立的系统”，人类社会与历史固然在很大程度上受到自然的基础影响，但人却可以借助于科学加以改造，而透过思想去引导社会，正是哲学与科学自省的最重要课题。在此，他提出了“历史理性批判”的命题，试图由“我们的本质的整体性”之发展史出发，去说明知识及其概念。进而，诠释学的意义得以呈现——不仅是传统意义下对语言文本进行注解、说明的“诠解之术”，同时也是一种典型的精神科学知识论与方法论学说。按狄尔泰的话说，它是个“由生命本身出发去理解生命”的过程。

狄尔泰又言，诠释学的本质是一门关于理解的学问，它是一种方法论，诠释效果与理解的经验基础与哲学认识论的有效性息息相关。这里所谓的“基

① Dilthey, *Gesammelte Schriften,* Stuttgart und Gottingen, 1968, Bd. 6, S.310.

础”，在实践中可具体化为“体验”。按其说法，体验是在意识中经历的，并且体验是原初直接给予的。因而它也可称为“意识事实”。作为一个诠释学范畴，体验自身内含直接性的品格，“体验并非如一种感觉物或表象物那样对立于我：它并非被给予我们，相反地，只是由于我们内省到了它，只是由于我将它看为某种意义上属于我的东西，从而直接占有它，实在体验才为我们地存在着。”① 体验具有“无意识”的属性，不是在概念上被规定，是一种不能通过领悟去定义的实在性。体验还是整体的，每一个单一体验都是“一个分立的、内在目的论的整体”，诸多表面上的个别性，有机连接在一起共同生成了意义统一体。立足于体验，主体经历的过去时间、现在时间与未来时间甚至可以融为一体。所以体验不是一种在意识生命之流中短暂即逝的东西，而是一个统一体，是过去、现在与未来的交汇与融合之点。

“体验”的操作对象是什么？狄尔泰给出了明确的答案——生命。他指出，诠释学主要是对生命意义的诠释，实质是一种生命的表达。在此表达中，不可局限于文字、文本的表达形式，更要包括表情、行为乃至社会组织和社会活动。就此来说，诠释学含有解释的普遍有效性，或者说这样的有效性乃基于人在历史进程中虽表现形态各异，但在本质上却是一以贯之的生命。之所以“体验”具有整体性，是因为生命本身具有整体性与统一性。每一个体验均是有机生命关联的一个节点，节点与节点间是不同分割的意义统一体，其整合在一起表现出所与物的真实统一，即表达了无限的生命。不过就个体而言，体验是私有的，每个人只可察知自己的体验。让人们能够同时准确感知自己与他人的体验，乃是诠释学的任务。对此，狄尔泰的设计是“由生命的客观化物返回到它们由之产生的富有生气的生命性中”，即回到生命意义形成之源，探索生命展开过程中表现出多样性背后的内在的“合目的性”。每一个个别的生命表现都在“客观精神”领域中代表了某种“共通的东西”，个别的人总是在一个“共通性的领域”中体验、思考、行动，故只有在此领域中方能正确理解它。要明

① Dilthey, *Gesammelte Schriften,* Stuttgart und Gottingen, 1968, Bd. 6, S.313.

确，“思想无法走到生命的背后”，但“生命也不是直接被给予我们的”，只能透过“思想的客观化”的澄清之后给予我们。所以，若想从“生命的诠释学”出来“理解生命”，必须由“生命的客观化”着手，以“体验”作为手段。

在中国，明代大儒王阳明发明出一套以“致良知”为核心的经典诠释学理论。他认为良知即天理，主体明了自己的良知，也就是认识了天下万物之理。“致良知”的方式是“致知格物”，即把我心的良知推致到事物之上，因为良知与天理等同，所故当良知推致事物时，事物也就都合理了。致我心之良知是致知，事事物物均合理就是格物，它表现为心与理的合一。就本质而言，“致”的过程即是一个心灵体验的过程，它讲求去除私欲障蔽，扩充良知至其全体，使良知致其极，以达圣人。显然，“致”在这里已上升为一种主体把握世界的方式，亦可称为一种生命体验的活动。

首先，“致”的内在要求是“知行合一”。按王阳明的理解，良知是一种本体，具有先天的性质。但其自身有着本然形态与明觉形态的二分，良知虽天赋于每一主体，但最初它只是一种低级本然之知，而致良知需要将之由本然上升为明觉，其间不能离开知与行的互动。行是什么？王阳明说它是一种经验性的活动，表现为好恶爱憎的情感，展开于日用常行之中。致行的要义在于指向诚意——“知至而后意诚”，其要“在事上磨炼做工夫”。知行合一是致良知的必然结果，“知之真切笃实处即是行，行之明觉精察处即是知，知行工夫本不可离。”①相对于先天本体的自觉意识，后天的行是一种“在身心上做”的过程，它更多地指向实有诸己，其本身自然包含着一个通过生命体验而达成理解、体悟的过程。

其次，“致”的目的是成就德性。王阳明赋予良知以超验的性质，并强调良知“系于人”，并由此转换出主体的德性与人格。他指出，主体学会由知善而达成行善是“致良知”的旨向，是要化知识为德性。“夫道必体而后见，非已见道而后加体道之功也；道必学而后明，非外讲学而复有所谓明道之事也。

① 王阳明：《王阳明全集》，上海古籍出版社 1992 年版，第 805 页。

然世之讲学者有二：有讲之以身心者，有讲之以口耳者。讲之以口耳，揣摸测度，求之影响者也；讲之以身心，行著习察，实有诸己者也，知此则知孔门之学矣。”①良知内含知善、知恶的道德理性，但不可只以知识形态存在，需将知识融合于内在德性，良知妙用方能真正彰显，其过程需要有“体悟”的参与。主体要学会通过体察、践行使良知由外在的伦理知识内化为实有诸已的真实存在，所谓“成就德性”之说，便是此道理，“夫吾之所谓真吾者，良知之谓也。”②可见在王阳明那里，化知识为德性意味着通过深造以自得而转换良知，要通过体验、体悟让德性与自我存在融合为一，并构成主体行为的动因。接下来最为关键的一点是化德性为德行。这就意味着要致良知于事事物物，将德性外化于日常生活世界之中。其包括将德性渗透至日用常行而使行为获得新的意义，并以德行确证德性，让德性成为主体意识的呈现形式，在体验中成为主导力量等。换言之，要以德性统率行为。

最后，“致”还要实现出“万物一体”的生命关怀。王阳明说：“夫人者，天地之心。天地万物，本吾一体也，生民之困苦荼毒，孰非疾痛之切于吾身者乎？不知吾身之疾痛，无是非之心者也。是非之心，不虑而知，不学而能，所谓良知也。”③作为哲学概念的“万物一体”，在王阳明那里代表着人与自然从有对走向无对的天人关系，亦指以主体与主体相互沟通为内涵的人我关系。“万物一体”既是一种行为的立场和出发点，又是一种追求的理想之境，“仁者以万物为体，不能一体，只是己私未忘。”④基于这一点，致良知也可理解为主体通过身体力行仁道原则，以仁者精神为个体间交往的原则，以实现天、地、人、万物合为一大生命体的目标。它需要体之于身、验之于心，让一体之心与生命不息之理联系在一起。人是天地的精华，人心是此精华的“灵明”，人的使命就是要以致良知“尽”这个“灵明”，天地万物有一物失其所，这个“灵明”

① 王阳明：《王阳明全集》，上海古籍出版社1992年版，第75页。

② 王阳明：《王阳明全集》，上海古籍出版社1992年版，第250页。

③ 王阳明：《王阳明全集》，上海古籍出版社1992年版，第79页。

④ 王阳明：《王阳明全集》，上海古籍出版社1992年版，第110页。

便不得谓“尽”。从根本上讲，“万物一体”代表着儒家生命世界中的一种人性体证，是自家“体贴”出来的生命智慧，是主体基于生存过程反思所得到的一种人性体验。

与狄尔泰不断以文字中论证“体验”不同，王阳明几乎未有提及“体验”一词。然而，从他对人性的关注及物理关系的论述中，我们可以清晰地感受到体验之于认知的作用。甚至他还讲：“充天塞地中间，只有这个灵明，人只为形体自间隔了。我的灵明，便是天地鬼神主宰。”①天地万物依赖于主体心之灵明而存在，没有“我”心之体验，外物则无从谈及生存的意义根基，所谓“你未看花时，此花与汝心同归于寂；你来看此花时，则此花颜色一时明白起来。便知此花不在你心外。”②心之感悟不仅具有审美的意义，更拥有了存在论的意蕴。也就是说，人们理解万物、诠释万物必须有心之体验的参与。进一步说，心之体验绝非简单意义上的生理感知活动，而上含有强烈的道德伦理意义。当其表现为良知时，即成为万物的本源，让感知与诠释等活动具有了现实的道德和人伦的内涵及意义。

需要强调的是，与狄尔泰将体验直指“生命”不同，王阳明的体验对象集中为“心”。因为他视心为意义世界建构的基础，并从心出发构造出一种宇宙生成的图式。心是什么？它是一种本原的存在，并以理为其内在的规定。理的注入赋予了心以二重相互联系的品格：一方面，“心也者，吾得于天之理也，”③可呈现为普遍必然的道德律；另一方面，它又是知觉、思维、情感、意向等的综合体，与喜、怒、哀、惧、爱、恶、欲等七情相联系。概言之，心既以理为根据和形式结构，又与感性存在的主体之身相联系而兼具器化意蕴。也就是说，心是先天形式与经验内容、理性与非理性的统一。对于这样的心，只能通过主体的体验加以认知。因为它既可以表现为普遍的道德规范与个体道德意识合一的“心即理”，又可以理解为道德本体与个体之心相统一的内圣根据，更

① 王阳明：《王阳明全集》，上海古籍出版社 1992 年版，第 124 页。
② 王阳明：《王阳明全集》，上海古籍出版社 1992 年版，第 76 页。
③ 王阳明：《王阳明全集》，上海古籍出版社 1992 年版，第 36 页。

是意义世界建构的保障。前文提到的致良知，实际上是对于心的认知与体会，是将之由形而上的超验之域引向个体存在的某种回归。万物的规定关联于心，意向活动的产物发明于心，主体的意义创造离不开心，故心便是人们通天达地，理解生活世界的关键。由于它是抽象与具体的统一，所以真正理解诠释心离不开“悟”的过程，而这正是“体验”的妙用所在。

王阳明的“体验”思路，是以意向活动联结心物，从存在的超越考察引申至意义世界的构造。就过程而言，他强调“向内”的理解诠释，主张以自得而转换良知，化不系于人之超验理性为实有诸己之真实自我，其逻辑观点在某些方面与狄尔泰之说有相近之处。狄尔泰言体验，强调人们理解生命中的“人”和“事”，应将其物理表象当作直接的辅助条件，而重点需放在“自省”上。并认为，“意向性活动”是人行为的动因，真正的生命诠释只能基于一种“由外向内”的过程。因为生命的每一个价值都包含在那些“可体验的东西”之中，所以我们关心的那些“外在的过程”，最终只能由“体验的东西”产生。简言之，人对生命的认知始终处于“体验—表达—理解”的框架之中。由此出发，狄尔泰建构出“精神科学”的概念，并通过论述个体的“心灵生命”的方式讨论了“历史世界的建造”问题。进而得出结论，“精神的世界”就是以“体验—表达—理解”这个“诠释学的三合一结构”所规定出来的世界。从根本上讲，狄尔泰的生命体验诠释乃是透过生命的表象“还原”生命，这与王阳明围绕心本体讨证的扬弃物之外表，而重点关注本体论意义上的超验存在如何转化为主体良知的存在有着相似性。

然而，二者的思想差异也是明显的。狄尔泰之所以体验生命，是因为认识的对象不能离开客观之物，如果把认识的东西限定于“超越之物”，那么客观的认识便不可能。所以，他用“意识事实”的术语联结“体验”，认为每一个体验都包含内容，不论内容涉及的对象是否存在，其自身均是主体直接经验的一部分，内容总是与行为相关联。当然，狄尔泰不是一个经验主义者，他也说生命中所发生的事情并不局限于外部世界，主体的意识活动及其表象也是所发生的事情，并且体验作为意识事实，比起外部的经验事实来具有优先性。与之不同，王阳明体验之物是具有先验性的。其所关注的心或良知，归根结底是一种道德理性和伦理秩序，所谓意之所在即为物，便是化本然的对象为道德关系中的存在。对于那些直接经验，他采取的是“扬弃”的态度。在他那里，意向活动总是与道德实践相交融的，主要关注于情感等经验内容。较之狄尔泰，其体验的内容范围更具限定性。需要说明的是，狄尔泰在论及体验时也谈到了“心”的作用。他曾提出以“描述心理学”的方式理解体验，认为由于体验是直接显现和直接被认知的，所以我们在表达体验时只需要加以描述，不需要进行假设。作为行为的体验其实也是一种心理现象，它是从内部直接体认心理的事件及其结构，在此心乃是一种遵循规律的心理过程的系统。显然，这与王阳明的“心”有着较大的差距。王阳明以意义世界为关注之域，心所涉及的东西更多是在赋予意义中的作用，心决非只是“一团血肉”的器官，其本体论意义明显。综上，狄尔泰与王阳明体验对象不同的原因，也就不言而喻了。

（二）体验的目的：把握生命与明心立学

狄尔泰说：“精神科学建立在体验、表达和理解三者的关系基础之上。”① 由此，他将诠释学作为精神科学的方法论基础，加以建构。其主要做法是将体验纳入理解的过程中，让表达成为对体验的表达，理解成为对表达的理解。于是，体验成为一种“中介”，成为揭示理解过程中客观精神与主观精神、历时性维度与现实性维度的工具。而体验的过程亦变成一个精神的诠释学过程，它让主体的主观精神与附着于被认识客体上的客观化精神展开对话，并且破除时空的障碍，穿越时空隧道，通过“心理移情”让理解主体回归理解客体其时发生的情境，对历史实在进行历史与当下的双重体验。不仅如此，狄尔泰还论证了体验是个体生命与整体生命的辩证统一。他指出，无论是作为理解对象的生

① 转引自谢地坤：《走向精神科学之路——狄尔泰哲学思想研究》，江苏人民出版社2003年版，第59页。

命表达，还是作为这种表达之源的生命体验，都是生命过程的具体展开，体验是理解的直接表达形式。所谓的诠释学对象实质是一种精神性的生命，而诠释学自身正建基于生命之中。

我们知道，狄尔泰以“体验”为中心的诠释学思想建构，直接受影响于施莱尔马赫将心理学要素带入一般诠释学理论之中。施莱尔马赫让传统的《圣经》诠释学发生“转向”，并第一次在语言层面上区分解释与理解。其认为，解释是一种语言表达，可以文字的形式展现，而理解则可以在非语言的心理层面上实现，它停留在主体内部，需反思地完成对意义的领悟。在狄尔泰那里，理解是一个独立的精神科学范畴，其落脚点是主体的自身，也就是所谓的在实证主义视域外的“生命的意义”。体验即是力图透过具体的、历史的“生命”表达，揭示生命意义本身的多义性和隐晦性。唯有通过体验以达成理解，方可使主体明确人的精神现象和历史的意义，进而达到对人自身的理解理解，并可上升为对整个人类世界的理解，即真正把握生命。

显然，通过狄尔泰的扩充，西方诠释学的对象已远远超越了传统意义上的“文本”，而指向了历史与文化的存在，并归结于生命。他指出，由于任何生命都不是孤立的，个体与个体、群体与群体的生命往往具有交融性，使得意义也有了个体与整体的区分，且个体与整体紧紧联系在一起，失去任何一部分意义都无法被真正理解，或曰生命对自身的解释都会不准确。但这里有个问题——按上面的说法，人们对于过去的理解需要基于对历史“文本”作者心理过程的体验来完成，即要对文本创作过程作心理学上的还原，悉心体验以重建作者创作的心理过程，来提示文本的“原意”。但若将理解立足于设身处地的“移情”，势必会带来理解的多义性，这是否会陷入相对主义的泥淖？对此，狄尔泰说多义性的理解同样存在“客观性”，而客观性的根据来自人对生命体验的共同性。

立足于体验的最终目的，狄尔泰的体验显然旨在把握生命。人的认知意志和情感的心理活动统一在人的总的生命活动中，尽管每个人对生命目的追求的内容或理念均有所不同，但在历史的进程中，在世界观的谱系中却又透显出一种合目的性的追求，显露生命的意义、价值的展开和实现的方向。把握生命，就是要认知和掌控这种合目的性。由此诠释学有了存在普遍有效性的基础——寻找生命的意义。并指出，因为生命的统一性，所以诠释学自觉地带有“循环”——在整体中理解局部，在局部中理解整体。狄尔泰还说，理解把握生命，不能使用描述和说明物理世界中东西的概念，而要从生命本身中获得概念，如意义、价值、动机、力量、结构、发展等。要明确，生命是发展的，生命在历史中展开；生命具有目的性，其最根本的是走向自己的完满。①

与之不同，王阳明的“体验”之目的性建立于“明心立学”。他体验的逻辑思路是把主体认识与天下之理联系相融，将天理的外在强制转化为良知的内在制约，而此制约，又以主体对良知本身的自觉意识为前提。为了说明体验的合理性，他以经学为载体，通过诠释解读文本，以论证“心上工夫”的重要性。因为王阳明早年曾出入佛道，和会儒禅的愿望使其在思想方法上亦多用“禅”，“致良知”在一定意义上即是种“禅悟”式的神秘体验。如此体验的特质是，一来无规性，不执着于具体的物象；二来有内在性，不离感性而又超越感性；三来有喻象性，有时不可言说，但可以具体形象明喻。王阳明认为，对经典的体验要必然会经历几个步骤。

首先，要悟经明心。他指出，心体的确立是释经的出发点。“心体”即以心为体，它以理为根据和形式结构，又与身相联系而内含感性之维，“为学须有本原，须从本原上用力”，也就是“于心体上用功”。② 感悟经典可以直接明确心体的存在，因为“四书、五经不过说这心体”③。治经目的只有一个，就是明心。其心即道，明心也就是明道，而不是仅停留在读经书，弄懂经典字面文义上。圣人述“六经”目的在于扶人极、忧后世，而“六经”之道存于吾心，所以“六经”乃吾心之记籍，“六经”之实，则具于吾心，所谓“六经者非他，吾心之常道”。由于心体对于经典的主导，所以经典诠释需要有悟（体验）的参与，而其实质乃为从“心”出发对“经”进行“逆向格义”，这显然让他的

① 参见狄尔泰：《历史中的意义》，中国城市出版社 2002 年版，第 80 页。

② 王阳明：《王阳明全集》，上海古籍出版社 1992 年版，第 14 页。

③ 王阳明：《王阳明全集》，上海古籍出版社 1992 年版，第 15 页。

诠释学的理论指向具有了封闭性。

其次，要以心释经，将读书与致良知联系起来。王阳明认为，经典是指示心体的媒介，故在价值上低于“心”。因为“心者，身之主也，而心之虚灵明觉，即所谓本然这良知也”①，所以经典也是为良知服务的，读经的目的即是为了致良知。经典虽为圣人所作，但在经书中总有言不尽意之处，故致吾心之良知乃为治经首要之处，不可拘泥于文字，为经典束缚了致良知。但不可以否认的是，经典对体悟良知具有指示作用。而经典自身常常出现文辞繁复的样式，故主体也应学会去除繁芜、实求诸心的方法。对此王阳明称之为“返朴还淳、化繁为简”。在此过程中，王阳明强调体验应变身为“缘机体认”的形式。“缘机”即触机感应、心随物感、境缘心起、相生相发、相感互呈；“体认”即“于心上体验明白”②，以心体物，以心体心，让本心良知在物定情境中得以直观呈现。在诠释学中，这是一种表达与体认合一的状态，让表象成功地转化为意识的存在。王阳明还讲，此处的体验不是理智之认识，而是身心之浸润，已是一种非言语所能及的“知解”本领了。

最后，由明心而立学。就义理结构而言，王阳明的经典诠释思想具有“心—经—心”的逻辑循环性，“本然之心”经过“证诸经”而达到“明觉之心”，而“明觉之心”又会再次成为释经的出发点。如此一来，注疏经典的诠释活动即成为一种“致良知”的工夫。在此，王阳明又提出“直觉顿悟”的体验形式，他提出在“本然之心”与“明觉之心”的转换循环中，要有“直觉”的参与，主体要摆脱来自理性意识方面的障碍以及源自实用意识方面的束缚。要学会，在量变积累至质变的刹那，“顿悟”地实现本心良知对现实世界的直观领悟。如果细究王阳明以心释经的终极目的，可知他还要以之建构心学之源，进而跻身儒家道统。“圣人之学，心学也。尧、舜、禹之相授受曰：‘人心惟危，道心惟微，惟精惟一，允执厥中。’此心学之源也。”③既然可以确定三代相传

① 王阳明：《王阳明全集》，上海古籍出版社 1992 年版，第 47 页。

② 王阳明：《王阳明全集》，上海古籍出版社 1992 年版，第 94 页。

③ 王阳明：《王阳明全集》，上海古籍出版社 1992 年版，第 260 页。

之“十六字传心诀”为心学之源，那么心学自然有理由列入儒家学术正统，成为与理学道统地位相等的学说了。

我们认为，狄尔泰与王阳明体验目的的不同源于其各自对于世界构成图式的不同理解，或曰其时诠释学在中西方发展的不同境域使然。自西方启蒙运动兴起后，自然科学获得了长足进步，科学的方法论一夜之间成为权威真理，甚至在人文科学领域蔓延开来。日益蓬勃的实证主义不断冲击着以形而上学为特征的哲学、以沟通神人思想为中心的古典诠释学等。与之相伴，不断流行的历史主义又把历史的发展视为人的自由心灵的创造活动，强调主体行为的偶然性以消解人类社会中普遍存在的规律与原则，继而否定哲学、诠释学等学科探求世界中“普遍”知识的合法性。一股学术危机正在生成。为了捍卫哲学与诠释学，狄尔泰睿智地为自然科学与精神科学划定了鸿沟。他要让人们相信，自然科学是无法回答“生命之谜”的，作为“世界观念”的形而上学有其存在的基础。而盲目相信历史主义只能深陷相对主义泥潭，因为宗教、艺术等人文现象具有永恒的理性结构，不会融解于历史动态的运动中。换言之，那些表面上看似偶然的东西，背后蕴涵着某种绝对的必然。为了提供一个形象的说明，狄尔泰提出了在精神科学中建造历史世界的问题。他认为，“体验”是精神世界的原始细胞，而每一个生命个体都是“历史的存在物”，因此“每一个个别的生命表现，都在客观精神的领域中表达了某种共同的东西”①。诠释这样的历史世界，实际上就是要说明人是什么、生命是什么，即要透过生命来探讨历史。在精神科学中，生命与科学有着天然联系，生命的实质乃是一个思想形成的过程，其也是科学创造的根基，而抽象的概念范畴发明也是由生命本身决定的。把握生命可以让人们对社会与历史世界的理解更为透彻，而诠释学的作用在此可以得到极大的发挥——带领人们通过生命经验本身深入到生命的最深处。据此意义上说，狄尔泰以体验生命为中心的诠释学乃是“具有实践意图之历史的自省”。狄尔泰还说，生命就其材料而言，跟历史是同一个东西，也等同于生命统一体

① Dilthey, *Gesammelte Schriften,* Stuttgart und Gottingen, 1968, Bd. 6, S.146.

之间的社会性交互影响。个别的生命表达，其内在的具有特定的“共同”。诠释学就是要人们理解到个别如何走向共同，历史世界其实离不开生命表达，把握了生命也就是通晓了历史世界。

在王阳明生活的年代里，阶级斗争日益尖锐，封建统治出现了危机。当时的程朱理学已渐成为僵化的教条和地主阶级士大夫猎取功名的工具，束缚人心的力量式微。儒学迫切需要“返本开新”，以新的义理教化人们相信封建伦理道德固有于人心，其是一种先验意识的存在。而王阳明正是要在这一轮“返本开新”中，用主观唯心主义思想体系代替程朱以“理”为内核的客观唯心主义，以作为新的维护封建社会秩序的力量，挽救当时封建统治的政治危机。他选择了“经典诠释”为突破口，融合“尊德性”与“道问学”，在建构以“良知”为核心的诠释形而上学基础上，试图以“心”沟通理、物、心、性、知、行等儒家经典范畴。王阳明不仅要“明心”，更要让心学成为一门“大学问”。因为他要让封建道德重新在人们内心中生根，使之成为社会中个体甘心臣服于封建统治的内在依据。王阳明一方面借用诠释学思想，立足经典为自家学说寻找圣言根据；另一方面又以相对灵活的“致良知”思想改善程朱理学的教条呆板，并提供了一条易于实践的路径。可以说，“明心立学”的体验目的，让王阳明的“体验”兼具了学术与政治的双重属性。

现在，狄尔泰与王阳明体验目的之同的原因已经很明显了——狄尔泰要“正名”，王阳明则要建立信仰。从根本上讲，狄尔泰所进行的是将诠释学从某种技术手段转换为某种哲学规划的尝试，亦即探讨对生活表达之理解的结构与特征。他要阐发精神科学的独特结构——生活、表达与理解之关联，并要最终落脚于客观精神和效果的联系。“把握生命”的旨向让狄尔泰的努力有了可操作的对象，由生命的客观化物返回到它们由之产生的富有生气的生命性中成为诠释学理论的要义，而历史事件所承载的生命体验与理解者体验同一的思路，亦成为理解的基础。由此，哲学与诠释学存在的意义自然不言而喻了。与之有别，王阳明努力的方向是为社会建构一种道德信仰，以恢复业已被扰乱的人心。他要把道德意识收归于心，使之成为每个个体内心自我的选择、自由认取的价值理念。在一定意义上讲，这是一种信仰论。主体只有对“良知”有了本体高度的体验，并自觉将之内化于身，方能真正在思想上认知、在行动中践行。这也意味着诠释学在王阳明那里只是一种工具，他更为关心的是如何让人们相信他所诠释出的义理，进而为政治服务。

（三）体验的走向：存在论与工夫论

简言狄尔泰的诠释学理路，即在人类的知识结构关联中，自然科学与精神科学各自特质明显，彼此区分。自然科学的要务乃是对自然进行说明，精神科学的主旨实为更好地促进人们心灵生活的理解。自然科学的存在需要实证主义方法以探究客观存在的自然现象，精神科学中的理解必须有诠释的参与，而诠释的基础是体验。也可以说，体验是构成精神科学的知识结构的基石，它是内在经验的来源。人的生命其实是主体感性经验和内在体验的统一体，也是人的现实性与历史性的统一。所以体验生命是诠释学最基本的任务，也是其学术的使命。从体验出发，诠释学的认识论意义明显，它已不是一门单纯的研究语言文本注释的技艺学，而成为一门人文科学的普遍方法论了。狄尔泰一再强调，体验涵盖了主体的感觉、情感、直觉和思想以及相关的领悟与体认。所以，体验在本质上是自省的，经由它可以形成被体验的经验与体验者的统一，亦即历史与当代的统一。而这样的统一从本质上讲，是人类共同的生命感觉和体验。理解的客观意义也正基于此。

狄尔泰批判了历史主义中的相对主义，然而他的诠释学从根底上讲并没有摆脱这种相对主义。他的“体验”诠释学存在着无法回避的局限，即因袭了施莱尔马赫把理解看作人理解他人、历史乃至自己的工具，忽视了理解对于人的生命自身的意义。① 的确，狄尔泰自己也曾试图对此改进。如他曾尝试吸收胡塞尔现象学中“阿基米德点”的说法，提出了“抛锚地”的概念。我们知道，

① 潘德荣：《西方诠释学史》，北京大学出版 2013 年版，第 293 页。

胡塞尔坚持“纯粹现象”（向意识直接显现的现象），并指出主体可以直接意识到自身的意识活动、内容以及二者间的联系，即所谓的“直接给予”，或曰意识的意向性结构。而这些“直接给予”即是一切知识的“阿基米德点”。狄尔泰试图将他的“体验”等同于胡塞尔的“纯粹现象”，且认为思想中存在着牢固的“抛锚地”，其也就是知识中的“阿基米德点”。

不过，狄尔泰最终没有走向现象学。因为他的认识论基础是实在论的，其与胡塞尔的先验唯心主义认识论在哲学立场上有着根本不同。狄尔泰不愿以抽象事实去替代作为一切知识来源的生活（生命）。其结果，他的以体验为核心的生命诠释学走向了具有本体论性质的存在论。而这一过程的完成者是胡塞尔的学生海德格尔。海德格尔指出，一切理解都具有时间性、意向性与历史性，而体验的理解是人的生命的本质和表现。在他那里，理解成为人的存在方式，体验的理解活动必须在“此在”的时间性结构中方可获得“本真的”的诠释。正如学者帕尔默所言：“海德格尔在狄尔泰的生命体验中找到了他的生存论诠释学的基础，……作为存在的基本模式，他的理解已超越了狄尔泰的定义——基于将理解设想为与科学理解形式相对立的历史理解形式——的限制。”①

鉴于王阳明“体验”的政治目的，他的经典诠释最终与儒家古老的工夫论紧密地联系在一起。所谓工夫论是一门旨在说明如何尽心才能够知性、知天，如何践行才能上达天道、天德的学问，它以心性论为依据。由于在王阳明的诠释学理论中，良知一开始便被赋予本体的意义，所以致良知便表现为后天的工夫。而良知与致良知的关系，逻辑地展开为本体与工夫的关联。王阳明说：“工夫不离本体，本体原无内外。”② 作为本体的良知是一种先天之知，具有普遍必然性。主体后天的经验总是与特殊的人伦关系相联系的，道德原则的作用固然离不开经验活动，但其普遍的有效性在逻辑上却只能来自先天之知。也可

① R. Palmer, *Hermeneutics*, Northwestern University Press, Evaston, 1969, p.140.

② 王阳明：《王阳明全集》，上海古籍出版社 1992 年版，第 92 页。

以说，是否具备良知是主体能否归入人这一“类”的判定条件。但是逻辑上的先天性并非总等同于本体的现实作用，良知虽天赋于人，但在“致”的工夫之前它还不能为主体所自觉体认。其内容与作用必须通过后天的工夫方可彰显。本体无内外，但它的落实却需要工夫的参与。

在王阳明看来，体验的过程其实就是工夫论的生成。因为从主体精神的发展看，本体可以理解为意识的综合体。失去了意识活动的本体是难以想象的，本体不是独立于意识过程的超验实体。从一定意义上讲，本体不是一种既成的存在，离开了工夫也有没有了现实之本体。或者这样去理解，致知体验的工夫是把握本体的必要手段。在工夫的展开中，自我的完成与精神本体的实现表现为一个统一的过程。客观上讲，王阳明所说的致知体验工夫不可等同于一般意义上的认识过程，工夫更多地被作为达到本体的中介，而本体也正是在过程的展开中获得其生命力。可以认为，王阳明诠释学思想中体验走向工夫是一种必然，体验的价值意义也正基于此，它为意识本体向现实认识过程的还原提供了理论前提。

通过比较狄尔泰与王阳明的“体验”理解之不同，可以看出中西方诠释学生长的不同情境，必然导致彼此思维认知方式出现差异。且不论西方的拼音文字体系与中国的形意文字系统的重大区别所导致的阅读经验迥异，单就西方历史主义、经验主义等与中国儒家先验思维及内证方式等在本质上不同，即会对诠释学概念的内涵与外延的限定产生明显的区分。更为重要的是，中西诠释学理论与方法论的发展并不同步。当西方学者致力于将一般诠释学引向哲学诠释学时，中国的诠释学仍然是传统经学或心性学的一个分支，尚未独立出来。当西方诠释学开始脱离文本，将体验理解转向为一种存在论时，中国诠释学还在依托经典为载体，为政治而服务。其后果，西方诠释学开始变得“纯粹”，而中国诠释学并不能“为了诠释学而诠释”。然而，这并不能否认中国诠释学的价值。因为它的特质是独特的，为人们展示出了诠释学的另一种存在样态。

五、近代中西语言诠释学的一个分野

18—19 世纪，中西方学者不约而同地将学术研究视野投射于语言问题的理解中。在中国，以乾嘉学派为代表的汉学家们开始推崇语言在人的理解与解释活动中的崇高作用。他们以重新诠释儒家经典为要务，以“实事求是”为原则，遵循“由词通道”，追求“十分之见”，发展出一套颇具初步科学精神和科学方法的语言诠释方法论。又因其所发明的语言诠释思路带有普遍应用性特点，并且内含哲学的性质，故可总括为“乾嘉语言学”。

在西方，作为现代诠释学先驱的浪漫主义诠释学兴起，以德国古典哲学家们为首的学术群体立足于对语言规则的客观理解，否定因人而异的灵感说，对传统的《圣经》诠释学、罗马法典诠释学说等进行反思与改造。他们开始拒斥旧有诠释方法寻根经典字词终极的、唯一的意义之理解旨向，提出文本意义本身的多元性与相对性主张。于是，经典中的语言不再依附于神学而获得了独立地位，语法、语境解释构成诠释学的基础，文字、意义与精神成为解释的三要素，一种以语言诠释为根基“一般诠释学”由此生成了。

戴震与施莱尔马赫分别是 18—19 世纪中西方学界语言诠释学研究的典型代表人物。戴震乃为“前清学者第一人”，是乾嘉皖派创始人之一。他率先提出“以字通词，以词通道”的解经思路，奠定了清代前中期汉学研究语言文字的核心范式，并且，致力于人文科学的语言文字学研究，以之诠释古代经典，着重开发文本语言与“本真”思想间的关系，考察理解之可能性问题，尤其是发现了经学统一性的概念整体可为每个单独概念提供一般性根底意义的存在。就此意义上讲，他的治学其实是一种建构语言诠释哲学的尝试——以经典语言为对象和中介，通过解释和阐义文字以寻“道”，乃至对“道”进行再创造，阐发哲学思想。

施莱尔马赫继承并发展了浪漫主义学者着眼于语文学的诠释学构造，以

“解释”取代“描写”，以进入作品的内在精神世界取代考据式的字面意义追求，并将之规定为语言研究的基本方法。他强调诠释学是一门理解艺术，“每一理解行为都是一个逆向的言说行为”①，应将诠释当成一种技巧而非哲学，即与理解和解释问题相关的一种解释方法。毫无疑问，这是一种具有普遍性意义的语言诠释学，其将诠释的前提设定为语言理解，要在字词与意义之间体会经典文本意义的复杂性与多样性。他所创造的“离开语言根本不可能有认识，而离开认识也不可能有语言”②之说，成为那个时代西方学者关于语言与认识之间关系探讨的航标。其独特的语言理解问题论说之于诠释学发展的影响，深刻而悠远。

戴震与施莱尔马赫生活于同一历史时期，他们学术兴趣点共同集中在语言理解之中，二者的诠释学思想均以语言性的文本意义为旨归，诠释对象与方法相似，对于语言的哲学思考有一定共同性，此外他们之于18—19世纪中西方学界语言问题研究领域的代表性明显，均提出了有关经典诠释的普遍理论，均渴望让语言摆脱传统“经学”的桎梏，且各自在诠释学史中具有相当的历史地位，故二人可成为理想的个案比较对象。笔者认为，通过系统地比较戴震与施莱尔马赫对于语言诠释学的认知，可以较为典型地“管窥”18—19世纪中西语言诠释学发展特质之异同，进而对于如何理解与解释文本的思考产生深层次的认知与体悟。

（一）语言之于经典的意义

清乾嘉时期，中国诠释学紧扣文本的考据学作业，达至顶峰。学者们系统地清算了前代以心学、禅学言意观为背景，以放弃作者对立言本意追求而直抒胸臆为目的“任性”式诠释方法，认为经典诠释不可不立文字而自逞私意，

① Friedrich, Schleiermacher, *Hermeneutics and Criticism and Other Writings*, ed. Andrew Bowie, Cambridge: Cambridge Univ. Press, 1998, p.7.

② Friedrich Schleiermacher, *F. Scheleimachers Werke, Auswahl in Vier Baenden*. Leipzig, 1967, p. 162.

进而缺乏诠释的有效性验证。因此，他们返经汲古，着重文本的复原；通诂明道，着力本义的确立；发明出“实事求是”的诠释学范式，以提供诠释验证的检验标准。其相信在经典中，最应为人信赖的只有“语言”，因为它是客观的，是“真理”的载体，而“道”的主体表达存在，归根结底是一种语言的存在。所以，解经过程最终必然归结为一种“语言的还原”。换言之，那种“切己体认”式的存在还原法是不可能真正返回事物之原初状态的，只有讲求实证的语言诠释方能真正揭示经典的大义。

乾嘉学者对语言的看重，有一种打破理学式道统观念、重建“道论”的倾向。他们在经典诠释中虽然做着语言知识论式的探求，但在背后却有着价值依托。这一点在戴震身上得到突出体现。戴震指出，语言是“文以载道”的工具，富含表意属性，是读者理解经典的“中介”，所以“小学”文字在理论上虽处于形上等级制的底层，却是构筑经义巨擘的基石，是通向顶层神圣境域——“圣道”的必经路径，是不可越级的台阶。同时，“文字之鲜能通，妄谓通其语言；语言之鲜能通，妄谓通其心志。”① 把握经典“大义”需在“诂之字”“识之句”后，再透过“大其心”同感“圣心”而得“天人合一”境界的哲学思辨工夫上升为诠释主体的体悟，方能让经典之“道”充分彰显。

依诠释学视角观之，戴震的说法即是讲对于文本文字解读与语言的准确理解是探明经典之道的根本路径，而仅靠单独的字义、语句的文字和语言的解读等是不足以把握经典整体的深刻意义的。要将字义、词义、句意等融会贯通于群经文本之中，在充分理解语言的原义、本义和引申义后，方能最终感悟圣人在经典中所言的“真义”。换言之，在经典诠释中对字词的解释是手段，通道是目的，语言的作用是理解的“桥梁”。故自完成《六书论》三卷起，他对语言研究的兴趣便一发不可收拾，其以经典为对象，领域遍及汉语言文字学、音韵学、训诂学等，高扬“以词通道”，创造出“假设求证”② 等方法，极大地推

① 转引自张舜徽：《顾亭林学记 · 清代扬州学记》，华中师范大学出版社 2005 年版，第 91 页。

② 周光庆：《中国古典解释学导论》，中华书局 2002 年版，第 284 页。

动了当时中国语言诠释哲学的发展，并以语言文字的诠释为契机，逐渐使之上达洞察主体心智层次，由此亦建构出一套维护孔孟经验主义，迥然不同于宋明理学的儒家“新”道德哲学体系，可谓“是故由六书九数，制度名物，能通乎其词，然后以心相遇”。①

同一时期的西方，受启蒙思想与自然科学快速发展的影响，古典与《圣经》研究的语文学转向大兴。人们对经典的关注逐渐由作者转向文本，“文本的原初形式已不可复原”的说法流行开来。这意味着，传统思维中维系文本的权威性的“单一起源”与“意义自治”的“预设”开始消解，神圣经典的作者观念式微。艾希霍恩通过对《圣经·旧约》的“现代语文学”解读，让人们认识到“要充分理解《圣经》，就必须承认其作者的多样性，亦即放弃正典的独断论统一性，……基督教经书的集合就要被视作历史资料的集合，作为书写的作品，就必然不仅要遵从语法的解释，而且要诉诸历史性解释”②。沃尔夫著出《荷马导论》，将历史意识融入其中，把解读经典的目的设定为“理解作者书面的或甚至口头思想，一如作者对它们所理解的那样”③，即不仅要揭示语言的意义，还要认识渗透于作品的那种意义，即作品关联之精神。

此阶段，西方诠释学发展显然受到时代思潮的刺激，其缓慢摒弃“古典诠释学”追求某种“绝对”文本之“绝对”理解的旨向，而将意义相对化，并且开始尝试突破诠释框架中的神学界限。赫尔德提出基督教释义学应发展一种理解力，它应是多样的，不能归结为任何总和，认为没有一个时代能够提供对经典的“绝对”理解，现实的意识总是与特定的历史情境相联系的意识。④阿斯特发明了解释的三要素和三重理解，指出文字、意义、精神等要素统一于理解

① 戴震：《郑学斋记》，《戴震集》，上海古籍出版社 1980 年版，第 225 页。

② Gadamer, *Hermeneutik I:Wahrheit und Methode*, Tubingen: MohrSiebeck, 1990, s.180.

③ Friedrich Augst Wolf. “[Die] geschriebene oder ouch bloss mundlich vorgetragene Gedanken eines ander ebenso zu fassen, wie er sie gefasst haben will”, in Joachin Wach, Das Verstehen-Grundzuge einer Geschichte der hermeneutischen Theori im 19. Jahrhundert, Bd. I. S. 68.

④ 参见斯万特：《解释学的两个来源》，《哲学译丛》1990 年第 3 期。

的文本之中，与之对应的是文字解释、意义解释和精神解释。诠释学的最终目的是，“通过揭示古代曾经存在过的所有外在与内在的元素来理解古代精神。”①

施莱尔马赫睿智地把握了诠释学的时代走向，明确感知俗世的“理解”之于学问发展的重要性。所以，他将诠释学界定为研究理解和解释技艺的科学，认为诠释学作为一门“避免误解的艺术”，不应该在文本适用范围问题上受限，而应具有普遍“一般性”特征，记载人类智慧的全部文本均可由之得到准确地理解。他特别强调意义的作用，说它具有超越性，并不一定与作者所表达的东西重合，它是言语所指的“不断趋近的近似值”②。即如果人们掌握了正确的诠释途径，便有可能比作者本人更接近他们话语的意义。在其看来，由于语言是一个文化所共享的，因而语法解释旨在揭示意义的客观普遍性。而心理特征则标志着人的特殊性，所以在诠释过程中，除了对文字语言的语法、语义的解释之外，还应加入心理的解释。

施莱尔马赫曾以《圣经·新约》的诠释为例，剖析出传统解经思路实际上存在缺陷——文本和教义之间会产生矛盾。传统释经学强调在文本的语言系统中理解单个字词，进而理解经典，但实则潜在一个危机——因为《圣经》的文本源于不同时期不同人所著的诸多文本汇编而成，所以若根据语义学的规则来解释它们，势必会发现单个文本之间会存在许多矛盾之处；若从教义学出发，将《圣经》看作一个整体，并追溯至基督教信仰的源头，那么诠释者所理解的《圣经》会大大不同于语义分析出的《圣经》。如此一来，要么信仰难以达成一致性，要么文本不可信。其结果，自然会导致《圣经》的社会权威性下降，这是基督教徒们不能答应的事。解决此难题的方法，是所有需要理解的文本必须置于它所赖以生成的特定历史语境去理解。其中，文本语言的正确诠释是最为关键的一环。

---

① Georg Anton Friedrich Ast. Vgl.Joachin Wach, Das Verstehen-Grundzuge einer Geschichte der hermeneutischen Theori im 19. Jahrhundert, Bd. I. S. 33.

② 施莱尔马赫：《诠释学箴言》，洪汉鼎译，载洪汉鼎主编：《理解与解释——诠释学经典文选》，东方出版社 2001 年版，第 22 页。

施莱尔马赫解释道："没有语言，所谓的思想就仍未完成，也不清晰可见"①，甚至"诠释学的一切前提不过只是语言"。②在经典中，文本语言的每一个字词、每一个句子，都有着特定时代意识的印记。若做一般化的理解，即文字是精神的外在存在，通过文字理解可以把握不可见的精神，或曰，其内在的存在便是意义。施莱尔马赫一再说，语言中字词与句子的真正意义，只有根据它们出现的具体使用语境才可理解。即使是同一个词语在不同的使用情境下，其意义也是多种多样的。当然，这并不是说因为语境的变化致使人们对经典语言的理解毫无意义，相反要着力让人们知晓语言是认知经典的钥匙。但在经典诠释中，对于语言的理解要有"艺术"性，要坚持诠释学是一门理解的艺术。语言何以被理解？施莱尔马赫说，要捕捉语言中所具有的某种共同性，而明确在理解中起决定作用的是"自然语言"，它是从生命的共同性中发展出来的，语言的共同性源于主体对自我生命的共同体验。简言之，在对文本语言的理解中需要注入心理学的因子。

对比可知，戴震与施莱尔马赫对于语言之于经典意义的理解有着共通之处。首先，他们都注意到了经典文本的语言内具表层与深层的"双层"结构。前者认识到汉语言文字妙用无穷，尤其反映于经典中，语言的寓意丰富。其强调文本研究不可只停留于语言文字本身的开发上，以经典语言文字本身为解释对象作出的解释也应是解释哲学的一个层面。理解经典必须从其语言文字的解释拓展至更高层次的哲学解释，甚至到达哲学思想的创新、创造，所谓"戴氏之治学方法，以识字为读经之始，以穷经为识义理之途"③。后者将诠释学的目标设定为对"最高意义的理解"，就是"超乎言说者本人对他自己的理解的理解"④。其指出，

① Friedrich Schleiermacher, *Hermeneutik und Kritik,* hrsg. und eingeleitet von Manfred Frank, Suhrkamp 1999, Einleitung, S. 77.

② Friedrich Schleiermacher, *Hermeneulik*. hrsg von H · Kim-merle, Heidelberg 1974, S.38.

③ 胡朴安：《古书校读法》，江苏古籍出版社 1985 年版，第 13 页。

④ Friedrich Schleiermacher, *Hermeneutics and Criticism*. Edited by Andrew Bowie，Cambridge University Press，1998, p. 228.

经典中的语言理解应具有“主观”与“客观”两个层面。客观层面是说，要在语言整体里理解文本；主观层面则是要将语言定位于特定历史语境中，在推求作者书写意图的情境下理解。客观层面是语用、语义意义上的理解，而主观层面乃是诠释者在心灵深处与作者达成某种共通性而获得“生命启示”的理解。从一定意义上讲，这也是将语言预设为双重结构的表现。

其次，他们都以经典语言为武器，作为批判前代思潮的工具。有明一代，学者喜离开文字语言而为经典立意，其主观心解因失去了基本的支点和归宿，往往成为“空谈”。戴震对此深恶痛绝，他强调“以词通道”，语言是认识经典的根基，本身就包含着对前代理学诠释的批判。从语言文字入手解读经典，其本质即是让诠释变得客观，并且从语言层面划定意义解释的有效界限，以最大限度恢复儒家经典文本的原义。在义理构造上，戴震还相对于性理学之“虚”，以经典语言考据为基础，提出著名的人性论之“实”观。施莱尔马赫身处的时代，传统“经学”发展亦陷入危机。经过启蒙思想的洗礼，理性逐渐成为“损害”宗教虔诚的工具。人们发现传统的释义诠释学说因缺少理性而显得“权威独断”，并由于其尚沉浸于中世纪超自然宗教崇信的话语体系中，致使不合理性与文本矛盾比比皆是。施莱尔马赫要改变这一切，他试图让人们对经典文本诠释目标由“对真理内容的理解转变成为对作者意图的理解”①，要赋予个体更多进行解释的权力。所以他强调要通过语言来感受思想，其实也就是让人们在理性的视角下重新重视经典的价值，以其时流行的自由、平等与主体性理念批判旧有的独断性宗教权威解释话语权。

最后，他们都试图让语言摆脱原有“经义”附庸的地位，以获得某种“独立性”。戴震推崇语言在主体理解和解释活动中的重要作用，发明出在经典文字诠释中要以汉语语词的形、音、义三者互相求，古形、今形、古音、今音、古义、今义六者互相求的方法。并指出，此种方法应是在具体语境中，对于传统典籍词语解释的最基本方法和最普遍原则。他想要做的是，强调文字的载道

① 洪汉鼎：《当代西方哲学两大思潮》，商务印书馆 2010 年版，第 458 页。

功能，以历史主义态度对待典籍中的文字，“量化”语言在经学释中的价值，最终让“言”与“意”在诠释活动中处于“对等”的地位。施莱尔马赫之于诠释学的一个重要贡献是，通过语言诠释一般意义的推广，使得诠释学对象突破了固有只存在于宗教经典、法律经典、语文学经典等“领域”的限定，使得长期专属于“局部”诠释学的“理解的法则或技术”扩展到对一切“文本”的理解。在他看来，语言具有共同性，其是人类对自己生命共同体验的结果。语言传达着思想，但语言本身不是思想而是思想的表达形式，这一形式克服了时空的界限，将作者的思想展现在读者面前。语言与思想相互独立，在文本的诠释中语言不是思想的附庸，人们通过语言知识的探索，可以揭示出更多思想中“隐含”的东西，而让诠释理解有了更多的客观体。如果将语言解析在经典诠释活动中的独立性抹杀，那么诠释便无法成为一种主观—客观的辩证法了。

但共通之外，戴震与施莱尔马赫在此问题认知上的不同也是明显的。第一，服务目的不一致。前者服务于经学，后者则服务于神学。戴震凸显语言的作用在于，他要一改前代诠释信口开河、断章取义、悬解妙悟之风，而将诠释的目的修正为通过语言的考古而真实重现作者的观念世界。他要“返本开新”，从根本上消除人们对经典的误解以重新稳定社会秩序与伦理纲常。其服务的总目标，乃是经学权威性的延续。施莱尔马赫将语言视为沟通诠释者与作者的“中介”，认为诠释者必须借助语言以进入作者的思想。他提出此论断的背景是文本中的真理与基督教义之间出现了“裂痕”，二者关系陷入了危机。他对语言诠释的处理是在原有语义学规则的基础上补充了新的规则，让人们对经典语言的理解还原至其形成的最初历史语境中，以说明宗教信仰的共同性。他实际上要突出的是历史语境对“文本”意义的限制，而语言被化身为某种独立的工具。所谓的通过语言真正理解经典，其实乃是通过明确语言存在的语境而理解经典释义的多重性，即是神意的不同表达形式。

第二，工夫旨向不同。前者工夫集中于语言文字学，后者则加入了诸多心理学元素。为了透彻的理解语言，戴震以“六书”把握文字，又通过“六书”描述人类认识过程，以及通过“六书”所统率的字认识词、辞，继而“以词通道”。为此他考古音、证今音、论证转语说、因声求义法，研究领域拓展至语义研究、语境研究、方言研究等，其对文字学的专注性，可见一斑。而施莱尔马赫重在让人们认知语言是“活的语言”，对“活的语言”的理解就是对语言的正确的“语法解释”和对对话语境的“心理解释”的综合。其关注的重点不在于语言文字之读音、书写的今古之分，而是侧重于“语法学”“语境”关系，并在对语言的考察中创造性地引入心理学的移情方法。他指出，经典作者的生命历程在语言上会留下痕迹，所以理解作者的意图需要在语言研究基础上加入创造性的联想，即语言理解有着主观性的原则。要通过预见式的重构，使得理解者把握作者所具有的语言知识，甚至比作者所具有的知识更为精确。

第三，诠释追求异路。前者要彰显经典，后者要突出人性。清前中期，儒家学者对于经典的认识是，它的根本价值在于“正名”，即将现象世界统统规范化，从而达到调整社会秩序、维系伦理纲常的目的。如果“名”不顺，那么肯定会“言不顺”，最终“事不成”，误读经典一定会导致社会的失控、伦常的失范。而“自晋代尚空虚，宋贤喜顿悟，笑学问为支离，弃注疏为糟粕，谈经之家，师心自用，乃以俚俗之言，诠说经典……其弊至明季而极矣”①，诠释者的过度主观心解已然让经典失去了本来面目。为此，戴震主张从文本语言的真义入手，还原经典，进需彰显经典的原义。他在确立“本经”的基础上，力求“通诂明道”，将诠释学由抽象的义理层面推向具体的文献文字层面，通过语言考据分析使得诠释再也不是“得意忘言”的样态，意义再也不是“无迹可寻”的镜花水月了。

18—19世纪的欧洲，人性问题被提升到前所未有的地位上。解除权威独断性的限制成为时代的思想主题，即使是《圣经》也被取消了真理的“自足性”，文献若想获得世人的认可必须经过理性的验证。面对此种情况施莱尔马赫认识到，如果诠释学仍执意留恋于中世纪超自然宗教崇信的话语体系，无视教义与文本矛盾，那么学说的发展极有可能走向末路。诠释学若想生存下去，必须在

---

①　钱大昕：《潜研堂文集》卷二四，四部丛刊正编本。

启蒙范式内部解决基督徒的信仰安立问题，即在唤醒人性的基础上将宗教意识安置在历史语境中予以突出其合理性，并且还需在一定程度上让“诠释学作为一种普遍的理解和解释的理论而摆脱一切教义学的偶然性的因素”①。基于此目的，施莱尔马赫着力让诠释学赋予个体更多的解释权力，他开创了“无我”的诠释学视角，让诠释发生了由对真理内容的理解转变成为对作者意图理解的转向。但施莱尔马赫并未让诠释学彻底走向历史主义或语言学分析，而只是期望通过复原经典写作“场域”以更好地理解作者，以克服语言文本的时间距离，进而生成“内心的共性”。换言之，他的终极目的还是要唤起读者对教义“信仰”。

（二）诠释的理路与方法

从本质上讲，戴震的经典语言诠释学与近代西方早期兴起的语言哲学有着不同的特质与属性。西方语言哲学将语言看作与世界有着相同逻辑结构，并以语言解释替代对世界的认识。而戴震则以语言文字解释为逻辑起点，通过书本知识，探索道德哲学本体及其具体呈现。戴震认同语言文字是符号系统，进而对经典文字的把握力主从汉字的形成特点入手，视“六书”为体用对待，以转注系联词义，形成概念系统的群落，既以单个字、词通辞、通道，又以对字、词、词汇、概念系统的解释形成其诠释哲学的构架。② 在此基础上，一种独特的“言→心→道”式诠释理路与方法形成了。

其中，“言”是一种文字研究，具体包括文字解释与词义解释。戴震将汉语文字归于“六书”，以“六书”统率文字。“六书”即象形、指事、会意、形声、转注、假借等六种汉字的构成和使用方式的归纳。从原始意义上看，“六书”本是人们造字之初对外部世界的形象特征作出反映的方法，并将此方法移

① Gadamer, *Klassische und philosophische Hermeneutik*, in Gadamer, *Gesammelte Werke*, Bd. 2, Tubingen, 1986, S. 97.

② 参见李开：《戴震评传》，南京大学出版社 2001 年版，第 287 页。

植于文字学内部。然而，戴震却将之提升至哲学的领域中。他以人的认识反映之“本始”把握“六书”，又通过“六书”所统率的字认识词、辞，继而“以词通道”。他还用“体用”关系解释“六书”——象形、指事、会意、形声为字之“体”，转注、假借为字之“用”，所谓“四体二用”。他还特别注意区分字、词、名的虚实，并由此探寻“实体实事”“纯美精好”的道理，从而完成“以词通道”的全过程，“学者体会古贤圣之言，宜先辨其字之虚实。今人谓之‘字’，古人谓‘名’，……以字定名，有指其实体实事之名，有称夫纯美精好之名也。曰‘道’，曰‘性’，曰‘言’，曰‘行’，指其实体实事之名也；曰‘圣’，曰‘贤’，称夫纯美精好之名也。曰‘道’曰‘性’，亦指其实体实事之名也。道有天道人道：天道，阴阳五行是也；人道，人伦日用是也。曰善曰理，亦称夫纯美精好之名也。曰中曰命，在形象，在言语，指其实体实事之名也；在心思之审察，能见于不可易不可逾，亦称夫纯美精好之名也。”①

对于词义解释，戴震倡导经验实证方法。他以《尔雅》《方言》《说文》等为依据，以举证文献应用故例的方式，或借以衍释词义，或借以验证字书义与行文义的一致性。其诠释过程充满了实证科学精神，是一种典型的知识论的经验归纳论证。并且，戴震的论证已不限于字词，而是向着更广阔的现实世界跨越。他不仅通过对语义、逻辑方面的解释的实证检验方法设计向人们揭示了认知诠释对象真理性的推理步骤，而且通过词义考证大大发扬了儒家传统的躬行践履精神。更为重要的是，他从方法论的角度证明了文字、训诂等语言学方法对于从经典之中探求“道”的作用与意义。

戴震指出，“言”的意义明确并非是诠释的终点，真正理解经典还需加入哲学的认知，或曰哲学释义。而在读者最终把握“道”之前，“心”的作用必须发挥出来——只有通过理解者之“心”发生作用，存于“言”之中的圣人之道方能彻底呈现出来。理解者要不失“自己之心”，以本心体会“天地之心”，再以语言研究为手段，透过文本文字使“己心”与“圣人之心”相遇，在提升

① 戴震：《绪言》上，《戴震集》，上海古籍出版社1980年版，第372页。

自我精神境界的同时，体悟出经典的妙义，明确儒家之“道”。所谓的“道”，即是儒学中的“真理”。它关乎人伦日用，代表着价值真理，“古圣贤之所谓道，人伦日用而已矣；于是而求其无失，则仁、义、礼之名因之而生。非仁、义、礼有加于道也，于人伦日用行之无失，如是之谓仁，如是之谓义，如是之谓礼而已。”① 从戴震对“言→心→道”的设计中可以看出，他十分重视文本语言文字研究之于哲学思想研究的意义。在其看来，如果没有文字、词义等的实证探究，那么求道于六经只能是种“虚无”，或是读者根据“前见”“成见”对经典的关键词作出随意性解释，或是因研究不透，只能沿袭旧说“守讹传谬”。经典诠释绝不可陷入高度主观化的臆想中，要以语言的实证研究为保障，以捍卫人文学说释义的客观性与科学性。

与戴震一样，施莱尔马赫也特别重视经典的语言诠释问题。但他的关注点却另辟蹊径，着力于语言与意义的关系研究。施莱尔马赫认为，因为词与物、言与意之间没有永恒不变的对应关系，所以语言诠释不可固守文字的解释。语言也是一个总体性的标识系统，它是内在意识之一致性即可交流性的保障，亦具有检验知识合法性准则的特质。作为工具性的语言，既是思想的记录，也是知识的传递。但当它呈现于经典文本之中的时候，它与意义之间达成了微妙的联系。“意义”可以理解为文本作者的一种意图，它可以是有意识的，也可以是潜意识的。“有意识”的东西，可以认为是经典作者的主要思想，具有逻辑与理性，可以为语言直接表达清楚的思想，“潜意识”的东西则是非逻辑的、无理性的、需要解读语言背后的意义而获知的思想。施莱尔马赫将诠释学的最高目标定为“超乎言说者本人对他自己的理解”，即比作者更好的理解。这就意味着，解释者要更多地对经典的从属思想理解下工夫。换言之，要仔细考虑言词与意义间指代关系的对等问题。

在施莱尔马赫那里，语言具有公共的普遍性特征，意义是作者个体特殊性的意图，当言说者表达意义的时候，言词与意图间的张力问题便展现出来。

① 戴震：《戴震集》，上海古籍出版社 1980 年版，第 196 页。

“我们永远不能通过语言来表达个体的东西，除非借助于一个形象或一个形象系列”①，从这一点上说，语言是大于意义的。然而，若以纯粹的语言分析方法解读经典，却会造成在诠释学中“充满活力的人消失了，而仅剩下一个语言的器官”②。也就是说，在诠释中除了语法、语义的分析之外，还要引入心理等分析。因为语言传达着思想，但语言本身不是思想，只是思想的表达形式。这一形式可以克服时空的界限，将作者的意图展示于人们眼前，同时也表明“意义”不仅属于过去，而且会在很大程度上连接着现在和未来，若非这样，它就不能真正被理解。但从另一个角度看，语言的表达形式又限制着其所表达的思想，当语言以其共同性、普遍性传达某种特殊的思想时，实际上是无法表现出该思想的全部丰富内涵的，因为此内涵生成于特殊的历史情境中，所谓的语法、语义分析显得过于客观，在某种程度上丧失了言辞意义的多样性。所以科学的诠释理解必须熟练地运用“辩证法”思维，让语言与意义在对立统一中相互补充促进。

施莱尔马赫创造出一套体系化的语言诠释学规则，分为语法学和心理学两个部分。语法学侧重比较的方法，讲究诠释者需要通过应用语言知识以找出大量可供比较的关系，以昭明文本语义隐晦的地方。心理学则侧重预见的方法，其指向创造性的联想，关注经典作者生命历程在语言上留下的痕迹，运用整体的视角并以历史文化为背景“重建”作者创作文本时的“场景”，以理解作品所要表达的东西。二者相互渗透、相互转化。从根本上讲，这样诠释方法乃是一种“主观—客观”的辩证法，“主观”可以让诠释者拥有作者的内心生活和外在知识，“客观”可以让理解者把握文本内在的语言知识，甚至可以比作者具有的知识更为精确。如此一来，更好地理解便自然而成了。而对语言文本意义的理解也就变成了一个动态的过程，原有的意义会被不断发现，新的意义亦

① Friedrich Schleiermacher, *Hermeneutik und Kritik,* hrsg. und eingeleitet von Manfred Frank, Suhrkamp 1999, Einleitung, S. 466.

② Friedrich Schleiermacher, *Hermeneutik und Kritik,* hrsg. und eingeleitet von Manfred Frank, Suhrkamp 1999, Einleitung, S. 171.

会持续生成。

从形式上看，戴震与施莱尔马赫关于语言诠释理路与方法的设计有着明显不同。首先，前者重具体文字的解释，后者重语言理解方法论的构造。戴震给出的每一个结论、判断均不离经典文字，他采取多种文本相互印证的策略以解读文本语言，倡导音义互治的具体方法。在其努力下，汉语文字学、训诂学、古音学等都得到了较大发展，并成为为语义学服务的工具。而他"以词通道"的诠释学总纲目的设定，又为语言文字通人情之理、主体心智预设了合理性逻辑，由此传统语言文字学获得了理论语言学的意义。施莱尔马赫关于语言诠释的解读，从本质上讲，重在规则的制定。例如，他强调语言中任何需要确定的东西，都要通过言说者以及当时民众的共同语言领域加以确定；单一语词的意义要通过其语境关联得以确定等，这些均是语法学的解释规则。而其将经典诠释的目标指向对作品风格的完美理解及要以比较和预见的方法解读文本语言的主张，则明显带有心理学诠释的意蕴。很难说施莱尔马赫对其时的语言学发展有多大的贡献，他所做到根底是将语言学、心理学、历史学等学问集中于诠释学领域中，以之建构具体的诠释规律与思路罢了。

其次，前者重语言哲学思想的建构，后者重语言辩证法思想的发明。戴震在经典诠释中明确地将文字、词汇、语言研究的价值和意义与追求圣人之道的崇高的价值理想联系起来。在他看来，没有文字、词汇、语言等的实证研究方法，经典的内容只会"悬空"。同时，他念念不忘"由字通词，由词通道"的诠释原则，由文字训释，到语言分析，再到经典的意义解读的解释理路。"言→心→道"的逻辑推理代表了其不懈地形上学追求，也表现出其反对纯文本式研究的态度。戴震始终把求道作为语言诠释的最高目标，期待用一种人文实证主义建构出一套"求真""求实"且能高扬理解者主体性的诠释方法。他通过言、心、道三者关系的论述，推导出一系列富有哲学思辨的命题。其"道存于六经"的理论设定以及"披言以求道"的方法论追求，让语言诠释理论具有了广阔的开放性空间。

与之相比，施莱尔马赫特别强调语言诠释中的辩证关系问题。他曾以椭圆的几何图像来解释他的方法论结构：个别的“此在”通过椭圆中的两个焦点之双重关系体现出来，类似于椭圆轨道上的点。由此推论，一切存在物都是作为一种具有内在张力的对立面相互联系的统一体出现的；个体是总体上作为连续统一、而不是作为对立进入现实性的。① 其反映于经典诠释中，即任何文本语言必须通过对它所属的历史之整体生命而被理解。经典中的语言表达的是作者的思想与精神，只有通过与语言相关的历史的认识才能真正理解语言，进而理解经典。简言之，施莱尔马赫主张在语言与意义的对立中把握统一，把它们当作在统一的理解过程中之不同侧面的理解，而理解是在它们的交互作用中完成的。

值得一提的是，戴震和施莱尔马赫均在论说语言诠释中多次提到“心”的作用，但二者的意义有着明显区分。戴震之“心”与“道”相联，具有诠解中本体论意蕴，是整个理解过程中“书”“言”“意”“道”等“玄而又玄”的形上等级彼此连接的基点，哲学属性明显。而施莱尔马赫之“心”，只是一个心理学的范畴，与之关联的心理诠释乃是要通过重建作者的言说语境来寻求文本理解的真正意义。质言之，他并没有将文本意义由“言”转移至“心”，只是视之为构成诠释活动的一个要素。如此区别，恰是中西方传统学术思维之异的表征——中国讲究“自本体”的思维，认为认知对象与认知主体无法分开，强调本体的自我呈现；西方主张“对本体”思维，首先将存在视之为客观实有，然后去探究这客观实有的真实。② 简单地说，前者以诠释主体为中心，重在对客体的本体式理解，认同理解的意义存在变化；后者以客体的对象为中心来进行理解、说明与解释，肯定理解意义的确定性与普遍性。

最后，前者研究领域集中于经典文本，后者把语言诠释的运用范围扩展到宗教经典之外的各种语言性文本之中。戴震依经典做学问，其相关语言问题的

---

① 参见潘德荣：《西方诠释学史》，北京大学出版社 2013 年版，第 255 页。

② “自本体”“对本体”一说，来自成中英的“本体诠释学”理论。胡伟希曾对此撰文专门论述，详见胡传希《自本体与对本体：中西哲学的诠释学基础》一文（载《孔子研究》2005 年第 3 期）。

解析均以解经服务为旨向。从本质上说，他的“以字通词”之说是个语义学的逻辑推理，这意味着相关的文字学、训诂学、古音学都是用来为语义学服务的；“以词通道”是以语言通规律、通心志，虽已不限于以语言通经义，但最终还是为了说明经典的大义。施莱尔马赫固然认为自己的研究领域主要还是宗教经典，但其语言诠释思想在实际操作中已囊括了历史学、心理学、哲学、考古学等多种人文科学方法。他的解释目标是精准地理解，把语言诠释视为一种从属于哲学的理解的辅助工具。他要生成的是一种纯粹的理解方法论，出发的基点是神学，最终目的是重建信仰。故可以认为，施莱尔马赫在一定程度上让语言诠释与其他诸多学科知识融为一体了。

（三）关于“诠释学循环”

“诠释学循环”是指对文本进行诠释时，理解者根据文本细节来理解其整体，又根据文本的整体来理解其细节的不断循环过程。施莱尔马赫受阿斯特学说的影响，十分推崇此命题，并将之视为自己语言诠释学的一个基本原则：部分必须置于整体之中才能被理解，而对部分的理解又加深对整体的理解，部分与整体在理解中互为前提，相互促进，形成了理解的循环运动。虽然18—19世纪中国的清儒并不知道“诠释学循环”概念的存在，但他们在实际操作中却自觉地应用了诠释“循环”的思维模式。其中尤以戴震发明的语言学方法之局部与整体“回环”，语言与思想的“循环”，最具代表性。于是，这便天然地形成了一个中西语言诠释学比较的理想对象。

戴震认为，“道”存于经典之中，常人想要获知必须通过对经典文本语言的理解与剖析。但要明确语言存在于具体的文本脉络之中，仅仅依靠对单个文字、语句的解读还不足以把握“道”。“道”是经典的组成部分，对之理解需要以对经典整体宗旨的理解为基础，需要把诸多“单个”意思放置于群经文本之中，从整体的视角加以理解。并且还要考证该单个语言要素产生的原初意义，把握与之相关的文化知识，如此方能真正认知经典之道。所以，戴震在对文本进行语言诠释时，坚持贯彻“以字考经，以经考字”的原则。他说，经典文本是由古代语言文字记载下来的，理解字之原义是理解经典整体的前提。在此过程中，除了理解语言字词的内容表达外，还要加入相应的古代名物、制度考证，因为存在于文本脉络中的文字还有着生活意义呈现的内涵。但也要明确，“道”是语言文字最终的指引，语言即使有千般变化也不可离道，否则语言的解读只能是破碎的、无意义的。一字之义应与群经、造字、用字的“六书”之间存在循环。换言之，语言细节的理解构成对于整体之理解的一个基础和约束，整体的理解反过来也会影响和决定对于部分的把握。

戴震在诠释《诗经》时，曾言：“余私谓《诗》之辞不可知矣，得其志则可以通乎其辞。作《诗》之志愈不可知矣，蔽之以‘思无邪’之一言，则可通乎其志。”①显然他已认知到由语言文字通乎圣人心志，即语言细节的理解对于文本整体理解起到的根基作用。而从乾嘉学者段玉裁对戴震原话的转述中，我们又可以看到戴震同样明了文章整体对于文字部分的约束作用：“有义理之学，有文章之学，有考核之学。义理者，文章考核之源也。熟乎义理，而后能考核，能文章。”②之所以“执义理而后能考核”，是因为作为文章整体主旨的义理可以统率分散于经典各部分的文字，整体的理解对于局部的理解有着重要的指导。戴震还强调“一字之义，当贯群经”，即特定字词的意义必须从其所处的整个语言文字世界来贯通考察。为此他提出“十分之见”认为，理解经典中的语言文字要考虑历史语境，要考察具体语素的源流关系，要在文本产生的整体世界中来理解个别的字词、语句。这也意味着经典文本与其所处时代语言文字、社会历史间也存在的整体与局部间的相互依赖与制约关系，亦在另一层面上构成“诠释学循环”。

在戴震看来，在理解经典语言的过程中还要明确解释者主体之心与深藏于文本文字中的圣人与天地相协之“大心”间的“循环”。理解“心”也就是理

① 戴震：《毛诗补传序》，《戴震集》，上海古籍出版社 1980 年版，第 192 页。

② 戴震：《戴东原集序》，《戴震集》，上海古籍出版社 1980 年版，第 451 页。

解了“道”，诠释经典语言要明“天地之心”以获“己心”；通过洞察“圣人之心”感知、把握“天地之心”；由理解圣人的言与事，探索千百年前的“圣人之心”。至于如何理解圣人的言与事，戴震给出的方法是探究经典文字，从语言理解上下工夫，同时还要让诠释者之心与作者之心“相遇”。这是一种视域融合的态度，诠释者的主体性在此得到充分张扬。

在施莱尔马赫之前，西方的诠释学循环思想已然存在。一般的认识是，经典整体的理解只有从部分的理解中得到，而对部分的理解也只有从整体的理解中才能得到。所以，诠释活动必须从整体到部分，再从部分返回到整体。而施莱尔马赫无疑将“循环”的内涵与外延拓展了。他先是指出一切理解的循环都在本质上都可以归结为部分与整体之间的循环，部分必须置于整体之中才能被理解，而对部分的理解又加深对整体的理解，部分与整体在理解中互为前提，相互促进，形成了理解的循环运用。随后他又说，诠释学循环既适用于语法解释，又适用于心理解释，即循环的范围可以从语法层面拓展到心理层面。就此意义上说，部分与整体的诠释学循环又可区分为客观与主观的两个层面。语法层面是客观的语言分析，而心理层面是在“移情”的作用下心理重建作者创作文本时的心境，并以此进入作者心灵深处，主观地体验其最初的意图与构想。在这样的结构中，诠释者要先将作品置于历史的关联中进行比较研究，以预见式方法推知整体，其后在部分中解释整体。它包含着一种双重的重构：客观的历史重构着眼于语言本身，考虑某一话语在语言整体中如何起作用，在话语中所包含的知识如何被视为语言的产物；主观的历史重构则是认识话语如何作为在情感中给出的事实，也是对话语中所包含的思想何时进入言说者、并对他继续产生影响作出预见。①

施莱尔马赫注重在诠释中引入历史维度，认为要从特定时代的特殊关系出发去理解语言及其内容。因为诠释学的前提是语言，诠释的对象是语言，诠释语言的媒介也是语言。诠释就是用语言解释文本的语言，也是用新的语言正确

① 参见潘德荣：《西方诠释学史》，北京大学出版社 2013 年版，第 258 页。

呈现已被解释和理解的语言。然而，语言不只具有表面的文字意义，它会因时间和空间、使用者的知识和心理等条件的不同而具有不同的意义。①为了理解语言的整体意义，必须正确理解语言的历史意义和理解当时该语言的形式和风格特点。也可以这样理解，诠释要注意从时间维度切入，理解语言及其内容的结构，从而理解历史与空间交叉点上的经典作者。于是，诠释者的任务明确了，他要尽力发现作品潜在的统一性，不仅是主题的统一，而且包括作者心理的统一。“词汇和作者所处时代的历史共同构成一个整体，要从整体中理解部分，才能理解作品。反之亦然。”②这段话隐含的意思是，文本可能是作者偶然短时间的创作，但无论怎样其都从属于作者内心的整体。正因为如此，经典语言诠释活动中的“循环”才有了意义。

通过“诠释学循环”的论述，施莱尔马赫深化了语言理解的整体性原则。经典文本被视为了一个有机的整体，其构成的每一个单一的部分都和其他的部分相互联系着，并且每一个部分的原则都直接指向整体。体现在语言上的客观语义与主观的思想，彼此有机地循环着。语言理解已不仅是一种对于文字结构意义的把握，而且是一种心理学上创造性的还原与重建了。它体现着一种开放的诠释学精神，其强调把理解活动当作解释者以作品为中介与作者的“对话”过程。同时，诠释学与辩证法达成了有机连接，诠释学解析了思维中的语言，辩证法解析了语言中的思维；诠释学创造性的再现了语言的意义，辩证法则揭示了意义在思维的统一性中实现语言转换的可能性。然而，施莱尔马赫“循环”说的局限性也是存在的：他只把“理解”中部分与整体的循环当作现存在的事实来理解，没有揭示这个循环运动的根据和运作机制；由于在理解中加入了太多的主观创造性，使多元化的理解成为可能，但他对如何防范诠释中的相对主义却没有太多言说。

不过，上述“局限”问题的解决，在中国的戴震那里却可以找到答案。戴

① 参见金城：《施莱尔马赫普遍解释学中的语言观》，《成都大学学报》2008年第6期。

② Friedrich Scheiermacher. *Hermeneutics: The handwritten Manuscripts* .Atlanta: Scholars Press, 1977, p. 133.

震的“由字通词，由词通道”的经典诠释学原则本身就预设了“诠释学循环”的操作规范——由文字训诂到语言分析，再到经典的意义解读。为了得到经典的“真义”，戴震主张先要进行文本还原，以恢复文本的“原始状态”以及经典诠释的“理想状态”。所谓“原始状态”，即真书而非伪书，正文而非谬文，古本而非今本；“理想状态”即故训而非语录，讲经而非讲道，实证而非虚辞。随后，戴震说要通诂名道，以确立本义，要明确忽略名物、象数、声音、文字之学，脱离圣人经典形成时间段内的语言系统的解释是不可能真正揭示文本真义的。最后要实事求是，通过诠释的验证以确保经典意义解读的正确，其间对于文本的理解与解释，无论巨细本末，每一处均需得到有效的验证，都需符合合法性、相应性、连贯性的标准。正是因为戴震有如此规范的操作程序设计，使得他的“诠释学循环”更加有的放矢，因而其对经典文本的解释，也就更具有了或然性和可信性。

戴震治经，始终以“专乎闻道”“专存于道”“务在闻道”等要求自己，这里的“道”是有特指的，即“圣人之道”。他比前人更为清楚地发现“道存于六经”，而解“六经”需要诠释者在字词与心道两大层面相互制约、相互发明，语言对于道的作用，不仅是“载”，而且在于“明”。无论是怎样的“循环”均是从语言的组合规律和思维的运作规律出发，其终极指向均是“明道”。换言之，他的诠释存在“前见”——经文语言中蕴涵的道是绝对正确的真理，且无论怎样的运作都不会影响到“道”之神圣绝对的意义性。也就是说，理解的方向绝不会让“道”变为“相对”的东西。

当然，戴震的“诠释学循环”也存在自己的局限性。如他的“诠释”仅限于经学文本，“循环”在一定程度上限制于经学思维方式中，无法彻底打开理解的思想空间，难以提升诠释的普遍性。再者，他所理解的“整体”，其实只是特指“群经”，应用范围有限，视域相对封闭。此外，他在诠释“循环”中论及的事与物在本质是无非是古典人文知识，而涉及思想体系的内容并不多见等。而这些问题在施莱尔马赫那里是不存在的。施莱尔马赫借“诠释学循环”思想将诠释学中的辩证法提升到前所未有的高度，他紧紧地抓住整体与部分、诠释中的主观层面与客观层面之“对立面的联结”，把对立的东西系统地纳入统一之中。他相信，诠释中一切存在物都是作为一种具有内在张力的对立面相互联结的统一体出现的；个体是总体上作为连续的统一，而不是作为对立进入现实性的。他将语言诠释在理解的层面上“一般化”了，将之上升为知识统一科学的辩证法。他的诠释思维空间无疑是开放的，其让诠释不仅成为一门立足于理解的语言共同性语法学，而且亦成为心理学创造性还原的学问。显然，施莱尔马赫让诠释学突破了经典文本的视野，它在创造性地再现了语言意义的同时，也揭示出意义在思维的统一性中实现语言“转换”的可能。

（四）关于“分野”的思考

通过对戴震与施莱尔马赫思想的比较，我们尝试“管窥”18—19 世纪中西语言诠释学的分野，得出某些概略性结论：第一，中国的语言诠释学是儒学家们新一轮“返本开新”的产物，虽然在研究方法中注入了一定的科学精神，使得语言解释方法论具有某些普遍应用性特征，但究其本质，诠释学思维仍处于“古典”视域之中。西方语言诠释学实质在经历一场由古典通向现代诠释理论的转化，深受哲学及语言学大发展的影响。它已然动摇前代诠释学追求“绝对”文本的“绝对”理解之旨向，逐步地将意义相对化，重新审视文本义，并且开始超越神学的界限，将诠释学中语言的理解推向更具一般意义的精神科学方法论层面。

第二，中国的语言诠释学展示出其理论上具有的雄厚历史积淀，尤其在哲学意义上，思辨性日益成熟，语言方法论在体系上日益完备。学者们紧紧地把握文本与道之间的有机联系，探索出一系列有关语言问题的重要结论。但这也在一定程度上表明，中国的语言诠释学最终是为经典诠释学服务的。西方的语言诠释学在形式上具有着许多“初始”的特征，如诠释规则在操作性上有待提升，“循环”问题的理解有时难以自圆其说。但不可否认的是，它正在让语言诠释学从作为神学辅助的学问，走向作为普遍的理解和解释理论的学说。由此，诠释学也得以摆脱教义学、文本注释学的羁绊，开始以独立的形态出现于人文科学体系结构之中。

第三，中国的语言诠释学在具体的文字诠释技术上是系统而成熟的，其在微观的应用中明显在“实用”性上多于西方语言诠释学。然而，或许是太过于重视“细节”的设计，其在宏观发展路径的设计中却缺少了拓展的空间。况且，因为中国的诠释学最终是为经学服务的，当文字小学工夫发展至极限时，当“由词通道”内涵与外延被彻底挖掘出之后，语言诠释学的发展动力与空间也不可避免地衰竭了。与之相比，西方语言诠释学却为自己创造了充沛的“后劲”，它孕育出开放的精神，普遍性的理解，其不仅让自己学科独立，最终让语言自身成为独立的学问。没有了束缚的学科发展，生命活力日益旺盛。

主要参考文献

（按著作名称拼音顺序排列）

一、古籍

（清）卢文绍：《抱经堂文集》，四部丛刊正编本。
（宋）陈淳：《北溪字义》，中华书局 1983 年版。
（汉）董仲舒：《春秋繁露》，上海古籍出版社 1989 年版。
《春秋左传正义》，（晋）杜预注，（唐）孔颖达疏，十三经注疏本。
（清）戴震：《戴东原集》，四部丛刊正编本。
（清）戴震：《戴震全书》，黄山出版社 1995 年版。
（清）焦循：《雕菰集》，丛书集成初编本。
（清）陈澧：《东塾读书记》，四部备要本。
（清）段玉裁：《段玉裁遗书》，台北大化书局影印本 1977 年版。
（晋）郭璞注，（宋）刑昺疏：《尔雅注疏》，十三经注疏本。
（宋）程颢、程颐：《二程集》，中华书局 1981 年版。
（汉）扬雄：《方言》，四部丛刊正编本。
（明）李贽：《焚书》，中华书局 1961 年版。
（南朝梁）释慧皎：《高僧传》，上海古籍出版社 1994 年版。
（清）龚自珍：《龚自珍全集》，上海人民出版社 1975 年版。
（清）顾炎武：《顾亭林诗文集》，中华书局 1983 年版。
顾颉刚：《古史辨》，上海古籍出版社 1982 年版。
《龟山先生语录》，四部丛刊续编本。
（清）王念孙：《广雅疏证》，中华书局影印本 1983 年版。
（汉）班固：《汉书》，中华书局 1983 年版。
屈守元、常思春：《韩愈全集校注》，四川大学出版社 1996 年版。
（宋）程颢、程颐：《河南程氏遗书》，四部备要本。

（宋）魏了翁：《鹤山集》，四库全书本。
（宋）罗大经：《鹤林玉露》，中华书局 1983 年版。
（南朝宋）范晔：《后汉书》，中华书 1982 年版。
（清）王植：《皇极经世书解》，文渊阁四库全书本。
（宋）朱熹：《晦庵先生朱文公文集》，四部丛刊正编本。
（宋）谢守灏：《混元圣纪》，道藏正统本。
（唐）房玄龄：《晋书》，中华书局 1974 年版。
（明）焦竑：《焦氏笔乘》，粤雅堂丛书本。
（清）凌廷堪：《校礼堂文集》，安徽丛书第四期，凌次仲先生遗书本。
（后晋）刘昫：《旧唐书》，中华书局 1975 年版。
（唐）陆德明：《经典释文》，中华书局 1983 年版。
（清）皮锡瑞：《经学历史》，中华书局 1959 年版。
（清）王引之：《经义述闻》，江苏古籍出版社 1985 年影印本版。
（清）王引之：《经传释词》，岳麓书社 1984 年版。
康有为：《康有为全集》，中国人民大学出版社 2007 年版。
（三国魏）王肃：《孔子家语》，四库全书正编本。
（宋）王应麟：《困学记闻》，四部丛刊三编本。
（魏）王弼：《老子注》，诸子集成本第 6 册，中华书局 1959 年版。
（汉）郑玄注，（唐）贾公彦疏：《礼记正义》，十三经注疏本。
（唐）李翱：《李文公集》，四库全书本。
（宋）李觏：《李觏集》，中华书局 1981 年版。
《列子集释》，杨伯峻集释，中华书局 1979 年版。
（唐）柳宗元：《柳河东全集》，燕京出版社 1996 年版。
（唐）刘禹锡：《刘禹锡集》，中华书局 1970 年版。
（宋）陆九渊：《陆九渊集》，中华书局 1980 年版。
（汉）高诱：《吕氏春秋》，诸子集成本第 6 册，中华书局 1959 年版。
（汉）王充，（清）刘盼遂集解：《论衡集解》，古籍出版社 1957 年版。
（魏）何晏集解，（宋）刑昺疏：《论语注疏》，十三经注疏本，中华书局 1980 年影印本版。
（清）刘宝楠：《论语正义》，中华书局 1990 年版。
（南朝梁）皇侃疏：《论语集解义疏》，丛书集成初编本。
《毛诗正义》，（汉）毛亨传、郑玄笺，（唐）孔颖达疏，十三经注疏本。
（宋）沈括：《梦溪笔谈》，四部丛刊续编本。
（清）焦循：《孟子正义》，中华书局 1987 年版。
（汉）赵岐注：《孟子注疏》，十三经注疏本。
（清）戴震：《孟子字义疏证》，中华书局 1961 年版。

（清）张廷玉：《明史》，中华书局 1974 年版。
（清）黄宗羲：《明儒学案》，中华书局 1985 年版。
（宋）欧阳修：《欧阳文忠公集》，四部丛刊正编本。
（汉）王符：《潜夫论》，四部丛刊正编本。
（清）钱大昕：《潜研堂文集》，浙江文艺出版社 1997 年版。
《清史稿》，赵尔巽，中华书局 1977 年版。
（清）严可均：《全上古三代秦汉三国六朝文》，中华书局 1987 年影印本版。
周予同：《群经概论》，商务印书馆 1988 年版。
（清）顾炎武、黄汝成集释：《日知录集释》，河北花山文艺出版社 1990 年版。
（晋）陈寿：《三国志》，中华书局 1982 年版。
（清）阎若璩：《尚书古文疏证》，上海古籍出版社 1987 年影印本版。
（汉）孔安国传，（汉）孔颖达疏：《尚书正义》，十三经注疏本。
（汉）司马迁：《史记》，中华书局 1975 年版。
（汉）刘熙：《释名》，四部丛刊正编本。
（汉）许慎：《说文解字》，中华书局 1959 年版。
（清）段玉裁：《说文解字段注》，上海古籍出版社 1988 年版。
《四库全书》，上海古籍出版社影印文渊阁本 1989 年版。
（清）纪昀：《四库全书总目》，中华书局 1981 年版。
（宋）朱熹：《四书章句集注》，新编诸子集成本，中华书局 1983 年版。
（宋）朱熹：《四书或问》，四库全书正编本。
（元）脱脱：《宋史》，中华书局 1977 年版。
（清）黄宗羲：《宋元学案》，商务印书馆 1933 年版。
（唐）魏征：《隋书》，中华书局 1982 年版。
（汉）许慎：《说文解字》，中华书局 1988 年版。
（魏）王弼着：《王弼集校释》，楼宇烈校释，中华书局 1980 年版。
（明）王廷相：《王廷相集》，中华书局 1989 年版。
（宋）王安石：《王文公文集》，上海人民出版社 1974 年版。
（明）王阳明：《王阳明全集》，上海古籍出版社 1992 年版。
（明）王阳明：《王文成公全书》，商务印书馆 1933 年版。
（北齐）魏收：《魏书》，中华书局 1974 年版。
（清）魏源：《魏源集》，中华书局 1976 年版。
（元）吴澄：《吴文正集》，四库全书本。
（清）谢启昆：《小学考》，上海汉语大词典出版社 1997 年版。
（宋）欧阳修、宋祁：《新唐书》，中华书局 1975 年版。
（清）王先谦集解：《荀子集解》，中华书局 1988 年版。

（汉）郑玄注，（唐）贾公彦疏：《仪礼注疏》，十三经注疏本。
（清）阮元：《揅经室集》，四部丛刊正编本。
（明）王阳明：《阳明全集》，中华书局 1936 年版。
（汉）扬雄：《扬子法言》，四部丛刊正编本。
（宋）邵雍：《伊川击壤集》，四部丛刊正编本。
（清）钱熙祚校：《尹文子》，诸子集成本第 6 册，中华书局 1959 年版。
（清）梁启超：《饮冰室合集》，中华书局 1989 年影印本版。
（明）袁宏道：《袁宏道集笺校》，上海古籍出版社 1981 年版。
（宋）张载：《张载集》，中华书局 1978 年版。
（汉）郑玄注，（唐）贾公彦疏：《周礼注疏》，十三经注疏本。
（唐）李鼎祚集解：《周易集解》，成都巴蜀书社 1991 年版。
（魏）王弼注，（晋）韩康伯注：《周易正义》，十三经注疏本。
（宋）朱熹：《朱文公文集》，上海商务印书馆 1936 年版。
（宋）朱熹：《朱熹集》，四川教育出版社 1996 年版。
（宋）朱熹：《朱子全书》，上海古籍出版社 2000 年版。
（宋）黎靖德：《朱子语类》，中华书局 1986 年版。
《诸子集成》，国学整理社，中华书局 1986 年版。

二、中文著作

[美] 成中英：《本体与诠释》，三联书店 2000 年版。
闻骏：《不断追问中的人神关系——施莱尔马赫思想研究》，人民出版社 2017 年版。
程苏东：《从六艺到十三经——以经目演变为中心》，北京大学出版社 2018 年版。
周辅成：《从文艺复兴到十九世纪资产阶级哲学家政治思想家有关人道主义人性论言论选辑》，商务印书馆 1966 年版。
傅伟勋：《从西方哲学到禅佛教》，三联书店 1989 年版。
李红：《当代西方分析哲学与诠释学的融合——阿佩尔先验符号学研究》，中国社会科学出版社 2002 年版。
洪汉鼎：《当代西方哲学两大思潮》，商务印书馆 2010 年版。
傅斯年：《傅斯年全集》，湖南教育出版社 2003 年版。
孙周兴编：《海德格尔选集》，上海三联书店 1996 年版。
孙丽君：《伽达默尔的诠释学美学思想研究》，人民出版社 2013 年版。
黄小洲：《伽达默尔教化解释学研究》，人民出版社 2016 年版。
陈寅恪：《金明馆丛稿初编》，上海古籍出版社 1980 年版。
何卫平：《解释学之维：问题与研究》，人民出版社 2009 年版。
李幼蒸：《结构与意义》，中国社会科学出版社 1996 年版。

叶国良等：《经学通论》，上海书店出版社 2016 年版。
李永刚：《历史主义与解释学——以历史性概念为核心的考察》，人民出版社 2016 年版。
张能为：《理解的实践——伽达默尔实践哲学研究》，人民出版社 2002 年版。
李超杰：《理解生命——狄尔泰哲学引论》，中央编译出版社 1994 年版。
李建盛：《理解事件与文本意义——文学诠释学》，上海译文出版社 2002 年版。
洪汉鼎：《理解与解释：诠释学经典文选》，东方出版社 2001 年版。
何卫平：《理解之理解的向度——西方哲学解释学研究》，人民出版社 2016 年版。
彭启福等：《理解之路：诠释学论文选粹》，安徽师范大学出版社 2015 年版。
李幼蒸：《理论符号学导论》，中国社会科学出版社 1993 年版。
姚满林：《利科文本理论研究》，社会科学文献出版社 2014 年版。
洪汉鼎：《诠释学：它的历史和当代发展》，中国人民大学出版社 2018 年版。
景海峰等：《诠释学与儒家思想》，中国出版集团东方出版中心 2015 年版。
张鼎国：《诠释与实践》，商务印书馆 2016 年版。
夏歆东：《迈蒙尼德释经思想研究》，上海三联书店 2016 年版。
李幼蒸：《仁学解释学》，中国人民大学出版社 2004 年版。
李幼蒸：《儒家解释学》，中国人民大学出版社 2009 年版。
康宇：《儒家解释学的产生与发展》，黑龙江大学出版社 2012 年版。
康宇：《儒家诠释学研究》，黑龙江大学出版社 2015 年版。
黄俊杰：《儒学与东亚文明研究丛书》（1—2 辑），华东师范大学出版社 2011 年版。
夏传才：《十三经概论》，天津人民出版社 1998 年版。
朱汉民、肖永明：《宋代〈四书〉学与理学》，中华书局 2009 年版。
何卫平：《通向解释学辩证法之路——伽达默尔哲学思想研究》，上海三联书店 2001 年版。
潘德荣：《文字・诠释・传统——中国诠释传统的现代转化》，上海译文出版社 2003 年版。
潘德荣：《西方诠释学史》，北京大学出版社 2013 年版。
姚小平：《西方语言学史》，外语教学与研究出版社 2011 年版。
徐复观：《徐复观论经学史二种》，上海书店出版社 2002 年版。
朱伯崑：《易学哲学史》，北京大学出版社 1986 年版。
章起群：《意义的本体论——哲学解释学的缘起与要义》，商务印书馆 2018 年版。
黄毅：《意义的神学——施莱尔马赫神学方法研究》，人民出版社 2013 年版。
张汝伦：《意义的探究——当代西方释义学》，辽宁人民出版社 1986 年版。
李勇：《寓意解经：从斐洛到奥利金》，上海三联书店 2014 年版。
洪汉鼎：《〈真理与方法〉解读》，商务印书馆 2018 年版。
李清良：《中国阐释学》，湖南师范大学出版社 2001 年版。
周裕锴：《中国古代阐释学研究》，上海人民出版社 2003 年版。

周光庆:《中国古代解释学导论》，中华书局 2002 年版。
马宗霍:《中国经学史》，上海书店 1984 年版。
吴雁南、秦学颀、李禹阶:《中国经学史》，福建人民出版社 2001 年版。
姜广辉:《中国经学思想史》(1—4 卷)，中国社会科学出版社 2010 年版。
蔡方鹿:《中国经学与宋明理学》，人民出版社 2011 年版。
洪汉鼎、傅永军:《中国诠释学》(1—11 辑)，华东师范大学出版社 2014 年版。
徐复观:《中国思想史论集》，台北学生书局 1974 版。
张舜徽:《中国文献学》，中州书画社 1982 年版。
冯浩菲:《中国训诂学》，山东大学出版社 1995 年版。
张立文:《中国哲学思潮发展史》，人民出版社 2014 年版。
严平:《走向解释学的真理——伽达默尔哲学述评》，东方出版社 1998 年版。
谢地坤:《走向精神科学之路——狄尔泰哲学思想研究》，江苏人民出版社 2003 年版。
蔡方鹿:《朱熹经学与中国经学》，人民出版社 2004 年版。
束景南:《朱子大全》，福建教育出版社 1992 年版。
钱穆:《朱子新学案》，巴蜀书社 1986 年版。
武夷山朱熹研究中心编:《朱子学新论》，三联书店上海分店 1991 年版。

三、译著

柏拉图:《柏拉图全集》，王晓朝译，人民出版社 2003 年版。
利科:《从文本到行动》，夏小燕译，华东师范大学出版社 2016 年版。
康德:《纯粹理性批判》，邓晓芒译，商务印书馆 2010 年版。
海德格尔:《存在论:实际性的解释学》，何卫平译，人民出版社 2009 年版。
海德格尔:《存在与时间》，陈嘉映，王庆节译，三联书店 1987 年版。
艾耶尔:《二十世纪哲学》，李步楼、俞宣梦、苑利均等译，上海译文出版社 1987 年版。
亚里士多德:《范畴篇解释篇》，方书春译，商务印书馆 1986 年版。
伽达默尔:《伽达默尔论柏拉图》，余纪元译，光明日报出版社 1992 年版。
伽达默尔:《伽达默尔论黑格尔》，张志伟译，光明日报出版社 1992 年版。
默雷:《古希腊文学史》，孙席珍译，上海译文出版社 1988 年版。
克莱恩:《基督教释经学》，尹妙珍译，上海人出版社 2011 年版。
利科:《活的隐喻》，汪堂家译，上海译文出版社 2004 年版。
哈贝马斯:《交往行为理论》，曹卫东译，上海人民出版社 2004 年版。
伽达默尔、杜特:《解释学美学实践哲学:伽达默尔与杜特对谈录》，金惠敏译，商务印书馆 2005 年版。
赫施:《解释的有效性》，王才勇译，三联书店 1991 年版。
狄尔泰:《精神科学引论》，童奇志、王海鸥译，中国城市出版社 2002 年版。

弗兰克:《理解的界限—利奥塔与哈贝马斯的精神对话》，先刚译，华夏出版社 2003 年版。
狄尔泰:《历史中的意义》，艾彦、逸飞译，中国城市出版社 2002 年版。
路德:《路德文集》，三联书店 2005 年版。
斯宾诺莎:《伦理学》，贺林译，商务印书馆 2005 年版。
奥古斯丁:《论三位一体》，周伟驰译，上海人民出版社 2005 年版。
胡塞尔:《逻辑研究》，倪梁康译，上海译文出版社 2006 年版。
奥尔森·罗杰:《基督教神学思想史》，吴瑞诚、徐成德译，上海人民出版社 2014 年版。
利科:《解释的冲突》，莫伟民译，商务印书馆 2008 年版。
利科:《解释学与人文科学》，陶远华译，河北人民出版社 1987 年版。
海德格尔:《康德与形而上学疑难》，王庆节译，上海译文出版社 2011 年版。
康德:《判断力批判》，邓晓芒译，人民出版社 2002 年版。
帕尔默:《诠释学》，潘德荣译，商务印书馆 2014 年版。
伽达默尔:《诠释学 I：真理与方法》，洪汉鼎译，商务印书馆 2016 年版。
伽达默尔:《诠释学 II：真理与方法》，洪汉鼎译，商务印书馆 2016 年版。
利科:《诠释学与人文科学》，孔明安等译，中国人民大学出版社 2012 年版。
卡西尔:《人论》，甘阳译，上海译文出版社 1985 年版。
斯宾诺莎:《神学政治论》，温锡增译，商务印书馆 1963 年版。
巴埃弗拉特:《圣经的叙事艺术》，李锋译，华东师范大学出版社 2006 年版。
斯特龙伯格:《西方现代思想史》，赵北成，赵国新译，人民出版社 1982 年版。
斯通普夫:《西方哲学史：从苏格拉底到萨特及其后》，菲泽、匡宏、邓晓芒等译，世界图书出版公司北京公司 2013 年版。
哈贝马斯:《现代性哲学话语》，曹卫东等译，译林出版社 2004 年版。
胡塞尔:《现象学的观念》，倪梁康译，上海译文出版社 1986 年版。
培根:《新工具》，许宝骙译，商务印书馆 2011 年版。
亚里士多德:《形而上学》，吴寿彭译，商务印书馆 1996 年版。
海德格尔:《形式显示的现象学：海德格尔早期弗莱堡文选》，孙周兴译，同济大学出版社 2004 年版。
亚里士多德:《亚里士多德全集》，苗力田译，中国人民大学出版社 1990 年版。
海德格尔:《演讲与论文集》，孙周兴译，三联书店 2005 年版。
阿佩尔:《哲学的改造》，孙周兴、陆兴华译，上海译文出版社 1997 年版。
伽达默尔:《哲学解释学》，夏镇平、宋建平译，上海译文出版社 1994 年版。
格朗丹:《哲学解释学导论》，何卫平译，商务印书馆 2009 年版。
哈贝马斯:《作为“意识形态”的技术与科学》，李黎、郭官义译，学林出版社 1999 年版。

四、外文原著

Bohman J.& Audi R. *The Cambridge Dictionary of Philosophy*. Cambridge University Press, 1999.

Bohl, M.,Reinhard, *W.& Walter P. Hermeneutik: Die Geschichte der abendlandischen Textauslegung von der Antike bis zur Gegenwart.* alien Koln Weimar: Bohlau Verlag,, 2013.

Bulhof I. Wilhelm Dilthey: *A Hermeneutic Approach to the Study of History and Culture.* The Hague, Boston, London: Martinus Nijhoff, 1980.

Chladenius J M. *Einleitung Zur Richtigen Auslegung Verniinftiger Reden Und Schriften.* Mit Einer Einleitung von Lutz Geldsetzer. Diisseldorf: Stern-Verlag Janssen, 1969.

Descartes R.&Veitch J. *The Meditations, and selections from the Principles of Rene Descartes. La Salle*, Open Court, 1948.

Dilthey W. *Gesammelte Schriften: Band 1.*Gottingen: Vandenhoeck & Ruprecht, 1990.

Dilthey W. *Gesammelte Schriften: Band 3.* Gottingen: Vandenhoeck & Ruprecht, 1990.

Dilthey W. *Gesammelte Schriften: Band 5.* Gottingen: Vandenhoeck & Ruprecht, 1990.

Dilthey W. *Gesammelte Schriften: Band 7.* Gottingen: Vandenhoeck & Ruprecht, 1990.

Ferraris M. *History of Hermeneutics. New Jersey:* Humanities Press. 1996.

Gadamer H. *Hermeneutik I: Wahrheit and Methode.* Tubingen: Mohr, 1975.

Gadamer H. *Hermeneutik I: Wahrheit and Methode.* Tubingen: Mohr, 1990.

Gadamer H. *Hermeneutik II: Wahrheit and Methode.* Erganzungen, Register. Tiibingen: Mohr Siebeck, 1993.

Gadamer H. *Asthetik and Poetik II: Hermeneutik im Vollzug.* Tubingen: MohrSiebeck, 1993.

Galileo. *Galileo's Letter to the Grand Duchess Christina(1615)*, in The Galileo Affair: A Documentary History, ed. by Finocchiaro M. A. Berkeley and Los Angeles, University of California Press, 1989.

Gilbert N W. *Renaissance Concepts of Method.* Columbia University Press, 1960

Grondin J. *Einfiihrung in die philosophische Hermeneutik.* Darmstadt: Wissenschaftliche Buchgesellschaft, 2001.

Hanhart R. *Textgeschichtliche Probleme der Septuaginta von ihrer Entstehung bis Origenes.* Hengel Schwemer, 1994.

Heidegger M. *Sein and Zeit*. Tubingen: Max Niemeyer Verlag, 1967.

Heidegger M. *Kant and das Problem der Metaphysik.* Frankfurt am Main: Vittorio Klostermann, 1991.

Heidegger M. *Ontologie:Hermeneutik der Faktizitat.* Klostermann, 1995.

Kannengiesser C, *Petersen L.&Colloquy O. Origen of Alexandria:his world and his legacy.* University of Notre Dame Press, 1988.

Jaeger H. *Studien zur Fruhgeschichte der Hermeneutik.* Archiv Fur Begriffsgeschichte, 1974.

Grondin J. *Einfuhrung in die philosophische Hermeneutik.* Yale University Press, 1994.

Origen, Gorgemanns H& Karpp H. *Vier Bucher von den Prinzipien.* Wissenschaftliche Buchgesellschaft, 1976.

Palmer E. *Hermeneutics: interpretation theory in Schleiermacher,* Dilthey, Heidegger, and Gadamer. Northwestern University Press, 1969.

Philo of Alexandria, *Winston D. The contemplative life, The giants,* and Selections. New York, Paulist Press. 1981.

Schaper E. *Studies in Kant's Aesthetics.* Edinburgh University Press, 1979.

Schnupp F. *Geschichte der Philosophie im Uberblick Band 2,* Hamburg: Felix Meiner Verlag, 2007.

Schleiermacher F.&Frank M. *Hermeneutik and Kritik: mit einem Anhang sprachphilosophischer Texte Schleiermachers.* Frankfurt am Main: Suhrkamp, 1977.

Szondi. *Einfuhrung in die literarische Hermeneutik.* Cambridge University Press, 1975.

Torjesen K J. *Hermeneutical Procedure and Theological Method in Origen's Exegesis.* De Gruyter, 1986.

Weekley E, *Weekley M. An etymological dictionary of modern English.* Dover Publications, 1921.

Weintraub R. *The Sceptical Challenge.* London and New York: Routledge, 1997.

后 记

本书是我主持的国家社科基金项目“中西诠释学史比较研究”（项目号：17BZX072）的最终成果。放下手中笔的那一刻，顿有如释重负之感。因为这不仅意味着自己又完成了一个“大项目”，而且也让我精心打磨的中国诠释学研究“三部曲”（前两部著作分别是2012年出版的《儒家解释学的产生与发展》和2015年出版的《儒家诠释学研究》）有了较为圆满的呈现。

我与中国诠释学研究结缘纯是“偶然”。2007年博士毕业后，为了尽快让自己的学术领域有个相对固定的“聚焦”，我每日在图书馆中漫无目的地浏览、诵读各类文献。突然，一本由中山大学陈少明老师主编的《经典与解释》学术辑刊映入眼帘，“解释学”——一门“新奇”的学问，就这样被我认知了。后来，我又刻苦研读了台湾黄俊杰教授主编的《儒学与东亚文明研究丛书》，包含二十余本专著。从其中一篇篇以经典诠释为核心的论著中，我深深感受到中国诠释学的魅力，内心想要参与其中的向往逐渐放大，甚至不能自拔。再后来，即是应干春松老师的邀请去北京大学哲学系参加了一个有关“解释学”的学术会议。其间，与诠释学“大家”洪汉鼎、潘德荣老师就儒家诠释学的若干问题进行了热烈讨论。没想到，自己“肤浅”的观点竟然得到了大师的肯定。于是，我要投身于中国诠释学研究的信念进一步坚定了。

转眼间15年过去了，总结一下自己取得的成果。围绕“中国诠释学研究”主题，我主持完成了一个国家社科基金项目，两个教育部人文社科基金项目，两个黑龙江省人文社科规划项目；出版了3本专著；发表了70余篇文章。曾有学生问我，为何研究中国诠释学有如此大的动力？我想可能是热爱使然吧。每每看到书架上一排排古籍原著，一列列中西诠释学研究典籍，我的心中都会产生一股莫名的悸动，做学问真的能让人快乐！

接下来，该简单说说这部专著了。诠释学的中西比较问题一直被视为学术“飞地”，其比较的价值意义毫无疑问是十分巨大的，但因难以找到可靠的、“真正的”比较基础，故很长时间内国内学者对之望而却步。当初，我以“中西比较”为题展开研究时，不时也会产生怀疑，深恐自身能力有限，完不成任务。但鉴于对此问题“开拓性”“创新性”的执着，让我“咬牙”走了下去。经过“四年磨一剑”的历练，今日它终于定稿了。我也可以自豪的说，自己实现了原初设计的目标：在“诠释学”视域内进行中西比较，解决学界诸多“悬而未决”的问题；在平等对话基础上，完成中西参照对比、中西互释、中西诠释学的发展“互助”。当然，我也深知本书内容自会存在许多不够完善之处，“中西诠释学比较”涉及面太广，关联的人物、事件、著作太多，以作者自身的微薄之力实难做到尽善尽美，恳请同行专家对之批评与指正。若这本拙作能够起到些许“破窗”效应的话，那便是我最大的欣慰。

感谢国家社科规划办的支持，感谢黑龙江大学马克思主义学院王秋院长的帮助，感谢出版社李之美编审的辛劳，感谢那些曾帮助过我的家人、同事、朋友和学生。我必会砥砺前行，再接再励。

令人欣喜的是，2022 年我又新获一项国家社科基金项目“中国诠释学研究 40 年梳理与省思”。看来，在不久的将来，我的中国诠释学研究“三部曲”要变成“四重奏”了。

康宇

2022 年 10 月于哈尔滨

责任编辑：李之美

图书在版编目（CIP）数据

中西诠释学史比较研究 / 康宇 著 . — 北京：人民出版社，2023.6
ISBN 978 – 7 – 01 – 025531 – 6

I. ①中…　II. ①康…　III. ①阐释学 – 思想史 – 对比研究 – 中国、西方国家
IV. ① B089.2-091

中国国家版本馆 CIP 数据核字（2023）第 047089 号

中西诠释学史比较研究
ZHONGXI QUANSHIXUESHI BIJIAO YANJIU

康　宇　著

人民出版社 出版发行
（100706　北京市东城区隆福寺街 99 号）

北京汇林印务有限公司印刷　新华书店经销

2023 年 6 月第 1 版　2023 年 6 月北京第 1 次印刷
开本：710 毫米 ×1000 毫米 1/16　印张：29.5
字数：450 千字

ISBN 978 – 7 – 01 – 025531 – 6　定价：98.00 元

邮购地址 100706　北京市东城区隆福寺街 99 号
人民东方图书销售中心　电话（010）65250042　65289539